U0619370

高等院校移动商务管理系

移动支付
Mobile Payment

（第二版）

秦成德◎主编

经济管理出版社
ECONOMY & MANAGEMENT PUBLISHING HOUSE

图书在版编目（CIP）数据

移动支付/秦成德主编. —2 版. —北京：经济管理出版社，2017.1
ISBN 978-7-5096-4823-0

Ⅰ. ①移… Ⅱ. ①秦… Ⅲ. ①移动通信—通信技术—应用—支付方式—中国—教材
Ⅳ. ①F832.6-39

中国版本图书馆 CIP 数据核字（2016）第 316352 号

组稿编辑：勇　生
责任编辑：勇　生　王　聪
责任印制：杨国强
责任校对：超　凡

出版发行：经济管理出版社
　　　　　（北京市海淀区北蜂窝 8 号中雅大厦 A 座 11 层　　100038）
网　　　址：www. E-mp. com. cn
电　　　话：（010）51915602
印　　　刷：玉田县昊达印刷有限公司
经　　　销：新华书店
开　　　本：720mm×1000mm/16
印　　　张：25.25
字　　　数：467 千字
版　　　次：2017 年 4 月第 2 版　　2017 年 4 月第 1 次印刷
书　　　号：ISBN 978-7-5096-4823-0
定　　　价：49.00 元

编 委 会

专家指导委员会

主　任：杨培芳　中国信息经济学会理事长、教授级高级工程师，工业和信息化部电信经济专家委员会秘书长，工业和信息化部电信研究院副总工程师

副主任：杨学成　北京邮电大学经济管理学院副院长、教授

委　员（按照姓氏拼音字母排序）：

安　新　中国联通学院广东分院院长、培训交流中心主任

蔡亮华　北京邮电大学教授、高级工程师

陈　禹　中国信息经济学会名誉理事长，中国人民大学经济信息管理系主任、教授

陈　飔　致远协同研究院副院长，北京大学信息化与信息管理研究中心研究员

陈国青　清华大学经济管理学院常务副院长、教授、博士生导师

陈力华　上海工程技术大学副校长、教授、博士生导师

陈鹏飞　北京嘉迪正信（北京）管理咨询有限公司总经理

陈玉龙　国家行政学院电子政务研究中心专家委员会专家委员，国家信息化专家咨询委员会委员，国家信息中心研究员

董小英　北京大学光华管理学院管理科学与信息系统系副教授

方美琪　中国人民大学信息学院教授、博士生导师，经济科学实验室副主任

付虹蛟　中国人民大学信息学院副教授

龚炳铮　工业和信息化部电子六所（华北计算机系统工程研究所）研究员，教授级高级工程师

郭东强　华侨大学教授

高步文　中国移动通信集团公司辽宁有限公司总经理

郭英翔　中国移动通信集团公司辽宁有限公司董事、副总经理

何　霞　中国信息经济学会副秘书长，工业和信息化部电信研究院政策与经济研究所副总工程师，教授级高级工程师

洪　涛　北京工商大学经济学院贸易系主任、教授，商务部电子商务咨询专家

前 言

随着移动互联网的深入渗透，我们的生活、工作和娱乐的移动化趋势越来越明显，移动商务成为不可阻挡的商业潮流。尤其是"互联网+"战略正在推动数字经济与实体经济的深度融合，"大众创业，万众创新"方兴未艾，我们有理由相信，移动商务终将成为商业活动的"新常态"。

在这样的背景下，有必要组织力量普及移动商务知识，理清移动商务管理的特点，形成移动商务管理的一整套理论体系。从2014年开始，经济管理出版社广泛组织业内专家学者，就移动商务管理领域的重点问题、关键问题进行了多次研讨，并实地调研了用人单位的人才需求，结合移动商务管理的特点，形成了一整套移动商务管理的能力素质模型，进而从人才需求出发，围绕能力素质模型构建了完整的知识树和课程体系，最终以这套丛书的形式展现给广大读者。

本套丛书有三个特点：一是课程知识覆盖全面，本套丛书涵盖了从移动商务技术到管理再到产业的各个方面，覆盖移动商务领域各个岗位能力需求；二是突出实践能力塑造，紧紧围绕相关岗位能力需求构建知识体系，有针对性地进行实践能力培养；三是案例丰富，通过精心挑选的特色案例帮助学员理解相关理论知识并启发学员思考。

希望通过本套丛书的出版，能够为所有对移动商务管理感兴趣的人士提供一份入门级的读物，帮助大家理解移动商务的大趋势，形成全新的思维方式，为迎接移动商务浪潮做好知识储备。

本套丛书还可以作为全国各个大、专院校的教材，尤其是电子商务、工商管理、计算机等专业的本科生和专科生，相信本套丛书将对上述专业的大学生掌握本专业的知识提供非常有利地帮助，并为未来的就业和择业打下坚实的基础。除此之外，我们也期待对移动商务感兴趣的广大实践人士能够阅读本套丛书，相信你们丰富的实践经验必能与本套丛书的知识体系产生共鸣，帮助实践人士更好地总结实践经验并提升自身的实践能力。这是一个全新的时代，希望本套丛书的出版能够为中国的移动商务发展贡献绵薄之力，期待移动商务更加蓬勃的发展！

目　录

第一章

移动支付概述

学习目的
★★★★

知识要求　通过本章的学习，掌握：

● 移动支付的内涵
● 移动支付的类型
● 移动支付的实现与流程
● 国外移动支付的现状
● 移动支付的发展前景

1

技能要求　通过本章的学习，能够：

● 了解移动支付的内涵
● 熟悉移动支付的类型
● 掌握移动支付的实现与流程
● 熟悉国外移动支付的现状
● 了解移动支付的发展前景

学习指导
★★★★

1. 本章内容包括：移动支付的内涵；移动支付的类型；移动支付的实现与流程；国外移动支付的现状；移动支付的发展前景。

2. 学习方法：结合案例了解移动支付的内涵，移动支付的类型，移动支付的实现与流程，移动支付的现状与发展前景。

3. 建议学时：4 学时。

 引导案例

TCL手机铃声侵权被起诉

2003年10月，北京市第一中级人民法院公开开庭审理了中国音乐著作权协会诉TCL手机的销售商北京迪信通电子通信技术有限公司以及制造商TCL移动通信有限公司侵犯其音乐著作权案。

原告音著协称，2002年9月，原告工作人员在迪信通公司购买了TCL移动通信有限公司制造的12种型号的TCL手机，在这12种型号的TCL无线电话机中复制有23首歌曲未经原告许可而作为电话铃声使用。原告认为，被告在复制传播上述23首曲目之前未征得原告的许可，也未取得曲作者的授权，且拒不支付任何费用，严重侵犯了曲作者的著作权，造成了巨大的经济损失，请求法院判令两被告立即将其制造和销售的TCL品牌无线电话中的所有侵权铃声曲目删除，并就其侵权行为公开道歉，同时索赔人民币1293.58万元的经济损失。

资料来源：李庆华. TCL手机擅用歌曲做铃声 被索赔1293万元 [N]. 中国经济时报，2003-10-20.

➡ 问题：

1. 你认为本案中TCL手机铃声侵权之诉是否能取胜？
2. 你的手机铃声是如何下载的？是否有侵权嫌疑？

移动商务的迅猛发展与普及正深刻地改变着人们的生活方式，3G的迅速推广都给移动支付业务注入了新的活力。手机作为一种安全、便捷和先进的支付工具正逐渐显现出其巨大的发展及应用潜力。移动支付作为电子支付的先进方式，正在世界范围内不断发展，是个具有巨大潜力的产业。移动支付对于用户具有便捷、快速的特点，伴随移动终端普及率的不断提升，移动支付有着广泛的用户基础。移动支付业务涉及面广泛，是一个融合各个相关行业的新产业，商机无限的同时需要行业间的合作才能成功。在这样的大背景下，移动支付技术与金融业的结合日益引起各方的重视。但同时应当注意到，移动支付在国内尚处于市场培育阶段，其发展面临着诸多问题，要想成功挖掘这座金矿，则需要看清移动支付发展的方向和影响移动支付业务发展的关键因素，进而找出移动支付发展所应采取的策略。

第一节　移动支付的内涵

支付手段的电子化和移动化是随着电子商务发展不可避免的必然趋势。对于中国的移动支付业务而言，庞大的移动用户和银行卡用户数量提供了诱人的用户基础，信用卡使用习惯的不足留给移动支付巨大的市场空间，发展前景毋庸置疑。与此同时，移动支付也面临着信用体系、技术实现、产业链成熟度、用户使用习惯等方面的瓶颈。随着移动支付的渐入佳境，移动支付产业链的发展现状成为人们关注的焦点。只有对产业链的各个角色进行资源整合，优势互补，积极合作，才能实现产业链的健康、快速发展，实现共赢。

一、移动支付的概念

随着互联网的快速发展，电子商务也在全球顺势而起，这种新的商业模式给人们的生活方式带来了巨大的影响。另外，移动通信的发展也非常迅速，从第一代模拟移动通信到第二代以 GSM 为代表的数字移动通信，再到第三代宽带 CDMA 移动通信用了不到 20 年时间。移动用户的数量也迅速增加，目前仅中国的移动用户数就超过了 7 亿。移动用户也不再仅仅满足语音业务，人们将目光延伸到以股票、小额支付、信息浏览等为主的数据业务。随着互联网和移动通信技术、电子商务业务的进一步结合，移动支付也具有了良好的发展基础。现在移动支付已经迎来了发展的黄金时机。

各种国际组织和相关媒体对于移动支付的定义繁多，其内容也在不断丰富，移动支付与移动商务一样，都是无线联网和信息技术发展而出现的新的商务形式，都处于发展与成熟时期，所以在内容上也是不断丰富的。目前在国际上并没有一个关于移动支付的标准定义，移动支付相关的组织都分别有关于移动支付的定义。

国外著名移动支付联盟 Mobile Payment Forum 根据可以通过无线方式发生支付行为的特性给出了移动支付的定义：移动支付，就是通过无线连接，使用一种移动通信设备作为电子支付工具使付款人向收款人进行支付的一种电子方式转移。这种移动通信设备由至少一方参与者组成，通常是使用手机、PDA 或是当前其他较为复杂的电子设备。

中国人民银行对移动支付的定式是：移动支付是指单位、个人（以下简称用户）直接或授权他人通过移动通信终端或设备，如手机、掌上电脑、笔记本电脑等，发出支付指令，实现货币支付与资金转移的行为。

诺盛电信咨询对移动支付的定义如下：移动支付也称手机支付，是指交易双方为了某种货物或者服务，使用移动终端设备为载体，通过移动通信网络实现的商业交易。移动支付所使用的移动终端可以是手机、PDA、移动 PC 等。

中国银联对移动支付的定义如下：移动支付（又称手机支付）是指用户使用移动手持设备，通过无线网络（包括移动通信网络和广域网）购买实体或虚拟物品以及各种服务的一种新型支付方式。移动支付不仅能给移动运营商带来增值收益，而且可以增加银行业的中间业务收入，同时能够帮助双方有效提高其用户的黏性和忠诚度。

从以上的叙述可以看出，移动支付是"通过手机或 PDA 等移动通信设备来做付款的行为"，也就是以移动装置作为付款工具。狭义上，移动支付也叫手机支付。

根据上面的定义，移动支付业务也被称为手机支付，是一项跨行业的综合服务，是电子货币与移动通信业务相结合的产物。移动支付业务不仅丰富了银行服务内涵，使人们随时随地享受银行服务，同时还是移动运营商提高 ARPU 值的一种增值业务。因此可以将移动支付定义为：移动支付是指交易双方为了某种货物或者服务，使用移动终端设备为载体，通过移动通信网络实现的商业交易。移动支付所使用的移动终端可以是手机、PDA、移动 PC 等设备。

4

移动商务的支付即所谓移动支付，是指借助手机、掌上电脑、笔记本电脑等移动通信终端和设备，通过手机短信息、IVR、WAP 等多种方式所进行的银行转账、缴费和购物等商业交易中的支付行为或支付活动。移动支付可以使人们在任何时间、任何地点处理多种金融业务。整个移动支付价值链包括移动运营商、支付服务商（比如银行，银联等）、应用提供商（公交、校园、公共事业等）、设备提供商（终端厂商，卡供应商，芯片提供商等）、系统集成商、商家和终端用户。随着 3G 时代的到来，移动支付将成为移动商务一个重要的组成部分，具有十分巨大的市场空间。由银行、移动运营商、移动支付服务提供商（第三方）、商家和用户构成等环节组成的产业链已具雏形。

移动商务是指对通过移动通信网络进行数据传输，并且利用手机、PDA 等移动终端开展各种商业经营活动的一种新电子商务模式。移动商务是与商务活动参与主体最贴近的一类电子商务模式，其商务活动中以应用移动通信技术使用移动终端为特性。由于用户与移动终端的对应关系，通过与移动终端的通信可以在第一时间准确地与对象进行沟通，使用户更多脱离设备网络环境的束缚最大限度地驰骋于自由的商务空间。从本质上说，移动支付就是将移动网络与金融网络系统相结合，利用移动通信网络的快捷、迅速，用户分布范围广，数量众多的特点来实现一系列金融服务。移动支付应该属于电子支付与网络支付的范畴，是在它们基础上的支付手段和方式的更新。移动支付可以提供的金融业务种类繁多，包括商品交易、缴费、银行账户管理等，使用的终端可以是手机、具有无线功能的 PDA、移动 POS 机或者笔记本电脑等设备。由于目前国内外的移动支付业务基本上都是在手机终端上开展，并且用户数量占绝大多数，因此也有人将移动支付与手机支付等同。手机支付可以通过手机短信、IVR、WAP 等方式进行支付活动。不管采用何种方式，都是和金融网络密切相关。它们的一个重要的共性在于都强调了商业银行/发卡机构和移动运营商在移动支付产业链中不可或缺的职能。主要的原因在于在移动支付产业链中，移动网络运营商和商业银行/发卡机构拥有各自不同的优势。运营商在移动支付的技术接入、用户数量和使用习惯等方面拥有优势；而商业银行在客户信用管理方面的竞争优势能够保证支付方案的顺利实施，从而将现有的银行支付体系升级成移动支付体系。

二、移动支付的特点

（一）移动支付的优势

采用移动支付，用户使用一部手机就可以方便地完成整个交易，用户无须亲临业务现场，可以减少往返的交通时间和不必要的等待时间，也节约了交易成本。移动支付灵活便捷，如果某项支付达到普及，交易不受时间和地点的约束。如果电费的移动支付结算简便可靠，供电企业也可以降低交易成本，甚至减少人员和运营场地的投入，**将资源更多地投入到价值的再创造中**，从而意味着效率和收益的提高。

移动支付在小额支付上更能发挥优势，小额支付主要指 100 元以下的支付。这主要是因为首先相对电子网络购物来说，手机存储显示能力以及电池续航能力有限，不能进行长时间大信息量交互，移动支付更适用于交易频繁发生的、商家产品或服务明确的、交易程序简明的支付活动；再者，移动支付目前还处于起步阶段，它的安全性还未受到广泛认可，因此，小额支付优势更加明显。"手机钱包"是目前发展较为迅速的移动支付业务。"手机钱包"主要有两方面实现途径：一是把银行卡联网系统与运营商的移动通信网络相连接，以银行卡账号为支付账号，以手机号码为支付标识，把用户的银行卡账号和手机号码进行绑定，通过手机短消息、IVR、WAP、JAVA、WEB 等通信接入手段，以银行卡支付；二是建立手机钱包中支付账号，与移动 BOSS 系统的话费绑定，以话费来实现用户支付的需求。由于绝大多数国家的金融管制政策都比较严格，对非金融机构经营金融类业务有着严格的控制，为避免与国家金融、税务政策相抵触所以"手机钱包"第二种实现途径应用范围很窄，目前就我国来说，主要局限于运营商与门户网站联合推出的短信、点歌等服务以及与福利机构联合推出的募捐等服务。

普通居民用电费用正好符合移动小额支付条件的要求，它要求频繁的有时间限制的交易，数额不大，提供产品的商家是信誉良好的供电公司，所以电费移动支付具备发展的先天条件。结合网络调查报告，这一点也被充分证实。北京信索咨询公司在 2008 年对移动支付市场情况的调查问卷中，问及受访者"什么场合下使用移动支付会带来方便"，按照提及率，排在前四位的是网上购物、公交车乘车费、购买公园/电影等门票、公共事业缴费（如水电费）。另外，移动网络覆盖远远大于传统电费缴纳网络的覆盖，尤其是对于偏远地区、山区等交通不便、人员分散的地区，移动电费支付在方便客户和节约供电企业成本方便具有无可比拟的优势，由此，电费移动支付拥有良好的发展前景。

（二）移动支付的特点

移动支付的本质是借助移动通信的信息流到资金流之间的转换过程。在此过程中，涉及的各方包括消费者、移动通信运营商、相关银行、产品商家以及相应的认证机构等多个角色之间会发生关联，形成一个新的价值链。

在这个价值链中，不同的角色关心的重点不同：消费者最关心的是支付的安全性以及便利性甚至包括支付的隐私权是否能够得到保障等问题；移动通信运营商关心的问题主要在于系统的标准化程度、交互功能、增值业务种类以及收益模式；金融机构关心整个支付系统是完整性、风险性以及可靠性；商家则希望支付过程对用户而言是透明性、便利性，因为这样会吸引更多的用户，同时，他们也能够及时获得支付。总体而言，移动支付业务的出现是一个新的价值形成过程，它为消费者和商家以及银行带来了巨大的便利和利益，同时它也对支付业务的提供者产生了巨大的压力，因为移动支付要求这些机构提供强有力的安全保证，并且要求系统具有交互式职能。

移动支付具有下面四个明显的特点：

（1）方便易行。与其他支付方式相比，移动支付方便易行，只需要拨打相应的电话号码或者发送短消息即可。

（2）兼容性好。以银行卡为例，目前中国的银行卡种类很多，要让 POS 机能够兼容所有的银行卡显然难度很大，而移动运营商只有中国移动和中国联通。因此，很容易解决兼容性的问题，广大手机用户可以很方便地使用移动支付业务。

（3）支付成本低。利用手机支付，移动运营商可以只收很低的电话费或短消息费用，甚至可以不收，移动运营商主要通过与商家利润分成或者广告来实现业务收入。

（4）安全性好。移动支付一般是小额支付，相对于其他支付方式对安全性要求低。

移动支付是由移动运营商、移动应用服务提供商（MASP）和金融机构共同推出的构建在移动运营支撑系统上的个人移动数据增值业务。移动支付系统将为每个移动用户建立一个与其手机号码关联的支付账户，其功能相当于电子钱包，从而为移动用户提供一个通过手机进行身份认证和交易支付的途径。用户通过发送短信、拨打电话或者使用 WAP 功能接入移动支付系统，移动支付系统将此次交易的要求传送给 MASP，由 MASP 确定此次交易的金额，并通过移动支付系统通知用户，在用户确认后，付费方式可通过多种途径实现，如直接转入银行、用户电话账单或者实时在专用预付账户上借记，这些都将由移动支付系统（或与用户和 MASP 开户银行的主机系统协作）来完成。

三、移动支付应用

移动商务非常适合大众化的应用，移动商务不仅仅能提供在互联网上的直接购物，还是一种全新的销售与促销渠道。它全面支持移动互联网业务，可实现电信、信息、媒体和娱乐服务的电子支付。不仅如此，移动商务还能完全根据消费者的个性化需求和喜好定制各种服务，用户随时随地都可以使用这些服务。下面介绍几种移动支付应用。

（一）销售终端服务（POS）

日本移动电话业巨头 NTTDoCoMo 于 2004 年 7 月上旬开通了使用内置非接触 IC 卡的手机结算及认证服务——"I-Mode FeliCa"，随后紧接着推出了 4 款支持该服务的手机，通过新款手机和 FeliCa 服务，用户只要将手机对着收款机的电子扫描设备晃一晃，收款机就可以通过无线射频身份识别技术将费用从手机中扣除。使用的过程像是在使用信用卡，而且完全不需要按键操作。这 4 款新手机都有上网功能，用户可通过互联网将信用卡上的钱最快最方便地充入手机。除了代替钱包，新款手机还可以充当火车票和其他身份证明卡。这种移动 POS 业务是有线 POS 业务上的延伸，它利用 SMS 或 GPRS 制式手机作为传递交易数据的通信载体，摆脱了营业场地和通信线路的限制，随时随地进行刷卡交易。基于 GPRS 的移动 POS 系统的出现，满足了以上不断发展的需要，使得各类消费活动不再受到场地和通信线路的限制，使得各种户外收费场所与移动电子商务交易做到真正的"边走边卖"，为商户带来了无限的商机。

（二）移动订票

这种服务可以通过定位技术将距离手机用户最近的餐馆、电影院或者戏院的消息发送到移动手机上，用户通过手机订电影票或者就餐消费。英国著名的市场调查公司 Juniper Research 的相关调查报告认为，2009 年手机订票业务的市场规模将扩大到 390 亿美元，占年移动商务市场 880 亿美元总体营业额的近一半。用户开始对手机订票感兴趣，这一倾向在欧洲和日本尤其明显，多数手机订票将用于火车或公共汽车票、电影票或戏票，以及汽车泊车票据。手机订票具有成为大规模市场的潜力，将在商品及票据销售中获得广泛应用，而且成本也十分低廉，由于风险很小，估计有不少消费者愿意尝试。

（三）移动博彩

通过手机参与赌博、彩票、赌马、体育运动赌博等各方面的活动。目前各类彩票在很多国家已经合法化，而国家是否允许其他类别的赌博性质的活动（如赌马、体育运动赌博等）是影响这类业务发展规模的最大因素，目前中国体育彩票的大范围推广为这种业务的成功打下了基础。移动博彩出现在 20 世纪 90 年代末的欧洲，流行于荷兰、德国、瑞典、英国、奥地利等国，在这些国家，一般的手机都能用来购买彩券、下注、加入抽彩赌博。2003 年，西门子移动业务发展公司与某博彩公司合作开发出赛马博彩专用 UMTS 平台 Scaraboo，以使用户能通过移动设备来进行赛马博彩下注活动，它做到了数字下注和实时赛场状况和结果传输。这一赛马博彩平台为用户带来了全新的互动感受，同时博彩公司和网络运营商也从中受益匪浅。

（四）手机银行

手机银行也称移动银行，是利用移动电话办理有关银行业务的简称。它可以认为是金融机构借助移动通信运营商的新技术平台开展的一种"便民业务"。使用这种业务的银行用户可以利用手机办理多种金融业务，突破时空限制，只需使用手机，依照屏幕提示信息，即可享受手机银行提供的个人理财服务，实现账户信息查询、存款账户间转账、银证转账、证券买卖、个人实盘外汇买卖、代缴费、金融信息查询等功能。中国银行、中国工商银行、中国建设银行、中国招商银行等金融机构都推出了这种业务。国外做得比较有特色的是韩国 SK 电讯。该公司整合运营的手机汇款服务，推出了全新的"M-BANK"服务项目，作为移动金融服务品牌"MONETA"中的重要业务。用户使用一种内置智能型芯片的移动电话，进行银行存折、现金卡业务、互联网银行等电子金融服务。使用者可不受时间与空间的限制，在银行的 ATM 机上使用，甚至可以在一些邻国进行漫游。

（五）小额移动支付

随着移动通信用户的增多，手机逐渐成为很多人必须随身携带的通信工具，因此利用移动手机来补充甚至替代类似信用卡、钱包等其他功能的概念自然产生。对用户来说,移动支付业务提供了随时随地通过移动手机购买多种数字或者物理商品的机会。移动商务的推动者对小额支付寄予了极大的希望。例如,移动增值业务开展最好的日本和韩国,用户已经可以通过手机购买摆放在公众场所的自助饮料机上的饮料等,目前全球最成功的移动付费业务似乎还是在欧洲。移动娱乐将是这些业务的关键动力,而通过移动手机来获取业务必将涉及支付方面的问题。从发展的角度看,移动小额支付业务也面临一些挑战。一方面,小额支付要获取利润,必须以量来弥补,况且用户需要在第一时间内得到商品或者服务,业务量现在距离达到盈利规模还有些距离。因此提供商品或者服务的商家要有足够的资金和耐心来等待。另一方面,目前通过手机支付才能享受到移动支付所带来的便利优势可能受到更新潮、更低价的技术的冲击。值得注意的是,在移动小额支付方面的价值链的直接配合,在没有涉及银行等金融机构的价值链中,有可能是业务提供者直接担当金融机构的角色。首先是移动电话公司已经有了计费软件,可以处理小额的交易,数字内容的提供商也希望拥有精确的计费系统,保证他们的利益。

(六) 捆绑信用卡的移动支付

目前很多人已经习惯用信用卡进行消费,尤其是在欧美国家。根据统计,美国信用卡的使用程度和人均拥有数最高,15 周岁以上的每个人拿着 2~5 个信用卡是很平常的。通过与信用卡的捆绑,移动支付业务有了更广阔的商品空间,一方面支付的额度可以加大,另一方面企业避免了很多的呆账风险。欧美的很多软件开发商和方案提供商纷纷在这方面推出产品。目前银行拥有的客户资源比较丰富:第一类资源是有银行账户的个人用户,他们是移动付费的主动方;第二类资源是商家用户,他们是移动付费的受支付方;第三类资源是银行作为清算中心已经进行过交易处理,拥有支付交易处理方面的经验。因此银行可以通过与移动公司的合作,为自己的信用卡用户提供另外一种更方便的服务,而由移动公司统一与商家打交道。不过根据目前开展的业务看,由于信用卡的使用需要进一步推广,使得很多银行还是比较乐意采用这种新业务形式的。

第二节 移动支付的类型

移动支付是一种在移动设备上进行商务活动的方式,是指参与交易的双方为了得到所需的产品和服务,通过移动终端交换金融信息的过程。移动支付系统为每个手机用户建立了一个与其手机号码关联的支付账户,用户通过手机即可进行现金的划转和支付。移动支付作为通信技术和金融服务结合的服务方式，在未来几年内将成为移动增值业务的新亮点。

一、移动支付分类概述

移动支付存在多种支付形式，使用的设备也不尽相同。根据目前移动支付的发展现状，可以对其进行如下的一些分类。

（一）根据交易金额的不同，可以将移动支付分为小额支付和大额支付（又称微支付和宏支付）两类

顾名思义，移动小额支付：费用通过移动终端账单收取，用户在支付其移动终端账单的同时支付这一费用，但这种代收费的方式使得电信运营商有超范围经营金融业务之嫌，因此其范围仅限于下载手机铃声等有限业务；小额支付是指交易货款很小的电子商务交易，其主要用途是购买数字内容业务，例如下载游戏、视频、铃声等。大额支付是指交易金额较大的支付过程，大额的在线购物就是一种方式。根据移动支付论坛的定义，小额和大额支付之间的界限为100元。小额支付与大额支付之间最大的区别在于两者要求的安全级别不同，使用的技术手段也就不同。对于大额支付，一般就需要通过可靠的金融机构来进行交易验证；小额支付主要的重点在于使用快捷、运作成本低，因此使用移动网络本身的 SIM 卡鉴权机制就可以了。目前世界大多数流行的移动支付行为都是集中在小额支付上。

移动电子钱包：费用从用户的银行账户（即借记账户）或信用卡账户中扣除，在该方式中，移动终端（尤其是手机）只是一个简单的信息通道，将用户的银行账号或信用卡号与其手机号绑定起来。移动电子钱包的客户若要使用移动支付业务，前提是须将手机号码与银行卡进行捆绑，此后在交易过程中所支付的金额会直接从银行卡上扣减。在此前提下，移动支付又可以分为两种形式。

1. 非面对面支付方式

客户不希望亲临现场就可进行交易的需求。客户可使用手机短信息、IVR、WAP、K-Java（基于 J2ME 的支付平台）、USSD（非结构补充数据业务，Unstructured Supplementary Service Data）等操作方式，完成日常生活中的水电煤气、物业管理、交通罚款等公共事业缴费，或者用于彩票购买、手机订票、手机投保等交易。这种支付模式不受时间、地点约束，无须排队，为客户提供了极大的便利。在国外如爱立信公司的 Mobile e-Pay 解决方案，在国内如北京联动优势科技有限公司的"手机钱包"业务。

在当前 2G/2.5G 的通信环境下，手机还只能浏览一些简单的网页，要进行

网上购物还不太现实。因此，可以考虑将非面对面的移动支付与基于 PC 的网上支付结合起来，构建成统一的电子支付系统。例如与支付宝结合，现在支付宝是用客户的 E-mail 登录，如果服务提供商之间加强协作，使客户用手机号码也能登录，这样就可以将移动支付与网上支付合并为一个 ID，既方便于管理银行账户，又扩展了非面对面移动支付的应用范围。与支付宝一样，手机号码已采用实名登记，因此较好地保证了客户的信用度。

2. 面对面支付方式

如今，人们虽然能够足不出户地在网上购物，但网上购物永远也满足不了人们在商场里亲身购物时所体验到的人文享受。亲身购物的过程就是一种休闲方式，那么在此过程中如何使交易最为简便呢？类似于人们在商场内的刷卡消费，客户的终端与商家的终端之间采用近距离无线通信方式，客户只需将手机靠近终端，再输入密码就可以完成支付。客户可使用 NFC（短距离的无线连接技术，Near Field Communication）、RFID（无线射频识别，Radio Frequency Identification）等操作方式，完成商场内的购物消费。

（二）根据传输方式的不同可以分成远程交易和现场交易两种

远程交易是指支付需要使用移动终端，通过基于 GPRS/CDMAlx 等网络系统来实现。例如发送短信息购买电影票；现场交易是指移动终端在近距离交换信息，而不需要通过移动网络进行支付，例如使用手机上的红外线装置在自动贩售机上购买方便面等物品。

（三）根据手机是否与银行卡绑定，可以将移动支付分为移动运营商代收费和银行卡绑定收费

移动运营商代收费是指移动运营商为用户提供服务，用户通过手机账户进行商品的购买，金额由移动运营商从其手机账户中扣除，再同金融机构进行结算。但是由于我国金融政策的严格管制，目前仅限于小额支付。银行卡绑定收费是指银行为用户提供信用，将用户的银行卡账号同信用卡号与手机号连接起来，费用从用户的银行账户中扣除。这种方式需要移动运营商和金融机构的协调合作，是移动支付未来最有前景的一种方式。

二、移动支付分类标准

目前比较传统的分类方式是基于移动支付论坛提出的分类方式，既可以按照支付价值的大小分类；也可以以交易所处的按照地理位置划分；还可以根据业务种类不同进行划分。按照基于支付价值的大小可将支付类型划分为微支付、小额支付和大额支付。按照地理位置可划分为远程支付和非接触式移动支付。根据业务种类不同，移动支付可分为卡类应用、宽带服务类应用、移动增值服务类应用和其他类应用四种。移动支付存在着多种形式，不同的形式实现的方式也不相同，见表1-1。

表1-1　移动支付分类

分类的类型	分类	定义	区别要点	区别
支付金额	小额支付	单笔金额在10美元以下	安全等级	可以使用移动通信网络基于SIM卡的鉴权机制进行鉴权
	大额支付	单笔金额在10美元（包括10美元）以上		需要通过可靠的金融机构进行鉴权和交易
支付方式	接触式支付	直接利用手机在线进行远程的购物或服务	双方交易所处的位置	远程交易
	非接触式支付	在面对面的购买货物或服务中，使用移动网络，也可以不通过移动网络		面对面的交易：可以发生在人与人之间，也可以发生在人与机器之间
业务种类	卡类业务	电话卡、游戏卡等的购买	业务应用领域	付费卡服务
	宽带业务	流媒体、网游等服务的支付		宽带服务
	移动增值业务	移动下载、移动音乐、彩铃等移动增值业务		移动增值领域的服务
	其他应用	彩票、旅游、保险等其他扩展业务		行业应用

　　根据基于支付金额可将移动支付类型划分小额支付和大额支付。其中小额支付是指交易额少于10美元，通常是指购买移动内容业务或其他小额的业务，例如手机游戏、手机视频下载、交停车费等；大额支付是指交易金额较大（大于等于10美元）的支付行为，例如在线购物或者近距离支付。两者之间最大的区别就在于安全要求级别不同。对于小额支付来说，使用移动网络本身的SIM卡鉴权机制就足够了，而对于大额支付来说，就必须通过可靠的金融机构进行交易鉴权。

　　根据交易双方所处的位置，移动支付可分为非接触式移动支付和接触式移动支付。非接触式移动支付利用手机在线从远程购买货物和服务，支付交易是在面对面的交易中，可以发生在人与人之间，也可以发生在人与机器之间，例如通过自动售货机购买商品，通过售票机购买地铁乘票等应用，其主要技术实现方式有红外、NFC（Near Field Communication—近距离无线通信，以索尼公司开发的一种近距离非接触智能芯片FeliCa IC技术最为典型）以及RFID（Radio Frequency Identification—射频识别）、DISIM（Double Interface SIM—双面SIM卡）等技术。非接触式移动支付小到购买彩铃、图片和电影等数字产品，大到用手机购买货物和服务等大宗实物产品。接触式移动则是支付通过移动网络进行，是一种在线支付方式，主要技术实现方式有 SMS（短消息）、WAP（无线应用协议）、IVR（交互语音应答）、K–Java/BREW、USSD（Unstructured Supplementary Service Data，非结构化补充服务数据业务）等。

根据业务种类的不同，移动支付可分为卡类应用、宽带服务类应用、移动增值服务类应用和其他类应用四种。其中卡类应用主要是指购买电信业务卡、话费充值卡、游戏卡等付费卡服务；宽带服务类应用主要是指宽带内容包括流媒体服务、远程教育服务、网游等服务和业务；移动增值服务类应用主要是指移动增值服务领域的移动支付，比如移动娱乐服务、移动下载服务、移动音乐服务以及彩铃等；其他类应用主要是指彩票、保险、票务、旅游服务等其他行业应用。

欧洲银行标准化协会也对移动支付给出了类似的分类和定义：基于支付价值的大小可将支付类型划分为微支付（支付金额低于 2 欧元）、小额支付（支付金额在 2 欧元到 25 欧元之间，包括 2 欧元）和大额支付（支付金额大于 25 欧元）；按照地理位置可划分为远程支付和非接触式移动支付，其中远程支付可以不受地理位置的约束，独立或依托于网上购物、电话购物、银行业务等环境，以银行账户、手机话费或虚拟预存储账户作为支付账户，以短信、语音等方式提起业务请求，一般用以购买数字产品、订购天气预报、订购外汇牌价等银行服务、代缴水电费，为购买的现实商品付款等，非接触式移动支付利用红外线、蓝牙、射频识别技术，使得手机和自动售货机、终端、汽车停放收费表等终端设备之间的本地化通信成为可能，真正用手机完成面对面的交易。

欧洲银行标准化协会和移动支付论坛对移动支付的分类基本上是相同的，而且国内外众多相关研究也表明移动支付发展所面临的最主要问题是安全问题。基于这种情况，目前移动支付的分类方式一般以移动支付论坛的分类方式进行。

三、移动支付的类型

按照分类标准的不同，移动支付可以进行以下不同的分类。

（一）基于支付价值划分

按照欧洲银行标准化协会在 TR603 的定义，基于支付价值的大小可将支付类型划分为微支付、小额支付和大额支付。

微支付：支付金额低于 2 欧元（大约相当于 20 元人民币）的情况下，一般划分为微支付类型。

小额支付：支付金额介于 2 欧元至 25 欧元（大约相当于 240 元人民币）间，称为小额支付。

大额支付：支付金额在 25 欧元以上，则为大额支付。

（二）基于地理位置划分

按照地理位置，可以把移动支付分为本地支付和远程支付。

本地支付：利用红外线、蓝牙、射频技术，使得手机和自动售货机、POS 终端、汽车停放收费表等终端设备之间的本地化通信成为可能，真正用手机完成面对面（face-to-face）的交易。

远程支付：远程支付可以不受地理位置的约束，独立或依托于网上购物、电话购物、银行业务等环境，以银行账户、手机话费或虚拟预存账户作为支付账户，以短信、语音、WAP、USSD 等方式提起业务请求，一般用于购买数字产品、订购天气预报、订购外汇牌价等银行服务、代交水电费、为购买的现实物品付款等。

（三）基于移动支付技术划分

基于不同的移动支付技术，可以把移动支付分为 SMS 支付方式、USSD 支付方式、STK 支付方式、WAP 支付方式、WWAN 支付方式等。

1. SMS 支付方式

短消息是目前国内移动支付的最主要的方式。这主要是由于短消息能够被所有的移动设备终端所支持，不仅操作比较简单，而且用户在日常使用手机等移动设备时已经习惯于使用短消息，可以说使用短消息支付有着良好的用户基础。由于 SMS 具有高易用性和高普及性，因此已成为移动支付服务中最常用的支付媒介。

2. USSD 支付方式

USSD 是英文 Unstructured Supplementary Service Data 的简称，即非结构化补充数据业务，是一种基于 GSM 网络的新型交互式数据业务，它是在 GSM 的短消息系统技术基础上推出的新业务，当然也可用于支付业务的处理。

USSD 对比短消息的主要优点在于 USSD 在会话过程中一直保持无线连接，提供透明管道，不进行存储转发；而 SMS 在物理承载层没有会话通道，只有储存转发系统，用户完成一次查询需要进行多次会话过程。因此 USSD 的信息响应率极高，在实时性要求较高的业务领域有很高的运用价值，比如股票买卖等。

3. STK 支付方式

STK 是 SIM Tool Kit 的英文缩写，即用户识别应用开发工具。它的基本原理是在移动通信运营商提供的手机 SIM 卡中，注入银行提供的功能服务菜单、银行的密匙，即成为提供银行服务的专用 STK 卡。而 STK 卡是基于 Java 平台的 Simera32K 卡片，是一种小型编程软件，允许基于智能卡的用户身份识别模块 SIM 运行自己的应用软件。利用 STK 卡，可以按照智能菜单进行操作，将手机银行服务的信息，通过移动通信网的短消息系统发送到银行，银行接到消息，对信息进行处理后，将其结果返送手机，完成手机支付服务。目前，招商银行、工商银行的手机银行业务采用的就是这样的 STK 方式。

4. WAP 支付方式

WAP 全称是无线应用协议（Wireless Application Protocol），它提供了通过手机访问互联网的途径，WAP 站点即是手机上的网站。实现 WAP 上的移动支付有赖于 WAP 的安全技术——WTLS。WTLS（无线传输安全协议）是基于一种工业标准的传输安全协议，被专门设计用来与 WAP 配套使用。WTLS 提供了诸如数据完整性、私有性、鉴权和拒绝服务保护等安全功能，它既可以作为 WAP 协议栈中的安全传输层协议，也可以独立于 WAP 应用于无线终端之间的安全通信。WTLS 作为 WAP 协议栈中的重要组成部分，充分考虑到了移动网络的复杂性和移动设备的诸多限制，适合应用在大多数无线通信设备中。

5. WWAN 支付方式

利用 WWAN（无线广域网）技术特别是 2.5G 和 3G 技术的手机、PDA 以及笔记本电脑等智能移动设备连接 Internet 后的在线支付，在流程上与普通的有线 Internet 应用差不多，但是需要采取适合移动通信的安全防护措施，实现在移动支付流程中对移动终端的信息加密、身份验证和数字签名以及信息传递过程中的安全。目前此种支付方式是中国研究的热门方向之一，安全的 WWAN 应用支付将大大扩大移动商务的发展规模。

（四）基于账号设立不同划分

根据移动支付账号设立的不同，还可以将移动支付分为移动运营商代收费和银行卡绑定收费两种。

移动运营商代收费：移动运营商为用户提供信用，费用通过手机账户支付，有广泛移动用户群基础，操作简便，受到广大消费者的喜爱；但由于国内金融政策的严格管制，目前移动运营商代收费属于金融政策的"灰色地带"，仅适合于小额支付。

银行卡绑定收费：银行卡绑定收费是指银行为用户提供信用，将用户的银行账号或银行卡账号与其手机号绑定，费用从用户的银行账户或银行卡账户中扣除。这一收费方式符合金融法规，但需要移动运营商与银行等金融机构相互沟通配合，操作上相对复杂。

（五）基于用户和商家的交互方式划分

根据用户和商家的交互方式不同，可以将移动支付分为"手机—手机"、"手机—移动 POS 机"、"手机—专用设备"三种类型。

"手机—手机"支付方式：指付款方和收款方均为手机银行客户，付款方通过手机银行向收款方支付消费款项，买卖双方都通过手机银行得到结算结果的通知。这种支付方式适合于有固定营业人员的消费场所，如批发市场。

"手机—移动 POS 机"支付方式：指收款方为和银行联网的商户、超市等，付款方通过手机银行支付消费款项，而收款方通过移动 POS 机接收收款信息。这种支付方式适合于大型商场、酒店、娱乐场所。

"手机—专用设备"支付方式：指收款方安装了红外线、蓝牙、USSD 等专用设备。这种支付方式适合于小型商店等营业人员不固定的场所。

第三节　移动支付的实现与流程

一、移动支付的实现技术

移动支付由于是一项涉及数据传输和交易货款的过程，因此它的实现需要接入技术和安全技术两方面的保证。

（一）接入技术

16

移动支付使用的接入技术主要有以下几种：

1. SMS

SMS 分上行、下行两种通道，用户使用短信发送到指定特别服务号码完成支付，运营商发送下行短信推送商品和服务，下行通道也是用户确认消费的通道。SMS 的优点是技术成熟，使用方便，缺点是它面向非连接存储，信息量少，无法实现交互流程。

2. WAP

这种方式是通过手机内嵌的 WAP 浏览器访问网站，来实现移动支付的流程。WAP 技术可以实现交易双方的互动，具有很强的业务能力，缺点是需要能够支持 WAP 的移动终端和网站，交易成本较高。

3. STK

这种模式是使用银行提供的 STK（SIM Tool Kit，用户识别应用开发工具）卡替换客户的 SIM 卡，事先在 STK 卡中存储银行的应用前端程序和客户的基本信息，客户使用该卡完成银行交易业务。STK 卡可以内置密码，固化应用程序，提供文字菜单的操作界面。缺点是成本高，受到终端设备的制约。

4. 红外/射频

它主要实现的是对移动用户的身份认证，进行的一般是短距离、小额支付。目前主要在日本、韩国等国家应用。

5. 基于 GSM 用 USSD 的实现方式

USSD 即非结构化补充数据业务，是一种基于 GSM 网络的实时互动的新型移动增值业务平台。它以菜单方式和直接点播方式实现移动支付业务，支持现有的 GSM 系统网络和移动终端。它的优点是手机不需要做任何设置，传输速度快，提供交互式对话，使用方便。

6. Java/BREW

这种方式主要是下载 Java、BREW 客户端程序，连接到移动互联网。它的优点是可以提供清晰高质的图形化界面，互动性强，实时通信，响应迅速，缺点是需要特定的支持终端。

（二）安全技术

由于移动支付方式的多样性，相应的安全保障技术也不尽相同。移动支付的过程涉及交易双方，进行的是数据交换，流动的手机数字货币，因此涉及身份认证、交易信息的保密性和完整性、交易的不可否认性等各个方面。在安全保证方面，现有的安全技术主要是 WPKI。它是一种公开密钥密码体制在无线环境下的安全保证机制。

在采用短信息实现支付时，利用 SIM 卡内的 DES 等加密算法来实现数据加密和数据的完整性检验。使用 Java、BREW 客户端软件的手机在实现支付时，客户端程序会通过 Java 编程在手机内实现数据加密模块，实现数据加密和完整性检验。使用 WAP 方式进行支付时，采用的一般是 WAP 统一提供的技术解决方案，手机与 WAP 网关和商家 WAP 服务器以及前置机之间都采用 SSL 安全通道。

由于传输方式的不同，移动支付既可以通过基于移动通信网络的 SMS、WAP 等技术来实现，也可以通过不依赖移动通信网络的红外线、蓝牙、RFID等技术来实现。目前，我国的移动运营商一般都采用基于移动通信网络的 SMS、WAP 等技术来实现。近年来，韩国的 SK 等移动运营商通过与银行、信用卡机构、零售商店等机构和行业进行合作，相继推出了手机红外移动支付业务，其发展呈现良好势头。

现有的移动支付技术实现方式主要有：SMS、IVR、WAP、K-Java、USSD、红外线、蓝牙和 RFID，如图 1-1 所示。

移动支付技术架构主要包括平台、鉴权技术、交互技术和传输四个方面。

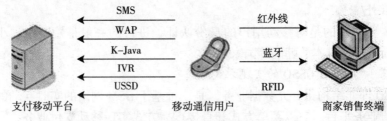

图 1-1 移动支付的技术实现方式

二、移动支付交易

移动支付的交易过程至少包含四个当事方：用户、商家、发行方及收款方。与传统的付款方式不同的是，整个交易过程是基于移动网络进行的。所以对于移动支付来说，网络提供商作为主要的当事方，其作用贯穿于整个移动支付的交易过程，如图 1-2 所示。发行方通过银行账户为用户提供支付能力，发行方主要是金融机构；收款方根据具体的支付平台不同，可以是商家、第三方移动支付服务商等。

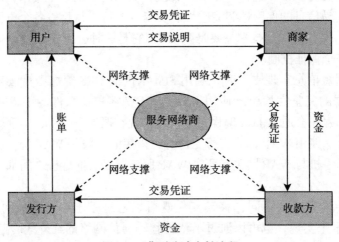

图 1-2 典型移动支付流程

交易凭证包括账户信息、账户密码以及各种数字安全证书。交易的细节信息内网络提供商负责传递。在非接触式移动支付中，交易的细节信息利用基于浏览器的协议如 WAP 和 HTML，或者信息系统如 SMS 和 USSD 进行传递；在接触式移动支付中，交易的细节信息可以通过红外线、蓝牙或 RFID 等进行传递。

根据移动支付不同的业务种类和业务实现方式，支付的流程也不尽相同。

总结起来可以归纳成一般流程，大体涉及消费者、商家、支付平台、移动网络运营商、第三方信用机构和设备制造商。

　　整个支付流程基本上由九个步骤构成，根据支付流程参与方的多少可能略有增减。首先，由消费者向商家提出购买的请求，商家再向支付平台提出收费请求；其次，支付平台与第三方信用机构进行对商家和消费者身份的认证；再次，支付平台向消费者提出支付的授权申请，得到确认授权之后向商家支付费用，并通知消费者支付完成；最后，商家将商品交付消费者。

　　从上面描述的移动支付的基本流程和具体步骤中可以得到一个结论，即支付平台运营商在移动支付整个环节作用非常重要，负责支付结算的全过程。它具有整合移动运营商和银行等各方面资源并协调它们进行运转的能力，它传递交易双方的各种请求，甚至可以记录交易双方的交易记录等信息。正因为支付平台运营商这个角色的重要性，目前它主要是由移动运营商、银行或者信用卡组织等金融机构担当，同时也有一些独立的支付平台运营商存在。在一些移动多媒体下载的业务中，移动通信运营商就担任支付平台的角色。以购买彩铃为例：用户通过 Internet 对运营商的彩铃业务进行选择，用短信向运营商发出缴费申请，运营商在对用户身份进行认证后即进行收费，提供服务，完成支付过程。收费方式分为两种：一种是运营商代收费，它直接从用户手机账户中扣除金额；另一种是从用户银行卡绑定的账户中扣除费用。

　　第三方信用认证机构在国外移动支付业务的发展中起到了很好的推动作用，在我国，由于第三方信用认证体系还不是很完善，移动支付业务完全是在运营商和银行的领导下，往往由它们自己提供对于身份和交易的识别认证等。

三、移动支付主体

　　移动支付流程和普通的网上支付流程大体上相同，需要涉及消费者、商家、移动支付运营商以及它们之间的交易活动。其中消费者和商家之间的交易是通过移动支付过程进行的，也是通过移动支付运营商完成的。而移动支付运营商又可细分为移动网络运营商、金融机构、政府机构、移动设备制造商、软件和服务提供商。这些参与者在支付流程中都扮演着自己的角色，下面逐一进行简介。

（一）消费者

　　消费者是那些持有移动设备并且愿意采取移动支付来购买商品的组织或个人，是参与移动支付的发起者，也是参与移动支付的受益主体。一切移动支付平台的建设与形成，必须首先考虑到消费者的兴趣、满足消费者的需求。移动支付的安全性、操作是否简便、费用高低都对消费者移动支付习惯的养成有着重要的影响。

（二）商家

商家出售产品或服务给消费者。在商场和超市安装移动支付系统，在一定程度上能减少支付的中间环节，降低经营、服务和管理成本，提高支付的效率，接触更广的潜在顾客。不过在移动支付发展的初期，商家一般不会立即花费成本去引入移动支付终端设备，它们并不能确定这项引入是否可以带来很大的额外需求。而商户和顾客之间存在所谓的"间接网络外部性"，当顾客认为越来越多的商店接受移动支付也就愿意使用移动支付的设备，而越来越多的顾客使用移动支付设备也会吸引越来越多的商户引入接受移动支付的设备。

（三）移动网络运营商

移动网络运营商为移动支付提供安全的通信渠道，在推动移动支付业务的发展中起到关键性的作用。但移动运营商作为移动支付平台的运营主体时，移动运营商会以手机话费账户或专门的小额账户作为移动支付账户，用户所发生的移动支付交易费用全部从用户的话费账户或小额账户中扣除。

（四）金融机构

一般金融机构在电子支付中起到的是介于买卖双方的清算与结算功能，而目前以银行为运营主体的移动支付方式为银行带来了新的角色和利益，例如拥有新的营销与增值服务管道以及具有更低的资金处理成本。银行通过自建计费和认证系统，与移动运营商协商将银行账户与手机账户绑定，用户通过银行卡账户进行移动支付。

（五）政府机构

在移动支付中政府机构主要起到进行法律法规约束、政策监管的职能。目前各国在移动支付上还处于起步及发展阶段，所以政府在移动支付产业的发展中起到了至关重要的作用。特别是在移动支付收费角色上，政府需要更加明确的界定，这样会使移动支付产业中的各方更加良性地发展。

（六）移动设备制造商

随着移动商务的发展，移动电话不再视为只用于传输语音的工具，移动电话制造商开始积极找寻潜在的收入来源。厂商在推出各种移动支付手机的同时也积极在安全性上持续加强，在使用者身份的辨识上会考虑一些新技术，如声音、指纹等识别方式，继而使相关技术的发展为解决目前信用卡严重被窃的情况提供帮助。

（七）软件和服务提供商

软件和服务提供商在移动支付产业价值链上扮演着辅助者的角色，当从事信用卡行业者或者系统行业者等规模较大的公司认同一套移动支付机制，想大力推广时，便会引发对软件或服务的衍生性需求，如人性化的使用操作界面、安全机制的解决方案等，目的是让使用者在使用移动支付平台时更加方便、灵活。

上文中提到移动支付流程主要涉及消费者、商家、移动支付运营商三个主要参与者。

四、移动支付流程

下面描述了一个完整的移动支付过程。

预备工作：消费者和商家在银行机构申请注册，支付平台运营商取得认证资格。

购买请求：消费者可以对准备购买的商品进行查询，在确定了准备购买商品之后，通过移动通信设备（移动 PC、手机等），发送购买请求给商家。

收费请求：商家在接收到消费者的购买请求之后，发送收费请求给支付平台。支付平台利用消费者账号和这次交易的序列号生成一个具有唯一性的代码，代表这次交易过程。

认证请求：支付平台必须对消费者和商家账号的合法性和正确性进行确认。支付平台把消费者账号和商家账号信息发送给第三方信用机构，第三方信用机构再对账号信息进行认证。

认证：第三方信用机构把认证信息发送给支付平台。

授权请求：支付平台在收到第三方信用机构的认证消息之后，如果账号通过认证，支付平台把交易的详细信息，包括商品或服务的种类、价格等发送给消费者，请求消费者对支付行为进行授权。如果账号未能通过认证，支付平台把认证结果发送给消费者和商家，并取消本次交易。

授权：消费者在核对交易的细节之后，发送授权信息给支付平台。

收费完成：支付平台得到了消费者的支付授权之后，开始对消费者账户和商家进行转账工作，并且把转账细节记录下来。转账完成之后，传送收费完成信息给商家，通知他交付消费者商品。

支付完成：支付平台传送支付完成信息给消费者，作为支付凭证。

交付商品：商家在得到了收费成功的信息之后，把商品交给消费者。

由此可见，在整个移动支付的过程中，支付平台处于核心的地位，所有的交易信息都要由它进行传递。

21

第四节　国外移动支付的现状

目前，移动支付在世界范围内迅速发展，但是各国移动支付的技术实现方式有较大的差异，而且商业模式也不尽相同、业务发展水平参差不齐。不同的国家根据自己的实际情况选取了不同的技术实现方式，如日本采用由索尼公司开发的 FeliCa IC 技术，韩国主要采用红外技术，非洲一些国家主要采用 SMS 技术等。总体上看，移动支付在亚洲发展得较好，特别是日本和韩国。欧洲和美洲的移动支付虽然发展较早，但是市场规模相对较小。日本和韩国主要是运营商主导模式，欧美主要以第三方联运模式为主。根据 Telecom Trends 的调查数据显示，使用移动支付的地区主要分布在欧亚地区，其中亚洲占据 48% 的市场份额，欧洲占 42%。亚洲的韩国、日本、新加坡以及欧洲的奥地利、挪威等国在移动支付的应用方面处于领先地位。据预测，到 2008 年亚洲将占据全球 54% 的移动支付市场（主要源于亚洲巨大的消费能力以及中国移动支付潜在市场的开拓）。移动支付消费的内容将集中在数字化产品（64%）、促销/广告信息（18%）、金融交易（9%）和在线购物（6%）。预测全球移动支付的用户数将在 2008 年达到 16 亿人，收入超过 5500 多亿美元。截至 2006 年底，手机在韩国和日本已经成为主流的支付设备。NTT DoCoMo 公司已经在日本销售了超过 110 万部具有支付功能的手机，有超过 13000 多家的日本商店安装了能够与手机通信的读卡机。在韩国，由于其移动通信发展迅速，政府管制进行扶持，手机采用机卡不分离的销售模式，因此韩国消费者已经把手机作为信用卡使用。在欧洲，移动支付启动相比日韩较晚，但是在欧洲良好的信用体制和商业运作下，移动支付正迅速发展。

一、移动支付在日本的发展

日本移动支付发展迅速，其主要的推动力是日本的移动通信运营商，它们在整个产业链中处于中心环节，利用优势地位，整合了下游设备提供商的资源，联合上游的银行机构开展移动支付业务。NTT DoCoMo 是日本三大移动运营商之一，它是日本移动支付业务最忠实的推动者。NTT DoCoMo 所有的 3G 手机都配备了红外线装置以支持移动支付业务。同时日本的许多零售商都对收款设备进行了改造，增加红外线读取功能以配合移动支付业务。

2004 年 7 月，NTT DoCoMo 推出了第一款配备非接触 IC 卡方式"FeliCa"

功能的 I-Mode 手机，其终端可以实现电子货币和电子入场券等功能。NTT DoCoMo 随即把 I-Mode 官方网站的内容和应用进行了修改，将移动银行业务放在了显著的位置，其目的就是向消费者推荐移动支付业务。在此之后，日本的其余两家主要的移动运营商 KDDI 以及 vodafone 都采用了上述技术推出移动支付服务。2005 年，NTT DoCoMo 又在其推出的手机中整合完整的信用卡支付功能，并且为了推广移动支付业务，NTT DoCoMo 开始联合上游的金融机构，建立稳固的产业链。NTT DoCoMo 出资收购了一家信用卡公司，持有了三井住友金融集团 34% 的股份，同日本的多家商业银行达成了合作协议。目前，日本的移动运营商通过资源的整合，建立了一条较为有效的移动支付产业链。

日本是移动支付业务发展最为成功的国家之一，移动支付已经具备相当的规模。2004 年 7 月，日本最大的移动运营商 NTT DoCoMo 推出了移动支付业务，紧跟着另外两家运营商 KDDI 和软银（原 Vodafone K.K.）也分别于 2005 年 7 月和 2005 年 11 月推出了自己的移动支付业务，他们均采用索尼公司开发的 FeliCa IC 卡技术。日本移动支付市场发展的首要推动者是 NTT DoCoMo，为了发展移动信用卡业务，NTT DoCoMo 于 2005 年 4 月和三井住友金融集团（SMFG）及其旗下的三井住友卡及三井住友银行公司结成战略联盟，并以 10 亿美元的价格收购三井住友卡 34 % 的股权。同时三井住友将现有信用卡业务同 NTT DoCoMo 的手机信用卡业务合并，推广手机信用卡。2006 年 4 月，NTT DoCoMo 推出 DCMX 品牌的移动信用卡，进一步推动了移动支付业务在日本的发展。自 2004 年 7 月以来，NTT DoCoMo 已经售出 200 万芯片手机。目前主要提供一种非接触式移动支付电子钱包服务—移动钱包，其应用主要包括六大领域：购物、交通支付、票务、公司卡、身份识别、在线金融等。移动支付的主要合作伙伴包括连锁便利店、航空公司、铁路公司以及票务公司等。日本最大的航空公司日航也于 2005 年初开始提供移动票务服务：顾客将可以通过手机或互联网购买客票，并可在机场外通过在线或手机检票，到达机场后直接进入安检流程，只需用手机划过读卡器，得到打印的登机口与座位号。在登机口处再次用手机划过读卡器，不需要检验登机牌。

二、移动支付在韩国的发展

韩国移动支付采用的是红外技术，移动支付业务的发展非常成功，其渗透率甚至超过日本。2003 年 9 月，韩国移动运营商 LGT 联合金融机构开通移动支付业务，2004 年另外两大移动运营商 SKT、KTF 也紧跟其后开通了自己的移动支付业务。韩国移动运营商的移动支付业务体系非常清晰，业务规划中针对每个发展阶段制定了非常明确的发展目标。韩国最大的移动运营商 SKT 同友利银行（Woori Bank）和现代（Hyun dai）信用卡公司共同建立支持其配置 Moneta 芯片技术手机的移动支付系统。SKT 还同世界两大信用卡系统 Visa 和万事达卡结成联盟，以在国际范围内推广其 M-bank 服务的应用，图 1-3 显示的是移动支付在交通领域中的应用。

图 1-3　韩国基于 Moneta 芯片的移动支付示意

从 2002 年开始，韩国的三家主要移动运营商 LGTelecom，SKTelecom，KTF 都开始大规模开展手机—红外手机的支付业务，主推的是移动小额结算。2003 年 9 月三家移动运营商又与银行合作推出移动银行业务。移动电话小额结算服务是用户在互联网上购物或者使用服务时，通过输入自己的手机号码和认证号码，在下个月的手机话费中一起结算的一种服务。小额结算的最大优点是可以不用用户输入信用卡号码，减少了个人信息泄露的危险，使用方便，大大推动了韩国移动支付业务的推广和发展。到 2004 年底，韩国移动电话小额支付的市场已经超过 8000 亿韩元。

2005 年底，韩国所有的商业银行都提供手机银行业务，在线银行账户达到 2400 多万，包括通过手机交易在内的互联网银行的交易已经超过了传统的银行自动提款机的交易。同样 2005 年底，韩国移动银行用户数超过了 1000 万。根据韩国中央银行 2006 年公布的数据显示，2005 年通过移动电话完成的银行业务量平均每天达到 28.7 万笔。

韩国的移动支付业务能够得到如此迅猛的发展，主要的原因在于韩国的移动运营商和银行业敏锐地把握到了移动支付这一新的电子交易方式，对它高度重视，投入了大量的资源，并且形成了一条完整有效的产业链。在韩国，手机用户数量要超过拥有电脑的人数，而使用手机支付处理业务的费用仅仅为银行柜台处理业务费用的 1/5，因此韩国银行从成本的角度考虑，纷纷向用户推广移动支付业务。同时，韩国的移动运营商每个月可以从移动银行用户那里收取0.7美元的服务费；更重要的是，运营商与银行合作之后，银行的营业点也成为运营商提供手机销售和服务的营业点，为运营商增加了利润的来源。就此，银行和移动运营商构成了双赢的局面。

三、移动支付在欧洲的发展

欧洲早期的移动银行业务主要采用 WAP 方式，但是由于技术问题没有得到很好的发展。SMS 方式由于操作简单得到了快速发展。随着欧洲移动通信向3G 过渡，运营商更多地将移动支付重点放在流媒体、MP3 下载等业务上。目前移动银行业务仅仅得到小规模的开展。例如在英国，爱立信公司提供的手机支付服务可以让汽车驾驶员使用手机支付停车费。使用者通过手机与收费系统连接（通过语音系统或 SMS 方式），提供注册的号码和购买的停车时间，负责收费的计算机系统会记录并提交该用户的运营商从其手机账户中扣除费用。随着移动支付技术的成熟，德国、瑞典、西班牙等欧洲国家也开始推广移动支付业务。

欧洲移动支付主要采用多国运营商联合运作的模式。该模式中，金融机构是移动支付产业链的合作者，而不仅仅是参与者。目前欧洲有很多国家已经开始全面提供移动支付业务，包括：法国、德国、瑞典、芬兰、奥地利、西班牙、英国等主要国家。欧洲移动支付的业务模式是通过 WAP（无线应用协议）、SMS（短消息业务）、IVR（交互语音应答）等接入方式来验证身份，因此多用于 WAP 业务、电子票务等。随着现场支付技术 NFC 的日趋成熟，欧洲电信标准协会认为基于 NFC 的手机支付功能将被集成到手机 SIM 卡内，并成为新的移动支付标准。

目前，在欧盟国家已经被广泛接受的移动支付商有 Paybox 与 Vodafone，VISA 电子智能卡和 Ebay/PayPal（贝宝）等。

1. Paybox

总部位于德国 Raunheim 的 Paybox 成立于 2000 年。Paybox 交易付款的范围业务范围包括：①网络电子商务付款；②个人对个人付款；③付款至银行账户；④移动支付。

2. Vodafone（沃达丰）

2002 年，欧洲最大移动运营商之一 Vodafone 宣布进入移动支付产业。Vodafone 采用信用卡与借记卡来完成移动支付方案，Vodafone 的使用者必须先在线注册成为会员，注册时输入使用者的手机号码、使用者名称、密码与 PIN 码，辨认其移动装置，并在使用者购物消费时输入 PIN 码来确认与授权每一笔交易。Vodafone 移动支付有两大方案为 M-payCard 与 M-payBill，M-payCard 是使用信用卡与借记卡的方式完成扣款交易，M-payBill 是利用手机账单的方式，将购物消费的交易金额记入手机账单中。

3. VISA 电子智能卡

2000 年，NOKIA 与 VISA 签订一个使用手机标准化的安全付款的合约，NOKIA 研制出双插槽芯片手机，一个芯片有 SIM 卡功能，用于手机用户打电话和登录网络，另一个芯片将使用于鉴定信用卡或储值卡功能，使其实现付款功能。2007 年，VISA 针对移动支付的应用，对全球移动用户建立了统一的移动平台来支持移动支付服务，实现传送与付款相关的服务并促进金融机构与移动网络商之间的合作。此平台可灵活转换到目前已经存在的移动无线网络技术中，整合全球移动无线技术与付款机制，目前移动平台的最初版本是提出无线的移动支付方案，未来的版本将会包括远程付款形式与个人与个人之间的付款方案。

四、移动支付在美国的发展

移动支付领域的业务在美国发展比较滞后，相比日韩等国的移动支付市场还处于初级阶段。早在 1999 年，贝宝支付就计划开发用于手机支付的软件，但是经过调查他们很快发现，最大的在线支付平台 eBay 上的买家和卖家更喜欢使用基于互联网的支付方式进行结算，于是他们就暂时放弃了移动支付业务的推出。直到 2006 年才推出"贝宝移动"手机短信支付服务。除贝宝移动外，金融领域的万事达和 VISA 也在将其非接触 IC 卡标准拓展到配置 NFC 芯片的手机中。美国最大的移动通信运营商 Cingular 于 2005 年 12 月同诺基亚、大通银行、VISA 美国和亚特兰大的若干运动队和运动场等合作推出基于 NFC 及类似的非接触式芯片技术的试点项目，但是还没有进行大规模的推广和使用。虽然美国近两年移动数据业务发展日新月异，但移动上网、图片铃声下载、PTT、MMS/SMS 和流媒体是其业务发展的重点，在移动支付业务领域没有太多的举措。在美国，支付领域的新贵 PayPal 的应用是人们关注的焦点。PayPal 原来就是一个电子支付业务提供商。PayPal 提供的移动支付业务通过短信的方式不仅能购买数字产品，还能买真实的商品，并且提供货到付款服务。

五、非洲的移动支付

非洲一些国家，如赞比亚、南非、肯尼亚、尼日利亚、刚果等国都推出了移动支付业务。

在非洲的移动支付业务有以移动运营商的名义推出的，如肯尼亚的 Safaricom、赞比亚的 CelTel 等；有以银行的名义推出的，如肯尼亚联合银行；

有第三方推出的，如南非的 Fundamo。

一些业务提供者除了采用短信方式提供支付业务以外，还提供一些金融服务的短信提醒服务，如短信提醒用户的工资到账、每笔信用卡交易短信提醒等。刚果移动运营商 CelTel 也曾于 2000 年 7 月将 WAP 应用于移动支付业务，但最终由于速度慢、缺乏终端支持等原因没有发展起来。非洲移动支付业务之所以能够发展起来，甚至比一些发达国家发展得还好，主要是因为在非洲移动支付业务对传统银行业务的补充作用明显。在一些没有传统银行分支机构的地方，消费者可以通过移动支付的方式购买商品。

第五节　移动支付的发展前景

一、移动支付在中国的发展

国内移动支付的发展最早可追溯到银行与移动运营商合作开展的手机银行业务。通过该业务，客户可以在手机上实现银行账户的理财和支付功能。虽然这一业务由于种种原因而未能取得成功，但它打开了移动通信和金融业务结合的大门，为移动支付业务的发展铺垫了道路。国内的移动支付业务从 2003 年开始正式起步。至 2005 年，用户数已达 1560 万，产业规模达 3.4 亿元，其中非面对面的移动支付业务占了绝大多数份额。2007 年，随着人们消费心理的日趋成熟，运营商、银行、商家等各方从中获取利润的逐渐增多以及基础设施的进一步完善，移动支付业务将进入产业规模快速增长的拐点。根据诺盛电信咨询提供的数据可知，到 2008 年，移动支付的用户数将达 1.39 亿人，占移动通信用户总数的 24%，产业规模将达到 32.8 亿元，届时面对面的移动支付将占相当大的份额。从以上数据可以看出，移动支付虽然还存在着一些不完善之处，但是与传统支付方式相比，它的方便、快捷、安全等特点是毋庸置疑的。况且 3G 日益临近，无线移动的应用将进一步加强，各家服务提供商（SP）和内容提供商（CP）已经蓄势待发，准备在无线增值市场大展拳脚，移动支付正是各方关注的热点。因此我们有理由相信，移动支付的发展壮大已是大势所趋，它在中国的全面普及将会很快到来。可以把中国移动支付分为四个阶段，下面是每个阶段的基本特征。

2002~2004 年：中国移动支付产业的起步阶段。

移动运营商尝试性地推出一些移动支付服务，如彩票的投注、自动售货机

27

零售商品的购买、E-mail 服务费的代收等，同时媒体也进行大量炒作性的报道。但由于技术上的安全问题尚未解决、产业链不成熟、用户基础缺乏，移动支付产业处于缓慢的业务导入期。

2005~2007 年：移动支付业务市场预期的快速发展阶段。

移动支付技术不断改进，进一步提高服务的安全性，同时硬件基础（移动通信网络及其他相关技术）也在不断完善。移动支付领域中的不少业务（手机缴费充值、手机购买彩票、公用事业费支付等）的商业模式成熟、用户使用习惯得到培养，其应用的地区快速增加，已经进入了地域快速扩展的发展期，但市场规模仍然是其"瓶颈"，业务种类比较单一。

2008~2009 年：移动支付业务的商业模式探索阶段。

基于较好的用户使用习惯和产业链的逐渐成熟，移动支付业务种类迅速丰富，消费者使用比例逐渐增加，移动支付进入商业模式探索阶段。但此时移动支付产业环节复杂，相关规范和标准的不统一使得许多商家和第三方机构处于观望中，价值链构建和合作机制处于磨合阶段；移动运营商和金融机构的议价能力相当，两者的主导地位不明显，整体来说处于产业价值链的建立和商业模式的探索发展时期。

2009 年以后：移动支付业务的稳定发展阶段。

2009 年以后移动支付业务的渗透率达到 20%以上，提供业务种类丰富，用户使用习惯成熟。移动运营商和金融机构通过扩展服务内容和支付通道增强业务的吸引力，双方展开进一步的合作，市场推广力加大，价值链不断完善。而由于不断改善的硬件环境和丰富的支付业务，越来越多的用户开始使用移动支付服务，同时广阔的移动支付市场又吸引了许多第三方机构和 SP 的成功加入，形成了一个良性发展的支付平台系统。监管政策的完善、商业模式的创新有效地平衡了价值链上环节的利益，促使价值链的发展。

随着短信业务的蓬勃发展，以短信为基础、基于银行卡支付的移动支付开始得到发展。2002 年以来，中国银联分别和中国移动、中国联通合作，在海南、广东、湖南等地开展了移动支付业务，并取得了可喜的成绩，如湖南移动支付客户目前已经超过 100 万，甚至吸引了国外同行如韩国 SK 公司前来取经。从 2004 年开始，基于试点成功的经验上，银联开始在全国范围内推广移动支付业务。

此外，以第三方为主体的移动支付模式也在国内兴起。在这种模式下，移动支付平台的运营由独立于银行和移动运营商的第三方经济实体承担，具有独立的经营权。平台运营商作为桥梁和纽带，联接客户、银行及 SP，并负责客户银行账户与服务提供商银行账户之间的资金划拨和结算。目前，广州的金中华、上海的捷银等公司均采用这种模式提供数字化产品销售、电子票务等增值服务。

我国移动支付的发展是从手机银行业务开始起步的。手机银行业务由移动运营商和银行合作发展的，它结合了移动通信技术和金融业务，允许客户使用手机对银行账户进行理财和支付，也为后面移动支付的发展打下坚实的基础。

中国移动早在 2000 年 5 月就开始与中国银行展开合作，通过更换手机用户的 SIM 卡推出了手机银行业务。但是由于必须更换 SIM 卡，而且涉及的业务范围较小、功能有限，因此此项业务没有得到推广。2002 年 5 月，中国移动开始在浙江、上海、广东、福建等地进行小额支付试点，引起了以中国银联为主的金融机构对该业务的极大关注。2003 年，中国移动的各地分公司纷纷推出自己的移动支付业务：2003 年初，湖南移动与中国银联长沙分公司推出银行账号捆绑的移动支付业务；2003 年 9 月，北京移动通信公司推出"手机钱包"的移动支付业务；同年，广东移动和广东发展银行合作推出了移动支付业务。目前，中国移动的移动支付业务主要涵盖手机缴费、手机理财、移动电子商务付费等个性化服务。具体包括购买彩票、手机订报、手机订票、购买数字点卡、电子邮箱付费、手机捐款、公共事业缴费等多项业务。

中国联通 2002 年开始和中国银联合作，将手机和银行卡结合起来，开展基于移动支付的手机银行业务。2004 年，中国联通的移动支付业务开始增速，中国联通一方面加强和银行系统合作（如建设银行），另一方面结盟多家第三方支付平台，扩大移动支付的交易面，如上海捷银等。目前有超过 30 家第三方支付企业与中国联通进行合作进行移动支付业务。目前，中国联通的移动支付可实现小额消费、缴费、转账以及银行卡账户查询等业务。

中国电信是中国新的移动通信运营商，重组后的中国电信也加紧步伐，与交通银行合作，于 2009 年 5 月 26 日在上海正式推出"天翼"移动支付业务，提供的服务包括：订购电子电影票、支付名医专家预约费用、缴纳电信和水电煤公用事业费用等；只要将手机卡与银行卡绑定，便可以直接用手机进行转账汇款、缴费、手机股市、基金业务、外汇业务、黄金业务、银期转账、信用卡还款等金融服务。同时电信还计划提供超市、便利店、商场等商户的 POS 机上直接刷手机消费的非接触式手机刷卡支付业务，具体见表 1-2。

表 1-2　中国移动支付现状

运营商	业务	开通时间	内容	范围
中国移动	手机钱包	2003 年	提供软件付费、邮箱付费、数字点卡购买、手机保险、电子杂志购买等服务 由北京联动优势科技有限公司提供运营支持	全国
	银信通	2007 年	针对金融客户，提供面向银行的客户信息服务等	全国使用

续表

运营商	业务	开通时间	内容	范围
中国联通	手机银行	2004 年底	与中国建设银行联手推出，具有手机理财、手机支付及手机电子商务功能	全国使用
	银行卡电话充值	2006 年	将个人银行账户与手机信息关联之后，即可通过拨打服务电话为自己或他人的手机充值缴费	北京、内蒙古
	手机钱包	2007 年	提供查缴手机话费、个人账务查询及购买游戏点卡、影视音乐、财经资讯、彩票、电子客票等服务	广东、安徽等
中国电信	手机订购、缴费	2009 年	提供预约名医专家门诊和订购电子电影票服务；缴纳通信费用、公共事业费用等	上海

二、移动支付服务存在的问题

(一) 运营商和金融机构间缺乏合作

在提供移动支付业务方面，移动运营商和金融机构之间，一方的优势恰好是另一方的劣势，双方是互补的关系。移动运营商在支付流程管理上缺乏经验，而这恰恰是金融机构的优势所在；金融机构缺乏对移动支付业务传输渠道的控制，而移动运营商不仅控制着移动支付业务的传输渠道——移动通信网，还拥有庞大的移动用户群。移动运营商和金融机构的通力合作是移动支付业务成功开展的必备因素之一。

但从移动运营商和金融机构在实际开展移动支付业务的表现来看，双方的合作不容乐观。移动运营商和金融机构从自身利益考虑，都想成为移动支付产业链的主导者。移动运营商希望借助移动支付提升移动通信业务收入，金融机构希望移动支付成为其支付业务的新发展渠道。另外，移动支付业务带来新的竞争者——移动运营商，这是金融机构不愿意看到的。因此，移动运营商和金融机构的竞争关系大于合作关系。

另外，还有一点不可忽略，绝大多数国家的金融管制政策比较严格，对非金融机构经营金融类业务有着严格的控制，这就使得运营商和金融机构的合作不可能太深入。

产业链相关环节的合作仍然薄弱，还有待加强。移动支付的各个合作方之间在利益分配、权利和责任、费用结算等方面还存在一定的分歧，这在一定程度上影响了移动支付的推广。移动运营商和相关的产业环节，需通过各种方式将移动支付的优势和特点向目标用户群体持续宣传，争取尽量多的用户使用；通过提供优惠政策和合理的收入分配方式，争取尽量多的商户的加盟。

(二) 安全问题

移动支付的最大的问题是安全性问题。用户挥之不去的安全疑虑难以消除,不仅仅是密码控制,除了移动通信环节引入的安全问题之外,整个支付流程的各个环节都需要可靠、安全的技术保障。除了实际安全问题的忧虑,还有用户心理上的安全忧虑问题。Forrester Research 在调查中就发现只有低于 15%的人完全信任移动支付,而 65%的用户拒绝通过移动网络发送自己的支付卡资料。可见移动支付要想取得成功,除了解决实际的安全问题,还需要克服用户的心理安全问题。与所有的支付业务相同,安全问题是影响移动支付业务成功开展的关键因素之一。用户在考虑是否采用移动支付业务时,考虑的首要问题是交易的安全性。实际上,在开放的移动通信网络上传输这些涉及用户支付信息的敏感数据,不可能保证完全的交易安全性。由于存在被窃取的威胁,交易的安全认证和数据传输的机密性要求必不可少。

1. 客户端的安全认证

客户端的安全认证是一种基于手机终端的设计,它限制了消费者更换手机的范围。为此,一些移动支付业务提供商采用基于 SMS 和 USSD 的安全认证解决方案。

2. 网络传输层的机密性

除了在客户端进行交易的安全认证以外,在网络传输层还要保证数据传输的机密性。在现有网络传输层安全草案(如 TLS 和 WTLS)中,提供一个接入到应用层的编解码系统。当前主要采用的编解码系统是 SHA-1 和 3DES。

传统支付业务的安全标准主要有两个:Visa3-D 标准和 Master Card SPA。在移动支付领域,一些金融机构和社会团体(如 MeT、Mobey 论坛、移动支付论坛等)都在进行交易安全标准的制定工作,但仍然缺乏统一的被广泛认可的交易安全标准。

(三) 缺乏统一的行业标准

没有统一标准问题虽然在移动支付业务发展的初期没有明显体现出来,但终将随着移动支付业务的发展日益突出。韩国的移动支付业务就因为两大运营商 SKT 和 KTF 使用的标准不统一而导致发展受阻。三家运营商在最初提供移动支付业务时都不愿意合作开发这个市场。SKT 的 Moneta 业务和 KTF 的 K-merce 业务需要不同的红外接收器,两种不同的接收器不能互联互通。GSM 协会于 2007 年 2 月公布制定 NFC 移动支付全球统一标准的新计划——"Pay-BuyMobile",该计划旨在建立一个在不同设备提供商和金融机构之间实现互操作的全球统一 NFC 移动支付标准。统一的行业标准使参与生产和研发的终端和设备厂商数量更多,有利于降低 NFC 移动支付手机和读卡器的成本,从而使该业务的受众面更大，业务更加普及。

（四）使用习惯还需要进行长期培养

中国人根深蒂固的消费习惯难以改变。从技术而言，国内的移动支付手段完全与发达国家同步，但在实际的应用环境上存在较大的差距，中国人对现金交易的依赖是推广移动支付业务的较大障碍。因此，观念的转变更加重要，需要政府的鼓励和支持。

（五）尚无信用体系和实名制

这就为恶意透支等欺诈行为留下了潜在的机会，坏账和欺诈的风险使得移动运营商和银行对此有所顾忌，影响其对移动支付业务推广的积极性。

三、移动支付的发展趋势

从日韩到欧洲，移动支付业务的发展步伐在不断加快。尤其是在日韩两国，移动支付业务日益走向普及，成为颇具发展潜力的业务增长点。有关电信业内人士称，2008 年是移动支付应用的基础年，2009 年就是移动支付的发展年。据最新的电信行业分析调查报告称，未来几年，全世界的移动支付应用将逐步替代现金或者信用卡、借记卡等支付手段，预计到 2011 年，将有 360 亿美元的交易通过移动非接触式方式进行支付。

作为世界第一大手机用户国，我国的手机用户已经突破 7 亿，目前移动支付业务与产业模式也在逐渐成熟与清晰。各大运营商也推出了自己具有特色的移动支付业务。据最新的行业分析调查报告称，2009 年上半年，我国手机支付用户总量突破 1920 万户，实现交易 6268.5 万笔，支付金额共涉及 170.4 亿元。以上数据表明，未来移动支付的发展前景无可限量，市场空间十分巨大。从某种意义上讲，对于我国手机用户的庞大数量，移动支付的推广与普及，除了可观的利润空间，对于人们生活的方方面面还具有重要意义。

英国市场调研公司 Juniper Research 发表研究报告指出：到 2013 年，全球移动支付金额将达 6000 亿美元，目前该市场以音乐与铃声等数字商品为主，但其最大的前途在于 NFC 技术的应用；到 2013 年，手机将成为虚拟钱包，这种趋势将从发达国家向发展中国家扩散，移动支付应用广泛的三个主要地区，即远东与中国、西欧、北美，2013 年将占全球移动转账总交易额的 70% 以上。

移动支付条件正在成熟，它以简单易行、避免现金交易等优点获得不少人青睐。极大地方便了用户"随时、随地、随身"完成支付的需求，也契合了当前"便捷、节约、环保"的发展趋势和服务理念。随着手机在中国的高度普及，以手机为终端，以无线通信网络为基础，通过移动支付手段进行支付的移动电子商务市场空间广阔。不久的将来，移动电子商务必将成为人们首选的电子商务模式。

本章案例

许霆银行卡取款案

许霆是 20 岁出头普普通通的一个打工者，在广州打工，有一天他先后两次到一台自动取款机取了 170 多次一共取走了 17 万多（元），随后针对他取款行为的性质认定引起了法学界的讨论，来看一下许霆案的前后经过。

2008 年 1 月，记者到广州采访这一案件时许霆被关押在看守所里无法接受采访，我们从他的辩护律师吴义春那里了解到一些情况。事情发生在 2006 年 4 月 21 日晚上 21：56，许霆跟同事下班准备回宿舍，他走到天桥边想去取点钱。在公安机关的讯问笔录中，许霆说我用自己的商业银行卡插进提款机取钱，我原本想取款 100 元，不知怎么的多按了一个零就变成了提取 1000 元，谁知那提款机就吐出了 1000 元。许霆当时就觉得很奇怪，他把卡拿出来又查询，查询后他就发现钱没少。从 22：00 开始到 23：00 左右的时候，他总共取了 60 多次，取了 6 万多元，在取钱的过程中他那个同事久等不来也过来询问。

他的同事郭安山在讯问笔录中说：我叫了一声许霆，他回头望着我愣了一下，我看见他脸上很多汗珠，很激动的样子，他取出柜员里的一叠钱，就叫我回去，回到屋子里他就关好门，站在床边掀开衣服，从他身上掉下一叠一叠的钱，然后他就在数钱，大概有四五万元吧。到了半夜 0：30，两个人又去了，前面一次跟后面一次总共加起来（取款）170 多次。

许霆在广州市某单位做保安工作，第二天是周六，许霆照常上班了，第三天是周日，许霆本该休息但是他又来上班了，直到周一许霆见银行始终没什么动静于是就不辞而别，坐上了开往山西老家的长途汽车，许霆并不知道就在这天上午，银行已经发现那台 ATM 机出现了异常交易。

银行称在 4 月 24 日进行例行的扎账、冲摊的时候发现 4 月 21 日晚上 21：00 多的交易有多取款项的嫌疑，资产出现流失。在银行向警方出示的情况报告中记者看到，经查看流水日志发现许霆取款的那台机器，在 1000 元以下取款交易正常，但对取款超过 1000 元的 ATM 机则按 1 元计，也就是说输入取款 1000 元机器也就吐钞 1000 元但卡上实际扣账为 1 元。机器一共发生过 186 次异常交易，少款 19.6 万多元，其中取款次数最多、涉嫌金额最大的是一张工资卡，持卡人叫许霆，银行很快找到了许霆的工作单位，但是许霆和他的同事郭安山都不辞而别了。据许霆交代他拿出了 10 万元投资网吧，但可惜的是，投资网吧没赚到钱，后来生意做不下去了，许霆应聘去一家公司跑业务，一年以后，2007 年 5 月 22 日在跑业务的途中，许霆在陕西宝鸡火车站被警方抓获。

2007 年 6 月 4 日，广州市公安局天河分局正式对许霆进行刑事拘留。4 个月后，广州市人民检察院向广州市中级人民法院提起公诉，指控许霆犯有盗窃罪。2007 年 11 月 20 日，广州市中级人民法院作出一审判决，许霆的行为构成盗窃罪，判处无期徒刑，剥夺政治权利终身，并处没收个人全部财产。

广州市中级人民法院的一审判决是判无期，判了无期之后，某种程度上好像引起轩然大波，大家的议论声特别多，但是有法学者尤其是刑法学者就说"你只要是认定他的行为是盗窃就必然判无期徒刑"，我们现在来分析这句话，只要是认定盗窃就必然判无期，必然在哪里？

这是法定的，因为根据《刑法》264 条规定盗窃金融机构数额巨大的判处无期徒刑或者死刑，这是法律的明文规定。许霆案第一定性定的盗窃，第二数额特别巨大，第三就是说盗窃这个自动柜员机的钱，这个按照司法解释，盗窃金融机构指的是盗窃金融机构的经营资金，也就是说，法官正常情况下依照法律规定，以法律为准绳，他只能在无期徒刑以上判罚，用我们行家的话说就是它的法定最低刑，法定最低刑是无期徒刑。

这样的声音我也从法学者那儿听到过，法学者说是自动柜员机的错误成了让许霆一步一步去取钱犯罪的诱因，这个诱因您从法律上怎么理解？

当然了，人的本性是贪利的，那么既然看到自己卡里没有这些钱，竟然能够从机器里面吐出真金白银来，当然是有很大的诱惑力了，这是人之常情多少有一点可理解的因素。但是一定要注意，法律就是维护规范、规则的，我们这个社会大家和谐共处实际上都遵循着一个规则就是不要侵犯别人的东西，你的是你的，我的是我的，这样大家在物质的问题上才能达成一致才能够和谐共处。这就是所有权的观念，不能不劳而获，这是我们这个基本的观念。所以他这种情况显而易见，那是银行的钱他没有权利去取，别人的东西不要碰，他违背了这个基本的信条。

在许霆一审被判处无期徒刑之后，我们听到了太多的声音，这些声音有的来自法律界，有的来自纯粹的学术界，还有很多来自民间，好像对许霆案的判决结果从一个极端走到了另外一个极端，因为：一方面，一审判处了他无期徒刑，另外一方面，我们开始听到有人说许霆的行为根本就不应该构成刑事犯罪，应该纯粹从民事关系的角度来理解这个事情，而随后许霆和他的父亲也提出了上诉。

就在许霆被判处无期徒刑的当天，许霆的父亲从山西老家匆忙赶到了广州。老人说判得这么严重还是《刑法》中最厉害的两条，给一个孩子定那两条，自己越想越想不开。

判决书中这样说，法院认为被告人许霆以非法占有为目的伙同同案人郭安山采用秘密手段盗窃金融机构且数额特别巨大，其行为已构成盗窃罪，但是许霆和他的家人都不能接受这个判决。父亲认为，儿子许霆是拿着自己实名制的工资卡到有监控系统的取款机取钱并且是在取款机程序默认的情况下取走钱的，ATM 机就在马路边上众目睽睽之下，这怎么能算是秘密窃取呢？

但是银行说连续取 171 次这个行为是属于恶意取款行为是导致许霆（被判无期）的一个直接的原因。众所周知，按照银行规定取款机每天最高取款额度限定为两万元，那么许霆取款的这部机器为什么能源源不断地吐出 17 万多元钱呢？银行说，ATM 机是大家合作的产物，跟开发商和广电运通公司进行合作，双方明确一个相关职责，比如日常维护包括加钞属于银行负责。那么有关的软件、其他方面售后服务这个方面职责就属于广电运通公司。据银行了解的情况，出事的这个 ATM 机是在对它进行日常维护过程中广电运通公司的相关工作人员由于操作失误而引发这个事件。

这就是出了问题的取款机，它就立在广电运通公司的大门口，遗憾的是那天下午广电运通公司在给机器做完日常维护之后，他们和银行都没有及时发现取款机出现了异常，而就在几小时之后这个秘密却被许霆意外地发现了。那么 ATM 机出现如此严重的问题究竟是不是广电运通公司工作失误导致的呢？记者来到广电运通公司了解情况。

几经沟通广电运通公司还是不愿意面对我们的镜头，记者只能通过电话和公司公关部的詹部长取得了联系。詹部长说作为这个事件的当事者，他们生产的机器出了那么大的岔子，其实专家都知道这个确实是从技术层面来说几分钟就可以解决的问题，确实是个意外，而且是好几个意外偶合在一起，觉得是很遗憾的事情。整个事件的确可以用好几个意外来描述，首先，银行的 ATM 机在升级维护时意外地出错；几个小时后，许霆在这部机器上取钱他意外地多按了一个零，竟然意外地发现这部 ATM 机能超额取款；还有一个意外就是事发时正好是周末，银行休息，没有及时发现这台 ATM 机出现异常交易。

在被判无期徒刑后，许霆上诉。2008 年 3 月，广州市中级人民法院再审仍认定许霆犯盗窃罪，但改判有期徒刑 5 年并处罚金两万元，许霆再次上诉。5 月，广东省高级人民法院二审维持了原判。8 月，最高人民法院核准广东省高级人民法院二审裁定。

许霆案算是尘埃落定，5 年有期徒刑这样的一个判决结果从定性上来讲，大家觉得应该是构成盗窃罪，行家一般没有什么争议的。因为这个法律规定得比较硬性，也是为了限制法官的自由裁量权，这种情况和当初想象的立法者想象那种盗窃金融机构，一般讲的是以银行或者什么大额的钱款为目标也就是立法者可能想象的，当时是穿墙凿壁的那种去盗窃金融机构主要是这种类型的所以规定得比较重。而像他这种情况确实从主观上来讲的话，他也不是刻意去作奸犯科到那儿去作案的，是偶然的机会发现它出错了然后觉得机不可失，那么他再加上本身贪欲作祟所以说他就反复地取款，这也确实有他人性弱点的一面。另外也有机器偶然性的一面，另外他和我们说的大家惯常理解的，老百姓理解的那种偷确实有一定距离，对个人来说，他突破这个道德和法律的障碍就更容易一点。按照普通情况判处无期徒刑确实量刑上是过重了，而且法律是考虑到这一点的所以它有一个灵活机制，如果罪犯不具备法定的减轻处罚情节，当然法院的法官就没有权力给他减轻处罚，但是根据案件的特殊情况在法定刑的范围内也就是对许霆来说在无期徒刑以上，判罚还嫌过重的有特殊情况怎么办？报最高法院核准也可以减轻处罚。但是也有一个非常严苛的条件，就是要报最高法院核准，这个程序是非常严格，报最高法院核准而且根据案件的特殊情况，那么什么特殊情况当然一般来说法律最讲究，它的精髓是公平，法律本于人情，你不能背离公平，不能背离人情过大，因此这种情况下，觉得他在无期徒刑之上判罚确实感觉到显失公允，有点过重了，而且法律也设定了这样一个灵活的机制，允许通过最高法院的核准给他减轻处罚。另外还有一个机制，即使他不具备法定减轻处罚的情节，那么如果经过特殊的程序、按照案件的特殊情况、经过特殊的程序报最高法院核准还是可以减轻处罚的。法律已经把这个东西考虑到了，所以原则性和灵活性都考虑到了。

许霆案到现在从案件的角度算是尘埃落定了，但是它给我们带来的很多问题还没有结束，刚才阮老师讲到的是法律意义上的问题，在社会学意义上、人性的意义上是不是很多问题我们还没有得出答案呢？比如说案发之后我们听到了那么多争论的声音，以至于声音大到了我们都不知道谁对谁错了，现在过了一段时间大家都冷静了，我们好像得出了一个统一的口径，然后我们会发现原来我们得出来的这个道理那么简单叫做别人的东西不能拿，但是仔细想一想是不是从小我们的父辈，我们的老师都在告诉我们这个简单的道理，为什么在我们面对这个案子的时候这么简单的事情我们还会对它发生疑问呢？也许这是许霆案在风平浪静之后给我们每一个人带来的最值得思考的问题。

资料来源：中央电视台．许霆案全记录．www.cctv.com 今日说法，2008-09-28．

◆ 问题讨论：

1. 许霆用自己的银行卡公开取款为何能构成盗窃罪？

2. 银行 ATM 机故障引发此案，为何银行不承担法律责任？

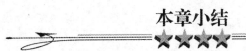

本章小结

通过本章的学习要了解移动支付的基本背景，包括移动支付的定义、移动支付的特点、移动支付的分类以及移动支付的发展和前景等内容。在一定支付的概念中，要掌握以移动支付发展组织和欧洲银行标准化协会以及中国人民银行关于移动支付的描述和定义；熟悉一定支付具有便捷性、安全性等基本特点；在分类中，主要了解移动支付论坛以及欧洲银行标准化协会给出的不同的分类，并会分析它们的相似性；然后要熟悉移动支付的类型，移动支付的实现、移动支付的交易、移动支付的主体及移动支付的流程。随后阐述国外移动支付的现状和移动支付在中国的发展，最后了解移动支付存在的问题和移动支付发展趋势。移动支付在国内尚处于市场培育阶段，其发展面临着诸多问题，要想成功发展移动支付产业，则需要看清移动支付发展的方向和影响移动支付业务发展的关键因素，进而找出移动支付发展所应采取的策略。

本章复习题

1. 试述移动支付的定义。
2. 试述移动支付有何优点。
3. 试述移动支付有哪些分类。
4. 试述移动支付的技术实现。
5. 试述移动支付的交易及流程。
6. 试分析移动支付未来发展的趋势和前景。

第二章

移动支付技术与系统

学习目的

知识要求 通过本章的学习，掌握：

- 移动支付的技术基础
- 移动支付的技术方案
- 移动支付的技术案例
- 移动支付系统
- 移动支付平台
- 移动支付的终端

39

技能要求 通过本章的学习，能够：

- 熟悉移动支付的技术基础
- 掌握移动支付的技术方案
- 了解移动支付的技术案例
- 熟悉移动支付系统
- 掌握移动支付平台
- 熟悉移动支付的终端

学习指导

1. 本章内容包括：移动支付的技术基础；移动支付的技术方案；移动支付的技术案例；移动支付系统；移动支付平台；移动支付的终端。

2. 学习方法：结合案例了解移动支付的技术基础；移动支付的技术方案；

移动支付的技术案例；移动支付系统；移动支付平台；移动支付的终端。

3. 建议学时：4学时。

 **引导案例**

私设盗码器案

朱毅是上海一家快递公司的老板，2003年5月的一天，他像往常一样，到银行把当天收的快递费存起来。然而当他存好钱核对存款余额时，却发现卡里的钱都不见了。朱毅妻子到银行查询了账户支取记录，银行还告诉她，这笔钱是在刚刚过去的星期天被取走的，而这段时间自己和丈夫都没有离开上海。朱毅夫妇随即向上海市徐汇区公安分局报了案。

在公安局朱毅了解到，遇到这种事的竟然不止他们一家，公安局已经接到了多起这样的报案。跟朱毅一样，陆慧也遇到了同样的情况。几乎所有报案者的钱都是在湖南境内被取走的，而且钱被取走的时间也都是在2003年5月的下旬。就在上海警方一筹莫展的时候，从浙江杭州传来一个资料：在一家自助银行的门口发现了这样的异常装置，这个装置将原有的进门刷卡设备完全覆盖，并用胶带固定。杭州警方经过检测，初步断定这个装置是专门用来盗取持卡人的账户信息和密码的，警方称之为盗码器，是犯罪分子作案之后留下的。这就给案件的破获留下了突破口，因为银行的刷卡设备只有特定的厂家生产销售，并且有严格的购买登记手续，对这些登记排查后，有两名湖南籍男子进入了警方视线，并很快将他们抓获归案。

2004年1月，上海市徐汇区人民法院对这起利用盗码器犯罪的案件进行了审理。

两名犯罪分子中有一名姓罗，在计算机方面有专长，是整个案件的策划者。另一名罪犯叫陈秋哲，是案件的实施者。陈秋哲把盗码器装在门禁上就可以了。罗淦说可以装在上面，要取钱的人就在上面刷。盗码器上端的槽就是用来刷卡的，在槽的下方还有一行字：刷卡后请按密码确认。通常自助银行门禁系统的刷卡装置只需刷卡、无须输入密码，而朱毅和陆慧后来回忆，当天确实有个奇怪的情况，刷了卡门没有开，还按提示输入了密码。

犯罪分子交代，他们作案的地点都是选择繁华路段的自助银行作案，并且作案的时间都是在夜幕降临的时候，这时候，银行的工作人员已经下班，夜色也可以为他们提供掩护，这时候对进门装置的异常也不易看清。朱毅、陆慧等持卡人在夜晚取钱都是有急用，对输入密码的异常要求也不会过多警觉，这就使犯罪分子有了可乘之机。法院判决：罗淦、陈秋哲构成金融诈骗罪分别判处有期徒刑 15 年、有期徒刑 4 年。

另外，本案中两名犯罪分子已经把赃款挥霍一空，持卡人认为自己所遭受的损失应该由银行承担，而银行则认为不该赔，据记者了解，用户已经将银行作为被告起诉到法院，本栏目将继续关注。

资料来源：中央电视台. 不翼而飞的存款. www.cctv.com 经济与法，2005-03-23.

问题：

1. 此案警示持卡人自己应如何预防密码被盗？
2. 银行应如何加强安全管理防御银行卡犯罪？
3. 刑法应如何加大对信用卡犯罪的惩治力度？

第一节　移动支付的技术基础

移动支付涉及的技术非常广泛，从移动通信技术到各种识别技术，本节主要介绍了常用的移动通信基础知识、RFID 的原理以及 NFC 的原理。

一、移动通信技术

移动通信是无线通信的一种主要的应用，其特点是移动性，即支持通信终端在移动状态下进行正常的通信。移动通信对移动性的支持主要分为：室内环境、低速状态以及高速运动状态。一般来讲，不同的状态，移动系统的传输速率是不同的。移动通信的发展根据采用技术和驱动业务的不同可以分为第一代移动通信技术（1G）、第二代移动通信技术（2G）、第三代移动通信技术（3G）以及未来的移动通信技术 LTE、4G 等。其中第一代移动通信技术主要以模拟技术为基础，业务为语音业务，缺点是传输速率较低、业务单一、频谱使用效率低下，现在几乎没有现网使用。

第二代移动通信技术（2G）的主要代表技术有基于 TDMA 多址方式的 GSM 系统和基于 CDMA 的 IS-95 系统。2G 系统提供的主要业务是语音业务和低速的数据业务，其系统传输速率为 9.6kb/s。

在 2G 的基础上，还有向 3G 演进的所谓 2.5G 技术。此技术和 2G 相比可以提供 13k 到 100k 多的数据业务，支持无线上网、无线数据传输等数据业务，此类业务是移动通信目前主要的增值业务，其业务增长的速率远远超过了语音业务增长率。2.5G 的代表技术主要有 GSM 系统的 GPRS 技术以及 EDGE 技术，最高可提供 120k 的业务速率；还有 CDMA 系统的 CDMA1x 技术，可提供

153.6k 的数据传输速率。

第三代移动通信技术 IMT2000 于 2000 年制定，最初包括 3 个标准：WCDMA 标准、TD-SCDMA 标准以及 CDMA2000 标准。后来又增加了基于正交频分复用（OFDM）技术的 WiMAX 标准。

IMT2000 的标准主要是以 CDMA 技术为多址接入技术，即不同的用户采用不同的地址码识别，同时采用了高维调制技术、先进的功率控制技术等保证有较高的频谱使用效率。IMT 对 3G 规定的传输速率为：室内环境（静止状态）2Mb/s 的传输速率；步行环境（低速）384kb/s 传输速率；车速环境（中高速）144kb/s 传输速率。这样就可以保证中高速的数据业务的传输。

移动通信的发展使得新业务的开展成为可能，第三代移动通信系统的建设被认为是移动支付快速扩展的前提和基础，它必将为移动支付业务打下坚实的基础。移动通信的发展具体如图 2-1 所示。

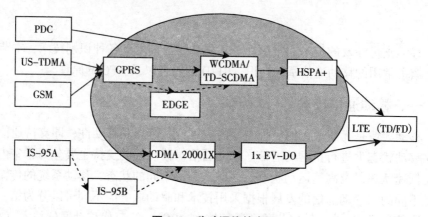

图 2-1　移动通信的发展

二、RFID 技术

本节内容将按照 RFID 的定义、原理、发展以及特点几个方面对 RFID 技术进行介绍。

（一）RFID 的定义

射频识别（Radio Frequency Identification，RFID）是一种非接触式的自动识别技术。RFID 是一种简单的无线通信系统，它通过射频信号自动识别目标对象并获取相关数据，识别工作无须人工干预，可工作于各种恶劣环境。RFID 经常被称作感应式电子晶片或近接卡、感应卡、非接触卡、电子标签以及电子条码等。

最基本的 RFID 系统由三部分组成：标签（Tag），或者称为电子标签，由耦合元件及芯片组成，每个标签具有唯一的电子编码，附着在物体上标识目标对象；阅读器（Reader），读取（有时还可以写入）标签信息的设备，可设计为手持式或固定式；天线（Antenna），在标签和读取器间传递射频信号。工作原理为：电子标签中一般保存有约定格式的电子数据，在实际应用中，电子标签附着在待识别物体的表面。阅读器可无接触地读取并识别电子标签中所保存的电子数据，从而达到自动识别体的目的。通常阅读器与电脑相连，所读取的标签信息被传送到电脑上进行下一步处理。

RFID 标签具有体积小、容量大、寿命长、可重复使用等特点，可支持快速读写、非可视识别、移动识别、多目标识别、定位及长期跟踪管理。RFID 技术与互联网、通信等技术相结合，可实现全球范围内物品跟踪与信息共享。RFID 技术应用于物流、制造、公共信息服务等行业，可大幅提高管理与运作效率，降低成本。

（二）RFID 发展历史

RFID 技术来源于雷达的领域。1948 年哈里·斯托克曼发表的"利用反射功率的通信"奠定了射频识别 RFID 的理论基础。

在 20 世纪，无线电技术的理论与应用研究是科学技术发展最重要的成就之一。RFID 技术的发展可分为以下几个阶段：

（1）20 世纪 40 年代末到 60 年代末，RFID 技术理论研究和发展，以及相应的应用研究探索。

（2）20 世纪 70 年代到 90 年代初，RFID 技术与产品研发处于一个大发展时期，各种 RFID 技术测试得到加速，各种规模应用开始出现。

（3）20 世纪 90 年代到 21 世纪初，RFID 得到迅速的发展，技术标准化问题日趋得到重视，RFID 产品得到广泛采用，RFID 产品逐渐成为人们生活中的一部分。

（4）最近 10 年来，标准化问题日趋为人们所重视，RFID 产品种类更加丰富，有源电子标签、无源电子标签及半无源电子标签均得到发展，电子标签成本不断降低，规模应用行业扩大。RFID 技术的理论得到丰富和完善。单芯片电子标签、多电子标签识读、无线可读可写、无源电子标签的远距离识别、适应高速移动物体的 RFID 正在成为现实。

（三）RFID 的分类和特点

根据不同的标准 RFID 有不同的分类方式：

按照能量供给方式的不同，RFID 标签分为有源、无源和半有源三种；按照工作频率的不同，RFID 标签分为低频（LF）、中高频（HF）、超高频（UHF）和微波频段（MW）的标签；根据双工通信的方式，可以将 RFID 分为全双工和半双工标签。

射频标签的工作频率也就是射频识别系统的工作频率，射频标签的工作频率不仅决定着射频识别系统工作原理、识别距离，还决定着射频标签及读写器实现的难易程度和设备的成本。工作在不同频段或频点上的射频标签具有不同的特点。

1. 低频射频标签

简称为低频标签，其工作频率范围为 30~300kHz。低频标签一般为无源标签，其工作能量通过电感耦合方式从阅读器耦合线圈的辐射近场中获得。低频标签与阅读器之间传送数据时，低频标签需位于阅读器天线辐射的近场区内。低频标签的阅读距离一般情况下小于 1m。

低频标签的主要优势体现在：省电、廉价；工作频率不受无线电频率管制约束；可以穿透水、有机组织、木材等；非常适合近距离的、低速度的、数据量要求较少的识别应用等。低频标签的劣势主要体现在：标签存储数据量较少；只能适合低速、近距离识别应用。

低频标签的典型应用有：动物识别、容器识别、工具识别、电子闭锁防盗（带有内置应答器的汽车钥匙）等。

2. 高频射频标签

高频标签有时也称中高频标签，工作频率一般为 3M~30MHz。因其工作原理与低频标签完全相同，即采用电感耦合方式工作一般也以无源方式为主，其工作能量同低频标签一样，也是通过电感（磁）耦合方式从阅读器耦合线圈的辐射近场中获得。标签与阅读器进行数据交换时，标签必须位于阅读器天线辐射的近场区内。高频标签的阅读距离一般情况下也小于 1m。

高频标签的特点与低频标签基本相似，由于其工作频率的提高，可以选用较高的数据传输速率。射频标签天线设计相对简单，标签一般制成标准卡片形。

3. 超高频与微波频段的射频标签

超高频与微波频段的射频标签，简称为微波射频标签，其典型工作频率为：433.92MHz，862（902）~928MHz，2.45GHz，5.8GHz。

微波射频标签可分为有源标签与无源标签两类。射频标签位于阅读器天线辐射场的远区场内，标签与阅读器之间的耦合方式为电磁耦合方式。阅读器天线一般均为定向天线，只有在阅读器天线定向波束范围内的射频标签可被读/写。相应的射频识别系统阅读距离一般大于 1m，典型情况为 4~6m，最大可达 10m 以上。

目前，无源微波射频标签产品相对集中在 902~928MHz 工作频段上。

2.45GHz 和 5.8GHz 射频识别系统多以半无源微波射频标签产品面世（半无源标签一般采用纽扣电池供电，具有较远的阅读距离）。

微波射频标签的典型特点主要集中在是否无源、无线读写距离、是否支持多标签读写、是否适合高速识别应用，读写器的发射功率容限，射频标签及读写器的价格等方面。典型的微波射频标签的识读距离为 3~5m，个别有达 10m 或 10m 以上的产品。微波射频标签的数据存储容量一般限定在 2k 以内，再大的存储容量似乎没有太大的意义。

微波射频标签的典型应用包括：移动车辆识别、电子身份证、仓储物流应用、电子闭锁防盗（电子遥控门锁控制器）等。

目前国际上 RFID 应用以低频（LF）和高频（HF）标签产品为主超高频（UHF）标签开始规模生产，由于其具有可远距离识别和低成本的优势，未来将成为射频识别的主流；微波（MW）标签在部分国家已经得到应用。

三、NFC 技术

（一）NFC 原理

NFC 的英文全称是 Near Field Communication，即近距离无线通信技术。NFC 由非接触式射频识别（RFID）及互联互通技术整合演变而成，在单一芯片上结合感应式读卡器、感应式卡片和点对点的功能，由索尼和飞利浦共同开发。简单地说，也就是在手机中嵌入非接触卡，在短距离内与兼容设备进行识别和数据交换。NFC 采用 13.56MHz 作为通信频率的近距离通信标准。2002 年，NFC 被批准成为 ISO/IEC IS 18092 国际标准，此后还被批准为 EMCA-340 标准与 ETSI TS 102190 标准。

NFC 是一种非接触式识别和互联技术，可以在移动设备、消费类电子产品、PC 和智能控件工具间进行近距离无线通信。NFC 提供了一种简单、触控式的解决方案，可以让消费者简单直观地交换信息、访问内容与服务。它将非接触读卡器、非接触卡和点对点（Peer-to-Peer）功能整合进一块单芯片，这是一个开放接口平台，可以对无线网络进行快速、主动设置，也是虚拟连接器，服务于现有蜂窝状网络、蓝牙和无线 802.11 等无线通信设备。

（二）NFC 手机支付的现状和发展

鉴于 NFC 手机支付对消费者的巨大吸引力以及方便使用的特点，NFC 技术日前正迅速成为世界各地运营商、手持设备制造商、信用卡公司和公共交通系统的首选技术。自从其推出以来，NFC 技术的发展非常迅速，很快在世界范围内产生了巨大的影响。NFC 手机支付业务在全世界范围内的商用试验步伐正在加快。

随着商用试验步伐的加快，NFC 产业链上的相关厂商已经开始发力。例如，2006 年智能卡制造商捷德与诺基亚公司签署意向性协议，共同成立合资公司为 NFC 产业链提供服务，将消费者应用程序（如信用卡或交通票证）通过应用下载的方式安全便捷地下载至 NFC 移动终端。由诺基亚、飞利浦和索尼共同推出的旨在推动 NFC 技术发展的非营利性行业协会——NFC 论坛的赞助会员单位目前包括万事达卡国际组织、松下电器产业株式会社、微软、索尼、飞利浦、NEC、三星、德州仪器、VISA 国际组织、诺基亚、瑞萨科技等公司。

NFC 的商用化也进展迅速。2006 年 4 月 19 日，飞利浦、诺基亚、沃达丰及德国法兰克福美因茨地区的公交网络运营商美因茨交通公司宣布，在成功地进行为期 10 个月的现场试验后，NFC 技术已经投入商用。这是全球首个 NFC 商用案例，它揭开了 NFC 手机支付商用的序幕。

我国国内的 NFC 移动支付也迅速启动。2006 年 6 月 27 日，诺基亚和福建移动厦门分公司、厦门易通卡、飞利浦公司共同在厦门启动了国内首个 NFC 支付试点。用户使用具有 NFC 功能的 NOKIA 3220 手机，如图 2-2 所示，可在厦门任何一个易通卡覆盖的网点（公交、轮渡、电影院、快餐店等）进行手机支付。试点中的系统允许消费者使用手机查询余额以及最近 9 次的交易记录，同时还可以浏览一个内建的 WAP 站点，查询可以接受易通卡的商户范围和消费者感兴趣的商品信息。此后，诺基亚又分别与广州羊城通、北京市政交通合作，相继在广州、北京两地推出 NFC 手机支付应用，将预付卡（羊城通、一卡通）功能集成在手机中。

图 2-2a　诺基亚 3320NFC 手机

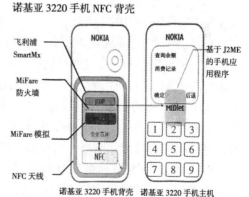

图 2-2b　诺基亚 3320NFC 手机背壳示意图

2008 年 1 月，诺基亚和中国银联在集利卡试点的基础上又携手工商银行、中国银行、交通银行、兴业银行、深圳发展银行对 NFC 手机支付进行进一步试用，将多张不同发卡行的银行卡和电子钱包集成在同一部手机中。

(三) NFC 的工作模式

NFC 通信通常在发起设备和目标设备间发生，任何的装置都可以为发起设备或目标设备。两者之间是以交流磁场方式相互耦合，并以移幅键控（ASK）或移频键控（FSK）方式对信息进行载波调制，传输数字信号。发起设备产生无线射频磁场来初始化通信调制方案、编码、传输速度与接口的帧格式。目标设备则响应发起设备所发出的命令，并选择由发起设备所发出的或是自行产生的无线射频磁场进行通信。

NFC 通信模式存在两种：主动模式和被动模式，其工作原理是有所区别的。

1. 主动模式

每台设备要向另一台设备发送数据时，都必须产生自己的射频场。如图 2-3 所示，发起设备和目标设备都要产生自己的射频场，以便进行通信。这是对等网络通信的标准模式，可以获得非常快速的网络连接。在主动模式下，通信双方收发器加电后，任何一方可以采用"发送前侦听"协议来发起。

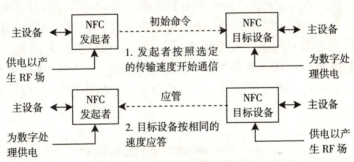

图 2-3 NFC 的主动工作模式

2. 被动模式

在被动模式下，NFC 发起设备也叫主设备，它在整个通信过程中提供射频场（RF Filed），如图 2-4 所示。当它和另一台设备发生通信时，有三种传输速度可以选择：106kb/s、212kb/s 以及 424kb/s。另一台设备称为 NFC 目标设备（或 NFC 从设备），该设备不必产生射频场，只需利用感应的电动势为 NFC 设备提供工作电源。

NFC 以被动模式工作时，可以大幅降低功耗，并延长电池寿命。在一个应用会话过程中，设备可以在发起设备和目标设备之间切换自己的角色。利用这项功能，电池电量相对较低的设备可以要求以被动模式工作，充当目标设备，而不是发起设备。

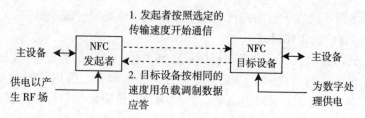

图 2-4 NFC 被动工作模式

（四）NFC 的特点以及应用

具有 NFC 芯片的手机，在防盗用方面比一卡通更具安全性。用户可以根据自己的需求，在需要使用刷卡功能时，通过开启软件设定密码，使用结束后可以及时关闭刷卡功能。如果手机不幸丢失，只要有设定密码，卡内的余额就不会被别人使用。据悉，用户能够直接在手机上进行余额查询，还可以通过中国移动的 GPRS 网络及相应的银行账户进行充值，随时读取交易记录，并浏览手机内的 WAP 站点，查询商户范围和商品信息。

和其他非接触技术相比，NFC 具有独特的优势：NFC 比红外更快、更可靠而且简单得多；与蓝牙相比，NFC 面向近距离交易，适用于交换财务信息或敏感的个人信息等重要数据；蓝牙能够弥补 NFC 通信距离不足的缺点，适用于较长距离数据通信，具体见表 2-1。因此，总的说来，NFC 和蓝牙互为补充，实际的使用中，NFC 协议可以用于引导两台设备之间的蓝牙配对过程，促进了蓝牙的使用。

表 2-1 NFC 和红外、蓝牙技术的比较

	NFC	蓝牙	红外
网络类型	点对点通信	单点对多点	点对点通信
速率（kb/s）	106/212/424 规划可达 868	721	115
最大使用距离	0.1m	10m	1m
连接建立时间	≤0.1s	6s	0.5s
通信模式	主动模式 被动模式	主动	主动
安全性	由 IC 卡硬件实现	由软件实现	不具备 （IRFM 除外）
成本	低	中	低

NFC 技术支持多种应用，包括移动支付与交易、对等式通信及移动中信息访问等。通过 NFC 手机，人们可以在任何地点、任何时间，通过任何设备，

与他们希望得到的娱乐服务与交易联系在一起，从而完成付款，获取海报信息等。NFC 设备可以用作非接触式智能卡、智能卡的读写器终端以及设备对设备的数据传输链路，其应用主要可分为用于付款和购票，用于电子票证，用于智能媒体以及用于交换、传输数据四个基本类型。技术、市场需求、部分基础设施都已经存在，目前所需要的是由产业链厂商推出更多的方案。

四、WAP 技术

WAP（Wireless Application Protocol）是一种通信协议，具体讲是一个应用环境和无线设备的通信协议集，它定义了无线移动设备与网络中的固定服务器进行通信的标准。

1997 年初期，美国一家网络运营商 Omnipoint 提出要提供移动信息服务。Omnipoint 明确指出，应该开发一种公共的开放标准。最终 Omnipoint、爱立信（Ericsson）和摩托罗拉（Motorola）、诺基亚（Nokia）和 Phohe.com 成立了 WAP 论坛，联手开发 WAP 协议。WAP 论坛成立后，已经有超过 200 个公司、机构加入论坛，其中包括世界主要的移动通信设备制造商、电信运营公司和软件开发供应商。

WAP 协议采用客户机/服务器模式。它在移动通信终端中嵌入一个与 PC 上运行的浏览器类似的微型浏览器，从而减少对移动终端的资源要求。与传统的 WWW 通信相比，WAP 的客户机与服务器之间，多了一个 WAP 网关（WAP Gateway）。客户机通过 WAP 网关然后再与资源服务器（Origin Server）通信。WAP 把更多的事务和智能化处理交给 WAP 网关。同时，基于微浏览器的服务和应用临时性地驻留在服务器中，而不是永久性地存储在移动终端中。这样做是因为大多数的移动通信终端 CPU 的处理能力较弱，内存较小，无线环境下电力供应有限，显示屏较小，输入功能有限。这些限制因素决定了必须把更多的任务交给 WAP 网关，减少终端的负担。WAP 网关是一个 WAP 代理。典型的 WAP 代理主要包括两个功能：

（1）协转换，负责把 WAP 协议栈（WSP、WTP、WTLS 和 WDP）的请求转换为 WWW 协议栈（HTTP 和 TCP/IP）的请求。

（2）内容编码和解码，内容编码器负责把 WAP 内容转换成压缩编码格式，从而减小无线网络上传输的数据量；解码器则是一个逆向过程。

WAP 的技术特点和优势体现在下面的五点：①独立、开放的标准，和厂商无关。②独立于网络标准。③适用于无线数据的传输机制。④支持超文本链接，交互性能强；可以做互联网浏览器。⑤WAP 从服务器上下载应用，能快速提供新的服务。

WAP 应用的接入方式主要有以下两种：

（1）基于互联网的接入方案，本方案适用于已经有基于互联网架构 Web 应用部署的中小型企业，企业只需在安装 Web 服务器的位置再设置一台 WAP 服务器即可，并不需要改变现有网络的拓扑结构，也不用关心用户的连接方式，企业并不参与移动运营商的内部数据网络与互联网的网络联接。网络安全性依赖于与互联网相连的防火墙的可靠性，安全性能中等。这种接入的特点是投资省、部署快、易维护。

（2）基于专线的互联网接入方案，即通过专线将企业内部网络和移动网络连接。本方案适用于对安全性能、访问质量要求非常高的大型企业，企业通过数据专线与移动网络相连，WAP 服务器的位置一般部署在 Web 服务器一侧，企业现有网络与移动网络要做较大调整，需要有较高的技术维护和协同处理能力，系统具有安全性能高、访问速度快、业务扩充能力强等优点，缺点是需要投资购买相关网络连接设备、RADIUS 认证服务器、承担专线电路租金、APN 使用费和专业技术维护人员，对于有移动办公（OA、MIS 等）、移动数据服务（移动 ATM、无线 POS、电力数据采集等）、集团专网接入需求的企事业单位（例如政府、工商、税务、公安、环保、银行、电力、烟草等）有较强的操作性。

WAP 手机上网。WAP 是移动信息化建设中最具有诱人前景的业务之一，是最具个人化特色的电子商务工具。从目前来看，主要是三大方面的应用，即公众服务、个人信息服务和商业应用。公众服务可为用户实时提供最新的天气、新闻、体育、娱乐、交通及股票等信息。个人信息服务包括浏览网页查找信息、查址查号、收发电子邮件和传真、统一传信、电话增值业务等，其中电子邮件可能是最具吸引力的应用之一。商业应用除了办公应用外，恐怕移动商务是最主要的应用。股票交易、银行业务、网上购物、机票及酒店预订、旅游及行程和路线安排、产品订购可能是移动商务中最先开展的应用。

五、红外通信

随着移动通信业务的需求不断增加、个人通信的兴起，无线接入技术已得到迅速发展。目前主流的无线局域网移动通信技术的传输媒介包括微波、红外、无线电等技术。红外无线数字通信是一种采用红外线作为通信载体，可用于室内外以实现点对点及无线通信的技术。红外无线通信技术已用于语音、数据通信等领域，目前该技术正向高带宽、高速率方向发展。红外无线数字通信可分为室内与室外通信两种类型，这里室外红外无线通信指人们所熟悉的空间红外（激光）无线通信，而室内红外无线数据通信则主要是近距离的无线接入。

由于红外线的波长较短,对障碍物的衍射能力差,所以更适合应用在需要短距离无线通信的场合,进行点对点的直线数据传输。目前应用红外线最广泛的通信技术为红外接口。IrDA 红外接口是一种红外线无线传输协议以及基于该协议的无线传输接口,它支持手机与电脑以及其他数字设备进行数据交流。通过红外接口,各类移动设备可以自由进行数据交换。

(一) 红外无线通信原理

红外无线通信是指利用红外技术实现两点间的近距离无线通信和信息转发。红外无线通信系统一般由红外发射和红外接收两个子系统组成:红外发射系统对一个红外辐射源进行调制后发射红外信号;而接收系统用光学装置和红外探测器进行接收,就构成红外通信系统。

红外通信的实质就是对二进制数字信号进行调制与解调,以便利用红外信道进行传输;红外通信接口就是针对红外信道的调制解调器。红外通信是利用950nm 近红外波段的红外线作为传递信息的媒体,即通信信道。红外通信的基本原理是发送端将基带二进制信号调制为一系列的脉冲串信号,通过红外发射管发射红外信号。常用的有通过脉冲宽度来实现信号调制的脉宽调制 PWM (Pulse–Width Modulation) 和通过脉冲串之间的时间间隔来实现信号调制的脉时调制 (PPM) 两种方法。

通常发送端采用脉时调制 (PPM) 方式,将二进制数字信号调制成某一频率的脉冲序列,并驱动红外发射管以光脉冲的形式发送出去;接收端将接收到的光脉转换成电信号,再经过放大、滤波等处理后送给解调电路进行解调,还原为二进制数字信号后输出。

(二) 红外无线通信的特点

红外通信的优点有:

(1) 它是目前在世界范围内被广泛使用的一种无线连接技术,被众多的硬件和软件平台所支持。

(2) 通过数据电脉冲和红外光脉冲之间的相互转换实现无线数据收发。

(3) 主要用来取代点对点的线缆连接。

(4) 新的通信标准兼容早期的通信标准。

(5) 小角度 (30°以内)、短距离、点对点直线数据传输,保密性强。

(6) 传输速率较高。

由于红外采用的是无线信道,因此红外通信也有相应的局限性:

(1) 通信距离短,视距直线传播,方向性强,不能穿过或绕过不透明物体。红外通信通常分为 LOS (Light of Sight,直射) 方式和 Diffuse (漫射) 方式。

（2）目前广泛使用的 SIR 标准通信速率较低。

（3）主要用于取代线缆连接进行无线数据传输，功能单一，扩展性差。

（三）红外无线通信的应用

根据原理和特点，红外无线通信技术的应用范围包括：笔记本电脑、台式电脑和手持电脑；打印机、键盘鼠标等计算机外围设备；电话机、移动电话、寻呼机；数码相机、计算器、游戏机、机顶盒、手表；工业设备和医疗设备；网络接入设备，如调制解调器。

六、蓝牙技术

1994 年，爱立信的一批工程师受命研究手机与便携式电脑等通信产品之间的无线连接技术。1997 年，这项无线连接新技术被称为"蓝牙"。据说，当初在命名这项新技术时，有人想到了中世纪的一位国王——丹麦国王哈拉德二世，他爱吃蓝莓而长着一口蓝牙，这位国王为北欧的联合立下了汗马功劳，而这项无线连接技术将实现各种通信设备、电器设备之间的"无线沟通"，是技术层面上的"大统一、大联合"，于是，人们就把这项技术命名为"蓝牙"技术。

蓝牙（Bluetooth）技术是一种无线数据与语音通信的开放性全球规范，它以低成本的近距离无线连接为基础，为固定与移动设备通信环境建立一个特别连接的短程无线电技术。其实质内容是要建立通用的无线电空中接口（Radio air Interface）及其控制软件的公开标准，使通信和计算机进一步结合，使不同厂家生产的便携式设备在没有电线或电缆相互连接的情况下，能在近距离范围内具有互用、相互操作的性能（Interoperability）。其程序写在一个 9mm×9mm 的微芯片中。

（一）蓝牙的应用

蓝牙技术的主要作用是简化小型网络设备（如移动 PC、掌上电脑、手机）之间以及这些设备与互联网之间的通信，免除在无绳电话或移动电话、调制解调器、头套式送/受话器、PDAs、计算机、打印机、幻灯机、局域网等之间加装电线、电缆和连接器。这种技术可以延伸到那些完全不同的新设备和新应用中去。例如，如果把蓝牙技术引入到移动电话和膝上型电脑中，就可以去掉移动电话与膝上型电脑之间的令人讨厌的连接电缆而通过无线使其建立通信。打印机、PDA、台式电脑、传真机、键盘、游戏操纵杆以及所有其他的数字设备都可以成为蓝牙系统的一部分。除此之外，蓝牙无线技术还为已存在的数字网络和外设提供通用接口以组建一个远离固定网络的个人特别连接设备群。

蓝牙技术的无线收发器的链接距离可达 9 米多，不限制在直线范围内，甚至设备不在同一间房内也能相互链接；并且可以链接多个设备，最多可达7个，这就可以把用户身边的设备都链接起来，形成一个"个人领域的网络"（Personal areanetwork）。

（二）蓝牙通信系统

蓝牙系统一般由以下4个功能单元组成：天线单元、链路控制（固件）单元、链路管理（软件）单元以及蓝牙软件（协议）单元，具体见图2-5。

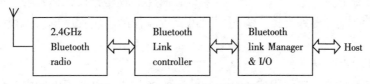

图2-5 蓝牙通信系统结构示意图

（三）蓝牙系统的特点

蓝牙设备的信号具有一定穿透能力，将一定距离范围的电子设备从一对一的连接变为一点对多点的连接。它具有以下主要特点：

1. 适用范围广

蓝牙技术同时支持数据、音频和视频图像信号，因此它的应用可扩展到不同领域的电子产品中去，包括手机、电脑、打印机、PDA、数码相机、MP3 播放机、传真机、键盘、游戏操纵杆等数字设备。

2. 工作频段全球通用

蓝牙工作在 2.4GHz 工业、科学、医学频段，该频段用户无须申请、在世界范围内都可以自由使用，这就消除了"国界"的障碍。

3. 使用方便

蓝牙规范中采用了一种类似"即插即用"的概念。这样，用户不必再需要学习如何安装和设置，凡是嵌入蓝牙技术的设备一旦搜寻到另一个蓝牙设备，马上就可以建立联系。不同厂商生产的相同设备或不同设备都可实现蓝牙互连。比如，你只要用一个蓝牙遥控器，就可控制彩电、空调、录像机等。

4. 安全加密、抗干扰能力强

2.4GHz 工业、科学、医学频段是对所有无线电系统都开放的频带，因此使用其中的某个频段都会遇到不可预测的干扰源。例如，某些家电、无绳电话、汽车房开门器、微波炉等。为了避免干扰，蓝牙特别设计了快速确认和跳频方案，每隔一段时间就从一个频率跳到另一个频率，不断搜寻干扰比较小的信道。在无线电环境非常嘈杂的环境下，蓝牙的优势尤为明显。而接收方亦按照同样的跳转规律进行信道切换，这实际上属于一种硬件加密手段，除非第三方掌握了发收双方的切换信道规律，那么从理论上来讲是无法获得完整信息的。而对干扰来说，不可能存在按同样的规律介入的干扰源。

5. 兼容性好

由于蓝牙技术独立于操作系统，所以，在各种操作系统中均有良好的兼容性。蓝牙技术对各个商业操作系统中的内嵌式支持正在发展之中，而对笔记本电脑，蓝牙技术在 WIN98、NT5.0 上实现已不成问题，与 WDM、NDIS 驱动器的结合目前正在考虑之中。蓝牙技术具有简便的程序接口，使各种智能终端只需少量代码即可得到支持，编写用户可直观操作的应用程序也只需很少的软件代码。

6. 尺寸小、功耗低

所有的技术和软件集成于 9mm×9mm 的微芯片，以便可以集成到各种设备中——如蜂窝电话、传呼机、笔记本电脑、PDA、PC，甚至各种家用电器；与集成的设备相比可忽略的功耗和成本。

7. 多路多方向链接

目前，相距很近的便携式器件之间的链接是用红外线进行的。应用红外线收发器链接虽然能免去电线或电缆的连接，但使用起来仍有许多不便，不仅距离只限于 1~2m，而且必须在视线上直接对准，中间不能有任何阻挡。同时只限于在两个设备之间进行链接，不能同时链接更多的设备。蓝牙无线收发器的链接距离可达 10m，不限制在直线范围内，甚至设备不在同一间房内也能相互链接。并且可以链接多个设备，最多可达 7 个，这就可以把用户身边的设备都链接起来，形成一个"个人领域的网络"。

七、Wi-Fi 技术

Wi-Fi 是一种可以将个人电脑、手持设备（如 PDA、手机）等终端以无线方式互相链接的技术。Wi-Fi 是一个无线网路通信技术的品牌，由 Wi-Fi 联盟（Wi-Fi Alliance）所持有。目的是改善基于 IEEE 802.11 标准的无线网路产品之间的互通性。现时一般人会把 Wi-Fi 及 IEEE 802.11 混为一谈，甚至把 Wi-Fi 等同于无线网际网路。Wi-Fi 俗称无线宽带（中国电信将 CDMA 1X/3G 也称为无线宽带）。

所谓 Wi-Fi，是由一个名为"无线以太网相容联盟"（Wireless Ethernet Compatibility Alliance，WECA）的组织所发布的业界术语，中文译为"无线相容认证"。它是一种短程无线传输技术，能够在几百米范围内支持互联网接入的无线电信号。随着技术的发展，以及 IEEE 802.11a 及 IEEE 802.11g 等标准的出现，现在 IEEE 802.11 这个标准已被统称作 Wi-Fi。从应用层面来说，要使用Wi-Fi，用户首先要有 Wi-Fi 兼容的用户端装置。Wi-Fi 是一种帮助用户访问电子邮件、Web 和流式媒体的互联网技术。它为用户提供了无线的宽带互联网访问。同时，它也是在家里、办公室或在旅途中上网的快速、便捷的途径。能够访问 Wi-Fi 网络的地方被称为热点。大部分热点都位于供大众访问的地方，例如机场、咖啡店、旅馆、书店以及校园等。许多家庭和办公室也拥有 Wi-Fi 网络。虽然有些热点是免费的，但是大部分稳定的公共 Wi-Fi 网络是由私人互联网服务提供商（ISP）提供的，因此会在用户连接到互联网时收取一定费用。

Wi-Fi 有着突出优势：其一，无线电波的覆盖范围广，基于蓝牙技术的电波覆盖范围非常小，半径只有 15 米多，而 Wi-Fi 的半径则可达 90 多米，办公室自不用说，就是在整栋大楼中也可使用。最近，由 Vivato 公司推出了一款新型交换机。据悉，该款产品能够把目前 Wi-Fi 无线网络 90 多米的通信距离扩大到约 6.5 千米。其二，虽然由 Wi-Fi 技术传输的无线通信质量不是很好，数据安全性能比蓝牙差一些，传输质量也有待改进，但传输速度非常快，可以达到 54Mb/s（802.11N 可以达到 600Mb/s），符合个人和社会信息化的需求。其三，厂商进入该领域的门槛比较低。厂商只要在机场、车站、咖啡店、图书馆等人员较密集的地方设置"热点"，并通过高速线路将互联网接入上述场所。这样，由于"热点"所发射出的电波可以达到距接入点半径数 10~100m 的地方，用户只要将支持 WLAN 的笔记本电脑或智能手机拿到该区域内，即可高速接入互联网。也就是说，厂商不用耗费资金来进行网络布线接入，从而节省了大量的成本。

第二节　移动支付的技术方案

根据第一节的知识，移动支付根据支付的不同支付方式可以分为接触式支付和非接触式支付。接触式支付也叫远距离移动支付，主要就利用手机在线进行远程支付，利用移动网络进行；非接触式支付则是一种近距离无线支付，实现的技术包括基于 NFID 的 NFC、红外等，支付既可以使用移动网络，也可以不使用移动网络，见表 2-2。

一、远距离移动支付方案

在线移动支付的技术较多，下面介绍两种相对较为常用的方式。

表 2-2　移动支付的技术实现以及特点

分类	实现方式	优势
远距离移动支付	SMS	业务实现简单、安全性较低
	IVR	稳定性较高，实时性较好，系统实现相对简单，对用户的移动终端无要求
	WAP	面向连接的浏览器方式，交互性强
	K-Java/Brew	可移植性强，网络资源消耗与服务器负载较低，界面友好，保密性高
	USSD	可视操作界面，实时连接，交互速度较快，安全性较高，交易成本低
非接触式移动支付	红外	成本较低，不易被干扰
	RFID	安全性高，速度快，存储量大

（一）WAP（Wireless Application Protocol，无线应用协议）移动支付

WAP 是一个国际标准，它可以使移动用户凭借数字移动电话、PDA 等移动装置随时随地以无线方式轻易登录互联网。WAP 技术的目标就是：通过 WAP 这种技术，就可以将互联网的大量信息及各种各样的业务引入到移动电话、PDA 等无线终端之中。

WAP 协议是互联网和无线网络技术的有机结合，即在已有的互联网标准，如 IP、HTTP、XML、SSL、URL 等基础上，针对无线网络的特点进行了相应的优化。WAP 协议独立于底层的承载网络，可以运行于目前所有的移动网络上，包括 GSM 系列的 GSM、GPRS、EDGE，以及窄带 CDMA、宽带 CDMA 等移动网络。WAP 是一个开放的标准，能保证不同厂家的产品之间互相兼容，并允许不断引入新技术。

WAP 模型是 WWW 模型的一个扩展和加强，最具意义的加强功能是实现了 PUSH 模型和电话支持（WTA），如图 2-6 所示。其优化性和可扩展性适应了无线环境的发展。WAP 内容和应用以熟悉的 WWW 内容格式为基础；内容的传输依靠基于 WWW 通信协议的标准通信协议。无线终端上的 WAP 微浏览器与用户接口合作，类似于标准的 Web 浏览器。

WAP 网络架构由三部分组成：WAP 网关、WAP 手机和 WAP 内容服务器，如图 2-7 所示。WAP 网关起着协议的"翻译"作用，是联系移动网络与互联网的桥梁；WAP 内容服务器存储着大量的信息，以提供 WAP 手机用户来访问、查询、浏览的信息等。

WAP 的工作过程为：用户从 WAP 手机输入需要访问的 WAP 内容服务器的 URL 请求；信号经过移动通信网络，以 WAP 协议方式发送请求至 WAP 网

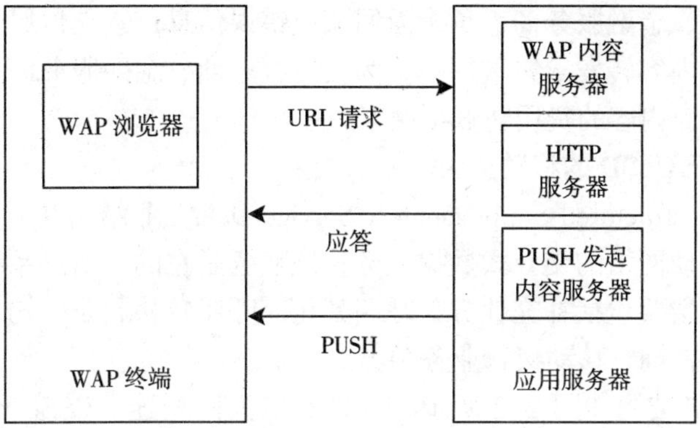

图 2-6　WAP 的基本结构

图 2-7　WAP 系统的网络架构

关，该请求经过"翻译"，再以 HTTP 协议方式与 WAP 内容服务器交互，最后
WAP 网关将返回的内容压缩、处理成二进制数据返回到客户的 WAP 手机上。

57

（二）基于 SMS（短消息）的移动支付

SMS 移动支付中，消费的费用是从用户的话费中直接扣除的。账户的处理
是由支付服务商、金融服务商来完成的。由于短信的运营和收费是由移动运营
商一家完成的，短信也是运营商主要的增值业务之一，因此该支付方式一般不
会涉及银行等金融服务商参加，而只涉及移动运营商。该支付方式只适合于小
额的信息服务，系统的安全性取决于短消息的安全性。

基于短消息支付系统的优点是：费用低廉，移动金融服务通过发送一条短
信完成一笔交易一般只需花费 0.1~0.15 元，另外使现有手机带上银行服务的功
能，只要将原先的 SIM 卡换成 STM 卡，成本也很低，并且还能保留原有的电
话号码。

基于 SMS 支付的流程：①终端用户通过短消息形式来请求内容服务，如发
送到来查询天气预报、火车信息、手机报等内容；②金融服务商收到请求内容
后认证终端用户的合法性及账户余额，如果用户合法并且账户余额足够则向商
家请求内容，否则返回相应错误信息；③商家收到支付服务商、金融服务商的
内容请求后，对服务商、金融服务商进行认证，如果合法，商家则发送请求的

内容给服务商、金融服务商,负责返回相应错误信息;④支付服务商、金融服务商把收到的内容转发给终端用户,为支付服务商、金融服务商从终端用户的账户中扣除相应内容的费用转账给商家。

(三) 基于 USSD 的移动支付

USSD (Unstructured Supplementary Service Data,非结构化补充数据业务) 是一种基于移动网络的交互式数据业务,该业务是在的短消息系统技术基础上推出的。业务主要包括补充业务如呼叫禁止、呼叫转移和非结构补充业务如证券交易、信息查询、移动银行业务两类。

USSD 网络结构如图 2-8 所示,分别和以太网相连。USSD 通过 7 号信令 (No.7) 与移动网络中的 HLR (归属位置寄存器) 相连;在另外一端 USSD 系统通过 TCP/IP 协议与应用服务器连接。应用服务器则提供各种应用接口,可以与股票交易所、银行等应用中心连接。

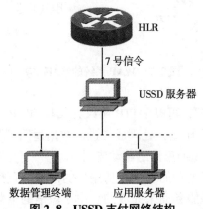

图 2-8　USSD 支付网络结构

USSD 移动支付系统的应用包括手机银行、金融股票交易、手机话费查询、气象信息预报、收发电子邮件、航班查询、网上订票等。USSD 支付和 SMS、WAP 支付有一定的差别,见表 2-3。

表 2-3　USSD 和 SMS 的异同

比较内容		USSD	SMS
相同点	业务类型	电路型业务	
	信道类型	基于 SDCCH 信道	
	传输速率	非通话状态 1000b/s	600b/s
不同点	会话过程	会话中提供透明的无线通道	会话需要进行存储转发
	响应速度	响应较快 (使用快速寻呼信道 FCCH,且不需存储转发)	响应速度较慢 (存储转发)
	菜单类型	可以设计为互动菜单	固定菜单

二、非接触式移动支付方案

非接触式的移动支付方案有很多，包括红外、蓝牙以及 FRID 等，本节主要介绍基于 RFID 的几种移动支付方式。

（一）NFC 手机方案

该方案中 NFC 功能芯片和天线与手机的其他部分及 SIM 卡相独立，但 NFC 模块与手机共用电池。电池有电时，NFC 模块可在主动、被动和双向三种模式下工作；电池断电时，只能在被动模式下工作，相当于普通的一卡通。手机开关机对 NFC 模块无影响，即在手机关机时也可使用 NFC 功能。NFC 手机实现方式有两种：一是定制手机，将天线集成在手机电池或主板上，使 NFC 应用与手机融为一体，工作稳定可靠，但需更换手机；二是将天线与 NFC 芯片直接相连，然后与电池紧贴放在电池和手机后盖之间，用户不需要更换手机。第二种方案的缺点在于天线连接的可靠性不高；此外，对手机的内部尺寸有特殊要求，增加天线之后影响了手机的便携性。

在 NFC 手机方案中，NFC 模块不能和手机的 SIM 卡进行通信，即用户和电信运营商无法通过手机控制 NFC 模块。这会造成信用卡发行商和手机制造商单独接触，完全脱离电信运营商。另外，若要将 NFC 模块收发的信息与蜂窝网络联系起来，需在 NFC 模块和手机基带芯片间建立接口，且各层的设计都必须绕开运营商的控制，也无法直接读/写 SIM 卡，软硬件设计将变得非常复杂。

NFC 手机有三种典型的应用模式，即卡模式、读写器模式和 NFC 的点对点通信模式。

1. 卡模式

卡模式是指用于非接触移动支付，如商场、交通等应用中，用户只需要将手机靠近 NFC 读卡器，然后用户输入密码确认交易或者直接接受交易即可。在该应用模式中，NFC 识读设备从具备 TAG 功能的 NFC 手机中采集数据，然后通过有线网络将数据送到应用处理系统进行处理，见图 2-9。例如门禁管制、

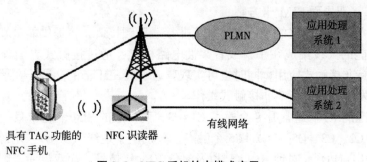

图 2-9 NFC 手机的卡模式应用

车票、门票等。

此种方式下，卡片通过非接触读卡器的 RF 域（射频域）来供电，即便是手机没电或者关机也可以正常工作。

2. 读写器模式

读写器模式作为非接触读卡器使用，见图 2-10。

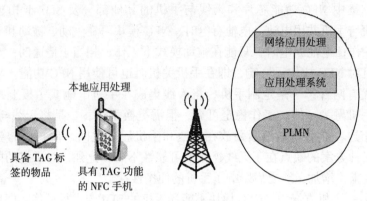

图 2-10　NFC 的读写器模式

在该模式中，NFC 手机从 TAG 中识别、采集数据，然后根据应用的要求进行处理，比如从海报或者展览信息电子标签上读取相关信息等。有些应用可以直接在本地完成，而有些应用则需要通过与网络交互才能完成。

基于该模式的典型应用有门禁控制或车票、电影院门票售卖等，使用者只需携带储存有票证或门控代码的设备靠近读取设备即可。

3. 点对点模式

点对点模式，即实现无线数据交换，将两个具备 NFC 功能的设备连接，能实现数据点对点传输，如下载音乐，交换图片或者同步设备地址簿。因此通过 NFC 技术，多个设备如数码相机、PDA、计算机、手机之间，都可以进行无线通信，交换资料或者服务，NFC 的点对点通信模式如图 2-11 所示。

（二）双界面 SIM 卡方案

该方案是在传统的 SIM 卡中加入非接触射频接口，将提供能量耦合和数据传输功能的天线集成在手机或者柔性电路板上，通过接触式界面处理传统命令，支持非接触式应用，同时也可实现普通手机 SIM 卡的功能，在接听拨打电话、收发短信时不影响非接触式操作。

标准的 IC 卡通常有 8 个触点 C1~C8，而一般的 SIM 卡通常只用到了其中的 C1、C2、C3、C5 和 C7 共 5 个触点，分别用于地线（GND）、电源（VCC）、输入/输出（I/O）、时钟（CLK）以及复位（Rst）信号。而双界面卡则用到了保

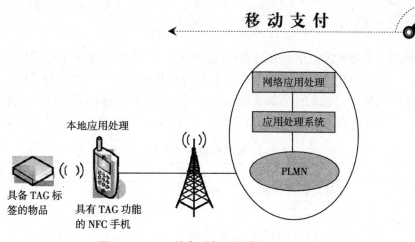

图 2-11　NFC 的点对点通信模式

留的 C4、C8 两个触点，用于连接外接天线，而这两个接口是用于高速数据下载的，可能会影响到未来高速空中下载应用。

　　目前的主流双界面 SIM 卡移动支付解决方案能实现各种非接触移动应用：比如电子钱包、借记贷记以及其他各种非电信应用。其从产品形态上来讲有两种：一种是集成天线组件方式，如图 2-12 所示；另一种是以定制手机的方式把天线固定在电池或背盖上。

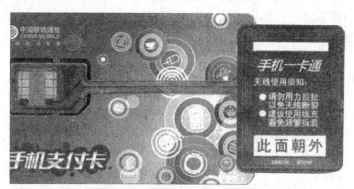

图 2-12　中国移动的双界面卡

　　双界面 SIM 卡的优点是采用完全公开的标准和非常成熟的技术，而且使用和迁移都比较简单，成本要比典型的 NFC 技术低廉很多。双界面 SIM 卡以智能卡技术为基础，最大优势在于其高安全性。在成熟智能卡安全认证和数据安全技术的支持下，安全性能够胜任任何移动支付应用。

　　应用方面，目前双界面卡方案在湖南移动、中国移动总部及地方省市移动已开始试用，包括门禁控制、员工餐厅、小卖部、洗衣店以及停车场等典型应用交通方面，同时该方案通过了大连一卡通、北京一卡通、澳门通、羊城通、苏州一卡通等的测试，并已在中国的厦门、广州和泰国进行大规模商用。

双界面 SIM 卡的实现方式与 NFC 方案基本相同：一是定制手机；二是将天线与 SIM 卡直接相连后放在电池和手机后盖之间，这样可只更换 SIM 卡，降低成本，缺点也是天线连接的可靠性低、对手机尺寸要求高等。具体比较见表 2-4。

表 2-4　双界面 SIM 卡和 NFC 方案的比较

	NFC	双界面 SIM 卡
应用场景	移动支付、身份识别、票务等 读写器模式 点对点模式 支持读取智能标签、信息查伪等	不支持
	支持信息交换、游戏	不支持
方便性	需要更换手机	不需更换手机
成本	较高	低

（三）eNFC 方案

eNFC 方案也是一种基于 SIM 卡的 NFC 技术方案。eNFC 不同于传统的 NFC 技术，采用的是手机和智能卡相融合的实现方式，将非接触式 IC 卡应用放在 SIM 卡中，NFC 芯片通过单线通信协议与 SIM 卡通信，符合机卡分离的技术特点。该方案中，移动通信应用与非接触式 IC 卡应用由统一的单芯片管理。NFC 模块可以和 SIM 卡通信，可以有效利用 SIM 卡中存储的信息。基于 SIM 卡的 NFC 技术方案将成为 NFC 手机支付的技术标准。大容量、高计算能力的下一代 SIM 卡将发展成为存储和运行 NFC 应用的基础环境。

第三节　移动支付的技术案例

一、远距离移动支付案例

（一）基于 SMS 的移动支付

贝宝支付（PayPal）推出的"贝宝移动"（PayPal Mobile）手机短信支付服务。贝宝移动的技术相当"原始"：客户在贝宝开立账号，向个人付款时，需将收款人的姓名、账号、转账金额等通过短信或电话发送给贝宝；想要购买接受贝宝短信支付（Text to Buy）的商品时，须通过短信向贝宝发送订单，贝宝回电话确认后完成支付。贝宝计划大力推广这一服务，主要针对无力负担信用卡公司高昂商户折扣的小商户。这些小商户如果接受信用卡支付，往往需要付给信用卡公司高达交易金额 9% 的商户折扣，而贝宝只收取 2.9%。

（二）基于 WAP 的移动支付

目前有基于中国的三大移动运营商都有基于 WAP 的支付业务，包括新闻天气、铃声图片、聊天交友、在线游戏、时尚生活、证券财经等。图 2-13 是基于互联网接入的 WAP 支付。

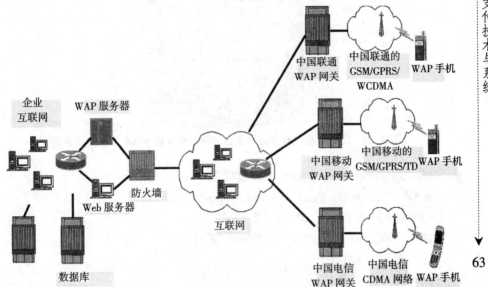

图 2-13 基于互联网接入的 WAP 支付

三大运营商的 WAP 配置分别如下：

（1）中国移动。中国移动的 WAP 设置，如表 2-5 所示。

表 2-5 中国移动的 WAP 设置

基本设置	电路交换	GPRS 数据方式
GPRS 接入点		CNWAP
WAP 网关 IP	10.0.0.172	10.0.0.172
端口号	9201	
用户名	WAP	用户名为空
密码	WAP	密码为空

图 2-14 为江苏移动盐城分公司企业经营分析系统 WAP 手机应用界面。

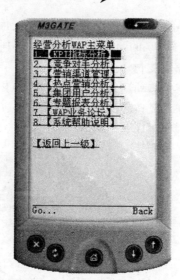

图 2-14   江苏移动盐城分公司企业经营分析系统 WAP 手机应用界面

（2）中国联通 WAP 支付相关参数设置：

WAP 主页：http：//wap.uni-info.com.cn

GPRS 网关 IP 地址：10.0.0.172

端口号码：80（WAP2.0）或 9201（WAP1.2）

连接类型：WSP/HTTP

网域接入点：uniwap

用户名：空

密码：空

彩信业务设置：

多媒体中心：http：//mmsc.myuni.com.cn

GPRS 网关 IP 地址：10.0.0.172

端口号码：80（WAP2.0）或 9201（WAP1.2）

连接类型：WSP/HTTP

网域接入点：uniwap

用户名：空

密码：空

（3）中国电信 CDMA 网络 WAP 设置，见图 2-15。

APN 号：留空或任意命名，如互联星空

电话号码：#777

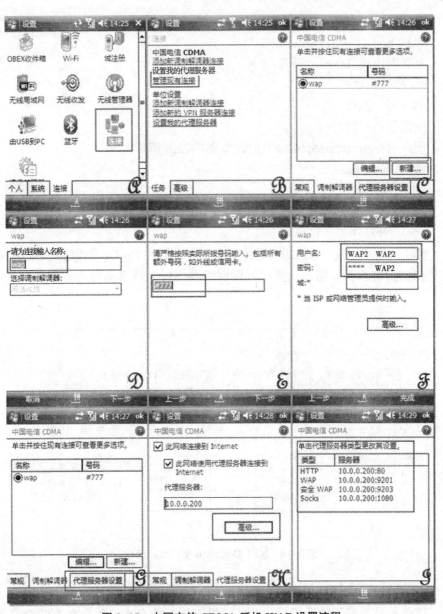

图 2-15 中国电信 CDMA 手机 WAP 设置流程

用户名：ctwap@mycdma.cn

密码：vnet.mobi（或 WAP、WAP2）

WAP 代理服务器 10.0.0.200：

HTTP 10.0.0.200：80

WAP 10.0.0.200：80

WAP protal：wap.vnet.mobi

互联网连接–Internet 设置：

net 相关参数：

APN 号：留空

电话号码：#777

用户名：ctnet@mycdma.cn（应该也支持 card 用户）

密码：vnet.mobi

二、非接触式移动支付案例

（一）NFC 手机支付应用

NTT DoCoMo 的手机信用卡系统主要基于索尼的 FeliCa 非接触式芯片技术，用户在购物付款时只需将手机靠近读取终端即可，移动支付的流程如图 2-16 所示。

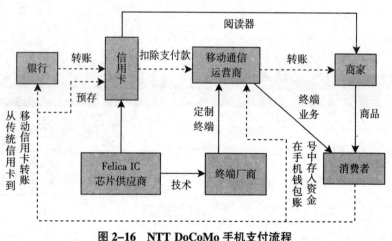

图 2-16 NTT DoCoMo 手机支付流程

1. "Osaifu–Keitai" 手机钱包业务

该业务是最普通的手机钱包业务，没有银行的介入。用户在 NTT DoCoMo 申请一个手机钱包账号，并预存一部分金额就可以使用。用户使用该服务购买商品所付的款项直接从在手机钱包预存的账号中扣除。使用 "Osaifu–Keitai" 手机钱包业务无须输入密码。

2. ID 借记卡业务

该业务是 NTT DoCoMo 和三井住友银行合作推出的移动支付业务。双方合作推出 ID 借记卡，借记卡信息将储存在 FeliCa 芯片中。用户需要事先在 ID 借记卡中预存一些金额，才能使用 ID 借记卡业务消费。ID 借记卡能和三井住友银行的普通信用卡相连，用户可以从三井住友的普通信用卡向 ID 借记卡转账。一般情况下，使用 ID 借记卡业务无须输入密码，但如果用户购买商品金额超过 ID 借记卡中的余额，则需输入密码。NTT DoCoMo 通过 ID 借记卡业务搭建了一个移动信用卡平台，以吸引金融机构加入，目前加入到此移动信用卡平台的金融机构有三井住友银行和瑞穗银行。

3. DCMX 信用卡业务

DCMX 信用卡业务真正将移动支付业务渗透到消费信贷领域。用户使用 DCMX 业务无须在信用卡中预存金额就可以透支消费。DCMX 分两种透支额度：一种是 DCMX mini，可透支 1 万日元，用户消费时无须输入验证密码；另一种是 DCMX，透支额度为 20 万日元，单笔消费 1 万日元以上需输入验证密码。与 NTT DoCoMo 合作推出此项业务的同样是三井住友银行。

（二）双界面 SIM 卡应用

2008 年 5 月 9 日，作为泰国第三大电信运营商的 True 集团在曼谷宣布与中国握奇数据公司合作推出 Touch SIM 卡。该卡是基于握奇 SIMpass 技术的国际上首个实现在手机上进行金融交易和个人数据存储的 SIM 卡。

泰国 TRUE 是泰国正大集团下的控股公司，TRUE 旗下包含多个子公司。其中最主要进行 SIMpass 业务开展的为 TRUE MONEY 和 TRUE MOVE。TRUE MOVE 主要负责通信业务。TRUE MONEY 主要负责支付业务，其中也包括移动支付业务。SIMpass 产品在 TRUE 集团的应用，已经遍及了 TRUE 旗下的各个应用场景，为 TRUE 的客户提供了极大的便利。

借助 SIMpass 技术的 Touch SIM 可以存储个人数据和消费信息，用户只需轻轻"触碰"（Touch）即可在 TRUE MONEY 平台上实现金融交易充值、支付、转账、取现，并且不受时间、地点的限制。如果想成为这种新生活的最先体验者，在泰国国内所有的 TRUE MOVE 商店花费 149 泰铢（约合人民币 36 元）便可实现。

在泰国，随处可见支持 SIMpass 的刷卡机具。例如，咖啡店、零售店、停车场、保龄球馆、卡拉 OK、餐饮场所等。SIMpass 的持卡人只需要带上装有 SIMpass 卡的手机，就可以在各个商店中方便地消费、积分，具体见图 2-17。

图 2-17 SIMpass 的应用环境

第四节 移动支付系统

68

一、移动支付系统的概念

移动支付是建立在移动支付系统（Mobile-Payment System，MPS）基础上的一个移动数据增值业务，通过移动支付，移动用户通过手机就可以完成相关费用的支付。移动支付系统的构成包括：移动运营商、内容服务提供商和金融机构等，见图 2-18。

移动支付系统将为每个移动用户建立一个与其手机号码关联的支付账户，其功能相当于电子钱包，为移动用户提供了一个通过手机进行交易支付和身份认证的途径。用户可以通过发送短信/彩信、拨打语音电话，或者使用手机 WAP 功能、NFC、RFID 甚至红外等不同技术接入移动支付系统，系统将此次交易的内容和要求传送给移动支付的内容提供商，由内容提供商确定交易的金额，相应的结果再次通过移动支付系统通知移动用户，经过移动用户确认后，付费方式可通过多种途径实现，如直接转入银行、用户电话账单或者实时在专用预付账户上借记，这些都将由移动支付系统（或与用户和内容提供商开户银行的主机系统协作）来完成此次交易。

移动支付系统基本功能应该包括下面的几点：①账户管理，为 MPS 移动用

移 动 支 付

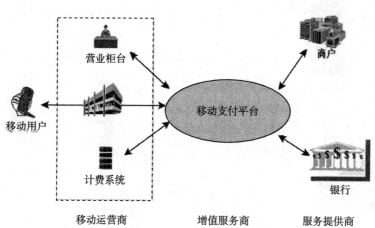

营业柜台

商户

移动用户

移动支付平台

计费系统

银行

移动运营商　　　　　增值服务商　　　　服务提供商

图 2-18　移动支付系统模型

户和商户办理开户、销户、冻结、挂失等业务；②移动支付系统交易，保障移动支付系统移动用户完成手机支付、手机转账、手机缴费；③查询对账，为移动支付系统移动用户和商户提供交易的查询、打印、对账等服务，并根据用户要求，每月定期以短消息、E-mail 或邮寄传真的方式提供用户所需的信息，如对账单等；④密码修改，支持移动支付系统用户通过电话、手机对交易和查询密码进行修改。

69

二、移动支付系统结构类型

移动支付系统有不同的分类，本节只从是否使用代理的角度对移动支付系统作简单的描述。

（一）不使用代理的移动支付系统

专为移动支付系统设计的无须代理服务器和移动代理的系统架构如图 2-19 所示。比较有影响的无代理移动支付系统有 Paybox 和一些微支付方案等。

Paybox 通过输入 PIN 码授权支付，请求的额度将从客户的账户拨到商家的账户中，其安全性主要依赖于无线通信网络的安全性，没有引入其他数据安全技术。

（二）使用代理的移动支付系统

应用现有的基于互联网的支付系统，在移动设备和支付基础设施之间使用代理服务器（Proxy Server），如图 2-20 所示。客户将所有相关的敏感信息存放于代理服务器上，客户请求经过无线网络发送给代理服务器，授权其代表他与商家进行交易。这种系统架构可以充分利用现有互联网支付系统资源。

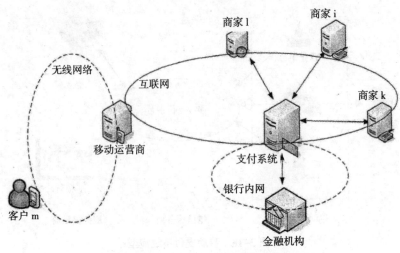

图 2-19 不使用代理的移动支付系统

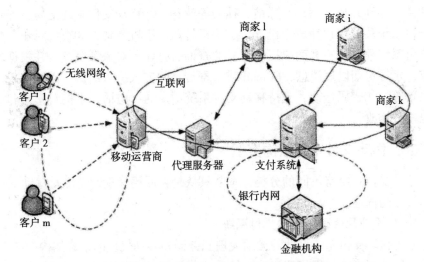

图 2-20 基于代理服务器的移动支付架构

(三) 使用移动代理的移动支付系统

基于移动代理的支付系统将移动代理技术应用到现有的支付系统中，以增强无线环境中完成交易的能力，如图 2-21 所示。

移动客户发放一个包含与支付相关信息的移动代理，代表客户在商家环境中执行交易。由于由移动代理代表客户执行交易，客户只需开始时发送移动代理、结束时回收移动代理，因此在整个交易过程中仅需在开始及结束时保持和互联网的连接，大大减少了连接成本。

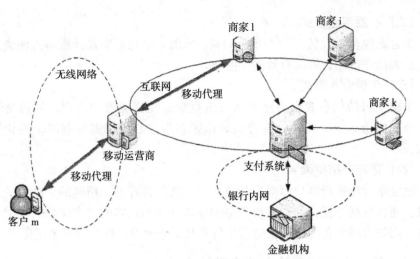

图 2-21 基于移动代理的移动支付系统

第五节 移动支付平台

一、移动支付平台的概念

移动支付平台是建立的一个运营平台，它通过移动通信技术、互联网技术、信息处理技术，将传统的金融服务安全、便捷地带给企业、个人，真正感受到科技带来的"随需而用"的方便。手机支付是该平台提供的一个典型服务，即手机用户通过随身携带的手机完成支付应用。

移动支付平台是一整套技术工具与应用、安全标准和商业模式的组合，这个平台连接了移动支付系统中的移动运营商、金融机构、商家以及客户等，是整个移动支付系统的核心部分，移动支付平台运行在移动运营商提供的无线网络上，把金融机构、商家以及客户有机地结合起来。

二、移动支付平台的目标

移动支付平台作为一个重要的交易渠道和客户沟通渠道，有以下系统目标：

（一）方便自助流程

提供具备客户自助实现金融服务的产品功能，如转账、查询、汇款、各种代缴、证券等业务功能，并能够易于添加今后可能推出的金融产品功能。

（二）扩展商业模式

结合其他自助设备，如 POS、ATM、家加 e 银行等实现低成本占领商户市场，扩大商户范围，形成有效的价值链。

（三）个性业务模式

手机支付的信息表现力更丰富，更直观，使消费者和商户之间可更好地进行双向交流，互动沟通，充分实现以顾客为中心的按需定制的个性化服务模式。

（四）搭建产销桥梁

建立银行和银行客户（商户与消费者）之间良好的、精确的、高效的沟通手段，通过数据挖掘为商户分析产品的销售状况和顾客的需求偏好，辅助企业决策；同时为消费者传递最新的产品目录及服务种类，提高顾客忠诚度。

三、移动支付平台的主要实现技术

随着移动支付技术的发展，目前已经有很多成熟的系统，如 Paybox，Simpay，NTT DoCoMo 等系统。从技术角度来看，目前比较有代表性的移动支付系统大致有四类：基于 SMS 的系统、基于 WAP 的系统、基于 I-Mode 的系统和基于 J2ME 的系统。其中，基于 SMS 的系统、基于 WAP 的系统适合于微支付系统，基于 I-Mode 的系统适合于宏支付，当时只在日本境内使用且技术不公开。WAP，I-Mode 等都是基于微浏览器的，浏览器架构过分依赖在服务器和手持设备端之间传递数据的网络，如果网络出现故障或暂时瘫痪，会不可避免地对移动互联网产生毁灭性影响，而且微浏览器架构所不具备的高交互性和安全性也成为其走向企业领域的软肋。而 J2ME 为移动互联网引入了一种新的模型，即允许手持设备可以从互联网上下载各种应用程序，并在手持设备创造可执行环境离线运行这些程序。同时定义了可执行程序下载的标准，并在手持设备上创立了可执行环境和程序开发语言。

（一）移动消息平台

包括 SMS 和 MMS 两种，都可用于建立点对点的短信业务平台，在此基础上也可以开发各种增值业务。Short Message Service（SMS）短信息服务是指在无线电话或传呼机等设备之间传递小段文字或数字数据的一种业务，它是一种相对较简单和可靠的技术。新的换代产品增强型信息服务 EMS（Enhanced Message Service）使用了 SMS 技术并新增了对二进制对象如声音、图像和动画等的支持。

MMS 是 Multi Media Message Service 的缩写，意为多媒体信息服务，通常又称为彩信。它最大的特色就是支持多媒体功能，能够传递功能全面的内容和信息。

（二）移动网络接入平台：无线应用协议（WAP）

WAP平台是开展移动商务的核心平台之一。通过WAP平台，手机可以方便快捷地接入互联网，真正实现不受时间和地域约束的移动商务。WAP可以支持目前使用的绝大多数无线设备，包括移动电话、PDA设备等。在网络方面，WAP也可以支持目前的各种移动网络，如GSM、CDMA、PHS等。当然，它也可以支持第三代移动通信系统（3G），随着3G的逐渐推广，带宽已经不是主要问题，WAP的发展也迎来了良好契机。

WAP是Wireless Application Protocol的英文缩写，该协议是用来标准化无线通信设备的，可以让使用者通过移动电话上网，获取互联网服务，如电子邮件、电子商务及信息等服务。目前它已经成为数字移动电话、互联网或其他个人数字助理机（PDA）、计算机应用之间进行通信的全球统一的开放式标准。WAP技术将移动网络和互联网以及公司的局域网紧密地联系起来，提供一种与网络类型、运营商和终端设备都独立的移动增值业务。WAP是建立移动网络的基石，提供移动应用服务的开发平台。

（三）整合封包无线通信服务（GPRS）

GPRS是General Packet Radio Service的英文简称，也叫通用分组无线业务，是一种基于GSM系统的无线分组交换技术，它在GSM和TDMA网络上执行封包数据传输服务及第三代移动通信（3G），提供端到端的、广域的无线IP连接。GPRS与现有的GSM语音系统最根本的区别是，GSM是一种电路交换系统，而GPRS是一种分组交换系统。因此，GPRS特别适用于间断的、突发性的或频繁的、少量的数据传输，也适用于偶尔的大数据量传输。这一特点正适合大多数移动互联的应用。

（四）蓝牙技术（Bluetooth）

蓝牙技术是一种无线数据与语音通信的开放性全球规范，它以低成本的近距离无线连接为基础，为固定与移动设备通信环境建立一个特别连接，同时形成一种个人身边的网络，使得身边的各种信息化的移动便携设备都能无缝地实现资源共享。蓝牙以无线LAN的IEEE 802.11标准技术为基础，使用全球通并且无须申请执照的2.45GHz无线频带。系统设计通信距离为10cm~10m，如增大发射功率，其距离可长达100m。

（五）J2ME技术（Java 2Micro Edition）

J2ME（Java 2Micro Edition）是美国Sun公司为小型资源受限终端设备的应用程序开发提供使用的Java平台，是致力于消费产品和嵌入式设备的最佳解决方案。它提供了HTTP高级互联网协议，使移动电话能以Clientl Server方式直接访问互联网的全部信息，不同的 Client 访问不同的文件，此外，还能访问本地储存区，提供最高效率的无线交流。

J2ME 平台分为两个配置（Configuration）CDC（联网的设备配置，Connected Device Configuration）是针对机顶盒等设备的。而 CLDC（联网的受限设备配置，Connected Limited Device Configuration）是为严格受资源约束的设备如蜂窝电话、PDA 等而设立的。所以，它在各个方面都作了优化：它的虚拟机（KVM）很小；不支持 Java 语言的某些特征；提供的类库也很少。

J2ME 具有一些独特的安全性特点，这些特点决定了它比其他移动支付开发技术更适合于宏观支付的开发。

1. MIDP2.0 的安全性

MIDP（移动信息设备配置文件，Mobile Information Device Profile），它是目前为止可供使用的用于小设备的框架。它遵循了 CLDC 的宗旨，尽可能使用尽量少的资源。在这种模型中，每个应用称为 MIDLet。MIDLet 的生命周期有三个状态：活动（active）、暂停（pause）、被销毁（destroyed）。MIDLet Suite 把多个 MIDLet 关联到一起。在 J2ME 平台上开发的程序即 MIDLet Suite 打包后下载到支持 MIDP 的真机上即可运行。目前绝大多数品牌手持设备都支持 MIDP 规范。而且它的安全性随着 MIDP 的发展逐步增强。目前的 MIDP 版本为 MIDP2.0，它支持 HTTPS，能够建立端到端的开放安全套接字层（SSL）连接，从而能保护传输层的安全。

2. 可移植性

移动支付客户机应用程序能很容易地被移植到其他遵循 J2ME 或 MIDP 并且符合 CLDC 规范的设备上。

3. 更低的网络资源消耗与服务器负载

J2ME 客户机应用程序能在断开连接模式下工作并保持数据的同步。

4. 改善了的 UI 用户体验

J2ME API 为呈现功能更强的 GUI 提供了更大的可能性，这些增强的功能包括了诸如事件处理和更丰富的图形等方面。

5. MIDLet 中的动态事件处理

这一功能大大改善了可用性和用户体验。

6. 网际协议

网际协议也就是 Internet Protocol，即 IP 协议。通过 Java 技术可以方便地连接到网络。

7. 尽可能小的 MIDLet 大小

把 MIDLet 编写得尽可能地小，从而降低用户通过国际漫游下载 MIDLet 所需的费用。

8. 记录管理存储

J2ME MIDP 1.0 规范提供一个面向记录的数据库系统作为持久存储器，这个系统的名称为 RMS（Record Management Store，记录管理存储）。该系统即使是在重新引导或电池电量低的情况下，它们也能够确保记录完好无损。

9. 事务保护

使用 J2ME 密码术，就能对整个移动支付事务进行加密。不仅如此，在 WAP 和 WTLS 的支持下，入口会话就能像在 SSL3.0 中所进行的那样被保护。

10. 密码术

J2ME 本身提供了面向 J2ME 的安全性和信任服务 API，即 Security and Trust Services API for J2ME（JSR 177）。

从上面的论述可以知道，虽然现在基于 J2ME 的移动支付系统，特别是宏支付系统开发还处在研究阶段，但是 J2ME 平台的诸多优势决定了它适合移动支付特别是宏支付系统的开发，而且随着 J2ME 安全性能的逐渐提高、无线信道的加宽以及手持设备的升级，基于 J2ME 的宏支付系统必将是移动支付的发展方向。

J2EE（Java 2Enterprise Edition）是建立在 Java 2 平台上的企业级应用的解决方案。J2EE 技术的基础便是 Java 2 平台，不但有 J2SE 平台的所有功能，同时还提供了对 EJB、Servlet、JSP、XML 等技术的全面支持，其最终目标是成为一个支持企业级应用开发的体系结构，简化企业解决方案的开发，部署和管理等复杂问题。事实上，J2EE 已经成为企业级开发的工业标准和首选平台。

基于 J2EE 的移动支付平台是基于 J2EE 的应用，具有 J2EE 典型的三层架构，充分利用了 J2EE 本身具有的可扩展性、容错性、有效资源利用、智能缓存以及事物处理的功能。移动支付的体系结构采取模块化组件的设计，保证了产品的可扩展性、容错能力、高效的资源利用的高速缓存和完整的事务管理。该平台的三层结构分别是表现层、应用逻辑层和数据库层。表现层主要为不同的客户端管理或者操作人员提供不同的界面，应用逻辑层主要完成各种各样的业务逻辑的处理，包括：认证鉴权、移动用户接入服务代理、商户接入代理、银行通信、安全管理支付结算等。数据库层主要用来保存各种业务数据。

四、移动支付平台的功能及特点

利用模块化、通用、先进、实用的移动支付平台，客户可以进行用户注册，支付申请，支付撤销申请，支付记录查询；而商户可以进行支付确认、商户结算，商户结算记录查询等。并且基于最新技术开发的改进移动支付平台，具有很高的扩展和兼容能力，适应不断满足技术和业务快速发展的要求。其功能的最大特点和优势有：

（一）进一步扩大银行用户

通过具有普遍应用的移动终端作为开展金融业务的工具，其安全性、易用性、方便性、智能性都使用户能随时随地开展金融业务。一方面，具有 Java 功能的移动终端快速的推广和应用使得移动终端的客户越来越多，另一方面，移动金融服务的优异特性很容易被接收和使用，从而吸引更多的移动终端客户成为银行的忠实客户。

（二）加快银行资金流转

利用移动终端进行支付使用户消费不受限制，缩短用户消费支付过程，从而增加银行资金流转速度。

（三）增加各种类型商户的加入

由于该方案的移动支付具有方便、安全、快捷的特性，很多受限于传统支付方式的商户如电子商务、网上商城、异地邮购消费等；经常性消费商户如票务、后付费账单（水、电、气、电话、物业管理、住宿、用餐等）；签约消费商户如各种会员制商户、长期固定客户消费的商户等；小商户如没有能力建设POS 系统或其他支付系统的商户等。通过充分挖掘移动支付的特性能使更多的各种类型的商户加入，从而实现多赢。

（四）适应未来技术发展

随着移动通信技术的迅速发展，3G 的脚步离我们越来越近，数据业务大行其道，Java 手机的成本降低。预计不久的将来手机将更加普及，而且 80%将是具有 Java 功能的移动终端。该方案具有前瞻性的挖掘 Java 和移动通信技术的未来发展动向，将使银行的金融业务达到一个新的高度。

（五）提升银行企业形象

紧跟时代潮流，引领新技术、新模式，为用户提供革命性的支付手段，大大提升银行企业形象，加大银行的核心竞争力。

（六）改变消费方式

通过移动支付，用户将享受丰富多彩的增值服务，真正享受 7×24 跨时间、跨地区的无障碍购物新体验。

第六节　移动支付的终端

一、移动支付终端的概念

根据移动支付的定义可知进行移动支付必须使用移动终端设备，移动支付终端是指能够进行移动支付的设备。移动终端设备的基本要求是它必须能够连接到网络上来发起支付，而这里的网络可能是指 GSM、WCDMA、CDMA2000、TDS-CDMA 或者 WiMAX 以及 LTE 等，其次它必须易于携带，如手机、PDA、iPAD 等。

二、移动支付终端的分类

传统手机主要作为语音通信工具，功能比较单一，硬件结构相对简单，且其硬件和软件之间存在着很强的相关性。移动通信高速发展到今天，3G 已经逐渐兴起，数据业务也逐渐占据主导地位，手机已成为各种应用和业务的承载平台，因此对其硬件性能要求不断增高。特别是到了 4G 时代，数据业务进一步发展，如果 4G 的多网融合方案得到认可，802.1x 和 802.2x 将成为移动终端的一部分，无线移动终端将是一个多模的智能终端。因此，我们大致可将无线移动终端分为三类。

第一类是以语音为主的手机，也就是我们传统意义上的手机，目前主要面向低端市场，这类手机的硬件都是围绕一个单一的基带处理器搭建的，该处理器执行电信和其他简单的应用任务，目前这些硬件电路的集成度在逐渐提高，许多芯片厂商已经推出单芯片的解决方案，在此芯片外挂一些诸如天线、键盘、显示屏等电路和器件，就可以成为一只简单的手机。

第二类是增值业务手机，也叫多功能手机（Feature Phone），这是目前需求量最大的手机。这些手机一般面向特定应用，一个功能强大的基带处理器芯片实现移动终端的主要功能，如果基带处理器不能满足诸如视频处理等功能，可以配套使用一个应用协处理器，它面向特定应用。

第三类是智能手机，即高端手机，曾被定义为"拥有操作系统并支持第三方应用的手机"。这类手机中应用处理器成为系统的核心，而 GSM/GPPS 等通信 MODEM 则成为实现连接功能的外设之一，此外还有其他通信外设，如 WLAN、蓝牙、USB 等，并且可能提供统一的扩展接口。智能手机通常要采用复杂的嵌入式操作系统如 Pocket PC、Smartphone、Symbian 以及 Linux 等，为上层应用提供统一的应用接口，这是"移动办公"的理想工具。并且，智能手机多备有较大显示屏（2~2.8 英寸），具有计算和文字处理方面的功能。

三、手机操作系统

手机操作系统一般只应用在高端智能化手机上。目前，在智能手机市场上，中国市场仍以个人信息管理型手机为主，随着更多厂商的加入，整体市场的竞争已经开始呈现出分散化的态势。从市场容量、竞争状态和应用状况上来看，整个市场仍处于启动阶段。目前应用在手机上的操作系统主要有 Palm OS、Symbian、Windows CE、Linux、Android 等。

（一）Symbian 系统

Symbian 是一个实时性、多任务的纯 32 位操作系统，具有功耗低、内存占用少等特点，非常适合手机等移动设备使用，经过不断完善，可以支持 GPRS、蓝牙、SyncML 以及 3G 技术。最重要的是，它是一个标准化的开放式平台，任何人都可以为支持 Symbian 的设备开发软件。与微软产品不同的是，Symbian 将移动设备的通用技术，也就是操作系统的内核，与图形用户界面技术分开，能很好地适应不同方式输入的平台，也可以使厂商可以为自己的产品制作更加友好的操作界面，符合个性化的潮流，这也是用户能见到不同样子的 Symbian 系统的主要原因。现在为这个平台开发的 Java 程序已经开始在互联网上盛行。用户可以通过安装这些软件，扩展手机功能。在 Symbian 发展阶段，出现了三个分支：分别是 Crystal、Pearl 和 Quarz。前两个主要针对通信器市场，也是出现在手机上最多的，是今后智能手机操作系统的主力军。

（二）Windows Mobile 系统

Windows Mobile 系统包括 Pocket PC 和 Smartphone 以及 Media Centers，Pocket PC 针对无线 PDA，Smartphone 专为手机服务，已有多个来自 IT 业的新手机厂商使用，增长率较快。事实上，Windows Mobile 是微软进军移动设备领域的重大品牌调整，它包括 Pocket PC、Smartphone 以及 Media Centers 三大平台体系，面向个人移动电子消费市场。由于大多数机型支持彩色显示，因此耗电量极大，并且由于 Windows CE 本身对于资源的巨大吞噬作用。在功能扩展方面微软比较倾向于集成使用，大多具有标准的 CF 卡插槽，用户可以根据自己的需要增加内存、加装摄像头、调制解调器等设备。微软为手机而专门开发的 Windows Mobile 提供的功能非常多，在不同的平台上实现的功能互有重叠也各有侧重。这三大平台都支持和台式机的数据同步。Smartphone 提供的功能侧重点在联系方面，它主要支持的功能有：电话、电子邮件、联系人、即时消息。Pocket PC 的功能侧重个人事务处理和简单的娱乐，主要支持的功能有：日程安排、移动版 Office，简单多媒体播放功能。

（三）Linux 系统

Linux 系统是一个源代码开放的操作系统，目前已经有很多版本流行。但尚未得到较广泛的支持。Linux 进入到移动终端操作系统近一年多时间，就以其开放源代码的优势吸引了越来越多的终端厂商和运营商对它的关注，包括摩托罗拉和 NTT DoCoMo 等知名的厂商。Linux 与其他操作系统相比是个后来者，但 Linux 具有两个其他操作系统无法比拟的优势。第一，Linux 具有开放的源代码，能够大大降低成本；第二，既满足了手机制造商根据实际情况有针对性地开发自己的 Linux 手机操作系统的要求，又吸引了众多软件开发商对内容应用软件的开发，丰富了第三方应用。然而 Linux 操作系统有其先天的不足：入门难度高、熟悉其开发环境的工程师少、集成开发环境较差；由于微软 PC 操作系统源代码的不公开，基于 Linux 的产品与 PC 的连接性较差；尽管目前从事 Linux 操作系统开发的公司数量较多，真正具有很强开发实力的公司却很少，而且这些公司之间是相互独立的开发，很难实现更大的技术突破。

（四）Palm OS 系统

这是一种 32 位的嵌入式操作系统，主要运用于移动终端上。此系统最初由 3Com 公司的 Palm Computing 部开发，目前 Palm Computing 已经独立成一家公司。Palm OS 与同步软件 HotSync 结合可以使移动终端与电脑上的信息实现同步，把台式机的功能扩展到了移动设备上。Palm OS 在 PDA 市场占有主导地位。Palm 的产品线本身就包括智能手机，又宣布与最早的智能手机开发者 Handspring 并购，同时将软件部门独立。

（五）Android 系统

此外，Google 开发的基于 Linux 平台的开源手机操作系统 Android 也被部分专家作为 Linux 平台一个变种手机操作系统。它包括操作系统、用户界面和应用程序。Android 一词的本义指"机器人"，Google 于 2007 年 11 月 5 日宣布打造首个为移动终端打造的真正开放和完整的移动软件。Google 最近公布的 Android 手机软件平台，很可能在 2008 年时获得全球智能手机软件平台 2% 的份额。Android 手机系统的最大特点是开放性和服务免费。Android 是一个对第三方软件完全开放的平台，开发者在为其开发程序时拥有更大的自由度，突破了 iPhone 等只能添加为数不多的固定软件的枷锁；Android 操作系统免费向开发人员提供，这样可节省近三成成本。

四、智能手机

智能手机是典型的支持移动电子商务的移动终端。移动电话，也称为手机。能够支持移动电子商务活动的移动电话，通常是高端智能化手机。与非智能手机相比，智能手机的最大优势便在于其可扩展性，它只需进行相关手机应用软件的安装或升级，便可随时搭载运营商新推出的增值应用。目前比较著名的智能手机包括：iPhone、Android、黑莓等。全球著名手机制造商基本都推出了自己的智能手机产品。

（一）智能手机 iPhone

2007 年 1 月 9 日苹果公司推出了小巧、轻盈的手持设备 iPhone，将创新的移动电话、可触摸宽屏 iPod 以及具有桌面级电子邮件、网页浏览、搜索和地图功能的突破性互联网通信设备这三种产品完美地融为一体。iPhone 引入了基于大型多触点显示屏和领先性新软件的全新用户界面，让用户用手指即可控制 iPhone。

iPhone 还开创了移动设备软件尖端功能的新纪元，重新定义了移动电话的功能，诺基亚、摩托罗拉等在内的各大手机厂商，正经历着前所未有的市场冲击。

（二）智能手机 Android

2008 年 9 月 22 日，美国运营商 T-Mobile USA 在纽约正式发布第一款 Google 手机——T-Mobile G1。Android 采用 WebKit 浏览器引擎，具备触摸屏、高级图形显示和上网功能，用户能够在手机上查看电子邮件、搜索网址和观看视频节目等，比 iPhone 等其他手机更强调搜索功能，界面更强大，可以说是一种融入全部 Web 应用的单一平台。该机内置有多项 Google 服务，包括 Google 地图、街景服务、Gmail 和 YouTube 等。T-Mobile G1 还装载有 528MHz 的处理器，支持 HSDPA/ HSUPA 网络和 WLAN（Wi-Fi 802.11b/g）无线局域网接入功能，内置 320 万像素的摄像头和 GPS 模块并完美支持 Google 地图功能。值得一提的是，该机的 Google 地图还能够与手机内置的电子罗盘同步化，用户只要移动手中的手机，就能够以 360 度查看浏览目标位置。

（三）智能手机黑莓

所谓黑莓手机（Blackberry），是指由加拿大 RIM（Reserach In Motion）公司推出的一种无线手持邮件解决终端设备。因其使用了标准的 QWERTY 英文键盘，看起来像是草莓表面的一粒粒种子，所以得名"黑莓"；黑莓手机的运行，需要包含服务器（邮件设定）、软件（操作接口）以及终端（手机）大类别的 Push Mail 实时电子邮件服务的支持。同时，该设备在后期的产品中，也加入了手机的功能，所以国内普遍称之为"黑莓手机"。

但是一般俗称的黑莓机，指的却不单单只是一部手机，而是由加拿大 RIM

(Research in Motion) 公司所推出，包含服务器（邮件设定）、软件（操作接口）以及终端（手机）大类别的 Push Mail 实时电子邮件服务。"9·11"事件之后，由于 Blackberry 及时传递了灾难现场的信息，而在美国掀起了拥有一部 Blackberry 终端的热潮。黑莓赖以成功的最重要原则——针对高级白领和企业人士，提供企业移动办公的一体化解决方案。企业有大量的信息需要即时处理，出差在外时，也需要一个无线的可移动的办公设备。企业只要装一个移动网关，一个软件系统，用手机的平台实现无缝链接，无论何时何地，员工都可以用手机进行办公，它最大方便之处是提供了邮件的推送功能。

五、PDA

PDA（Personal Digital Assistant，个人数字助理）。PDA 最初是用于 PIM（Personal Information Management，个人信息管理）的，顾名思义就是辅助个人工作的数字工具，主要提供记事、通讯录、名片交换及行程安排等功能。

目前市场上的掌上电脑主要采用两类操作系统：一类是日趋完善的 Palm 操作系统，目前使用 Palm 系统的掌上电脑在世界市场份额中占到 65% 以上，主要有 Palm、IBM 的 Workpad、Sony 的 Clie 和 TRGpro、handspring 等 Palm 电脑；另一类则是微软 Win CE 系列，虽然起步晚，但已经打破了 Palm OS 一统天下的局面，而且由于 Win CE 授权比较广泛，现在国内大部分掌上电脑都是使用 Win CE 系统，包括国内的联想、方正以及国外的 HP、COMPAQ 等公司都有 Win CE 掌上电脑推出。在软件的数量上，Palm 要比 Win CE 多一些。当然除了以上两大操作系统外，从整个国际市场来看，掌上电脑的操作系统还有 Pocket PC、EPOC、Hopen、Penbex 和 Linux 操作系统。

六、平板电脑

平板电脑（Tablet Personal Computer，简称 Tablet PC、Flat PC、Tablet、Slates），是一种小型、方便携带的个人电脑，以触摸屏作为基本的输入设备。它拥有的触摸屏（也称为数位板技术）允许用户通过触控笔或数字笔来进行作业而不是传统的键盘或鼠标。用户可以通过内建的手写识别、屏幕上的软键盘、语音识别或者一个真正的键盘。平板电脑由比尔·盖茨提出，至少应该是 X86 架构，从微软提出的平板电脑概念产品上看，平板电脑就是一款无须翻盖、没有键盘、小到足以放入手袋，却功能完整的 PC。

平板电脑是微软早期（大约 2002 年）大力推行的一种电脑（相对于笔记本增加旋屏、手写功能），但到现在，苹果推出了 iPAD 平板电脑，但这个平板电脑的概念和微软那时已不一样，现在的 iPAD 操作体验一流，用户感受永远是第一位的，至于现在平板电脑和笔记本的区别，从本质上来说没有区别，但在用户来看，完全是两种体验。主要优点：①手势识别。手势是非常有用的工具，当同时和键盘使用时就能大幅度提高效率。②无纸办公。③残疾用户。这些不能打字但能握住一支触控笔的用户可以用平板电脑以可接受的速度输入文字。④数码艺术。

很多平板电脑运行 Windows XP Tablet PC Edition——最新版本是 2005 版。Tablet PC Edition 2005 包含了 Service Pack 2 并且可免费升级。2005 版给我们带来了增强的手写识别率并且改善了输入皮肤，还让输入皮肤支持几乎所有程序。在 CES 2005 期间，微软向用户卖弄了一些下一次升级计划中的特性。下次升级将会允许用户直接在桌面上写字、增加手写便笺时的可视性。

Windows 7 的出现，市场的接受能力明显加温，可以预见 Windows7 将是未来操作系统的霸主，平板电脑方面也开始有品牌介入开发并取得成功。如英国福盈氏、中国台湾华硕等。

运行 Linux 是平板电脑的另一个选择。Linux 天生就缺乏平板电脑专用程序，但随着带有手写识别功能的 Emperor Linux Raven X41 Tablet 的出现，Linux 平板电脑已经改善了许多。

2011 年 Google 推出 Android 3.0 蜂巢（Honey Comb）操作系统。Android 是 Google 公司 1 个基于 Linux 核心的软件平台和操作系统，目前 Android 成了 iOS 最强劲的竞争对手之一。2011 年 5 月 Google 正式推出了 Android 3.1 操作系统。2011 年 8 月由海尔公司推出的 haiPad 将搭载国内操作系统——点心操作系统，这款平板电脑搭载的点心操作系统是基于 Android 开发的，更符合国人的使用习惯。

本章案例

"熊猫烧香" 病毒案

2007 年 2 月 12 日湖北省公安厅宣布，根据统一部署，湖北网监在浙江、山东、广西、天津、广东、四川、江西、云南、新疆、河南等地公安机关的配合下，一举侦破了制作传播"熊猫烧香"病毒案，抓获李俊等 8 名犯罪嫌疑人。这是我国破获的国内首例制作计算机病毒的大案。

2006 年底，我国互联网上大规模爆发"熊猫烧香"病毒及其变种，该病毒通过多种方式进行传播，并将感染的所有程序文件改成熊猫举着三根香的模样，同时该病毒还具有盗取用户游戏账号、QQ 账号等功能。该病毒传播速度快，危害范围广，截至案发，已有上百万个人用户、网吧及企业局域网用户遭受感染和破坏，引起社会各界高度关注。《瑞星 2006 安全报告》将其列为十大病毒之首，在《2006 年度中国大陆地区电脑病毒疫情和互联网安全报告》的十大病毒排行中一举成为"毒王"。

2007 年 1 月中旬，湖北省网监部门根据公安部公共信息网络安全监察局的部署，对"熊猫烧香"病毒的制作者开展调查。经查，熊猫烧香病毒的制作者为湖北省武汉市李俊，据李俊交代，其于 2006 年 10 月 16 日编写了"熊猫烧香"病毒并在网上广泛传播，并且还以自己出售和由他人代卖的方式，在网络上将该病毒销售给 120 余人，非法获利 10 万余元。经病毒购买者进一步传播，导致该病毒的各种变种在网上大面积传播，对互联网用户计算机安全造成了严重破坏。李俊还于 2003 年编写了"武汉男生"病毒、2005 年编写了"武汉男生 2005"病毒及"QQ 尾巴"病毒。另外，本案另有几个重要犯罪嫌疑人雷磊（男，25 岁，武汉新洲区人）、王磊（男，22 岁，山东威海人）、叶培新（男，21 岁，浙江温州人）、张顺（男，23 岁，浙江丽水人）、王哲（男，24 岁，湖北仙桃人）通过改写、传播"熊猫烧香"等病毒，构建"僵尸网络"，通过盗窃各种游戏和 QQ 账号等方式非法牟利。"熊猫烧香"病毒从 2006 年 12 月初开始在互联网上爆发，一个月以内病毒变种数达 90 多个，被感染中毒的电脑达百万台以上，数百万用户深受其害。

2007 年 2 月 12 日，湖北省公安厅宣布"熊猫烧香"病毒案告破，病毒制作者李俊及主要传播者等 6 名犯罪嫌疑人被捕归案。

83

资料来源：中央电视台. "熊猫烧香"作者被抓，假"熊猫"遭黑宝攻击. www.cctv.com，2007–02–13.

问题讨论：

1. "熊猫烧香"病毒的制造者触犯了我国刑法的哪些条款？
2. 计算机网络病传播快、危害广且愈演愈烈，是否与处罚太轻有关？

本章小结

本章主要介绍了移动支付的相关技术。介绍了移动支付的技术基础：移动通信技术和非接触支付的核心技术 RFID 以及 NFC 技术。分析远距离支付和非接触支付也叫近距离支付的技术方案，包括短信 SMS 支付，WAP 支付和 USSD 支付以及基于 RFID 技术的非接触 NFC 手机支付、双界面 SIM 卡支付以及 eNFC 等。最后给出了远距离支付和非接触式支付的相关应用案例。最后介绍了移动支付系统、移动支付平台以及移动终端的概念、特点，并且详细分析了移动支付平台的实现技术和实现移动支付系统的框架。

本章复习题

1. 简述 RFID 的定义、基本组成以及工作原理。

2. RFID 有哪些分类，各有什么特点？

3. 远距离支付有哪些实现方式？

4. 非接触式支付有哪些支付方式，各有什么特点？

5. 试给出 NFC 移动支付的原理，并进行相应的案例分析。

6. 什么是移动支付系统？如何分类？有哪些特点？

7. 移动支付系统的结构是什么？

8. 移动支付平台的概念和设计目标是什么？

9. 移动支付平台的主要实现技术有哪些？

10. 简述移动支付终端的分类。

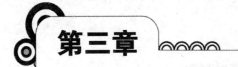

第三章

移动银行

学习目的

★★★★

知识要求 通过本章的学习，掌握：

● 电子银行概述
● 移动银行系统
● 移动支付工具
● 移动支付方式与系统
● 移动银行的前景

技能要求 通过本章的学习，能够：

● 了解电子银行概念
● 掌握移动银行系统
● 熟悉移动支付工具
● 掌握移动支付方式与系统
● 了解移动银行的前景

85

学习指导

★★★★

1. 本章内容包括：电子银行概述，移动银行系统，移动支付工具，移动支付方式与系统，移动银行的前景。

2. 学习方法：通过案例了解电子银行概念，掌握移动银行系统，熟悉移动支付工具，掌握移动支付方式与系统，了解移动银行的前景。

3. 建议学时：4 学时。

引导案例

银行卡密码泄露案

2002 年 10 月，洪某在永嘉某银行罗浮营业所申办了一张银行卡，作为经商业务上存取资金之用。今年 2 月 2 日，洪某发现卡上的 10.25 万元被人以网上交易的方式转至别人的两张卡上并盗走。据警方调查，去年 11 月 22 日，涉案犯罪嫌疑人以洪某的名义，持虚假的洪某身份证到温州某银行开办了网上银行，获取了网上银行的客户证书及网上银行密码，并成功注册。自注册成功后至今年 2 月 2 日，该嫌犯几乎未间断上网，在网上多次发起对原告账户的查询与交易的尝试。2 月 2 日，该嫌犯分两次成功提取了洪某存在银行卡上的 10.25 万元。案发后，洪某在接受警方调查时承认，他曾因业务上的需要，将该银行卡的密码告知过他人。

10.25 万元存款不翼而飞，责任到底归谁？双方诉至法院。经法院审理后认为，银行未能认真核实验明办理网上银行注册人提供的资料的真实性，违规操作，才导致嫌犯成功注册网上银行，进而成功冒领了洪某的存款。因此，该违规失职行为与该存款被冒领有着直接的因果关系。至于嫌犯是通过何种途径获取洪某卡号的密码，公安部门尚无定论。但就本案而言，他人取得原告银行卡密码，并不等于取得了原告的存款，原告的该笔存款并非是凭银行卡的密码在自动取款机或营业柜台上被支取，而是由于银行违规操作，为嫌犯开办了网上银行，在网上银行划出的，因此原告密码泄露并不会必然导致存款被冒领。据此，法院作出以上判决。

资料来源：中国法院网. 10 万存款被盗谁埋单？法院审判令银行负全责. http://www.chinacourt.org/public，2005–08–08.

➡ **问题：**

1. 由于他人利用网上银行交易，致使洪某银行卡上的存款被人盗走。责任在谁？

2. 银行卡密码在电子支付中有何重要意义？

第一节　电子银行概述

一、电子银行与移动银行

（一）电子银行的定义

所谓电子银行（Electronic Bank，e-Bank），简单来讲，就是电子化和信息化了的高效率、低运行成本的银行。具体来说，电子银行借助各种电子业务系统，通过网上电子传输的方法，向顾客提供全方位、全天候、高品质又安全的银行服务；不仅提供综合支付结算服务，还提供与之相关的金融信息增值服务；不仅使业务处理电子化，还使银行的经营管理和安全监控实现信息化。可以说，电子银行从根本上改变传统银行的业务模式、管理模式和管理体制，建立了以信息为基础的自动化业务处理和以客户关系管理为核心的科学管理新模式。

其他电子银行定义如下：

1. 巴塞尔银行监管委员会的定义

1998 年，巴塞尔银行监管委员会发表题为"电子银行与电子货币活动风险管理"的报告，并定义电子银行（网络银行）为：那些通过电子通道，提供零售与小额产品和服务的银行。这些产品包括：存贷、账户管理、金融顾问、电子账务支付及其他一些诸如电子货币等电子支付的产品和服务。

2000 年 10 月，巴塞尔银行监管委员会又进行了一些补充，新的定义指出，电子银行是利用电子手段为消费者提供金融服务的银行，而这种服务既包括零售业务，也包括批发业务。该定义实际上将电子银行放置于与传统银行形态相对独立的位置。

2. 欧洲银行标准委员会的定义

欧洲银行标准委员会在其 1999 年发布的《电子银行》公告中，将电子银行定义为：那些利用网络为通过使用计算机、网络电视、机顶盒和其他一些个人数字设备连接上网的消费者和中小企业提供银行产品服务的银行。

3. 美联储的定义

美联储于 2000 年提出一个内部使用定义：利用互联网作为其产品、服务和信息的业务渠道，向其零售和公司客户提供服务的银行。

与传统银行形态组织形态相比较，电子银行表现出鲜明的特色。这是由其运行的基本属性所决定的。银行在将信息网络技术系统应用到银行业务中时，最初仅仅把其作为银行一种新的营销渠道。但正如纸币代替金属货币所引起银行经营形态发生深刻变革一样，电子银行的引入，对银行来说，也并不仅仅意味着增加一种营销渠道，而是为银行深入开展金融创新创造了一个平台，而它带给银行的变化，可能是全方位、革命性的。

（二）电子银行的特点

虽然电子银行的形态各异，但是电子银行的基本特点可以包括以下几个方面：

1. 数字化服务方式

服务数字化是电子银行与传统银行最明显的区别，数字化服务就意味着金融交易数据的输入、输出和处理都由计算机自动完成。

2. 运行环境开放

电子银行是利用开放型的电子网络作为其业务实施的环境，而开放性网络意味着任何人只要拥有必要的设备，支付一定费用，即可进入电子银行的服务场所，接受银行服务。

3. 模糊的业务时空界限

开放的环境和数字化的服务方式，扩展了电子银行的活动空间。随着互联网的延伸，地界和国界对银行业务的制约作用日益淡化。利用互联网，客户可以在世界上任何地方、任何时间，获得同银行本地客户同质的服务，银行在技术上也获得了将其业务自然延伸到世界各个角落的能力，不再受地域的局限。

4. 业务实时处理

实时处理业务，是电子银行同银行的其他电子化、信息化形式的一个重要区别。电子银行在大部分情况下不需要人工介入就可使客户指令得到立即执行。

5. 交易费用与物理地点的非相关性

传统银行的客户交易成本随距离的增加而增加，电子银行的交易边际成本不依赖于客户和业务发生的地点。

电子银行作为信息技术与金融创新结合的产物，正对人们的经济生活产生重大影响。和传统银行相比，电子银行具有数字化服务、运行环境开放、模糊的业务时空界限、业务实时处理、交易费用与物理地点非相关性的特点。与其他传统金融机构相比，电子银行具有网络银行的产品与服务销售边际收益递增、业务"非人格化"、明显的服务价值差异性和较强的拓展性的特点。同时，基于电子银行平台，银行可以更好地搜集客户信息、开展差异化服务，提高盈利水平。在这样的背景下，传统银行正逐步地转向电子银行的基本经营形态。在发达国家，2/3 的银行业务已经可以通过电子银行客户平台实现，而国内的电子银行业也正迅猛发展着。电子银行已经不仅仅是一个新渠道，更是一种服务方式，增加了新的功能，扩大了服务范围，以满足客户多样化的金融需求。

二、电子银行的内涵

电子银行目前有两种形式：一种是完全依赖于互联网发展起来的全新电子银行，这类银行所有的业务交易依靠互联网进行，如美国安全第一网络银行（Security First Network Bank）；另一种是在现有商业银行基础上发展起来，把银行服务业务运用到互联网，开设新的电子服务窗口，即所谓的业务外挂电子银行系统，如手机银行业务。

电子银行分为广义的电子银行和狭义的电子银行两大类。狭义的电子银行包括网上银行、电话银行和手机银行等产品；广义的电子银行不仅包括上述产品，还包括 POS、ATM、家庭银行、TV 银行、自助终端、自助银行、电子票据、代收代付等所有离柜业务。

（一）网上银行

网上银行，又称网络银行或虚拟银行，它是以互联网技术为基础，通过互联网这一公共资源实现银行与客户之间的联接，来提供各种金融服务，实现各种金融交易。通俗地说，网上银行就是在互联网上建立的一个虚拟的银行柜台，为客户开展各项金融服务。客户只需坐在家中或办公室里轻点鼠标，就可以享受以往必须到银行网点才能得到的金融服务。目前，人民银行对网上银行业务的开展几乎没有限制，从我国各商业银行开展的网上银行业务情况来看，网上银行几乎提供了所有传统柜面业务的服务，甚至更多银行柜面没有的服务。其主要功能有：账户查询、对外支付、账户转账、外汇买卖、国债买卖、基金买卖等几乎所有银行柜面服务；还能提供集团理财、自动收款、现金管理等柜面没有的银行服务。如企业网上银行提供的现金管理业务，可每日实时归集企业在全国各分支机构的账户余额到总部账户，以减少资金沉淀，增加财务控制能力，降低财务风险，大大提高企业的财务管理水平。

（二）电话银行

电话银行，一般又称 Call Center，是使用计算机电话集成技术，采用电话自动语音和人工座席服务方式为客户提供金融理财服务的一种银行业务系统，它是现代通信技术与银行金融理财服务的完美结合。电话银行具有使用简单，操作便利；覆盖广泛，灵活方便；手续简便，功能强大；成本低廉，安全可靠；服务号码统一的特点。我国商业银行的电话银行分个人电话银行业务和企业电话银行业务两种，个人电话银行业务基本包括账户查询、对外转账、外汇买卖、基金买卖、银证转账等服务，企业电话银行一般只能开展查询类业务。

（三）手机银行

手机银行又称"移动银行"，是货币电子化与移动通信业务的结合，它以无线通信技术为手段，在人们应用无线通信手段进行信息交流的基础上，将银行业务应用到手机的功能当中，特别是短信息、WAP 等方式，使移动通信真正成为人们身边的银行，随时随地办理银行业务。无论什么样的移动银行业务，都要有移动支付系统作为重要的技术支撑。

（四）自助银行

自助银行包括 ATM 自动柜员机、POS 机终端和其他自助银行综合网点。ATM 自动柜员机：分在行式和离行式两种模式，银行客户使用持有的银行卡，可以通过 ATM 进行取款、余额查询、转账交易等银行业务。POS 机终端：银行客户在特约商户消费时，可以使用持有的银行卡，通过银行安装在商场的 POS 机终端进行转账支付。自助银行综合网点：一般包括 ATM 自动取款机、CDM 自动存款机、自助终端等。客户可以办理自助存取款、账务查询、综合信息查询、缴纳公用事业费、转账、补登存折等业务。

三、移动支付与电子银行的关系

随着计算机技术、网络技术、信息技术进一步发展，电子支付技术发展迅速。支付方式也不再局限于在线支付，以手机支付为代表的移动支付初绽头脚，也将是未来支付的重要方式。相应地，为了适应新技术、新形势、新需求的发展，电子银行业务业将加快发展的步伐，电话银行、网上银行、手机银行、企业银行等多种电子银行渠道拓宽和协调发展，成为银行业金融产品和服务手段的发展方向。

移动支付相对银行信用卡支付有其显著特点，主要表现为：移动用户普及速度快、重复率低，具有即时性、兼容互通性好、支付体系成本和复杂度低，移动运营商机构少，容易协调和实现一体化管理，支付成本低，且有取消收取支付额外佣金或免去拨号费的趋势。信用与安全问题不突出，移动支付立足小额支付，克服了商业信用体系难以健全和银行卡消费难以形成规模的问题。特别是在小额支付市场，移动支付会占主导地位。随着移动技术的不断更新以及移动商务的发展，移动支付将成为电子商务的重要支付方式，作为传统信用卡支付的替代或补充方式。

电子银行是运用先进的电子通信技术，以网络为媒介，为客户提供完善的自助金融服务。它包括网上银行、电话银行、手机银行、企业银行、TV 银行、ATM 自助银行等，业务范围几乎包括除存取以外的绝大部分传统银行业务和外汇买卖、证券交易、个人理财等增值业务，以及许多传统银行不能提供的即时在线服务。电子银行改变了传统银行的手工作业方式，并逐渐形成了银行业务处理自动化、服务电子化、管理信息化的新兴银行体系；电子银行极大地降低了经营服务成本，创造出巨大的利润空间；它可以超越时空限制，提供"3A"式服务，能为客户提供方便快捷的个性化服务；它还能使资金流速激增，减少在途资金损失。电子银行的出现开创了一种新型的银行产业组织与经营形式，促使传统银行经营理念和经营战略发生转变与调整，导致银行业竞争格局发生变动。

移动支付是移动商务的关键环节，也是移动商务得以顺利发展的基础条件。没有适时的电子支付手段相配合，移动商务就成了真正意义上的"虚拟商务"，只能是电子商情、电子合同，而无法成交。移动支付要求金融业务的移动化，电子银行的开展移动支付业务也将进入产业规模快速增长的拐点。因此，电子银行不仅要开设相应的移动支付业务，也要有完善的移动支付系统作为该项业务的重要支撑。

四、手机银行的特点

手机银行是货币电子化与移动通信业务相结合的产物，手机银行是由手机、短信中心和银行系统构成的。在手机银行的操作过程中，用户通过卡上的菜单对银行发出指令后，卡根据用户指令生成规定格式的短信并加密，然后指示手机向网络发出短信，短信系统收到短信后，按相应的应用或地址传给相应的银行系统，银行对短信进行预处理，再把指令转换成主机系统格式，银行主机处理用户的请示，并把结果返回给银行接口系统，接口系统将处理的结果转换成短信格式，转发到短信中心，短信中心将短信发给用户。

手机银行并非电话银行。电话银行是基于语音的银行服务，而手机银行是基于短信的银行服务。目前通过电话银行进行的业务都可以通过手机银行实现，手机银行还可以完成电话银行无法实现的二次交易。比如，银行可以代用户缴付电话、水、电等费用，但在划转前一般要经过用户确认。由于手机银行采用短信息方式，用户随时开机都可以收到银行发送的信息，从而可在任何时间与地点对划转进行确认。随着代收代付业务的发展，手机银行的这种服务显得尤为重要。

手机银行与网上银行相比，优点也比较突出。首先，手机银行有庞大的潜在用户群，到 2011 年底，我国移动电话用户超过 8 亿户。手机银行需同时通过 SIM 卡和信用卡账户双重密码确认之后，方可操作，安全性较好。而网上银行是一个开放的网络，很难保证在信息传递过程中不受攻击。其次，手机银行实时性较好，折返时间几乎可以忽略不计，而网上银行进行相同的业务需要一直在线，还将取决于网络拥挤程度与信号强度等许多不定因素。

手机银行作为一种新型的银行服务方式，其发展很快。

对移动通信运营商来说，手机银行是在现有的网络框架和设备基础上，通过短信息系统平台来完成手机银行业务的，手机银行的开通可以丰富通信服务种类，提高服务质量和手机的利用率，在正常的话费之外获得大量的增值业务服务费，保证了低成本与高效率。对于银行来说，目前竞争日趋激烈，能否跟上现代信息技术的发展并积极调整发展战略，已成为银行生死存亡的关键。手机银行是竞争的产物，银行不仅可以通过庞大的手机用户市场吸引客户，还可以更大程度地降低成本，提高用户的服务满意度。由于手机是用户随身携带的通信工具，许多本来需要邮寄给用户的结算通知，均可以利用手机银行的短信息功能发送给用户，在节约大量邮寄成本的同时，显著提高了工作效率。

对于用户来说，手机银行带来了一种方便、快捷的投资理财方式，可以享受随时随地的银行服务，而不必考虑银行网点何时开门、关门。再者，手机银行服务无须月租费，目前按条单向收费，在发送业务请示短消息时不收费，在接收业务完成短信息时按 0.10 元/条标准计费，收费标准低，服务质量高。

目前，手机银行的业务范围还很有限，在我国只能完成转信和查询功能，有关的配套政策和法规也不完善。手机银行作为一种新型金融服务，需要人们的理解和支持，其普及发展需要一个市场培育的过程。我们看到，手机银行已引起众多商业银行的重视，在多数银行的网站上有关手机银行业务的栏目被放在了主页十分显著的位置上。

第二节　移动银行系统

一、移动银行的概念及特点

移动银行（Mobile Banking Service），也可称为手机银行，是利用移动通信网络及终端办理相关银行业务的简称。作为一种结合了货币电子化与移动通信的崭新服务，移动银行业务不仅可以使人们在任何时间、任何地点处理多种金融业务，而且极大地丰富了银行服务的内涵，使银行能以便利、高效而又较为安全的方式为客户提供传统和创新的服务，而移动终端所独具的贴身特性，使之成为继 ATM、互联网、POS 之后银行开展业务的强有力工具，越来越受到国际银行业者的关注。

分析银行业移动支付业务，目前我国的银行业移动支付业务可以分为以下四类主要产品。

（一）SMS_Banking

SMS_Banking 的主要功能，可分为面向手机客户的服务功能和面向银行内部管理的服务功能两大类。①同时以快捷命令和菜单交互两种操作方式提供面向手机客户的服务功能。除即时提醒、定时通知、银行信息通知、账户设置、账务查询、信息查询、服务设置及帮助等基本功能外，还包括支付类功能和其他信息服务功能如缴费、转账、外汇买卖，国债、基金、股票信息实时查询等，并可根据客户需求定制新的功能（如彩票购买与中奖通知等）。②面向银行内部管理的服务功能包括客户管理、信息发布、公告管理、黑名单管理、过滤信息管理、系统状态监控、报表统计、计费处理、部门及操作员管理等。

（二）USSD_Banking

USSD_Banking 与 SMS_Banking 功能相似，也分为面向手机客户的服务功能和面向银行内部管理的服务功能两大类。但由于使用了 USSD 通信方式，具有更高的传输速度与更好的性能，在所有功能的展示上，因大量使用方便的菜单操作，具有更友好的界面和易用性。USSD_Banking 与 SMS_Banking 能够很好地结合，银行可以针对不同的客户群体结合两种产品为客户提供更广泛的增值服务。

（三）Java_Banking

Java_Banking 提供更丰富的业务功能，客户可在手机上办理查询业务（如账户信息、金融信息等）、转账业务（包括卡内转账、卡间转账等）、缴费、支付（小额账单）、汇款、银证转账和外汇买卖业务，还可以在手机使用账户设置、更改密码等服务功能。

（四）WAP_Banking

WAP_Banking 提供与 Java_Banking 相似的业务功能，客户可通过手机上网办理各种账户信息与金融信息的查询，进行转账操作，选定项目进行缴费，并可以直接为网上购物进行支付。当然，还可以在手机上进行账户设置、更改密码等操作。

话费缴纳、公共事业缴费、彩票投注、电子票务、手机保险、数字点卡（游戏点卡、Tencent、263 邮箱等）是现阶段银行业移动支付的主要业务。

目前已经开展的银行业移动支付业务应用如表 3-1 所示。

图 3-1 是以银行为主体的移动支付框架图。银行自身的结算系统与移动通信网络实现互联，将银行账户与手机账户绑定。银行为用户提供交易平台和付款途径，移动运营商不参与支付过程，只为银行和用户提供信息通道，而用户

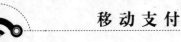

表 3-1 银行业移动支付业务应用

业务分类	业务功能	业务功能描述	目前实现方式
手机缴费	话费余额查询		短信、语音、USSD
	话费缴纳	由绑定的银行账号支付手机话费	短信、语音、音信互动
手机消费	手机购卡	购买游戏卡、上网卡、IP 电话卡和充值卡等数字卡终端	短信、USSD
	手机订报等	订购签约合作商户的报纸和杂志	短信、USSD
手机理财	银行卡余额查询、消费提醒	查询"手机钱包"绑定的银行卡的余额和每笔消费的短信提醒	短信、语音、音信互动
"手机钱包"管理	修改"手机钱包"密码		短信、语音
	找回"手机钱包"密码		短信、语音
	系统帮助信息		短信

资料来源：CCID，2006.

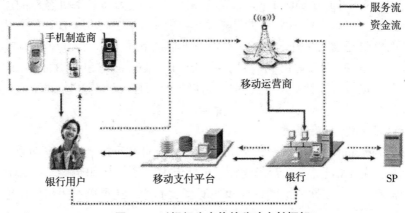

图 3-1 以银行为主体的移动支付框架

则通过银行卡账户进行移动支付。当前我国大部分提供手机银行业务的银行都拥有自己的支付网关。

单纯依赖银行的移动支付方式也有一些不足之处：

（1）用户只能接受一个开户行的移动支付服务，用户无法享受其他银行的服务，银行之间不能互联互通，限制银行业移动支付业务推广。

（2）各银行单独购置设备和开发系统，资源浪费。

（3）对终端设备的安全要求很高，用户需要更换手机或 STK 卡。

（4）给 SP 带来很大不便，SP 要与多家银行进行连接。

（5）银行，尤其是银联，作为金融秩序的规范者如果参与到平台运营当中来，就可能会形成一种"既当裁判又当球员"的不公平竞争局面，会引起其他参与方的不满。

二、手机银行的发展

手机银行是一种跨行业的服务，是货币电子化与移动通信业务的结合。手机银行又称"移动银行"，是利用移动终端办理银行有关业务的业务形式，是移动运营商与银行部门合作，联合向社会推出的一个新服务项目，它是移动通信网络上的一项电子商务。

手机银行通过移动通信网将客户的移动终端与商业银行连接，向用户提供随时随地的金融理财业务，其主要功能涉及账务查询（通过手机查询用户在银行的存折、信用卡账户余额）、自助缴费（可直接在手机上查询及缴纳手机话费和其他费用）、银行转账（通过手机可以进行信用卡、存折之间的资金转账）。另外，还可以进行一定范围内的支付业务。例如，目前普天推出的"手机银行"现场支付方式，用户无须携带信用卡和现金，凭借手机号码和手机银行密码就可以在商户的 POS 上进行缴纳住宿押金、购物付款等交易。支付交易由原有的刷卡输密码方式改变为输入手机号和手机银行密码的方式实现，最大限度地方便了消费者。

对于银行来说，特别是小的商业银行，手机银行和其他形式电子银行的出现，改变了银行的业务模式和银行业的竞争规则，营业网点的数量及覆盖率已不再是银行间相互竞争的目标，更不是体现银行综合竞争能力的关键，如何向客户提供更方便的服务才是银行竞争制胜的法宝。银行通过对互联网络与移动通信等高新技术的使用突破了时间及空间的限制，不仅改变着人们对银行的认识，也促使银行加快业务的创新，并提高了客户服务质量及服务便利性。因此，各种形式的电子银行的出现，不仅给广大客户带来了方便，也给银行业的竞争提供了一个公平竞争的舞台。

到目前为止，我国的移动用户已经超过 7 亿人，在发达城市，手机用户的渗透率已经超过了 50%，而且手机用户的增长势头仍很猛。因此，用手机作为提供银行业务的工具有着非常广泛的使用基础。而且，我国目前移动网覆盖范围广泛，全国的绝大地区都有移动网络覆盖。随着 3G 网络的建设，我国的移动网络环境将会在覆盖和功能上得到更大的提高。这种网络环境和用户规模是发展手机银行的保障性基础条件。

另外，手机银行相对于网上银行来说具有一定的安全性。这是由移动网自身的特点决定的，移动用户私密数据存放在 SIM 卡里，移动用户接入移动网络需要进行非常完善的鉴权认证，尤其是在第三代移动通信网络中，用户数据的传送还可以采用加密算法进行加密，信令还要做一致性认证。因此可以认为手机的 SIM 卡是存放银行卡信息的天然媒体。对于手机银行，移动通信网为商务交易提供了第一道安全屏障，而且这道屏障是一般的网络攻击手很难突破的。

三、手机银行的实现方式

目前的手机银行是由手机、移动网短信中心和银行应用系统构成的。手机与短信中心通过移动网连接，而移动网短信中心与银行之间通过互联网连接。为了减轻短信中心的负担，也可以在银行应用系统和短信中心之间增加一个业务增值平台。

手机银行系统，一般由 8 个部分构成：手机短信息接入平台收发服务器、手机银行业务服务器、数据库服务器、用户管理终端、业务受理终端、移动支付终端、数据中心管理终端和系统操作维护终端。目前手机银行有五种实现方案。

(一) 基于 SMS 的实现方式

短信息服务 (SMS) 是一种在移动网络上传送简短信息的无线应用，是信息在移动网络上储存和转寄的过程。基于短信息方式的手机银行技术是基于手机短信息提供银行服务的一种新的手机银行模式，客户和银行通过手机交互信息。手机银行的交易信息通过短信传输，短信息通过无线控制信道进行传输，经短信息业务中心完成存储和前转功能，每个短信息的信息量限制为 140 个八位组。由于短信在 GSM (Global System Mobile Communication，全球数字移动电话系统) 网络中是经控制信道进行传送的，这种控制信道的传输速率为 600b/s，所以传输的速度很慢。

从发送方发送出来的信息 (纯文本) 被储存在短信息中心 (SMS)，然后再转发到目的用户终端。这就意味着即使接收方终端由于关机或其他原因而不能即时接收信息的时候，系统仍然可以保存信息并在稍后适当的时候重新发送。这种方式很难做到实时性，我们常常遇到发送一条短信息后，对方几个小时甚至一天后才收到信息的尴尬。

(二) 基于 STK 的实现方式

该模式是使用银行提供的 STK (SIM Tool Kit，用户识别应用开发工具) 卡替换客户的 SIM 卡，事先在 STK 卡中灌注银行的应用前端程序和客户基本信息，客户使用该卡完成银行业务。STK 包含一组指令用于手机与 SIM 卡的交互，这样可以使 SIM 卡运行卡内的小应用程序，实现增值服务的目的。之所以称小应用程序，是因为受 SIM 卡空间的限制，STK 卡中的应用程序都不大，而且功能简单易用。目前市场提供的主流 STK 卡主要有 16K、32K 和 64K 卡。STK 卡与普通 SIM 卡的区别在于，在 STK 卡中固化了应用程序。通过软件激活提供给用户一个文字菜单界面。这个文字菜单界面允许用户通过简单的按键操作就可实现信息检索，甚至交易。STK 卡可以有选择性地和 PKI 结合使用，通过在卡内实现的 R.S.A 算法来进行签名验证，从而使利用手机从事移动商务活动不再是纸上谈兵。

（三）基于 GSM/USSD 的实现方式

USSD（Unstructured Supplementary Service Data，非结构化补充服务数据业务）是实时互动的全新移动增值业务平台，为最终用户提供交互式对话菜单服务，为银行和用户之间的交易提供通道。USSD 是面向连接的，提供透明的交互式会话，容易实现银行为不同客户定制的交互流程。

USSD 即非结构化补充数据业务，是一种基于 GSM 网络的新型交互式数据业务，它是在 GSM 的短消息系统技术基础上推出的新业务。USSD 业务主要包括补充业务（如呼叫禁止、呼叫转移）和非结构补充业务（如证券交易、信息查询、移动银行业务）两类。

USSD 属于电路承载型的业务，通话状态下，USSD 使用 SDCCH 信令信道，数据传输速率大约为 600b/s；非通话状态下，USSD 使用 FACCH 信令信道，数据传输速率大约为 1kb/s，比 SMS 传输速率高。USSD 在会话过程中一直保持无线连接，提供透明管道，不进行存储转发。USSD 每次消息发送不需要重新建立信道，就响应时间而言，USSD 比短消息的响应速度快。USSD 可以在服务器端对服务内容进行相应的调整，而且 USSD 还可以在服务器端方便地修改菜单，使运营商可以迅速针对市场需求变化做出反应。

（四）基于 WAP 的实现方式

WAP（Wireless Application Protocol，无线应用协议）是面向连接的浏览器方式，可实现交互性较强的业务，可实现网上银行的全部功能。这种方式应用在手机上要使用特定的终端设备。因终端特性和开发难度而导致目前无大规模应用。WAP 方式的手机银行使得手机可以通过无线网浏览银行的网上银行并进行操作，这是真正意义上的手机银行。

WAP 是无线 Internet 的标准，由多家大厂商合作开发，它定义了一个分层的、可扩展的体系结构，为无线 Internet 提供了全面的解决方案。WAP 协议开发的原则之一是要独立于空中接口，所谓独立于空中接口是指 WAP 应用能够运行于各种无线承载网络之上，如 TDMA、CDMA、GSM、GPRS、SMS 等。

（五）基于 K-Java/Brew 的实现方式

无线 Java 业务是一种新的移动数据业务的增值服务，开辟了移动互联网新的应用环境，能更好地为用户提供全新图形化、动态化的移动增值服务。用户使用支持 Java 功能的手机终端，通过 GPRS 方式接入中国移动无线 Java 服务平台，能方便地享受类似于互联网上的各种服务，如下载各种游戏、动漫画、小小说等，也可进行各种在线应用，如联网游戏、收发邮件、证券炒股、信息查询等。无线 Java 业务使得手机终端的功能类似于可移动上网的个人电脑，可以充分利用用户的固定互联网使用习惯，以及固定互联网应用资源，提供用户高性能、多方位的移动互联网使用体验。

第三节　移动支付工具

从前面对移动支付产业链的分析可以知道，移动支付可以依托成熟的GSM、GPRS、CDMA 等无线网络，利用信用卡、"电子钱包"等各种现有网络支付结算渠道实现。这些环节是整个移动支付中最成熟、最稳定的部分。我们也可以称之为移动支付产业链的后端。而移动支付的前端，即靠近或者直接面向消费者的环节，则是目前移动支付发展最快，新技术、新工具、新手段应用最多的环节。各种移动终端是移动支付的发起载体，终端设备中的各种相关软件是移动支付的登录门户，不同的无线信道是信息传播的媒介。这三个部分往往是集成在一起，支撑移动支付的完整解决方案的。我们把这种集成称为移动支付工具。

一、移动终端

移动支付中的移动终端，也称为移动通信终端机，一般是指供客户使用移动通信服务的手机、传呼机，另外还包括无线上网的电脑（含掌上电脑）、卫星定位、资讯查询设备等。其主要作用就是，使用者可以通过该终端实现移动通信服务。但是我们最经常使用的移动终端是移动电话。移动电话，也称为手机。可以简单地把手机分成智能手机和普通手机两类。从前面章节对 SMS、WAP、BREW、K-Java、NFC 等不同移动支付模式的分析可以看出，只要手机具备了 SMS、WAP、BREW、K-Java、NFC 等功能，就可以作为相应的移动支付终端工具。目前最普通的手机都具备语音服务和 SMS 服务功能，因此可以说手机都可以作为移动支付终端工具使用。

（一）移动终端的优势

与普通手机相比，智能手机的最大优势在于其可扩展性，它只需进行相关手机应用软件的安装或升级，便可随时搭载运营商新推出的增值应用，称为移动支付的重要机型。通常，智能手机所必备的四个特征如下：

（1）具备普通手机的全部功能，能够进行正常的通话、发短信等手机应用。

（2）具备无线接入互联网的能力，即需要支持 GSM 网络下的 GPRS 或者 CDMA 网络下的 CDMA 1X 或者 3G 网络。

（3）具备 PDA 的功能，包括 PIM（个人信息管理）、日程记事、任务安排、多媒体应用、浏览网页。

（4）具备一个具有开放性的操作系统，在这个操作系统平台上，可以安装更多的应用程序，从而使智能手机的功能得到无限的扩充。

目前比较著名的智能手机包括：iPhone、Android、黑莓手机等。全球著名手机制造商基本都推出了自己的智能手机产品。笔记本电脑使用的是常见的 Windows、UNIX 等操作系统，而目前应用在智能手机、PDA 等移动终端上的操作系统主要有 PalmOS、Symbian、Windows CE、Linux 四种。除了上述四种经典的手机操作系统，Google 开发的基于 Linux 平台的开源手机操作系统 Android 也被部分专家作为 Linux 平台一个变种手机操作系统，具备极大的市场潜力。

除了使用智能手机以便支持更多更新的移动支付途径，一些移动支付解决方案中还需要对手机的硬件进行改进。通常包括使用特制的 SIM 卡（如 SIMpass、RF–SIM）、定制的手机（如 NTTDOCOMO 手机），在手机中集成或者粘贴 RFID/NFC 等类型芯片（如中国电信直接在 POS 机上刷手机消费的非接触式手机刷卡支付，只要在定制的天翼手机上插入一个加密的 SD 卡，用户就能移动支付）。

随着用户体验的改进、新应用的出现和网络的进一步优化，我国的移动互联网得到了长足发展。2011 年 7 月 19 日，CNNIC 发布的第 28 次中国互联网络发展状况统计报告显示，截至 2011 年 6 月底，我国手机网民达 3.18 亿人，较 2010 年底增加 1495 万人，手机网民在总体网民中的比例达到 65.5%。手机网民数量的增加，带来了新的用户需求，围绕这些需求，移动办公、电子商务、手机游戏、微博社交等应用市场所蕴涵的商机无限。

（二）我国手机用户大发展

我国是目前世界手机用户数量最多的国家，为移动互联网的发展提供了较大的发展空间。中国社会科学院日前发布的《中国新媒体发展报告（2011）》蓝皮书也透露，2010 年全球手机用户超过 50 亿户，中国手机用户 2010 年突破 8 亿户，2011 年 3 月底达到 8.9 亿户。而目前，我国的手机用户实际上已经突破了 9 亿户，并快速向 10 亿户迈进。据工信部数据显示，截至 2011 年 4 月底，我国手机用户突破了 9 亿户大关，2012 年 1~4 月，全国移动电话用户累计净增 4138.6 万户，总数达到 90038.9 万户，人手一机甚至人手多机已不再是梦想。事实也是如此，易观国际 5 月底发布的《2011 中国手机用户研究报告》显示，我国有 41% 的手机用户同时使用两部或更多的手机。这也与 CNNIC 发布的第 28 次《中国互联网络发展状况统计报告》中手机网民的迅猛发展势头遥相呼应。很显然，手机用户，尤其是智能手机用户的大幅增长，促进了手机上网人数的增加。

分析起来，3G 网络、智能手机、移动互联网都是推动手机用户增长的重要因素。据工信部最新数据显示，截至 2011 年 5 月底，全国 3G 用户总数达到 7376 万户，TD 用户达到 3200 万户，在 3G 用户中的占比为 43%，中国电信和中国联通 3G 用户分别达到 1967 万户和 2209 万户，分别占 3G 用户的 27%、30%。

进入 3G 时代，手机终端在增加 3G 用户数量上功不可没，根据贝叶思咨询数据监测，2011 年 1 季度，智能手机销量和销售额增速分别为 185.7% 和 162.5%，智能手机占总体手机销量的比重已经从 2009 年的 3.7%、2010 年的 10% 提高至 2011 年 1 季度的 18.2%。据市场研究机构 IHS iSuppli 预测，由于价格降低及政府对假冒产品和准合法竞争对手的打击刺激需求增长，2012 年中国的智能手机发货量将增长 53%。IHS iSuppli 预计，2012 年中国国内智能手机发货量将增长至 5410 万部。智能手机的发展势头可见一斑。

(三) 智能终端普及应用

3G 时代的到来，加速了智能手机的普及。智能手机市场的大规模发展，也催生了手机视频、手机搜索、手机支付等丰富多彩的应用，移动互联网的商机正逐步显现出来。对此，中国通信学会副理事长冷荣泉指出，我国正在步入信息化社会，信息通信技术的发展速度很快，移动电子商务、智能终端、移动互联网各种应用已经开始启动，手机凭借移动性和便携性成为各方面应用的平台，特别是开展 3G 运营以来，人们对智能终端和移动互联网的接受程度越来越高，3G 手机的数量发展和应用的拓展，也取得了突破性进展。

随着技术成熟、应用广泛的 3G 移动通信服务的快速发展，智能手机成为当前电子支付的新宠儿。近期以来，"手机购物"、"手机钱包"、"手机一卡通"等词汇频繁出现，手机支付蔚然成风。手机支付实现了钱包的电子化、移动化，通过手机购物、缴纳水电费、为手机充值、信用卡还贷、预订机票和酒店，以及购买电影票、书籍等更多、更广泛的应用，为手机用户提供了便捷的、个性化的新型支付服务。

智能手机的持续普及和移动互联网的迅猛发展，使得手机在线观看视频已经成为热门应用功能。相对于网络传统视频，大量时间比较简短的手机视频，可以填补用户在等人、乘坐地铁以及晚上睡觉前等日常生活的碎片化时间。为此，基于互联网的视频网站纷纷推出手机视频服务，在为自身拓展多元化盈利来源的同时，也为用户提供更丰富的视频内容和选择。同样，相比于现有的传统网络视频，手机视频发展空间更为巨大，艾媒咨询集团发布的《2011 年度中国手机视频服务发展状况研究报告》显示，2010 年手机视频市场用户规模为7718 万，2011 年底将突破 1.31 亿，预计 2013 年将达到 2.82 亿。

移动互联网向纵深发展已经带动了信息通信、商务金融、文化娱乐等各个方面的业务应用和创新，推动了相关产业的持续发展，成为了新的经济增长点。

（四）改进发展中的问题

未来几年，移动智能终端的发展还会有更大的发展空间。但是，智能终端在快速发展的同时也遇到了一些问题。第 28 次《中国互联网络发展状况统计报告》显示，中国的手机网民数尽管继续保持增长态势，但增长速度明显放缓。同时，移动终端在安全性上还受到了包括病毒、淫秽色情信息、垃圾短信、信息泄露等的威胁。据相关数据显示，2010 年中国智能手机安全形势已经受到了前所未有的威胁。国际调研公司发布的一份报告上显示，仅 2010 年上半年，在中国被截获的手机病毒及恶意软件总数就超过了 1600 个，平均每天新增 3到 4 种恶意软件，到 2010 年底，手机病毒及恶意软件数则达到了 2400 个左右，解决手机安全问题刻不容缓。3G 终端缺乏统一的互操作性业务标准，也是移动互联网向纵深发展的一道拦路虎。系统与系统、系统与终端、终端与终端、终端与业务平台间的兼容中存在诸多问题。从整个市场发展趋势来看，互联互通是大势所趋，市场的力量也最终会推动手机相关标准的发展和完善。

二、移动支付门户

（一）门户网站定义

信息爆炸直接导致了目前门户网站的纷纷涌现。从此，寻找信息变得非常困难，想要轻易接触到有用信息就更加困难。对门户网站的定义又必须利用包括互联网、企业内部网和一个单独的接入点来聚集包括信息的虚拟市场，可以通过这个市场来获取你想要的东西。这可以是一个"超级站点"网页或者是提供各类服务的搜索引擎，包括网页搜索、新闻、黄页目录、免费邮箱、讨论组、在线购物和到其他站点的链接。

搜索引擎是基础，它就像网站的导航器，不过将来还可以用来指导市场和电子商务。

搜索引擎使得门户网站运营者能够控制互联网商务，与拥有服务器的互联网服务提供商（ISP）一起，它们还能接管行政部门来控制终端用户的接入。非常重要的是优化搜索处理的能力取决于门户网站运营商的用户资料和商业目的。

从长远来看，一个门户网站应该有以下定义：门户网站是一个通向丰富信息和增值业务的入口。门户网站可以满足个性化的需求，并且有基于互联网/企业内部网的浏览器用户接口。门户网站依照设备的特点和用户的需求递送内容。

（二）门户网站的分类

一个门户网站提供：资料检索和响应、个性化分类和增值业务等。

用户到门户网站去的目的是快速寻找他们想要的东西。门户网站通过用户真正想要的格式提供个性化的信息，用户可以得到附加的一些服务，比如邮件和即时通信，音频和视频，等等。这些要点对互联网运营商和建立了"门户网站平台"的蜂窝电话运营商都非常有效，为了取得成功，它们应该知道消费者的需求并从而为他们提供显著的价值。最重要的衡量标准的是一个门户网站拥有多少会回到这个站点的唯一的用户。今天可以见到三种门户网站发展趋势：内容为主导的门户网站、终端用户为主导的门户网站，以及集中主导的门户网站。内容为主导的门户网站是为搜索目录和特殊的市场细分量身定做的，比如 Infoseek、Amazon、TV 门户网站。终端用户为主导的门户网站分为不同的用户种类，如与有线相对的无线门户网站、企业内部网门户网站、WAP（移动）门户网站。集中主导的门户网站的概念是综合了不同类型的用户，它们通过不同的接入网络进入的一个综合性的门户网站，如综合接入门户网站 VIZZAVI（一个沃达丰的欧洲合作项目 V-NET，SFR，CANELPlus，D2，Omnitel 和 Telepin）或者 t-zone（T-Mobile），提供多设备或多语言业务。这些门户网站都包括对数据、讲演、信息、音频/视频的内容管理，基于相关用户资料和位置的进一步数据，邮件一体化和清算。

一个 UMTS 运营商需要考虑是否为互联网任何地方的服务简单的提供一个无线的互联网协议（1P）管道，如 Yahoo!、AOL、T-Online、Excite 和 Infoseek 一样的门户网站，还是投资增值它们的自有品牌和通过提供主要在户外和室内不同种类的服务维护与终端用户关系。这种无线 IP 管道业务使用的隧道技术将趋向一定量的比特流运营，成本、覆盖和数据速率仅为有竞争性的参考尺度。通过仔细的发展和预先挑选那些有用的、有好的品牌和有竞争力的价格表的基于互联网的移动性业务，运营商能够鼓励用户买进它们的建议。

当移动电信产业和互联网与媒体产业把它们自己定位在获取未来无线互联网的收入时，这些产业之间的收敛扮演了一个重要的角色。对于移动网络运营商们的经营方式来说这是一个大大的暗示，最终它们将不得不在价值链中重新定位。通过引领无线互联网的发展，网络运营商才能在将来的无线产业中继续保持它们的强势地位。

在消费者和服务提供的充分接触中，信息的质量和丰富程度是很重要的。一个站点能够在某个项目上发布的信息更多更深入，对于用户的潜在价值就会更大。这不仅从用户角度来说是正确的，在站点（公司）的角度也同样适用。对它们来说，一个关于用户的丰富的信息直接转化为了细分质量。门户网站之所以吸引有目标的消费者群体，是因为它们有基于需求的清晰细致的市场细分，比现存的大量的内容上大包大揽的门户网站更适合这个商务社会。

（三）3G 门户网站

移动支付的门户网站主要指使用 WAP 或者 K-Java 技术实现的手机支付登录网站。这些网站提供移动商务、移动办公、信息点播领域的股票、外汇、地址簿、日历、文件管理、天气预报等功能，使得可以利用手机随时随地进行交流、高效办公、个性化定制商务、享受生活工作娱乐信息。随着 WAP、K-Java 等技术的不断完善与发展，发展商们将对具有 K-Java 功能的手机用户提供更快更全面的服务。如互动游戏、互动新闻、增强手机连接到无线网络后进行数据交换的安全性、载以 Java 语言写成的内容、遥控家用电器等。

3G 移动门户是一款集传统互联网门户特点及移动互联网优势于一体的智能信息交流平台，它直接面向中国近 7 亿手机用户群体，是移动互联网上的智能信息互动渠道。在国内中小企业信息化普及应用中占据较大的比例。为了让受众更快地应用 3G 移动门户，任何单位或者个人只要拥有 3G 移动门户的所有权，这对于处在 3G 商用初始阶段来说是个好消息。

一般而言，其移动支付界面简洁美观。但是随着 3G 网络的逐渐建设，无线网络带宽大大增加。IPhone、OPhone、黑莓等新型移动终端的出现，尤其是 RFID 等非接触式移动支付技术的逐渐成熟，作为第二代移动支付代表的 WAP 手机支付网站也面临挑战。

第四节 移动支付方式与系统

一、电子支付及其特点

移动支付是电子支付的一种。所谓电子支付，是指从事电子商务交易的当事人，包括消费者、厂商和金融机构，通过信息网络，使用安全的信息传输手段，采用数字化方式进行的货币支付或资金流转。与传统的支付方式相比，电子支付具有以下特点：

电子支付是采用先进的技术通过数字流转来完成信息传输的，其各种支付方式都是采用数字化的方式进行款项支付的；而传统的支付方式则是通过现金的流转、票据的转让及银行的汇兑等物理实体的流转来完成款项支付的。

电子支付的工作环境是基于一个开放的系统平台（互联网）之中；而传统支付则是在较为封闭的系统中运作。

电子支付使用的是最先进的通信手段，如互联网、Extranet；而传统支付使用的则是传统的通信媒介。电子支付对软、硬件设施的要求很高，一般要求有联网的微机、相关的软件及其他一些配套设施；而传统支付则没有这么高的要求。

电子支付具有方便、快捷、高效、经济的优势。用户只要拥有一台上网的PC，便可足不出户，在很短的时间内完成整个支付过程。支付费用仅相当于传统支付的几十分之一，甚至几百分之一。

20 多年来，对电子支付的研究和应用显示出强劲且持续的增长。SET、PKI、CA、数字签名等技术的逐渐成熟，让大量的电子支付工具投入应用。Visa、MasterCard、American Express、JCB 以及 Mondex、Cybercash、E-cash 等产品迅速改变了很多人的支付习惯。在美国和欧洲，信用卡、转账卡、储值卡等电子支付工具逐渐取代传统支票，美国联邦储备银行的调查数据显示美国电子支付占到所有非现金支付的约 50%，支票使用率平均每年降幅 3% 左右；欧洲电子支付已占所有非现金交易支付的比例达 77%。2004 年，仅万事达卡（Master Card）持卡人全球的交易笔数就达到 16.7 亿笔，总交易价值约 1.5 万亿美元。图 3-2 是典型的信用卡购物流程。

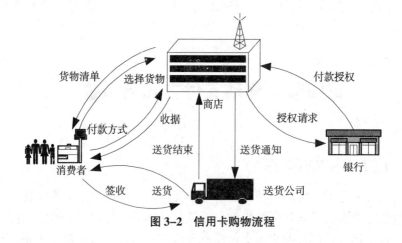

图 3-2　信用卡购物流程

通过对电子支付的使用，零售商和付款人不断追求生产力增加和交易费用的减低；支付的便捷和安全吸引越来越多的使用人群。同时，随着时间的推移，大部分年龄段和收入区间的家庭已经开始采用基本的电子支付手段。各国政府正在积极地推进新技术和服务、加强立法以增加支付和收集领域的电子化。

金银等金属货币让整个人类社会完成了从自然经济到商品经济的转变；纸币等信用货币极大地降低了交易成本，使得人类社会空前地繁荣；电子货币将促使银行革命、动摇现行的通货制度、使全球化变为现实、完成人类文明的第三次飞越。

电子支付的模式按照不同标准可以有很多的分类。最重要的一种分类是按照货币价值的转移方式来划分，可以把电子支付的模式分为记号系统（Notational System or Account-based System）和基于代金券系统（Token-based system），或者叫做电子转账（Electronic Virement）和电子货币（Electronic Money）。

网上支付与结算可以理解为电子支付（Electronic Payment）的高级方式，它以电子商务为商业基础，以商业银行为主体，使用安全的主要基于 Internet 平台的运作平台，通过网络进行的，为交易的客户间提供货币支付或资金流转等的现代化支付结算手段。图 3-3 是网上购物的一般流程图，访问网上商店的常用方式是通过 Internet。而利用移动终端设备通过无线网络进行网上支付和结算，则是无线通信技术进一步发展，终端设备处理能力大幅提升之后出现的。也就是通常所说的移动支付。

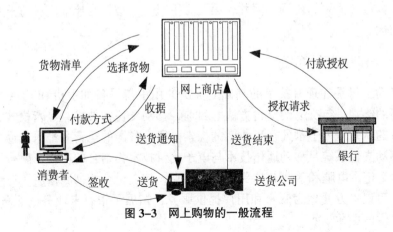

图 3-3 网上购物的一般流程

二、移动支付方式

移动支付方式通常有以下几种：

（一）手机钱包

手机钱包又可称为"小额移动支付"。该方式实施较容易，是目前国外较普遍采用的方式。手机钱包的特点是以客户的话费账户或是关联客户的银行卡账户进行消费购物。例如用户可以通过拨打可口可乐机或地铁售票机上的特定号码，根据提示信息，按键选货，自动购买所需商品，购货成功后，用户可收到一条确认信息，所购货款会自动从话费中扣除。

（二）手机银行

手机银行是通过移动通信网络将客户的手机连接至银行，通过手机界面直接完成各种金融理财业务。手机银行可以说是移动通信网上的一项电子商务业务。客户使用装有银行密钥的大容量 SIM 卡，即 STM 卡，通过移动电话的短消息系统（SMS）进行操作。客户有关银行账户、个人密码、业务代理、交易金额等信息送至相关银行，由银行处理后将结果返回至手机，从而完成手机银行的服务。手机银行使用户足不出户通过手机就能完成由银行代收的电话费、水电费、煤气费、有线电视费等，并可查询账户余额和股票、外汇信息，完成转账、股票交易、外汇交易以及其他银行业务。

（三）第三方手机支付

第三方手机支付是在移动运营商和商业银行间加入了第三方，例如中国银联。这种通过第三方构筑的转接平台，和上述两种点对点的业务模式不同，它可以实施"一点接入，多点服务"的功能。第三方手机支付具有查询、交费、消费、转账等主要业务项目。由于有第三方的介入，银行和电信运营商间在技术、业务等方面更易协调。因此，第三方手机支付被认为比前两种方式更具有发展前途。

三、移动支付系统

移动支付是在现有技术的基础上提出的用手持设备如手机和 PDA 等作为一个新的终端进行交易的支付方法。目前，移动支付在技术、经营模式，以及消费者的认知程度上都处在不成熟的探索阶段，各国的运营商都采取谨慎的态度。移动支付系统是移动通信技术与电子支付技术相结合的产物，融合了移动电话、笔记本电脑和手持 POS 等的功能特点，使支付系统彻底摆脱了电话线的制约，可以更方便地为商家和用户提供服务，拓展了银行卡业务的服务范围，主要提供信息类服务。

（一）移动支付系统模型

移动支付系统主要涉及三方：消费者、商家及无线运营商，如图 3-4 所示。

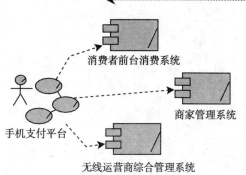

图 3-4　移动支付系统

消费者前端消费系统：保证消费者顺利地购买到所需的产品和服务，并可随时观察消费明细账、余额等信息。

商家管理系统：可以随时查看销售数据以及利润分成情况。

无线运营商综合管理系统：包括鉴权系统和计费系统。它既要对消费者的权限、账户进行审核，又要对商家提供的服务和产品进行监督，看是否符合法律规定，并为利润分成的最终实现提供技术保证。

（二）移动支付系统框架

当前，在亚洲有日本、韩国、新加坡，在欧洲有英国、法国、德国，已经应用 RFID 技术开展移动支付业务。日本第一大通信运营商 NTT DoCoMo 的 FeliCa 手机就是一个成功的典型，从 2005 年推出至今已经吸引了 4000 万用户，可见其发展潜力之大。随着 RFID 技术的成熟，基于该技术的面对面的移动支付系统在中国的实施也只是时间上的问题。目前已经有很多成熟的系统，如 Paybox、Simpay、NTT DoCoMo 等。从技术角度来看，目前比较有代表性的移动支付系统大致有七种：基于 SMS（Short Message Service）的系统、基于 WAP 的系统、基于 I-Mode 的系统、基于 USSD 的移动支付系统、基于 J2ME 的系统、基于 NFC 的移动支付电子系统、基于 RFID 技术的移动支付系统等。其中前五种属于非面对面支付方式，后两种属于面对面支付方式。

移动支付系统框架如图 3-5 所示，虚线框（A）为非面对面的支付模式，虚线框（B）为面对面的支付模式，两种模式有各自的适用场合，今后的手机将同时具备这两个方面的功能。

对于习惯了只把手机作为通话工具的人们来说，移动支付的概念还比较陌生。因此，提高市场认知度也是当前需要解决的问题，不仅要向消费者宣传移动支付的可用性和易用性，而且要让商家、运营商及银行都充分认识到移动支付可能带给它们的好处和商机。移动支付系统具有以下特点：

（1）交易数据的传递通过移动网络的支付平台实现，突破了通过有线实现

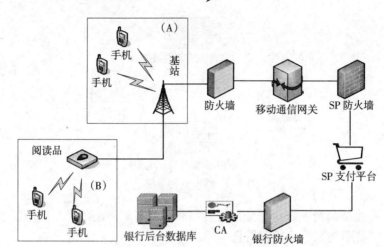

图 3-5　移动支付系统框架

相对应功能的地域局限。

（2）基于移动通信技术的支持，在容量更大的 STK（用户识别应用发展工具，SIM Tool Kit）卡中内置服务菜单，方便手机用户使用。

（3）只要一张手机 STK 卡就能使用多家银行和券商的移动理财服务和日常生活中的水电煤气、物业管理、交通罚款等公共事业缴费，或者用于彩票购买、手机订票、手机投保等。

（4）所提供的移动理财服务内容丰富，覆盖银行、证券、外汇、保险等多方面。服务方式个性化。

（三）移动支付系统的功能

移动支付系统日趋完善，一般具有以下几种功能：

（1）账户管理：帮助用户同时管理多个银行卡、多个银行账户，查询账户余额、当日交易、历史交易信息。

（2）自助转账、缴费：银行卡、存折自助转账，自助缴纳手机话费，公交卡充值，甚至家庭水、电、天然气等各类费用。

（3）自动提醒：未登折交易自动提醒、到账通知和客户自设短消息定时发送。

（4）移动支付：用手机进行实时支付、外汇买卖、证券服务和预订房间、餐位、机票、车票服务等。

（5）信息查询：根据用户需求，定时发送银行利率、汇率、交易信息等。

（6）安全服务：结合监视防盗装置，当家中或公司有异常情况发生时，发送报警信息给相关人员等。

无论采用什么样的移动支付系统，由于手机号码与银行卡账号捆绑在一起，因此账号内存款的安全就与手机直接相关。如此情形下，除了银行必须对用户的身份和密码进行加密以外，运营商需要对手机信号进行加密，手机制造商需要提高手机操作系统的保密性能。

移动支付业务主要提供以下内容，如图 3-6 所示。

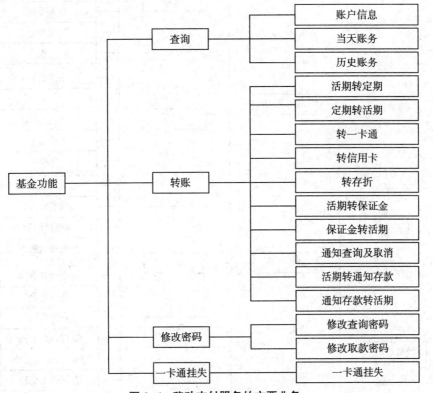

图 3-6 移动支付服务的主要业务

除了常用的银行业务功能，银行还可以实现自助服务、开通理财秘书、移动投资理财等功能，如图 3-7、图 3-8 所示。

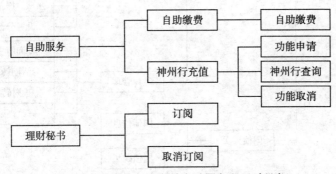

图 3-7 移动支付业务的自助服务和理财秘书

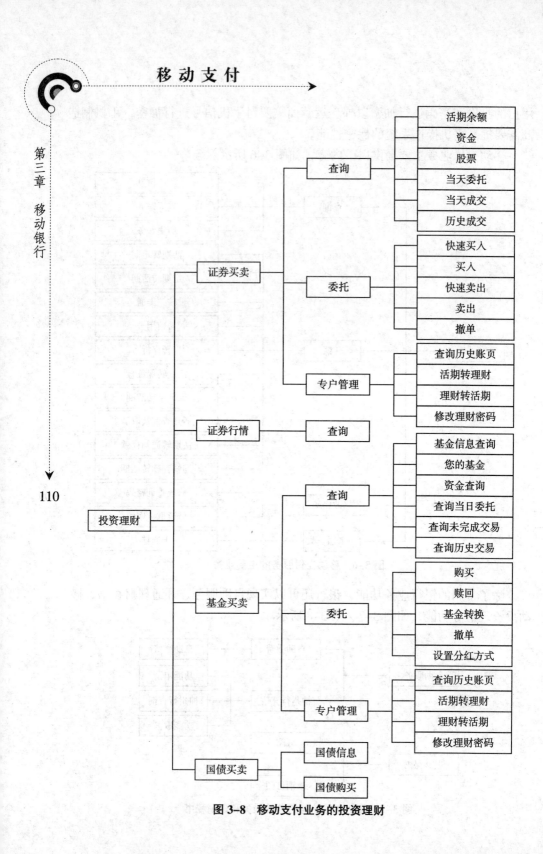

图 3-8 移动支付业务的投资理财

第五节　手机银行的前景

一、全球手机银行发展概况

由于蕴涵着巨大的商机，手机银行吸引了全球众多知名移动运营商和著名商业银行的积极参与，形成了错综复杂的网状商业价值链。在图 3-9 的模型中，包括了买家、卖家、移动运营商、银行、网络中介商。在产业链整合和变迁以后，影响产业链成长的驱动力改变了，从原来的由需求导致成长转变为由供给推动成长，银行、证券等创造供给的原因在于它们可以主动开发多样化的业务和服务。

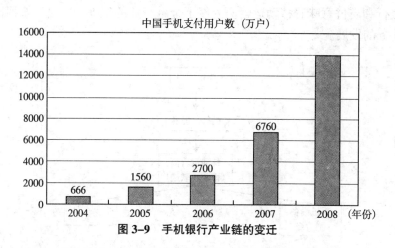

图 3-9　手机银行产业链的变迁

111

（一）日韩领先

在日本，高度注重手机银行的安全管理，终端可以直接使用 Java 和 SSL，交易的信号经过了多重加密，安全保障技术近于完美，再加上与各银行间使用专线网，因此，银行业和消费者对这一业务的信赖程度十分高。同时，NTT DoCoMo 等移动运营商把移动支付作为重点业务予以积极推进，目前手机银行在日本已经成为主流支付方式。

在韩国，消费者也已经把手机作为信用卡使用，目前几乎所有韩国的零售银行都能提供手机银行业务，每个月有超过 30 万人在购买新手机时，会选择具备特殊记忆卡的插槽，用以储存银行交易资料，并进行交易时的信息加密。

在韩国有几万家餐馆和商店拥有能从手机通过红外线读取信用卡信息的终端，使顾客能够通过手机进行消费。

（二）欧美推进

最近，美国电信业巨头 AT&T 通过 Cingular Wireless 商业模式、联合四家银行，引入了手机银行业务，这也是美国最大的手机银行业务。通过这项业务，AT&T 的用户将可以使用手机进行基本的银行业务，例如核算收支平衡、交易明细等，而且使用这些业务没有附加费用，完全是免费的，也使移动电话变成了一张信用卡。

（三）中国追赶

如图 3-10 所示，经过五年多的发展，尽管国内的手机用户目前已经达到了 5 亿户的庞大规模，但是手机银行和支付业务却没有迅速发展起来，而且使用该项业务的用户并不算多。到 2006 年 6 月，中国移动"手机钱包"业务的用户数才突破了 1000 万人。早期的推广主要有两个瓶颈：一是国家政策限制，手机银行和支付意味着移动运营商入侵了金融行业的领地；二是安全风险制约了该业务的发展。

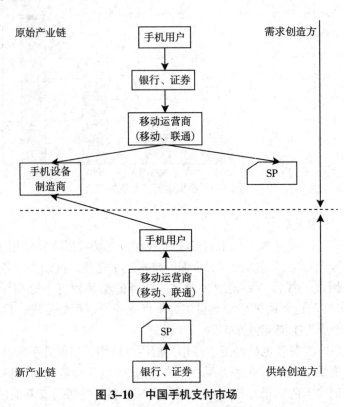

图 3-10　中国手机支付市场

最新的调查显示，中国八成以上的消费者希望将公交卡、银行卡等支付工具集成到手机上，手机银行和支付业务势必成为移动增值业务的一个快速增长点，在中国的推广普及开来，市场潜在规模也将超过 1000 亿元。

二、手机银行存在的问题

手机银行已经出现在我们的生活之中，可是并没有像互联网技术和移动技术一样给人们的生活带来太大的改变，手机银行离真正大规模使用还有相当的距离。这也说明手机银行还存在一定的问题。

（一）手机银行的技术实现难

目前手机银行由于受到无线网络条件的限制，还只能采用窄带的无线链路提供信息传输信道。目前采用较多的基于短信和 USSD 方式的手机银行业务，都是利用非常低速的信令信道进行银行信息的传输，通话状态下，USSD 和 SMS 使用相同的信令信道即 SDCCH，数据传输速率大约为 600b/s；而非通话状态时，USSD 使用 FACCH 信令信道，数据传输速率大约为 1kb/s。而且采用短信息的方式，实时性得不到保证。这对于支付业务来说是无法接受的。这种受限于无线网络的问题，有希望通过 3G 网络得到解决。采用 3G 网络作为银行和手机用户之间沟通的桥梁，信息传输速率可以达到 2M，而且可以采用专用的通信信道来传送银行与用户之间的信息，信息的传输在无线网络还会进行加密保护。用户可以实时、安全、快速地进行银行业务操作和支付操作。

（二）手机银行推广成本较高

目前手机银行采用 STK 方式，而手机用的是 SIM 卡，容量太小，要使用手机银行业务，必须换成 STK 卡。在 STK 卡上加载对应银行的密钥和相关的应用，而且具备普通 SIM 卡的所有通话及其他功能。这种大容量的卡片目前仅按成本价销售，但对用户来讲也是笔不小的费用，因为绝大多数已入网的手机用户并不愿意白白浪费掉没有任何故障的 SIM 卡。目前中国银行、中国工商银行、招商银行虽然都推出了手机银行业务，但业务范围不同，具体的办理手续也不相同，且彼此互不兼容。目前一张 SIM 卡只能使用同一个银行的账号，用户办理其他银行业务时须购买相应银行的 SIM 卡，无法实现银行之间的转账和账号操作，使手机银行的意义打了很大的折扣。

（三）手机支付功能不足

从目前手机银行的功能来看，还缺乏支付功能。利用手机进行小额支付是收集银行业务的一个非常有力的应用，可是目前我国的手机银行业务在支付功能上主要还是针对一些数字产品（如远程教育、电话卡充值、彩铃、墙纸、游戏等），针对实物产品的购买支付活动还非常少，当然这需要移动 POS 系统等辅助设备和技术的支持。手机银行如果不能提供实物的支付就很难发展壮大起来。目前在日本已经有用手机可以支付的自动购物设备，使用 DoCoMo3G 手机的用户使用手机就可以轻松购买可口可乐。欧洲的一些主要移动运营商，例如沃达丰、Orange、德国 O2、T-mobile 等都借助它们的 3G 网络提供移动支付业务。这些业务也越来越成为它们提高自身网络 ARPU（每用户平均收入）值的一个重要手段。不久的将来，用手机来支付停车费、洗车费、电影票和在自动购物机上买东西会像我们今天拿着纸币支付一样方便。手机支付必须从现有的只能做数字产品的支付走向实物产品支付才能真正走进老百姓的生活，走向繁荣。

三、手机银行应用广泛

当手机把收音机、MP3、照相机、摄像机、电视机、PDA 等各种功能集于一身，超出了最初作为单纯的通信工具的定位、成为人们日常生活的一个重要组成部分时，同时也成为了银行业嫁接的目标，即银行业务与手机结合而成的"手机银行"。

而随着多年业务的推广，尤其最近的炒股热、转存热，手机银行、手机支付或者手机证券已经为广大用户所熟悉并接受。无论对于通信业还是银行业，这种"贴身金融管家"的方式为用户提供了"随时随地"、"各种方式"、满足"各种需求"的移动电子商务业务。

（一）手机炒股

近两年来，国内股票市场持续上扬，吸引了众多淘金者进入股市。特别是2012 年以来，国内股市更加火暴，许多城市的证券营业厅、银行出现了股东、基金开户排长队的现象。目前，中国股民人数已超过 1 亿大关，并有持续增长的趋势。

对于无法天天去营业厅的股民来说，他们大都采用非现场的电话委托和网上交易方式炒股。传统的电话委托不仅速度慢、不直观，在交易活跃时还会因电话占线而无法下单，从而影响交易。而网上交易虽然速度快，但移动性、便捷性差。相比之下，手机炒股与股票通知业务、实时股票信息和交易相结合，拥有独特的优势，使股民方便、随时随地炒股，成为电话委托、网上交易之外的第三种非现场交易方式。

而移动运营商针对潜在的大好商机，也纷纷升级其手机炒股业务。像中国联通"掌上股市"、中国移动"移动证券"，提供了银证转账、证券委托交易、实时行情查询、定制股票信息和资讯等服务，共同带动了手机炒股热潮，为移动融合金融产业链提供了很好的基础。

其实，手机炒股以及衍变而来的手机期货、手机外汇，都只是运营商增值业务在金融行业中应用的一个具体例子。因为利用手机终端，它还能以多种方式实现安全可靠、使用简单、服务全面的个性化理财，将烦琐的理财事务变得方便直接。例如以短信作为业务承载的主体进行个人理财的手机操作，可以为移动用户提供银行转账、手机支付、账户信息短信提示、信息点播等业务。

（二）银行排队难

相信大家都尝试过在银行排队办理业务长时间等候的问题，人民日报也曾专门对此现象报道过《银行的队，为啥总那么长》的新闻。近来银行排长队现象与股市持续升温及央行加息引发炒股热和转存热这些客观因素有关，有调查显示，在北京 4 家国有银行网点中，从取号到办业务，平均等待时间为 85 分钟，最短 565 分钟，最长 1675 分钟；在 5 家股份制银行网点平均为 355 分钟，其中招商银行和北京银行分别为 48 分钟和 575 分钟。

相比之下，在香港，银行排队的时间基本上都在可以接受的范围之内，这当中与电子银行和电子货币的普及密切相关，发达的网上银行功不可没。除了取款，几乎所有银行服务都可以在网上完成，例如转账、汇款、货币兑换、定期存款、贷款、报税、投资股票、基金及各类衍生金融品种等。

而手机银行也是电子银行系统的重要一部分。它作为一种崭新的银行服务渠道，在网上银行全网互联和高速数据交换等优势的基础上，更加突出了移动通信"随时随地、贴身、快捷、方便、时尚"的独特性，真正实现了"Whenever、Wherever"（任何时间、任何地点）银行业务的办理，成为银行业一种更加便利、更具竞争性的服务方式。

目前，国内各大商业银行纷纷推出手机银行服务，基本实现了银行的各类基础业务。以中国工商银行为例，其手机银行服务已经能够覆盖所有移动和联通手机用户，客户可以获得 7×24 小时全天候的服务：查询账户、转账汇款资金瞬间到账、进行捐款、缴纳电话费和手机话费、网上消费实时支付等。

在用户获得方便、减少排队麻烦的同时，银行也更愿意其客户使用此项业务，因为手机银行交易成本仅为传统方式的 1/5。据统计，国外手机银行处理一笔交易的平均成本为 0.16 美元，大大低于 1.07 美元的传统柜台交易成本（低 85%）；而国内目前平均柜台交易约为人民币 4 元，而使用移动交易的成本仅为人民币 0.6 元。因此，利用手机提供的便利性，能减少银行的营运成本，增加移动运营商的收入，让消费者及相关公司都能受惠。

（三）手机银行优势

手机银行是网上银行的延伸，也是继网上银行、电话银行之后又一种方便银行用户的金融业务服务方式，有贴身"电子钱包"之称。它一方面延长了银行的服务时间，扩大了银行服务范围；另一方面无形地增加了许多银行经营业务网点，真正实现 24 小时全天候服务，大力拓展了银行的中间业务。

目前国内开通手机银行业务的银行有招商银行、中国银行、中国建设银行、交通银行、广东发展银行、深圳发展银行、中信银行等，其业务大致可分为三类：①查缴费业务，包括账户查询、余额查询、账户的明细、转账、银行代收的水电费、电话费等；②购物业务，指客户将手机信息与银行系统绑定后，通过手机银行平台进行购买商品；③理财业务，包括炒股、炒汇等。

总的来说，同传统银行和网上银行相比，手机银行支付的特点有：

（1）更方便。可以说手机银行功能强大，是网络银行的一个精简版，但是远比网络银行更为方便，因为容易随时携带，而且方便用于小额支付。

（2）更广泛。提供 WAP 网站的支付服务，实现一点接入、多家支付。

（3）更有潜力。目前还不成熟的商业模式和用户习惯，导致手机银行和支付的发展还没有达到许多人在 ".com" 时代的预期。网络银行的成功在于它不仅是银行业电子化变革的手段，更是因为它迎合了电子商务的发展要求，而手机银行在这方面还有很大的潜力可以发掘。

四、手机银行有待发展

国内手机银行业务虽然多家银行都已开展，但由于公众的认知度和市场的发展度不高、用户对移动网络操作不熟练，还被视作新生事物，乐于接受这种金融服务的公众尚未形成规模，实际的用户比例更是无法与手机用户数量匹配。而银行也一方面面对着如此庞大的市场蠢蠢欲动，另一方面承受着手机银行的种种障碍，静观其变。

在移动网络环境下实施安全高度敏感的银行业务是非常复杂的，面对这些开拓的困难，首先还是由安全引起的公众认知度问题。自电子银行诞生以来，安全问题一直是用户最关心的。在使用手机银行方面，用户最担心手机会影响银行账户的安全，这种疑虑主要是因为对手机银行的陌生而引起的。

在信息保密性方面，手机银行的信息传输、处理采用国际认可的加密传输方式，实现移动通信公司与银行之间的数据安全传输和处理，防止数据被窃取或破坏。同时目前为了保证手机银行的账户安全，银行一般对每日交易额设置了严格的上限。例如中国工商银行设置每日限额为 500 元，其他类交易不超过 1000 元，同时将客户指定手机号码与银行账户绑定，并设置专用支付密码，这样即使用户的手机不慎丢失，也不会带来账户上的危险。

另外，中国银监会还颁布了《电子银行业务管理办法》和《电子银行安全评估指引》，以及中国人民银行的《非银行机构支付服务管理办法》等，这些规定将手机银行业务、个人数字辅助（PDA）银行业务纳入监管体系，进一步加强了手机支付的交易安全保证。

总的来说，手机银行作为网上银行的延伸，给用户带来了极大的方便，用户可以足不出户，通过手机来支付各种银行代收的水电费、完成股票交易、购买商品，大大提高了生活效率。虽然目前手机银行还存在着认知度和推广方面的问题，但总的前景依然乐观，随着手机越来越普遍的使用、技术的不断完善，仍有充分理由相信，手机银行一定会普及开来。

本章案例

ATM 机上的陷阱

一般有银行卡的人对自动取款机（ATM）都不陌生。取钱、查询、转账，方便、快捷。可是，今天这几位当事人却因为这台机器损失了一大笔金钱，在ATM周围犯罪分子会设下何种陷阱？我们先从一桩怪事说起。

2008年5月12日夜晚，宁夏银川市的刘先生正在家里上网查资料，突然收到了一条手机短信。

刘先生：我接到这个短信上面说，就是转入我账户2万元钱。

刘先生的银行卡账户开通了账户变动及时通业务，只要卡里的金额有变化，他的手机就会收到短信。可是今天他并没有往卡上存钱，短信里怎么会说存入了2万元呢？

刘先生：我当时的想法就是，是不是有人可能是转账的时候转错啦。

如果是别人转账转错了，怎么把钱退给人家呢？刘先生正想打电话向银行咨询，短信又来了。而且在不到5分钟的时间里，先后来了十几条短信。

刘先生：分十几次又把这2万元取走啦，每次取了2000元。

刚刚打进卡里的2万元，全部被取走了，卡里原来存的钱，一分都没少。刘先生刚刚松了口气，却马上担心起来，取钱是需要密码的，银行卡的密码只有自己知道，那么究竟是谁能够这样随便地从他的卡里取钱呢？左思右想，刘先生觉得，很可能是银行操作失误。

刘先生：银行人员误操作把这个钱打到我的账户上以后，他不应该就是通过其他手段，或者把这个钱取走，它应该通知我，在通过我同意的情况下，你可以把这个钱取走。

刘先生马上给银行打电话交涉，可银行说，他们没有操作过刘先生的账户，也不清楚是怎么回事儿。

同样是在银川，同样是在5月12日，朱先生来到ATM机上取钱，可是却怎么也取不出钱来。

朱先生：就发现卡里面的钱就没有了，还剩下 3.6 元。

朱先生马上赶到银行营业厅的柜台上查询。交易明细上显示，他的卡里原来存有 10 万元，可是已经被人通过 ATM 机转到了几个陌生的账户上，随后，那几个账户里的钱全部被取走。于是，朱先生立即向警方报案。

银川市公安局经侦支队副支队长余保宁：犯罪嫌疑人肯定是获得了这个受害人的卡以及卡内的信息和密码，他才能盗取。

可是，别人又是怎么得到朱先生的卡号和密码的呢？朱先生告诉侦查员，他的银行卡一直带在身上，卡号和密码只有自己知道，从来没告诉过任何人。

朱先生：因为我家属在银行上班，觉得保密措施还是做得比较严谨。

不过在调查当中，侦查员发现，就在两天之前，朱先生曾经在 ATM 机上取过一次钱。会不会是在那次取钱的时候泄露了卡号和密码呢？侦查员来到朱先生曾经用过的这台 ATM 机前，进行详细的检查。检查当中，侦查员发现，在插卡和打印凭条的地方，那块面板有点不对劲。

银川市公安局经侦支队副支队长余保宁：他就拿手搬动了一下，怎么觉得松松的。这时候就觉得奇怪了，这个东西怎么能是松的呢？这时候，我们民警一搬，就把这个面板弄下来了。

侦查员马上对卸下来的这块面板进行仔细检查，发现里面居然装有一个读卡器。

银川市公安局经济犯罪侦察支队金融大队教导员王学宁：这个东西它就是按照 ATM 机的台面制作的。贴在取款的台面上。只要是这个银行卡通过这个机子，进去以后，它这儿就有个读取磁卡的信息，读取信息的一个磁条，把这磁条信息读取以后，储存到这个里面。

如果说犯罪嫌疑人通过这个读卡器窃取了朱先生银行卡的信息，他们又是怎么得到密码的呢？侦查员继续对 ATM 机的上下左右进行检查。

银川市公安局经侦支队副支队长余保宁：完了以后再仔细一观察，上面有一个针孔对着这个按密码的地方。轻轻一拿，因为用胶粘在上面的，所以轻轻一拿就拿下来了。

侦查员仔细一看，针孔所在的地方，是一块 2 米左右的装饰条，这个装饰条是被人用透明胶布粘到顶上去的。

银川市公安局经济犯罪侦察支队金融大队教导员王学宁：我们在这个 ATM 机的上方发现一个装饰条。但这个装饰条跟这个实际颜色也接近。拿下这个装饰条，发现这里面装着一个 MP4。

经过查看，这个 MP4 里面存有一些录像。

银川市公安局经济犯罪侦察支队金融大队教导员王学宁：这个时候我们就闹明白搞清楚了，犯罪嫌疑人是通过这个读卡器，读取客户卡的信息，储存在储存器里面，通过这个MP4获取客户的密码，这个信息再通过电脑读取以后，制造伪卡，就是这么一个过程。

在随后的几天里，银川市公安局经侦支队不断接到群众报案，最多的一天有十几个人，跟朱先生的情况一样，他们都是在ATM机上取过钱之后，卡里的钱突然被人取走了。初步统计，涉案金额高达50多万元。

银川市公安局经侦支队副支队长余保宁：统计了一下，在这个时间段内有可能泄密的卡有一万多张，我们赶快就采取补救措施，让银行对这些卡或者是电话通知，有电话就电话通知，告诉他这张卡过来重新办理补办手续，或者就是停止支付，停止让他交易。这样就把这个防范住。

由于案情重大，为了防止犯罪嫌疑人继续作案，为了尽快挽回受害人的损失，银川市公安局决定，抽调精兵强将，成立专案组。

银川市公安局副局长侯春伟：一看这个案子如果要是不破，社会影响太大。当时我们下定决心，这个案子是非破不可。

专案组首先调查了被盗资金的去向，侦查员在调查时发现，朱先生卡里的10万元存款被犯罪嫌疑人转到了另外7个银行卡账户里，犯罪嫌疑人拿着卡在3台ATM机上分别把钱取走。侦查员马上到银行查阅了这7名银行卡的持卡人登记资料，发现其中有一个人就住在银川，他们迅速锁定了这名持卡人的居住地点。

王警官：当时我们去了，亮明身份以后，给他工作证让他看，他说我知道这个事。

那名持卡人一见警察上门，神情坦然，还说我知道你们为什么来找我，侦查员也觉得奇怪，接下来一了解情况，原来，那名持卡人不是别人，正是节目开头提到的刘先生，他的卡里突然打进2万元钱，很快又被取走了，他正为这事儿跟银行交涉呢。这个时候，刘先生才明白，原来他的银行卡信息和密码也被犯罪分子盗走了，只是由于他的卡上没有多少钱，于是就成了犯罪嫌疑人用来提取赃款的工具。

银川市公安局经侦支队副支队长余保宁：没想到我们所怀疑的犯罪嫌疑人现在也成受害者了。

这几天正好赶上当地银行系统技术升级，犯罪嫌疑人在ATM上取钱时的监控录像要一星期后才能调出来。事不宜迟，案组决定扩大排查范围，他们对受害人银行卡在近期内所有的交易情况进行跟踪调查，终于在朱先生的卡上发现了一个异常情况。

银川市公安局经侦支队副支队长余保宁：就是发现这张卡在 5 月 12 日以前在江西省鹰潭市查询过，就是查询过卡上有多少钱。

朱先生却说，那段时间他一直在银川，根本没去过江西。于是侦查员判断，在江西省鹰潭市查询朱先生银行卡账户的，很可能就是他们苦苦寻找的犯罪嫌疑人。专案组立即派人赶赴江西，调取了 ATM 机上的监控录像，在录像当中，他们发现了一个可疑的人。

银川市公安局经侦支队副支队长余保宁：在取款的时候不停地插卡，然后从兜里掏出来一个纸条，对完以后再插，这样就和一般的老百姓取款不一样，我们仔细数了一下，插了 20 多次。

录像里显示的时间与查询朱先生银行卡账户的时间完全相符，警方确定，这个举止反常的人，就是他们要找的犯罪嫌疑人。紧接着警方根据犯罪嫌疑人在银川的 ATM 机上取钱时的监控录像，又确定了两名同伙，他们把三个人的体貌特征制成照片，进行大规模排查。很快就锁定了犯罪嫌疑人的落脚点——河北省保定市。

银川市公安局经侦支队副支队长余保宁：这时候我们就和保定警方联系以后，将他们一举抓获了。

三名犯罪嫌疑人分别叫官定先、官木生、刘中杰，都是江西省上饶市余干县人，三人对窃取他人银行卡卡号信息和密码、复制伪卡取钱的犯罪事实供认不讳。据犯罪嫌疑人官定先交代，2008 年 4 月，他还在余干县的一家企业里打工，有一天，他在街边的电线杆上看到一张小广告，上面说可以提供快速赚钱的门路，于是他将信将疑地拨打了上面的电话号码。

犯罪嫌疑人官定升：（对方说）就是有一种方式可以赚钱，如果你有诚意，可以来南昌，我可以把作案工具给你看。

抱着试一试的想法，官定先赶到南昌跟那个人见了面，交了 7000 元，用于购买作案工具和方法。

犯罪嫌疑人官定升：就把那个电脑，还有读卡器、MP4，然后把它的价位，起什么作用，跟我解释了一下，具体怎么操作。

犯罪嫌疑人官定先窃取卡号和密码之后，就返南昌交给小马，由他来负责复制卡，随后官定先用小马复制出来的卡，去 ATM 机上取钱，由于小马特别狡猾，平时跟官定先都是用公用电话单线联系。三名犯罪嫌疑人落网后他就消失得无影无踪，目前警方正在积极查找线索。

这起案件，在侦破过程中，被列入公安部的挂牌督办案件，2008 年 4~7 月，中国人民银行与公安部联合开展了整治银行卡犯罪专项行动，银行卡诈骗犯罪，已经成为各地公安机关查处和打击的重点。

公安部经济犯罪侦查局副局长张涛：从近年来看银行卡犯罪一直呈递增的态势，2012 年 1~8 月已经立案达到了 3600 多起，与去年同期相比增加 1.4 倍，是增长最快的一类犯罪，那么这不得不引起我们的高度重视。

在这次专项行动中，各地警方侦破了一大批银行卡诈骗案件，从这些案件来看，犯罪嫌疑人的作案手法可谓花样繁多、层出不穷，前面我们讲的宁夏银川的那起案件只是其中的一类。

在已经侦破的案件当中，还有犯罪嫌疑人在 ATM 机的门禁上通过精心伪装，加上一个读卡器，趁持卡人刷卡进门的时候窃取卡号信息。然后在持卡人取钱的过程中，犯罪嫌疑人就站在他身后偷窥密码。

这类案件无论犯罪分子的手法怎么翻新，目的只有一个，就是通过窃取储户银行卡的信息和密码来窃走银行卡里的钱。那么，是不是我们只要保证银行卡信息和密码不泄露，卡里的钱就安全了呢？那还真不一定，犯罪分子还绞尽脑汁利用 ATM 机设置了另外一类陷阱，这类陷阱，犯罪分子根本就不需要窃取储户银行卡的信息和密码，就能把储户卡里的钱全部窃走。我们先来看这样一段录像。

在这名男子离开后，一位姓蒋的先生到 ATM 机上取钱，但是，他插入银行卡进行一番取款操作之后，钱却一直没有吐出来。

蒋先生：就是交易成功过后，本来钱就自动吐出来了，这次就没有办法吐出来，还有机器出口处还有很大的响声，呱嗒呱嗒很大的响声。

蒋先生意识到，可能是机器出了故障。焦急当中，他一抬头，恰好看到 ATM 机上贴了一张操作须知，上面说，如果用户遇到异常情况，请拨打他们的服务电话。

蒋先生：一打过去就接通了，对方一个男的，很礼貌又很客气，讲话很规范，说："我代表中国工商银行向客户表示抱歉，由于我们系统故障，为了保障您的资金安全，请您根据我的指示输入号码。"

对方说，只要按照他的要求操作，那笔已经交易成功但没能吐出来的钱还会如数转回到卡上，于是，蒋先生按照对方的要求开始一步一步地按键操作。

蒋先生：操作完成过后，他就跟我说："谢谢您，我代表中国工商银行再次向您表示抱歉，请您明天早上到营业处来带好有效身份证办理手续。"

第二天，蒋先生决定查询一下那笔钱是不是真的已经转回到卡里，可是查询的结果让他大吃一惊。

蒋先生：只有 30 元，我说不对，我有 14 万元多一点。

蒋先生马上报了案。警方提取的监控录像，记录了犯罪嫌疑人作案的全部过程。犯罪嫌疑人先假装取款，看周围没有人，他就拿出一张纸片贴在自动取款机上，随后离开。这就是蒋先生看到的操作须知。不到 5 分钟，这个人又返了回来，将一张硬纸板塞进了出钞口，正是这张硬纸板，使蒋先生取的钱到了出钞口却吐不出来。当时，蒋先生站在那里束手无策，身后已经有人在排队等着取钱，看到刚刚贴上去的那张操作须知后，焦急之中他马上拨打电话。可是，操作须知上留的号码 618-922-95588 根本不是银行的服务电话，实际上是一个 8 位数字的小灵通号码。

苏州市公安局平江分局刑侦大队民警潘晓：这个纸条上面显示的这 11 位号码，其实后面三位是没有用。

记者：就是后面这三位，588 是没有用的？

警察：对，其实打了前面 8 位数，这个小灵通已经通了，再拨 588 是无济于事的。

侦查员在调查时发现，蒋先生卡里的钱被转到了另外一个账户上之后，当天晚上犯罪嫌疑人又把这些钱分别转到 26 个银行卡账户上。

蒋先生：我简直一头雾水，简直是一头雾水啊。

当地警方经过认真细致的调查，很快将犯罪嫌疑人谭海宗抓获，我们来听听他是怎么把蒋先生卡上的钱转出来的。

犯罪嫌疑人谭海宗：主要说，他不懂得那个 ATM 机那个操作功能，在按照我们让他操作的情况下，他就迷迷糊糊了。一般情况下，他取不出钱，他心里就慌了。那个钱已经转走了，他还不知道。

蒋先生：打个比方 5 万多元，他不说 5 万多元，就说 5，52×，52×××，52888 或者 52123，或者这样，没有感觉你是在把钱转出去，或者怎么样，没有这种概念。

犯罪嫌疑人谭海宗：一般的话说数字，不会说多少钱。

记者：为什么呢？

犯罪嫌疑人谭海宗：因为说钱的话，他们肯定警惕性比较高一点，你抓住了心理，他慌的情况下，你就叫他快一点，快一点的情况下，他就那时候迷迷糊糊的时候，就按你的转了。

以上，我们讲犯罪分子设下的陷阱，都是间接地获得持卡人的信息、密码和卡上的钱。还有一类陷阱，犯罪分子是当着储户的面，在 ATM 机前，把储户卡直接拿走，而储户却一点没察觉。

这段录像是在中山市公安局放给来报案的刘先生看的。因为刘先生的遭遇和录像里那个女性取款人的一模一样。刘先生到一台 ATM 机上取款，他按照正常的程序输入了密码和取款的金额，就在刘先生准备从出钞口取钱的时候，后面有人拍了一下他的肩膀。

刘百战：你掉钱了。

刘先生低头一看，地下果然有10元。

刘百战：我就弯了一下腰（捡钱），弯腰一立起来，也就是短短几秒钟，右手边就站了一个人。

刘先生首先想到的是这个陌生的男子是不是在拿自己的卡，他赶紧看了一眼出卡口。

刘百战：我看那里刚好插了一张卡，一张农业银行卡。我拿过来，赶紧又拿过来一看。

就在这个时候，刘先生旁边突然又冒出来好几名男子。

刘百战：那个人说你取好没有，你取好了我要取了，我就没做声还站在那里，右手边马上就过来四个人，都是20几岁到30岁的吧。左手边，另外又过来3个人，就等于一边4个人把我夹在中间了。就说你走开，我们要取钱了，前面就好像排成那个人墙一样，就把我撞开了。

这一切发生得太过突然，只不过十几秒的时间，突然出现的这些人已经把ATM机团团围住，刘先生站在一边不知所措。很快，这些人又陆续离开。这时候刘先生才醒过神儿来，他又走到ATM机前把手里的卡放了进去。

刘百战：我试了操作，不成功，就说密码已经错误。

这时刘先生才恍然大悟，自己手里的卡肯定是被掉了包。随后，他到银行挂失，但是，为时已晚，卡上的10多万元，已经被犯罪嫌疑人盗走。他马上到中山市公安局报了案。听了刘先生的陈述，侦查员分析，这些犯罪嫌疑人的作案手段跟他们刚刚侦破的另一起案件非常相像。

一个女被害人到银行里面去取款，这一伙犯罪嫌疑人开始有两个，两个人在ATM机附近东张西望。他们在留意周围的环境，看看选择下手的时机。这个被害人一直在取款，她也没有留意周围的情况，她警觉性当时并不高。

侧面的一个犯罪嫌疑人，一直在留意她进行操控的整个程序，看看她操控到什么地步，当这个被害人取钱的时候，由这个踢钱的犯罪嫌疑人踢到前面去，就拉扯这个被害人，说你掉钱了。虽然这个受害人当时有点警惕性，她还是下意识扭头看了一下，也不去捡钱，就不理她。就在她转头的短短的几秒钟时间，周围的这些犯罪嫌疑人，已经成功将他事先准备好的卡，塞到ATM机里面出口处。

广东中山市公安局开发区分局刑警大队副大队长朱怀军：然后再用一个人告诉她，你的卡出来了，她（受害人）以为在里面的这张银行卡是她自己的，将这张卡就拿走了。

这个犯罪嫌疑人，就紧跟着把这个被害人挤开，因为当时这张卡并没有拿

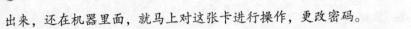
出来，还在机器里面，就马上对这张卡进行操作，更改密码。

不法分子为了窃取不义之财，利用 ATM 机设置陷阱，手段简直是无所不用其极。但是，他们之所以得手，跟一些银行卡用户的麻痹大意、疏于防范也有关系，接下来，我们就请银川市公安局经济犯罪侦察支队副支队长余保宁介绍如何防范那些 ATM 机上的陷阱。

余保宁说：进这个门的时候，大家一定要注意观察它这个（门禁），如果你观察以后感觉到不能识别它的真伪，那么你就尽量用一张上面没有钱的卡，刷一下这门就可以开了。到了 ATM 机前，进来以后你就要注意观察，旁边有没有可疑的人员，如果没有你就可以操作了。取款的过程中，那就要注意输入密码的过程之中，你可以遮挡一下，只要密码不泄露，他就没有办法盗取你卡里的钱。在卡的背面有个"持卡人签名"，你可以做一个标记，或者把自己的名字签上，这样你一看就是你的卡。你把卡拿到手里，他没有机会把你的卡拿走。操作这个 ATM 机时，如果出现故障，就是说不吐钞，或者是卡插进去不出来的时候，你不要马上离开，要打银行的服务热线，这个电话都是对全国公共查法，它不可能有区号或者别的名号，中国工商银行的电话 95588，它就这个号，它再没有其他号。

采访中，公安部经济犯罪侦查局副局长张涛还向储户建议，使用 ATM 机的时候，最好选择在白天，因为犯罪分子通常会选择晚上人少的时候作案。另外，可以选择开通银行卡变动及时通业务，当银行卡上的金额发生变动时，手机就会收到短信，一旦发现问题，可以马上通知银行冻结自己的卡，避免损失的扩大，同时向公安机关报案。

资料来源：中央电视台. 揭密银行卡诈骗（一）ATM 机上的陷阱. www.cctv.com 经济与法，2010-04-26.

➡ **问题讨论：**

1. 用户在电子支付中应注意哪些安全问题？
2. 银行如何注意 ATM 机的安全状态？

本章小结

本章着重阐述了移动支付的发展、支付方式、主要业务形式、移动支付服务模式等理论研究以及我国移动支付发展过程中所要解决的问题。以电子银行开展的业务为重点，介绍了电子商务发展为移动支付服务奠定了坚实的基础，而移动商务为支付方式带来的变革和支付业务的创新，使得移动支付在发展过程中多样化、便捷化。随着人们消费心理的日趋成熟，运营商、银行、商家等各方从中获取利润的逐渐增多以及基础设施的进一步完善，移动支付业务将进入产业规模快速增长的拐点。况且 3G 日益临近，无线移动的应用将进一步加强，各家服务提供商（SP）和内容提供商（CP）已经蓄势待发，准备在无线增值市场大展拳脚，移动支付正是各方关注的热点。因此有理由相信，移动支付的发展壮大已是潮流所趋，它在中国的全面普及将会很快到来。

本章复习题

1. 试论电子银行与移动银行的关系。
2. 试述手机银行的特点。
3. 试论手机银行的实现方式。
4. 试论移动支付门户。
5. 简述移动支付方式与系统。
6. 试述手机银行存在的问题及手机银行的发展前景。

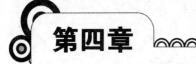

第四章

移动支付产业价值链

学习目的

★★★★

知识要求　通过本章的学习，掌握：

● 移动支付产业价值链的概念与特点
● 我国移动支付产业链的构成与主体
● 移动支付产业价值链的发展
● 我国移动支付产业链的问题与态势

技能要求　通过本章的学习，能够：

● 了解移动支付产业价值链的概念与特点
● 掌握我国移动支付产业链的构成与主体
● 熟悉移动支付产业价值链的发展
● 了解我国移动支付产业链的问题与态势

学习指导

★★★★

1. 本章内容包括：移动支付产业价值链的概念与特点；我国移动支付产业链的构成与主体；移动支付产业价值链的发展；我国移动支付产业链的问题与态势。

2. 学习方法：结合案例了解移动支付产业价值链的概念与特点，掌握我国移动支付产业链的构成与主体，熟悉移动支付产业价值链的发展，了解我国移动支付产业链的问题与态势。

3. 建议学时：4 学时。

第四章 移动支付产业价值链

Online Data 公司信用卡诈骗案

2002 年 9 月发生的一起涉及 10 万多笔虚假互联网交易的神秘信用卡诈骗案又一次敲响了在线商务安全的警钟。这起诈骗案虽然没有造成实际损失，但还是有 6 万多笔非法交易通过了认证密码。幸亏发现及时，否则认证密码确认了那些账号的有效性后，就会为更多的窃贼打开银行大门。

总部设在芝加哥的在线信用卡交易商 Online Data 公司总裁 John Rante 说，所有涉案账号已被冻结，同时联邦当局也已对此案展开调查。

该公司首席执行官 Paul Hynek 说，2002 年 9 月 12 日，总部位于洛杉矶的 Spitfire 投资公司在 90 分钟内收到了提交的 14 万笔信用卡业务，其中有 62477 笔被确认有效。每笔金额 5.07 美元。该公司是在接到信用卡持卡人的电话后才发现这起诈骗案的。Hynek 又说："可怕的是 6 万多人的信用卡账号受到入侵，而且许多人至今还蒙在鼓里。"

Online Data 公司确认的虚假交易为 104000 笔，涉案交易的金额从几美分到几美元不等。Spitfire 公司网站每天通常处理 5~30 笔交易，而 9 月 12 日异常的爆发当时并未立即引起安全方面的关注。如果盗贼能够篡改网上主要商家客户的数据，虚假信用卡交易浪潮可能预示着更大问题的发生。

诈骗犯成功地窃取了这么多认证密码也暴露出在线信用卡处理系统的安全漏洞。Online Data 公司业务执行副总裁 Nicole Mondia 说，当顾客开设信用卡账户时，公司会配发一个默认密码，并建议顾客每隔几周修改一次密码：她又说："如果你不修改密码，系统就容易受到攻击。"Hynek 说，自 Spitfire 投资公司 3 个月前开展信用卡业务以来，从来没有接到过任何有关修改密码的建议。

资料来源：赛迪网. 一起诈骗案暴露出电子商务的新安全漏洞. www. china power.com.cn，2002–09–18.

讨论：

1. 电子认证对于保障支付安全有何意义？

2. 如本案造成经济损失谁应承担法律责任？

第一节　移动支付产业价值链的概念与特点

一、移动支付产业价值链的概念

随着移动通信技术和互联网技术的发展，移动通信的主要业务从语音业务逐渐地转向数据业务，手机彩铃、彩信、手机音乐、手机下载等各种移动增值业务层出不穷。经过 10 余年的发展，伴随着中国 3G 系统的建设以及 NFC 和 RFID 技术的成熟和完善，移动支付已经成为移动增值业务的一个新的亮点。

移动支付是指交易双方为了某种货物或者业务，通过移动设备进行商业交易。移动支付业务是一项增值服务，是指借助手机、掌上电脑、笔记本电脑等移动通信终端和设备，通过手机短信息、IVR、WAP 等多种方式进行的银行转账、缴费和购物等商业交易中的支付行为或支付活动。它的发展涉及不同的政府主管部门、不同的产业群体，其产业链的构成也较为复杂。从技术、业务、应用层面看，打造成功的移动支付产业链乃至产业生态环境尤为重要。

简单来说，产业链就是由几个具有互补性的企业联合起来向客户提供服务的商业模式。因此移动支付产业链就是由移动运营商、移动设备制造商、SIM卡供应商、手机供应商、移动支付服务提供商（或移动支付平台运营商）、系统集成商，商业机构、内容提供商、银行和信用卡组织等其他金融机构以及客户等构成，见图 4-1。这些成员紧密合作、优势互补，形成了利益共享、风险共担的链条关系。显然，只有建立并不断完善产业链，移动支付业务才能获得

129

图4-1　移动支付产业链模型

健康发展，而产业链上的各环节才能在合作中实现共赢。

世界著名管理学大师迈克尔·波特的价值链理论认为，企业的任务是创造价值。移动商务支付的价值链就是在创造这个统一目标下的一个整合链、服务链、增值链。

移动支付价值链是一个整合链：移动商务的实现过程，是一个整合多种资源和多种服务而进行的增值过程。在这种整合的增值服务中，价值链的各方协同动作或关联动作，才能把分散优势变成整合优势。

移动支付价值链是一个服务链：移动支付服务是在移动运营商、服务商为一个共同的目标，"在一个系统性的理论体系支持下"，通过简化顾客的操作，而快速、安全完成的支付行为。这其中的服务要素，已经成为了服务增值的重要因素。

移动支付价值链是一个增值链，在移动商务实现和进行的过程中，移动商务的服务链各方资源的整合、服务的整合，形成了一种增值服务和增值优势，并且让用户感受到这种增值优势的方便快捷和安全。

二、移动支付产业价值链的特点

移动支付是一种技术驱动型的产业。它成功的基础是需要首先建立一个基本成形的价值链和较为清晰的盈利模式。目前我国移动支付产业缺乏的正是这两点。因此，在进行移动支付的产业链构造之前，需要先认清楚移动支付产业链的特点。

（1）移动支付产业在传统的支付流程中增加了新的产业环节——移动通信运营商，银行业需要第一次面对向别人付费的情况，并且移动运营商的资金吸储和资金沉淀也对银行构成了压力。

（2）移动支付产业链与传统行业产业链不同，结构更加复杂。运营商与银行机构，同样掌握大量用户资源，议价能力也基本相当。

（3）从投入与产出的角度考虑，目前我国银行业对移动支付的重视和投入程度也低于其他电子支付方式，仅仅将移动支付作为对现有产品的补充。

（4）在产业链中，商户仍然主要提供传统商品和服务，并不会因为移动支付创造新的产品和服务。

（5）增值性是产业价值链的一个主要特征。新型产业价值链的各个环节，最终目的就是利益。当前移动支付产业价值链中最重要的，也是产业价值链上各方最关注的就是提供服务所收取的资费的分成问题。这个问题解决得好坏将直接决定是否能调动在这个产业链的所有成员的积极性，从而配合其他成员将这个新兴产业的利益最大化。这个利益体现在消费者身上是否能让他们拥有简单而满意的体验。

三、产业链的理论基础

本节介绍了对本课题研究有直接指导意义的相关理论：迈克尔·波特的竞争分析模型、产业链理论、核心竞争力理论以及企业中间层理论。

（一）竞争分析模型

美国著名战略管理学者迈克尔·波特在《竞争战略》中提出的行业结构分析模型包括：行业现有的竞争状况、供应商的议价能力、客户的讨价还价能力、替代产品或服务的威胁、新进入者的威胁这五大竞争驱动力。在一个行业中，这五种竞争力量的不断发生冲突和妥协，决定了行业内部竞争的激烈强度。因此公司战略的核心，就在于选择正确的行业以及行业中最具有吸引力的竞争位置。

（二）产业链理论

我国的乔忠教授等认为：产业链是指以某一主导产业为主和其前后各个企业、部门以及各种经济组织，因主导产业的存在和发展而形成的相互依赖、前后连接的有机链条。按照企业在产业链中所处的位置和作用不同，可以分成上游企业、中游企业、下游企业。上、中、下不仅是一种位置关系，而且还是一种功能关系，即在功能上也是相互依赖、前后连接。产业链成功的关键在于协调三个方面的关系：企业与用户相互影响；企业与供应商联盟；产业链内部的结构和关系变化。

（三）核心竞争力理论

企业核心竞争力理论起源于传统的企业能力理论。以迈克尔·波特为代表的竞争战略理论认为企业中长期发展和竞争优势依赖于企业自身构建、培育和拥有的特殊资源和能力。对于一个企业来说，其核心竞争力是使它与众不同，在激烈的市场竞争中脱颖而出的关键。对于多数企业，它的核心竞争力之一来自对核心技术的掌握。笔者认为，在我国现阶段的移动支付市场中，广阔的用户资源也属于运营商的核心竞争力范畴，并且在移动支付产业链中还将得到放大。

（四）企业中间层理论

企业中间层理论的基本假说是：企业的存在是因为它比消费者和供应商之间的直接交换更能增进交易的净利益。由于企业的存在，减少了交易延迟和寻找可行交易伙伴的成本，所以，中间层的存在相对于其他分权化的交易来说也就减少了交易成本。在移动支付产业链中，移动运营商和银行作为中间层存在的作用不可或缺。再考虑到其手中掌握的巨大用户群，因此移动运营商和银行在整个产业链中将是重要的一环。

四、我国移动支付服务的特点

移动支付业务之所以能在日本、韩国得到快速的发展，主要是因为它具有很多传统支付方式不具备的优势。

首先，移动支付改变了传统的面对面交易的支付方式，使用起来灵活快捷，更容易被人接受。特别是年轻人，在越来越快的生活节奏的压力下，更倾向于使用便捷、与移动通信相关的服务。

其次，移动支付的交易成本大大低于普通银行柜台交易成本，节省了大量的时间和物质成本，在金融业竞争激烈的日、韩，银行业也开始使用移动支付作为取得竞争优势的手段。

最后，移动支付调整了整个产业的资源配置，以前由金融系统独占的市场不得不向运营商开放一部分区域，其结果对于双方来说是一个双赢的局面。移动运营商可以增加收益，银行业增加了客户源，可以集中资源进行专业服务的提升。

我国的国情与欧美、日韩不同，这也决定了我国的移动支付产业具有其自身的特点。一些在国外热门的业务在我国可能并不适用。如在日本和韩国受到欢迎的用手机购买小商品等的一些小额支付业务，在中国，由于缺乏在公众场所设置的自动售货机，因此无法大范围地推广。而我国的实际情况是中小超市分布密集，可以有效地满足用户对小商品的需求，所以此类小额支付业务目前在中国还不具备大量普及的基础。

这样我们就可以得到以下结论：移动支付业务如果想被用户接受，就必须具备一些能够打动消费者的功能，以此来改变用户的传统消费习惯。通过分析，可以对目前我国移动支付产业的特点做出一定的总结。

（1）我国移动支付多数采用 SMS 方式提供业务，移动运营商成为推动移动支付产业的主力军。

（2）目前移动支付业务绝大多数是安全级别要求较低的小额支付，由运营商代理收费。

（3）移动支付购买的商品以彩铃、彩信等多媒体商品为主，也有彩票购买、话费购买和公共事业代收费等业务，但多数处于小规模的状态。

（4）银行等金融机构在移动支付上还是保持谨慎的态度，在一定的范围内同移动运营商展开合作。

第二节　我国移动支付产业链的构成与主体

一、我国移动支付产业链的构成

我国移动支付产业链主要由移动运营商、金融机构、移动设备提供商、移动支付服务提供商、商家、用户等多个环节构成。我国移动支付业务具有自身的特性，只有建立并不断完善产业链，移动支付业务才能获得健康的发展，产业链中的各个成员才能获得各自的利益的地位，实现共赢。

（一）移动通信运营商

移动通信运营商的主要角色是搭建移动支付平台，为移动支付提供通信渠道。移动运营商掌握着用户资源，是连接金融机构、服务提供商以及商家和用户的重要通道。在移动支付业务中，移动运营商的收益来源主要有三个方向：第一，服务提供商向移动运营商缴纳的使用费用；第二，用户使用 SMS、WAP 方式进行移动支付时，运营商对数据流量进行收费；第三，移动支付业务可以带动用户产生更多的数据业务需求，进一步加大增值业务的使用量。

随着移动通信技术的发展，非语音业务的比重越来越小，因此移动运营商急于探索和开发新的数据类业务。短消息和彩铃、彩信、手机音乐以及手机下载等增值业务的顺利开展给移动运营商带来了巨额的利润，同时也给它们极大的信心去积极寻找下一个非语音增值业务，而移动支付很可能就是它们所要寻找的机会，也即下一个利润增长点。所以它们对此是非常重视的，很多国家的移动运营商都开始了这项服务，我国三家移动运营商——中国移动、中国联通和中国电信都开展了类似服务。因为它们几乎控制着移动网络这项稀缺资源，所以它们在移动支付这条产业链中起着不可替代的作用。

现阶段移动支付通常由移动运营商来主导。移动运营商作为移动支付平台的运营主体，以用户的手机话费账户或专门的小额账户作为移动支付的账户，用户所发生的移动支付交易费用全部从话费账户或小额账户中扣减。在这种情况下用户每月的手机话费和移动支付费用很难区分。在当前移动支付所使用的领域单一、交易额不大的情况下尚可应付，而当使用范围及所涉交易额都进一步扩大时，一方面可能会与国家金融政策发生抵触，另一方面也缺乏足够的能力抵御金融风险。

（二）银行/金融机构

目前银行机构提供的仅仅是其可以开展业务的一小部分。一旦银行采用手机号码与用户信用卡绑定的策略，银行就需要为支付平台建立一套完整的安全和支付体系。银行同移动运营商一样，也掌握了大量的用户资源，拥有强大的讨价还价能力和资金支持。金融机构可以从以下几个方面取得收入：第一，同移动运营商合作开展移动支付业务的利润分成；第二，用户在手机银行账户上的预存话费，为银行增加了储蓄；第三，减少了营业网点的建设，节约了成本；第四，通过移动支付，促进银行卡的使用，扩大用户数。根据目前的移动支付系统和体系，银行起着辅助作用。但银行拥有自己的传统优势，即拥有全国范围以现金、信用卡及支票为基础的支付系统，且有较强的抗金融风险能力，并且在重要的相关服务中占据着垄断性地位。因此，银行应该在移动支付中发挥关键的作用。当前对银行而言，其机会与挑战就在于如何将其现有的服务连接到移动装置上去。

（三）设备制造商

设备制造商为移动运营商提供移动通信系统，为用户提供支持移动支付的终端设备，并且同时提供移动支付业务的解决方案。随着移动支付业务的发展，越来越多的设备制造商将和移动通信运营商结成伙伴关系，生产定制设备和终端。

134

（四）移动支付服务提供商

移动支付服务提供商是银行和运营商之间沟通的桥梁，实际上有些时候移动运营商与会直接充当服务提供商的角色。独立的第三方移动支付服务提供商具有整合和协调各方面资源的能力，其存在的价值就在于为消费者提供许多适合的、市场反应良好的移动支付服务。

移动支付服务提供商利润来源主要是通过向银行、商户、运营商收取技术使用费，为运营商招揽移动支付用户，提取佣金。

（五）商家

商家在移动支付的产业链中基本上属于从属地位，它提供相同于传统支付的产品和服务。主要的作用在于通过部署便捷的移动支付终端，减少支付的中间环节，提高用户满意度，扩大移动支付的使用范围。它的利润仍主要来自自身的商品和服务，同时也可以通过同运营商签约某些商品的特约经营等同运营商进行分成。

（六）用户

用户是移动支付服务的最终使用者。他们的使用习惯和接受程度是决定移动支付产业发展的重要因素。同时众多的用户数也使消费者具备了较高的讨价

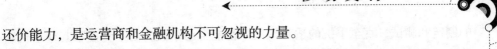

还价能力，是运营商和金融机构不可忽视的力量。

二、移动支付产业链的分析

（一）MBank 业务介绍

2004 年 3 月，韩国 SK Telecom 推出了 MBank 业务，通过搭载用户信息的内置芯片，自由使用余额查询、汇款、现金提款服务、信用卡服务、交通卡服务的业务。从 2004 年 4 月开始到 9 月，短短的几个月里，SK Telecom 已经销售了 130 万部支持 MBank 业务的终端。实践证明，这是 SK Telecom 推出的一个成功的业务。那么移动电子商务产业链的各个环节在其中是如何发挥其作用的呢？

（二）移动支付产业链各环节的分析

1. 顾客：顾客需求是开发业务的基础

对于顾客而言，借助手机银行进行一般的交易活动，可以节约在柜台等候的时间，无论何时何地都可以进行余额查询、汇款、支票查询、信用卡、提款等金融业务，减少很多局限。因为 IC 芯片中有用户的金融信息，在使用移动银行业务时无须再录入烦琐的信息，按一个按键就可直接连接，少了很多麻烦。正是基于手机银行业务的这些优点，韩国 SK Telecom 公司认为这将会是一个有发展前景的业务。

从韩国国民银行（Kookmin Bank）来看，通过移动银行业务，可以减少银行职员处理一般交易的数量，以手机进行的交易仅为面对面的交易成本的 1/5，可以减少其运营成本。

2. 应用和内容提供商：与银行共同合作促进业务开展

为了提供 MBank 业务，到 2004 年 9 月 30 日，SK Telecom 已经和包括 KB、NACF 和 KorAm 银行在内的 11 个银行建立了战略联盟关系。

SK Telecom 和 KB 合作推出 MBank 业务，支持 MBank 业务的终端通过 KB 分布在全国的 600 家分店提供给用户。为了成功推出这项业务，这两家公司从 2003 年 7 月就开始合作了，SK Telecom 和 KB 建立联盟为发展基于芯片的移动银行业务打下基础。除了 MBank 业务，SK Telecom 还和 KB 合作提供彩票即时购买（Lottery Instant Purchase）业务和证券交易（Stock Trading）业务等。

3. 终端制造商：加强终端供应的保障

SK Telecom 的业务和终端是协调共进的：一方面得益于该公司自身的手机制造部门 SK Teletech；另一方面和 SK Telecom 与 Samsung、Pantech & Curite、LG 电子有着良好的合作关系密不可分。

通过成立 SK Teletech，SK Telecom 可以保证从业务内容的规划、技术规范的制定和测试，直至手机的适时推出，都能自己掌控，而不受控于其他手机制造商。SK Telecom 为了保障该业务的顺利推出，SK Teletech 于 2004 年 7 月推出支持 MBank 的手机。这些手机通过和 SK Telecom 合作的银行 KB 分布在全国的 600 家分店提供给用户。此外，和 SK Telecom 具有合作关系的手机厂商也积极推出支持 MBank 功能的终端。

4. 顾客价值：低价策略培育业务市场

SK Telecom 通过发掘最大的顾客价值来快速建立和培育业务市场，MBank 采取了低价策略，通过提供高质量的顾客收益但收取较低的价格来提供业务的吸引力。用户每月只需缴纳 800 韩元，不收无线互联网费用，不限使用次数（仅限与 MBank 相关的服务）。

以上从移动支付价值链各个环节在业务发展中的作用和角色对 SK Telecom 开展的 MBank 业务进行分析，当然，业务的顺利开展是一个复杂系统，包含更多品牌策略、细分策略、促销策略等。

三、我国移动支付产业链的主体

前面介绍了构成移动支付产业链的 6 个要素环节，在整个产业链中，不同的要素由于各自所处地位、实力、利益需求不同，因此，都有各自的定位和发展方向，本节对各个要素进行简单的分析。

（一）移动通信运营商

移动运营商拥有用户群的优势，同时凭借着其品牌效应可以在用户中产生强大的推广力，对用户来说是值得信赖的业务提供者。中国移动和中国联通的用户同移动公司具有长期的支付契约，具备开展移动支付业务的基础。

移动运营商在移动支付中是非常重要的环节。移动运营商为移动支付系统提供包括语音、短信、WAP、CDMA 等方式的支付手段；同样，移动运营商有能力为不同类别的移动支付业务提供不同级别的安全保障。从这个意义上说，移动运营商控制着移动支付系统的运行。

移动通信运营商的不足之处在于对移动支付业务内容的开展方面经验不够，市场反应较慢，需要一些独立的移动支付服务提供商来协助进行业务开发，同时联系银行和用户，进行资源的整合。这种情况同移动增值业务刚刚开展的时期极为相似：由移动运营商提供网络支持，众多的 SP 提供内容上的服务。不同之处在于目前移动支付的产业链中涉及银行开展的业务发展缓慢，因此在产业的初期由移动运营商领衔开展的业务无论是从内容、范围还是交易金额来说都较小。

随着移动支付业务内容的延伸，移动运营商必将触及移动支付的核心领域，即由银行等金融机构主导的大额金融资金转账服务。由于监管政策的限制，运营商需要同银行进行合作来进入这一领域，同时，随着移动支付交易额的增加，移动小额支付也会给移动运营商带来欺诈和坏账的风险，而移动运营商在这方面的风险规避和管理能力非常薄弱。因此，移动运营商不得不同银行机构合作，借助其雄厚的资金和技术，合作开展业务，同时也可以规避监管政策的风险。

在整个产业链中，移动运营商主要通过以下四个途径获取利润：

（1）用户进行移动支付时，只要是使用了移动运营商的网络，无论是采用SMS、WAP方式，还是进行电子化产品的下载，都会产生数据业务流量，需要向移动运营商缴纳相应的费用。

（2）同短信收益的模式相似，移动支付的第三方支付服务提供商需要挂靠在移动运营商的移动通信网络之上，因此就需要向移动通信上交一定的佣金。

（3）移动支付业务可以刺激用户产生更多的数据业务需求，增加对媒体业务、电子化产品的下载量，也增加了移动运营商的收益。

（4）移动用户为了使用移动支付业务，需要在移动运营商那里存储专用的资金，由于用户基数的效应，这笔资金总额非常可观，移动运营商可以将其投入到各个方面的建设中，带来更多的收益。

移动运营商拥有自身的优势，有能力在移动支付产业链中成为主导者。

（二）银行/金融机构

移动支付业务涉及金融交易，必然要面临来自金融行业部门的监管。因此，为了规避工商行政管理和金融政策的监管，移动运营商推出的小额支付一般都采用了手机用户先通过银行在专门的账户里预存金额，再进行消费的方式。通过这样的做法，移动运营商可以规避吸纳储蓄的嫌疑，回避金融监管部门的干涉。但是，移动支付业务的延伸必将触及大额资金转账的领域，而产业链的延长也会给银行等金融机构进入移动支付领域带来机会，它们理所当然地需要分得自己的那块"蛋糕"。银行可以从移动支付业务中获取很大的利益，主要体现在以下四个方面：

（1）银行通过移动支付业务可以提升银行的传统金融业务的服务功能，可以吸引更多的储户和资金，提供更多的信贷服务。

（2）银行与移动运营商合作，将手机号码同银行卡绑定之后，将刺激银行卡的使用，为移动银行提供更多的用户数量，可以扩大信用卡的年费收入；同时与移动运营商就移动支付业务的结算也可以为银行增加不小的收益。

（3）通过移动支付业务，银行可以降低经营成本。把一些非营利性的代收费服务的柜台过渡到电子支付平台；通过移动支付业务的开展，移动支付终端的普及也对银行设置的 ATM 机等设备产生替代作用，节约了大量的资金。

（4）银行用户本身就具有一定的客户忠诚度，通过移动支付业务的开展，可以为用户提供一些附加值，更加提升客户对银行的忠诚度。

银行的资金结算体系将使银行成为移动支付的重要参与者，同时，银行单独作为运营主体也存在一定的弊端：

（1）各银行提供的移动支付业务在银行之间不能互联互通，在一定程度上会限制移动支付业务的开展。

（2）各银行如果需要自己独立开发移动支付系统，就需要购置大量的设备，开发系统软件，无疑将投入巨大的成本，各银行自建系统还将造成资源的浪费。

（3）正常情况下，每个用户只拥有一部手机同一家银行的信用卡绑定，这样用户将无法享受其他银行的服务。

（4）银行，特别是银联，作为金融秩序的规范者如果参与到支付平台运营中就会形成一种"既是运动员又是裁判员"的尴尬局面，利益分配问题也由此产生，会引起其他参与方的不满。

因此，在移动支付产业链中，银行不可避免地需要占据领导地位。移动运营商第一次遇到了同自己具有相同甚至更高议价能力的对手。这是因为在结算方面用户还是更加依赖于银行，而不是移动运营商；同时银行拥有交易清算的经验和强大的数据支撑平台。而银行独自开展移动支付业务也有一定的困难，又会引起产业链中参与方的不满。因此，银行同其他参与方如何合作，建立合理的利益分配机制将是影响移动支付产业链的关键。

（三）移动支付服务提供商

相对于移动运营商和银行的传统业务，移动支付属于这两方分别提供的增值业务。在移动支付应用中，需要构建包括支付网关、客户钱包、商家账号和结算系统等组成的移动支付服务系统，它需要提供两方面的接口：一是与移动通信网络挂靠的终端设备识别与管理；二是同银行等挂靠的业务接口与管理。这些功能需要由移动支付服务平台来提供。

第三方移动支付服务提供商在移动支付产业发展的进程中具有非常重用的作用。移动支付服务提供商可以整合产业链的资源，在移动运营商和银行之间建立桥梁，并最终面对商家和消费用户提供移动支付服务。其主要的特点如下所述。

（1）银行、移动运营商、支付服务提供商之间可以进行明确的分工；移动支付服务提供商可以起到"插转器"的作用，调和银行、运营商、用户等各利益群体之间的关系，将业务的用户界面仅仅限定在自己这个领域，可以提高整

个业务流程的效率。

（2）移动支付服务提供商可以解决不同银行之间的移动支付业务无法互联互通的状况，通过资源整合，在银行和 SP 之间交叉推广各自的服务，可以实现跨行之间的移动支付交易。

（3）随着业务发展，对移动支付服务提供商的要求也增高，需要其在市场推广、技术研发、资金运作等方面都具有较强的感召度和认知度。

移动支付服务提供商也是移动支付产业链中最活跃的因素，它们是该业务的积极推动者。在欧洲，最早开始提供手机支付服务的不是移动运营商，而是像瑞典 Paybox 这样的第三方门户网站。在国内，也有联动优势、广州金中华等一批移动支付服务提供商，它们都致力于整合移动运营商和银行的资源，为用户提供移动支付服务。独立的移动支付服务提供商主要通过两种途径获取利润：一是向移动运营商、银行和商户收取技术使用许可费；二是与移动运营商签订协议，由移动支付服务提供商进行市场和业务开拓，为移动运营商开发签约用户，再与移动运营商对用户使用移动支付所缴费用进行分成。

就目前情况看，移动支付服务提供商的存在是必要的，并且对移动支付产业有很大的推动作用。用户的需求是多样性的，琐碎并且缺乏规律。移动运营商由于巨大用户基数，在市场反应和业务开拓上就像一头笨象，有时候力量和资源使用不到最恰当的地方。移动支付产业链涉及银行业、移动运营商等多个参与方，独立的移动支付服务提供商可以作为缓和矛盾的桥梁，协调各方的利益关系。更重要的是，通过这种方式，移动支付服务提供商开始进入金融银行业，将会触发金融支付领域深刻的变革。

由于移动支付服务提供商最终面向商家和消费者提供移动支付服务，因此目前中国移动和中国联通两大运营商都倾向于做移动支付业务的服务提供商（主要采用合资合作建立第三方支付平台的形式）。同时，银行的交易和结算功能也使得银行自己也可以扮演移动支付服务提供商的角色，出于维护自身利益和整顿规范金融秩序的考虑，银行等金融机构也会将影响力涉及这一领域。

（四）移动支付设备提供商

移动支付设备提供商在移动支付整个产业链中基本上处于下游，具有相对稳定的利益。随着移动支付业务内容和实现方式的不断进步，对支持移动支付的新系统设备、终端、应用软件等的需求也不断增加。而移动支付又是一种技术驱动型的产业，因此，硬件设备制造商和软件开发商成为移动支付的积极推动者。

随着移动通信由 2G 向 3G 的升级以及移动数据业务的迅猛发展，移动设备制造商在提供移动通信系统设备的同时，也提供了包括移动支付在内的数据业务平台和业务解决方案，形成了产业链中活跃的一极。

在终端上，目前主要的移动设备制造商如爱立信、西门子、诺基亚等都推出了各自的移动支付解决方案。如今，具有 STK 功能的 SIM 卡日益普及，手机等终端设备也可以提供方便用户使用的个性化人机界面和定制菜单，通过 Java 等方式允许用户自由下载并安装各种应用程序。目前开发中的嵌入式条形码阅读器将解决移动支付中的数据录入问题，可以使移动支付的过程更加简洁和安全。

随着产业链的建立，移动支付设备提供商和移动运营商的责任分工将明确，有可能形成某种联盟形式，移动终端的采购将更多地采用由移动运营商定制的方式进行。

（五）商家

商家是移动支付产业链中比较微妙的一环。商家是与用户发生交易的主体，无论是移动运营商还是银行都无法绕开商家独自建立产业链。但是从目前情况看，我国商家对于移动支付业务的推广并不积极，而且商家由于自身的限制也很难成为移动支付产业的主导者。

对于我国零售业来说，目前传统的商业模式无论是业务量还是交易可信度都占据绝对的优势。相对于移动运营商和银行，商家掌握的资源最少，其用户群存在很大的流动性，无法建立一种长期的契约关系，因此用户拓展和交易的成本就很高。但是，商家在宣传和对用户的影响力上具有银行和移动运营商不可比拟的优势，毕竟移动支付从本质上来说还是商品的销售。因此，商家就处于比较微妙的位置，它们是否参与移动支付和参与的领域会影响用户对移动支付业务的选择。

商家的类型是多种多样的，可以是商场、电影院、超市，也可以是网站、电影院等。对于传统商家而言，在商场和零售店部署移动支付系统，在一定程度上可以减少支付的中间环节，降低经营、服务和管理成本，提高支付的效率；另外，移动支付可以获得更高的用户满意度，提升企业的核心竞争力。对于一些新兴的商家，如电子商务网站，移动支付给它们带来了一种主要的竞争力，也成为其业务的主要支柱。例如，各大网站目前都将短信收入视为利润的主要来源，手机支付是收费邮箱的主要收费渠道。

综上所述，对于一些商家，移动支付可以作为目前传统支付手段的有益补充，还可以拓展客户，增加营业收入，减少成本，因此这些商家是愿意支付一定的交易佣金的；对于那些互联网电子产品提供商、彩票商等则更愿意参与到移动支付的产业链之中。

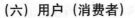

（六）用户（消费者）

消费者是移动支付的使用者。操作是否方便、支付是否安全是移动支付能否吸引消费者的关键。当消费者形成用户群之后，就具有了一定的议价能力，从一定程度上可以影响移动支付业务的发展，甚至是监管政策的调整。

从业务使用的角度看，我国目前移动支付业务中使用次数最多的业务是小额支付，但是同银行卡绑定的相关业务在未来几年有相当的增长潜力。因此，移动支付的提供者需要把握用户的需求，在终端上提供方便的互动操作界面；在扩大小额支付业务的同时，在系统设计上提供开放的接口，为移动金融增值服务提供方便的集成功能。

第三节　移动支付产业价值链的发展

随着 3G 时代的到来，移动电子商务的发展，手机已经不局限于语音和短信功能，越来越多的数据应用应运而生。目前，各国的研究机构和相关企业的研发部门越来越关注于移动支付的应用。在全球手机发展最快的东亚地区，移动支付正在表现出惊人的增长趋势。有专家称，未来，移动支付将会成为消费者生活中不可或缺的一部分。用手机代替现金、支票及信用卡来进行支付，将改变移动支付手段的应用，也会改变消费者行为方式，造就一场支付领域内的革命。

一、移动支付链在欧美的发展

目前，电子支付已经成为欧美国家主要的支付手段，现金乃至支票都不再是主流的交易手段。手机移动支付这种先进的支付方式在欧美国家也得到了广泛的推广和应用。在美国、德国、瑞典、奥地利、西班牙、英国、法国等国家，移动支付已经开始全面应用，并逐渐成为流行的支付方式。据美国市场调查公告 Yankee 集团进行的市场调查显示，2006 年，亚太地区的手机购物市场达到 548 亿美元，有大约 3 亿人用手机购物。移动支付作为新兴的费用结算方式，由于其方便性而日益受到移动运营商、网上商家和消费者的青睐。在韩国，已经有越来越多的移动用户通过手机实现 POS 支付，购买地铁车票，进行移动 ATM 取款。目前用户可以用手机办理各种金融服务，并且由于结算信息的密码化，这些服务具有很高的安全性。在日本，NTT DoCoMo 等移动运营商均把移动支付作为重点业务予以积极推进。据统计目前在使用 Felica 手机的用户中，60%的用户每周都会至少使用一次支付功能；在欧洲，随着 3G 商用进程的逐步加快，各大移动运营商也在积极推广移动支付业务。比如从 2004 年 5 月开始，芬兰国家铁路局在全国推广电子火车票，乘客不仅可以通过铁路局网站购买车票，还可以通过手机短信订购电子火车票。

二、移动产业链在日本的发展

一般而言，移动运营商主导产业价值链的实现方式主要有两种：其一为技术手段；其二为经济手段。日本和韩国的移动运营商在全球最早进入移动支付领域，不仅取得了成熟的商业名，而且成为移动支付产业的主导者，并因此成为全球移动运营商心目中的"典范"而竞相模仿。

日本移动支付发展迅速，其主要的推动力是日本的移动通信运营商，它们在整个产业链中处于中心环节，利用优势地位，整合了下游设备提供商的资源，联合上游的银行机构开展移动支付业务。

日本的 NTT DoCoMo，其在移动支付产业主导地位的打造，经历了两个阶段，全面应用了技术、经济两种手段。第一，DoCoMo "以我为主"地建立了联盟、技术平台。2004 年，DoCoMo 即推出 "I-Mode FeliCa" "手机钱包" 服务，并采取了成立移动支付联盟、建立 Felica Networks 平台等一系列措施牢牢掌控住了产业价值链。第二，DoCoMo 通过收购、控股的方式，深入银行业，从而为移动支付应用市场的开拓铺平了道路。例如，DoCoMo 于 2005 年收购了日本第三大银行三井住友金融集团信用卡部门 34%的股份，双方联合推出 ID 借记卡移动支付业务，从而进入了开放式移动信用卡市场，增强了对其他金融企业的吸引力；2006 年，DoCoMo 又收购了瑞穗银行信用卡业务 18%的股份，推出 iD 清算平台，并在这个开放的平台上推出了 DCMX（DoCoMoX）品牌的移动信用卡，正式进入消费信贷领域。通过控股与收购，DoCoMo 与银行业之间的合作变得十分紧密、顺畅，在推动移动支付产业发展的同时，自身在产业价值链中的主导地位也牢牢树立起来。

三、移动产业链在韩国的发展

从 2002 年开始，韩国的四家主要移动运营商 LG、Telecom、SK Telecom、KTF 都开始大规模开展手机——红外手机的支付业务，主推的是移动小额结算。2003 年 9 月四家移动运营商又与银行合作推出移动银行业务。移动电话小额结算服务是用户在 Internet 上购物或者使用服务时，通过输入自己的手机号码和认证号码，在下个月的手机话费中一起结算的一种服务。小额结算的最大优点是可以不用用户输入信用卡号码，减少了个人信息泄露的危险，使用方便，大大推动了韩国移动支付业务的推广和发展。到 2004 年底，韩国移动电话小额支付的市场已经超过 8000 亿韩元。2005 年底，韩国所有的商业银行都提供手机银行业务，在线银行账户达到 2400 多万个。包括通过手机交易在内的互联网银行的交易已经超过了传统的银行自动提款机的交易。同样 2005 年底，韩国移动银行用户数超过了 1000 万户。根据韩国中央银行 2006 年公布的数据显示，2005 年通过移动电话完成的银行业务量平均每天达到 28.7 万笔。

韩国的移动支付业务能够得到如此迅猛的发展，主要的原因在于韩国的移动运营商和银行业敏锐地把握到了移动支付这一新的电子交易方式，对它高度重视，投入了大量的资源，并且形成了一条完整有效的产业链。在韩国，手机用户数量要超过拥有电脑的人数，而使用手机支付处理业务的费用仅仅为银行柜台处理业务费用的 1/5，因此韩国银行从成本的角度考虑，纷纷向用户推广移动支付业务。同时，韩国的移动运营商每个月可以从移动银行用户那里收取 0.7 美元的服务费；更重要的是，运营商与银行合作之后，银行的营业点也成为运营商提供手机销售和服务的营业点，为运营商增加了利润的来源。就此，银行和移动运营商构成了双赢的局面。

四、移动产业链在中国的发展

将移动支付功能集成于 SIM 卡上，也是移动运营商赢得主导地位的有效途径。这种集成，第一，打破了要使用移动支付业务就必须更换手机这一障碍；第二，运营商不仅可以掌控产业价值链，而且可以在此基础上创新出更多种类的业务，如定向营销等。在 2008 年中国国际信息通信展览会上，中国联通即展示了将非接触式技术集成到 SIM 卡上的"单 SIM 卡移动支付解决方案"。以卡、阅读器、点对点三种业务模式，实现手机支付、身份验证、防伪、广告、信息交换等多种应用。

移动支付产业的另一积极推动者——银行业，对于移动运营商造成了很大的压力，但反之也加快了移动运营商的拓展步伐。例如，VISA 不仅正在全球推行移动支付战略，而且将触角不断向产业价值链的更多环节延伸。VISA 宣布将为谷歌 Android 平台开发移动支付应用软件，从而使美国的广大消费者在 2012 年底就可以使用移动支付相关服务。在中国，上海于 10 月正式商业应用的"手付通"业务，则是向手机中插入与银行账户绑定的 SD 卡，从而将费用从用户的银行账户或信用卡账户中直接扣除，手机沦为简单的信息通道，移动运营商也更多地扮演了管道提供商的角色。

尽管电信业、银行业正在各自热火朝天地"以我为主"地发展移动支付业务，但整个产业的发展必须立足于长远考虑。对于移动支付而言，其更大的意义在于移动化带给人们的便捷体验。从这个角度出发，电信业应当在其中发挥主导性作用，通过与银行业的密切合作以及整合产业价值链，最终将这种便捷体验提供给用户；与此同时，以电信的网络作为保障，提供支付所必需的高安全性。银行业，则扮演 SP/CP 的角色，通过与电信业的合作，进入一个全新的市场而获得新的增长空间。

移动运营商拥有整合产业价值链的天然优势。从移动语音业务到移动数据业务，通过推出音乐下载、手机游戏等应用，移动运营商对于整合诸多环节的产业价值链积累了丰富的经验。对于银行业而言，移动通信是一个全新的领域，在设备、终端、应用等环节面临重重考验。如果全部从头做起，必然会产生投入与产出的极度不均衡。但是，如果作为 SP/CP 与移动运营商合作，就能够获得最佳的投入产出比。因此，电信业与银行业的开放合作，成为发展的必然趋势。

中国移动支付业务开展于 1999 年，中国移动通信集团公司与中国银行、中国工商银行、招商银行合作，在北京等 17 个省、市开通移动支付业务。到目前为止，中国移动已在全国二十几个省开展了此项业务，用户已近 10 万户，月交易量近万次。中国移动支付业务历经 2002~2004 年不温不火的发展过程，2004 年下半年以来，若干主要的第三方移动支付运营商的业务有放量增长的趋势，使得移动支付业务的地域覆盖范围越来越广，产业链其他环节也越来越积极地寻求合作机会。尤其是运营商将其看做是增加用户黏性，进行客户挽留的最佳业务，促使移动支付得到进一步的发展。移动用户中的年轻人将是移动支付市场发展的重点，是中国移动支付产业商业模式分析场。随着越来越多的年轻人使用手机作为语音交流、短消息服务（SMS）及其他应用的工具，他们对移动装置的使用和熟悉会自然而然地延伸到财务交易阶段。

相对于东亚和欧美的移动支付业务，中国也拥有自身的特点：

第一，我国拥有全球最大的手机用户市场，这是我国发展移动支付业务具有其他国家不可比拟的先天优势。截至 2007 年 12 月，我国手机用户达到 5.47 亿户，稳居世界第一，手机普及率达到 42%。据 EnfoDesk 易观智库最新发布的数据显示，2011 年第 1 季度中国市场移动互联网用户规模达 3.43 亿人，2012 年将突破 6 亿人大关，并超过互联网用户数。而 CNNIC 最新统计数据显示，国内手机用户数量已经逼近 9 亿人，这意味着手机客户端的潜在用户群近9 亿人。如果把手机用户总数作为移动支付发展基数，那么只要有 10%的手机用户使用移动支付，就会同时产生 5400 余万个移动支付用户和手机支付终端。因此，我国的移动支付市场的潜在发展空间是全球其他任何一个国家所望尘莫及的。

第二，目前我国移动支付市场成熟度正从预热期步入起步初期。相比全球发展移动支付业务的步伐，我国步入移动支付市场预热期的时间相对晚了几年。起初主要以手机账户支付为主，由移动通信向内容提供商提供消费者的账户服务，当消费者在网上下载铃声和图片时，需向内容提供商支付一定的费用，这笔款项由移动通信代收，并从消费者的话费账单中扣除，同时移动通信再向内容提供商收取一定的手续费。从 2000 年开始，我国出现了基于移动通信与商业银行合作而推出的银行卡账户支付的"手机银行"业务，主要围绕个人账户管理、缴纳手机费等缴费业务。2003 年起，我国移动支付参与者开始增多，市场上 SP（服务供应商）的数目逐渐庞大起来，以第三方为主体运营移动支付平台的模式在国内兴起，推出手机号与银行卡号绑定的移动支付模式。

目前，在我国现阶段国内移动支付服务主要的推动力量来自移动运营商，尽管越来越多的金融机构参与，但金融机构并没有给予该业务足够的重视。移动运营商和金融机构采取的合作方式主要分为以下三种：第一种是建立合资公司进行专门的移动支付运营，如中国移动和中国银联合资的联动优势；第二种是建立战略合作关系，如中国联通和中国银联的合作；第三种是第三方支付平台推动的运营商和银行的合作，目前主要是各类公共事业费用的收取。国内用户通过移动支付可获得的商品或服务包括：水电费等公共事业费用、移动话费的缴纳，具有额度限制的保险、网上教育等费用的缴纳，游戏点卡等虚拟卡的购买、彩票和电影票等票务的购买。移动支付的技术实现方式主要是短信、WAP、USSD、JAVA、BREW 或者 IVR 方式。

总之，随着移动支付产业链各方的不断努力与合作，移动支付正逐渐走向成熟。我们应当看到，移动支付业务的开发，是跨行业合作的产物。要推动移动支付业务的发展，必须构建一个由移动运营商、移动支付平台运营商、行业商户、银行、最终用户等环节组成的良性循环的产业价值链，而这取决于产业链上所有参与者的共同努力。

跨行业合作是移动支付产业向前发展的必然选择。移动运营商应成为合作的主体，充分发挥已有的整合产业价值链各环节的能力。同时，移动运营商可以充分借鉴银行业在前期发展移动支付应用的创新之处，例如向手机操作系统添加移动支付软件、集成 GPS 功能进行导购等。在电信业和银行业的共同推动下，移动支付必将掀起应用的新高潮。

第四节　我国移动支付产业链的问题与态势

一、我国移动支付产业链的问题

作为国内刚刚起步的产业，移动支付的产业链还没有完全地建立和有效地连接起来。如何打造一个健康的移动支付产业链，将是目前移动支付产业发展最重要的问题。对比国外成功开展移动支付业务的成功经验，目前我国移动支付产业链在形成和构建中主要存在以下问题：

（一）政策监管滞后

政府与监管是移动支付发展的关键因素。相关政策不明朗，监管滞后，使得第三方支付平台林立，虽然对市场具有很大的开拓作用，但是格局和竞争较为混乱。而我国的支付和结算业务一向属于银行等金融机构的业务范围，移动运营商在开展移动支付业务时对于是否越线经营没有明确的把握，势必会存在疑虑，从风险的角度考虑会徘徊不前。我国开展较快的小额支付业务从业务层面看就属于监管的"灰色地带"。

2005 年 6 月 10 日，中国人民银行清算司发布了《支付清算组织管理办法》意见征询稿，给了电子支付市场一个明确的整理信号，移动支付市场也不可避免地会受到影响。监管政策的不断出台有助于移动支付市场秩序的整顿和维护，将为移动支付产业链的建立提供良好的环境。

（二）移动支付主导权的争夺

巨大的用户数和移动支付流程中的强势地位使得移动支付产业链的主导权只能由移动运营商或者银行来掌握。对于移动运营商来说，发展手机市场具有很大的吸引力。但是银行机构担心移动运营商通过这项业务控制银行所管辖的金融交易过程，在交易的过程中容易引发矛盾。移动运营商具有设备和技术上的优势，银行具有风险管理的强项，双方看到移动支付的发展前景，都力图在产业链中占据主导位置。我国目前的情况是移动运营商是移动支付的推广者，银行业基本处于观望的守势。银行担心运营商抢了自己的饭碗，运营商担心建立了平台最后落得了只为银行作通道的下场。但是，巨大的利益诱惑使得双方都会加快在移动支付领域的前进步伐。因此，双方在疑虑中合作，在合作中竞争。国外移动支付业务的发展证明，合作才能共同获利，而在这个过程中，谁越主动承担责任，谁就越可能掌握主动权。

（三）商业模式不清晰

从传统的购物交易到移动支付，是两种截然不同的商业模式。自移动支付业务引入我国，移动运营商、网络公司、银行、软件商、设备商等都加入到移动支付市场的竞争，移动支付产业链初步形成但并不成熟，没有清晰的商业模式，参与其中的各方在整个产业链上的位置都没有最终确定，矛盾集中在究竟谁是产业龙头，谁能成为产业链上直接面对最终用户的关键一环。要打造成熟合理的产业链，就必须探索适合我国国情的移动支付商业模式。

（四）技术安全的问题

移动支付作为一种电子支付的方式，用户在使用的过程中容易产生两点疑虑：一是虚拟性的交易特点容易使客户对安全性产生怀疑；二是用户还比较习惯传统的一手交钱一手交货的方式。用户对安全性的担忧将会影响移动支付产业的发展。由于移动支付涉及用户的个人银行账号，一旦出现交易失误，将会对用户造成很大的损失，大大降低用户对移动支付业务的信心。因此运营商必须保证无线数据传输的安全性，银行需要对账户信息和用户身份进行安全认证，给用户一个放心的安全支付环境。

二、移动支付产业链主体的竞争

电子银行和"手机钱包"已经让移动支付走入我们的生活，移动支付也成为最具吸引力的潜在市场，成为业界的焦点。随着人们对手机的依赖性越高，移动支付将更加普及。

147

（一）移动支付腾空升起

2010 年，移动支付从标准到方案、从产品到应用、从竞争到合作，移动支付产业链的主体竞合博弈在移动支付市场上。我国现在的金融服务资源还相对不足，便捷性也不够。《中国银行业监督管理委员会 2009 年年报》的数据显示，2009 年末，中国人口超过 13.3 亿，银行业法人机构达 3857 家，营业网点近19.3 万个，从业人员约 284.5 万。但从人均银行服务资源看仍是不足，平均一个网点对应 7000 人左右，一个银行从业人员对应 490 人，如果仅算柜面服务人员的话，平均一个柜员至少要对应 1000 个客户左右。在广大农村地区和贫困地区，金融服务资源更有限甚至为零。我国目前仍有 2000 多个乡镇没有金融机构网点，属于金融服务的空白地带。银行网点服务不仅资源有限，在时间便利性方面也有限，并不能提供全天 24 小时服务，通常是从上午 9 点到下午 5点。ATM 机和网上银行等自助设施的资源也相对有限。2009 年末，全国 ATM机约 21.49 万台，平均每台 ATM 对应 6210 个人。而移动支付有着深厚的用户基础。工业和信息化部的数据统计显示，截至 2010 年 9 月，我国国内手机用户达 8.33 亿户，普及率为 62.5%，并呈现不断上升的趋势，为移动支付业务发展奠定了良好基础。中国银联的统计数据显示，截至 2009 年底，我国已发展移动支付用户 1.47 亿户，其中与银行卡关联的移动支付约 2200 万户，剩余的 1.25 亿户则采用移动话费账户代扣的方式。具有频率极高、金额很小等特点的小额支付、微支付与居民生活密切相关，现在仍然以现金方式完成。虽然，像北京市的交通一卡通等微支付方案已得到了很好的应用，每天交易达 1600 万人次，但绝大部分日常生活中的微支付，如超市、便利店、停车场、小商品市场、菜市场的支付等问题没有得到解决。非现金支付工具在微支付领域的缺位以及移动支付终端的低成本投入和处理环节的便利性都将引导消费者选择移动支付。

（二）移动支付从竞争到合作

目前，移动支付产业链的核心成员包括金融机构、电信运营商、第三方支付平台。三种角色之间有竞争，也有合作，共建移动支付产业链如图 4-2 所示。

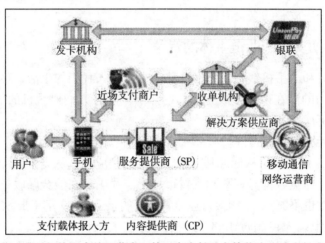

图 4-2　金融机构、电信运营商、第三方支付平台等共建移动支付产业链

银联和各商业银行拥有众多的客户，其优势是基于完善的支付服务基础设施，为用户提供可靠可信的账户管理、结算和清算功能。目前，我国的大、中型商业银行都有手机银行，提供短信通知、账户查询、资金转账缴费等服务，并都在广泛与移动运营商合作开发手机近场支付。而中国银联利用银行卡信息转接平台，充分发挥联接优势与银行、移动运营商合作，积极推进了移动支付受理终端的布放和改造。

移动运营商拥有安全的通信渠道，拥有庞大的手机用户资源和便捷的服务终端。近年来，中国电信、中国移动和中国联通在移动支付领域都有成功的实践，如中国移动的"手机钱包"业务；中国电信在浙江、四川试点的手机小额支付；中国联通和交通银行合作推出的联名 IC 借记卡，在上海世博园内实现了"机不离手、一刷即付"的功能。

第三方支付平台是移动支付产业链的创新生力军，它们具备超强的用户亲和力，其优势在于能够提供更符合用户支付习惯的创新业务。如支付宝除了具有网上购物支付功能外，还能实现水、电、气费等的网上缴费功能。

如果产业链以金融机构为主导，目前主要是以银联为主，实际上是由中国银联向用户提供移动支付服务，电信运营商只作为管道存在，或者中国银联绕过电信运营商，直接向最终客户提供移动支付业务。

表 4-1 移动支付方式的特点

支付方式	现金支付	银行卡支付	移动支付
便携性	低，需携带大量现金	中，携带多张银行卡	高，携带手机
时间成本	高，只能现场，需找零	中，只能现场，无须找零	低，现场/远程皆可，无须找零
安全性	低，易被偷盗	高，密码保护	高，密码保护
功能丰富性	低	中，支付/积分	高，可做多种支付/身份识别/积分等
互动性	无	中，语音/Web	高，通过手机随时查询、充值、支付，支持互动营销

149

如果是以电信运营商为主导，那么电信运营商既是移动支付业务数据传输网络的提供者，又是移动支付账户的管理者，电信运营商直接向用户提供移动支付服务。

如果是以第三方支付平台为主导，那么就是第三方支付平台利用电信运营商的通信网络资源和金融组织的各种支付卡，进行支付的身份认证和支付确认。目前，国内支付宝、易支付等已经开展相关业务。此时，电信运营商作为管道存在。

2010 年，移动支付产业链主导权的争夺非常激烈，尤其是中国银联、中国移动、中国电信和中国联通，"四大金刚"之间的纵横捭阖。在现场支付场景中，中国移动选择了 RFID-SIM 技术，中国电信和中国联通选择了 SIMPass 技术，而中国银联选择了智能 SD 卡解决方案，各方都试图掌控产业链主导权。关于标准之争，2009 年中国移动主推 2.4GHz，而其他家都是采纳 13.56MHz。经过一年多的标准之争，在主管部门的协调下，有消息称，中国移动已经转向采纳 13.56MHz 技术方案。业内人士揣测，中国移动是迫于应用的成本压力才转变的，因为银联主导的手机支付标准适用于大部分现有的 POS 终端机，而推

2.4GHz 标准则意味着要花费巨大的成本改造 POS 机等终端。

三、移动支付市场的协同

2011 年，在相关主管部门的协调下，合作是移动支付领域的主旋律。但有着各自的博弈筹码和战略打算的三方成员，势必会在 2011 年的移动支付市场上继续合纵连横，相互牵制。运营商要稳稳把握第三波产业浪潮。移动支付对于电信运营商有着重大意义，它是通信产业发展第三波浪潮，是继语音业务、信息娱乐类业务之后，运营商的下一个运营和盈利中心所在。日本最大的电信运营商 NTT DoCoMo 就把移动钱包看做拉动移动通信增长的第三波主要力量，不断推出支持钱包功能的手机，使用户一直留在网内，从而保持了大量的话务量和业务收入。

可以预知，移动支付这块"蛋糕"必将是电信运营商争夺的焦点。围绕个人衣食住行等各方面的交易需求，运营商必将通过移动支付把移动通信融入用户工作生活的方方面面。

银联继续网聚产业链的力量。中国银联产品创新部资深经理嵇文俊在论坛上介绍，手机支付现在其实还很难盈利，只有用户量和交易规模达到一定数量级才有可能盈利。在目前很难盈利的情况下，产业各方参与的动力是移动支付的大好前景，大家要规划好各方职责、分工定位和利益分配，才能更好地推进产业发展，这非常复杂、非常困难。

同时，搭建良好、易用的手机应用环境是最关键的问题。产业各界应该把力量集中起来，打造应用商城，完善现场支付环境。对银联而言，通信运营商是目标一致的合作伙伴。银联希望通过推广手机支付扩大交易规模，获得更多的交易手续费。而运营商则是为了获得更多的增值服务收入，其前提也是更大的移动支付市场规模。运营商出用户，银联出终端，它们有动力共同打开市场。

第三方支付和运营商、银联、银行等不一样，第三方支付一切都得靠自己打拼。不过凭借自己超强的用户亲和力，提供更符合用户支付习惯的创新业务，第三方支付平台是移动支付产业链的创新生力军，要自己开拓市场。在韩国，移动支付市场启动的推动力很大程度来自第三方支付企业，例如 Danal、Mobilians 等，它们首先发现许多喜爱购买游戏装备的年轻人没有信用卡，也没有大量现金，于是它们推出手机支付购买游戏装备的服务，虽然手续费很贵，但仍大受欢迎，拥有了一批忠实的用户。而国内的财付通也已经建设了自己的开放平台，邀请第三方开发商将自己开发的应用，如网上订餐、医院挂号、租车等项目放在这一平台上，与财付通联合运营。

移动支付市场中存在众多细分市场机会，包括帮助商家处理移动支付业务、提供安全性解决方案、提供针对不同行业的手机支付解决方案等。服务规模和经验是银行、运营商、银联所欠缺的，而这恰恰是第三方支付服务企业所擅长的，因为后者更了解用户的支付习惯以及商户的需求。在美国，已经出现了许多此类公司，如 Zong 专为媒体、游戏产业提供手机账单服务，Billing Revolution 提供用于手机支付的信用卡处理平台。国内许多第三方支付企业已经具有一定的行业服务优势，如支付宝和汇付天下在航空领域、快钱在教育领域、易宝支付在娱乐产品领域等。深耕这些市场，提高用户的忠诚度，是第三方支付在移动支付领域竞争的关键。

 **本章案例**

微软黑屏行动纠纷案

2008 年 10 月 15 日，微软公布了被外界称为"黑屏行动"的正版验证增值计划。自消息一公布，赞同声，反对声，各种声音不绝于耳。许多电脑用户对微软的这一做法感到惊讶，11 月 4 日，微软（中国）董事长张亚勤称："对中国用户的反应有点惊讶。"

2008 年 10 月 13 日，微软（中国）有限公司在公司内部网发布了一项内部通知：将自 10 月 20 日起投放新一轮正版增值计划通知，包括 Windows 正版增值计划通知和 Office 正版增值计划通知。两天后的 10 月 15 日，微软（中国）正式对外公布计划详情，提示盗版用户参加验证，盗版 XP 专业版用户的桌面背景每隔 1 小时将成纯黑色，盗版 Office 用户软件上将被永久添加视觉标记。计划详情一经公布，立即引起网友的剧烈反应，有的网友担心微软此举会侵犯其个人隐私；有的网友称这是微软准备向广大个人用户开刀。与此同时，各大媒体也将目光投向微软正版增值计划。

打击盗版，推动使用正版原本无可厚非，可微软的这项正版验证计划，却招致众多用户的质疑。微软（中国）董事长张亚勤感到的惊讶，或许和这十几天来出现的各种声音，包括各种行为，有直接的关系。

2008 年 10 月 21 日零点，微软正版增值计划正式实行。当天上午 11：00，新浪论坛一个网友发帖称自己"中招了"。之后，短短的几天里，越来越多的网友声称自己遭遇了黑屏，而北京的米晓彬就是其中的一个。

米晓彬：21 号当天告诉我们是，只有 5%，所以那时候就有点，就跟摸彩票似的。就是在四天前，也是无意，然后想：呀，我居然"中招了"！

记者：你原来之前是个什么样的桌面？

米晓彬：原来就是很经典的 Windows 那种蓝绿的那种特别好看，蓝天绿草。

记者：变成这个以后，你觉得怎样？

米晓彬：还是有点不舒服，这个倒不是很重要，它旁边也是每一小时要弹出一个东西的。

记者：那咱们等一下。

米晓彬：不好等，它的时间不是很长。

就在记者和米晓彬正在聊黑屏感受的时候，一个对话框跳了出来。

记者：出来了。

米晓彬：对，这就弹出一个。这是它弹出的一个 Office 的。

记者：Office。

米晓彬：这是 Office 的。

记者：是 OGA 的通知。正版的（验证）已经开始了？

米晓彬：对。

2008 年 10 月 27 日，中国计算机学会发表公开声明，呼吁消费者使用正版软件，但同时表示反对微软黑屏举措。在发表这个声明之前，中国计算机学会曾召集国内计算机界知名的专家学者召开了座谈会，到会的九成专家认为微软反盗版的此举"做得有点过"。几乎所有对黑屏事件的质疑都赞同，即便微软被侵犯了知识产权，也不能说自己作为被盗者就有权利漠视法律、自己惩罚小偷。

152　　杜子德，中国计算机学会秘书长，这十几天里，他以学会秘书长的身份，多次召集了针对微软黑屏事件的座谈会。在一次座谈会开始前，杜子德曾经做了这样一个举动，来借以表明自己对微软黑屏做法的理解。

杜子德：我开始就讲，我说把门关上，我说我的钱包丢了，我的钱包就在我们的会场中某一个人身上，其他人都是无辜的，但是我现在怎么证明你无辜呢，我不能证明你拿了我钱包，但是也不能证明你没拿我钱包，好了，万一我搜你的身，我发现我的钱包在你身上，我就在你头上烙一个标记，这个标记永远都抹不掉，我让你耻辱一辈子。

杜子德的举动虽然只是个玩笑，但和他观点一致的专家却占多数。中国工程院院士倪光南，曾参与我国自行设计的第一台计算机研制工作。在谈到微软黑屏时，他认为从微软正版计划所采用的手段上看，这更接近于一种黑客行为。

倪光南：我们认为维护版权是应该的，但是这种方式是不适当的，我觉得从全国，包括学术界和广大民众的反应，绝大多数都不赞成，我们认为这种方式从某种意义上来讲，很类似于黑客的行为。

与学术界的观点遥相呼应，网络上网友质疑微软黑屏的声音此起彼伏。

微软推出黑屏验证计划的消息传出后，众多个人电脑用户显得有些坐立不安，不过，同样坐立不安的还有微软。面对国内计算机业界以及广大用户的质疑，微软于 10 月 23 日发表了一封致用户的公开信。其中明确承诺该计划不会以任何形式收集用户的姓名、电子邮件地址，或任何其他可用于识别用户身份的个人信息，用户对电脑的正常使用不会受到其他影响。但这样的声明并没有让质疑声停止，相反有人开始用行动来表达。

2008 年 11 月 3 日，记者在北京海淀区一家邮电局，见到了正准备通过邮寄方式，向国家质检总局举报微软存在产品质量缺陷的北京中银律师事务所律师董正伟。他说他要求国家质检总局对微软的产品进行调查执法，并且召回产品。而依据，正是这次微软的"黑屏行动"。

董正伟：因为这一次就是微软实施这个黑屏计划，这说明它这个软件设计方面存在严重的漏洞。因为它进来的时候黑客也能进来，它不进来的时候黑客也能进来，它在软件 Windows 操作程序方面，留着一个通道。这个通道只要我们互联网在线的时候，你一个人能进来，10 个人也能进来。

其实，这已是董正伟在黑屏事件发生后，第三次向有关部门举报微软。10 月 21 日，董正伟就曾向公安部举报，微软黑屏计划侵犯用户隐私、危害信息安全，是中国最大的黑客行为，要求公安部展开侦查并追究微软公司的刑事责任。董正伟第二次举报微软是在 10 月 27 日，他向国家工商行政管理总局提出，微软滥用市场支配地位，强行对用户进行验证从而实现垄断，建议工商部门对微软处以 10 亿美元罚款。

董正伟：我是在提醒他，就是你可能违反了中国法律，需要纠正，包括你的维权手段。

无独有偶，在董正伟向各有关部门举报微软的同时，媒体又报道，10 月 27 日，北京的一位刘先生因电脑发生黑屏到海淀区法院起诉微软。11 月 3 日，记者前往海淀区法院，证实这一消息属实。刘先生认为：个人电脑是个人合法财产，微软的行为严重干扰了自己的工作和心情，涉嫌侵权。故提起诉讼，要求对方立即停止侵权并将其电脑恢复原状。

因为没有得到刘先生的许可，海淀区法院没有向记者透露刘先生的身份及联系方式。但法院方面表示，它们将会在规定的时间内对此案作出是否受理的决定。或许微软采用黑屏计划，本意是想给使用盗版的用户一个警告，没想到，计划推出后，这个措施的本身却遭到了合法性的质疑，更不会想到甚至会被使用盗版的人反过来起诉。那么，微软此次黑屏行动是否属于黑客行为呢？是否对计算机用户造成了侵权呢？在法学界，这一问题也引起了热烈的讨论。

于志刚，中国政法大学教授，曾参与过"计算机犯罪的立法修正"等很多法律和司法解释的制定工作。十几天来，他也一直在密切关注着微软黑屏事件的进展。他认为，微软黑屏行动，实质上是一种针对盗版用户的制裁行为。

于志刚：应当说并不是它（微软）自己所称的，是一种技术防卫行为，而是一种主动型的技术制裁行为。就像张三，偷了你的自行车，把它卖给了李四，有一天你发现自行车在李四家里，于是呢，你就每隔一小时，去把李四家的房子刷成黑色的，那么，这是一种对于李四的制裁行为，而不是针对张三的防卫行为，尽管李四可以每小时在你刷黑他的房子之后再把房子刷回原来的颜色，但实际上，已经是对他生活的一种严重的干扰，是一种实质的制裁。

于志刚认为，微软的行为在法律上更接近于"恶意干扰"，还未构成刑法中规定的"破坏计算机罪"，也就是我们常说的"黑客"行为。这是由于黑屏并没造成用户计算机无法运行。但他还是提醒微软应当考虑自身行为的合法性。

于志刚：我想说的是，企业应当自律。那么不能进行任何自己认为合理合法的私立制裁行为；否则，脚步再往前迈一步，就可能涉嫌违法犯罪。

对于北京的刘先生起诉微软，微软是否对用户构成了民事侵权这一问题，长期从事相关研究的中国人民大学教授张新宝认为，从目前法律来看，从《物权法》还是《民法》角度判断，很难认定微软侵权。

张新宝：我觉得它还不构成对隐私权的损害。

虽然计算机界学者认为微软黑屏的做法有黑客之嫌，但法学界却认为依照目前法律，微软黑屏的做法既不构成刑事犯罪，也不构成民事侵权。学术界纷纷在各自领域对微软黑屏行为加以剖析，而此时微软的黑屏计划也在一步步向前推进。按照微软的计划，验证开始的第二周，接受验证的盗版用户出现黑屏的比例将从5%提高到20%，一个半月后所有接受验证的盗版用户，电脑桌面都将变成黑色。

随着正版验证投放比例的逐渐提升，网络上报告自己被黑的帖子每天都在增加，甚至网上流行的问候语也变成了"你今天黑了吗？"问候中略带调侃，但真正首批体验黑屏的米晓彬却没那么轻松。

米晓彬：黑色是中国人不喜欢的颜色，中国人喜欢的是橙、红就跟奥运似的，是红色的元素，黑色是中国人很反感的颜色。

颜色倒在其次，经常打游戏的米晓彬说，自己"中招"后，每隔一小时便跳出来的对话框，给他带来了不小的麻烦。

米晓彬：如果就即时战略那种星级争霸、反恐精英这样的游戏，有一分钟，你操作不了，然后你就被对手一下超过，你就莫名其妙地被打败，这种情况是比较郁闷的一件事，微软可能当初没考虑这一点。

或许微软恰恰考虑到的就是这一点，这样的提醒或者干扰，正是为了促使盗版用户改用正版软件。可事实是，米晓彬最终选择了继续忍受黑屏。

米晓彬：我还是出于安全，我觉得，我现在就是微软要求怎么做，我现在就怎么做，因为卸掉的话，对电脑安全就难以保障了。

杜子德：关键还有一个，它是不可卸载的，所以永远在那儿。

米晓彬一直觉得自己被黑屏有点冤。原本自己买的笔记本电脑，预装了正版的 Windows 软件，后来电脑出现故障，重装了操作系统，使用了盗版。他觉得当初为正版软件是花过钱的，所以一直把自己当作一个正版用户。

面对接受验证用户的指责和抱怨，微软的反应是：暂不提供"黑屏"卸载工具。微软黑屏行动进行一周后，国家版权局正式对微软黑屏事件表态。

10 月 27 日上午，国家版权局副局长阎晓宏在出席 2008 国际版权论坛时向媒体表示，版权局支持包括微软等各机构的正当维权行为，但同时也提到技术措施需要恰当。

阎晓宏：技术措施需要恰当，不能过分。黑屏这种方式，我们认为是否应该采用值得商榷。

阎晓宏还提到了微软全球统一定价的策略，他认为，微软没有考虑到发达国家和不发达国家的经济水平差距。许多计算机界人士纷纷对此表示赞同。

杜子德：微软的这个软件的售价太高，即使以绝对价格也往往超过了其他国家，甚至超过了美国，比如说 4999 元就相当于多少，说 700 多美元，相当于 700 多美元，这是极高的。尽管说最近它推出了一个 199 元人民币，但是想想在美国这种是多少钱，你这个 199 美元，是不是一直是 199 美元，你企业版是多少钱，这个太高了，太离奇了。

方兴东：我觉得就首先打击盗版，微软它自己需要做的是要有一个合理的定价，因为你看微软的 Office 可能是 4999 元，比我们的一台电脑都还要贵，电脑一般 2000~3000 元就买一台，它一套 Office 就将近 5000 元，而且 Office 在我们个人消费者来说，Office 的用处是非常有限的，远远不如一个浏览器、一个聊天工具重要。

就在阎晓宏局长对黑屏事件表态的当晚，微软中国客户端产品商业市场总监林聪悟，在某网站举行的在线直播中，回应表示称用户对"黑屏"是有误解的，并提到了八个字：盗版不对，正版不贵。那么，在微软看来，外界对黑屏事件究竟有哪些误解？微软自己又如何看待？11 月 4 日，微软（中国）公司就此接受了本栏目记者的采访。

林聪悟：有几点必须说明：第一，这是一个全球性的活动，不针对中国；第二，这是一个完全自愿性的活动，不是强制性的；第三，在验证的过程中不会收集个人信息；第四，即使验证失败的用户，电脑功能完全不受影响。

解说：一些软件业人士也认为，微软黑屏事件中存在积极的意义。中国软件联盟秘书长邹忭就认为是盗版侵权在先，不能因为大家看到黑屏不舒服，而忽视其打击盗版的初衷。

邹忭：软件的权利人或者作品的权利人，他为了保护自己的合法权益，可以采取一定的技术手段，来维护他自己的合法权益。防止或者制止人家侵权，比如讲，加密还有其他的。我觉得微软目前的黑屏行动，从根本上来说，实际上也是一种技术保护措施。

记者：那么这次的正版增值计划，很多人会认为，这里面也有教育用户的成分，您觉得呢？

林聪悟：我觉得应该是有的。

10月27日，微软中国高管在接受媒体采访时再谈黑屏事件，称将继续努力教育用户。

那么至今，黑屏行动已经推出将近20天了，效果如何呢？微软的正版策略是否奏效了呢？

10月20日，微软正式推出黑屏行动的当天，泡泡网数据调研小组，在中关村各大卖场就"微软正版验证计划"的舆论反馈做出抽样调查。仅有1%的受调查者说自己会因黑屏事件而选择正版。而截至今天的新浪网友投票，只有4%的人选择会因黑屏而购买正版。

杜子德：如果你引起整个中国用户的众怒，对微软有什么好处，没好处，你想收钱，你收回去了吗，也没收回去。

而更让微软没有料想到的是，黑屏计划刚刚推出几天，网上便有网友纷纷发帖，互相交流如何绕过黑屏，及"中招"后的解决办法。

我们来看一下网友列出的办法：①忍受黑屏；②重装系统，并关闭自动更新；或者使用早期的Windos版本。但是，这两种办法，计算机安全会面临风险，容易遭到攻击感染病毒；以上办法你不想用，那就更换其他价格便宜的操作系统，但兼容性很差，很多软件无法使用。购买正版被列在了最后一项。同时在网上还有人指出，根据微软的全球公告，它们即将在明年停止发售Windows XP。这就让人很难理解了，在一个软件即将停止发售之前，微软如此大动作推出黑屏行动，不惜以得罪用户为代价，其用意究竟在哪里呢？

早在10年前的1998年，时任微软首席执行官比尔·盖茨，曾在《财富》杂志上说过这样一段话："尽管在中国每年有大约300万台电脑被售出，中国人却不会为软件付钱，不过总有一天他们会的。他们会因此上瘾，这样接下来的十年我们就会找出某种办法让他们付账。"

方兴东，是多年来一直对微软持批评态度的IT评论家，他在采访中提到，微软在这个时候推出黑屏行动绝非偶然，此举正印证了比尔·盖茨10年前就设

156

计好的在中国的经营策略。

方兴东：他明确说出来了，而且他说是要花十年的时间让中国人上瘾，然后他会采取措施慢慢收钱，而且很巧的事情1998年到现在刚好10年，所以我觉得微软在中国是一整套的有战略、有战术，就是长期的部署。所以这个黑屏事件虽然是单一的，我看到了单一的事件，但是实际上它是微软整个中国战略的一个结点而已。

方兴东说，Windos XP面市已经七年了，已明确将很快被下一代产品取代，这个时候推出黑屏行动，意在推广他们的升级产品Windosvista，而现在市面上的Windosvista还没有大规模被用户接受。

方兴东：我觉得这次黑屏主要一个原因，就是要推动用户去升级，赶紧把老版本换掉，换成新版本。他需要老用户也经常更新他的软件，然后给他付钱。

其实，早在两年前微软便对升级产品VISTA抱以了极大的期望，制定两年内销售两亿份的目标，并预计2009年，届时的PC出货量将达到2.87亿台，微软预计所有这些新PC中一半将预装VISTA。当年一位微软高管称，在美国以外的一些新兴市场正在快速成长，这同样是微软计划促销VISTA的一大市场。

一些业内人士的推断，究竟是不是微软在此时推出黑屏行动的真实用意？可能除微软自己，没有人能够真正说得清楚。但是既然微软是以反盗版的名义推出这项计划的，那么是否能够达到目的大家都在拭目以待。其实，在保护知识产权这个问题上，中国政府始终态度坚决地打击盗版。

2008年9月，微软Windos XP盗版作者番茄花园站长洪磊被苏州市人民检察院批准逮捕，律师称洪磊可能被判刑3~7年；同月，北京市海淀区人民法院判处非法复制、贩卖Windos XP盗版软件650张的白宇有期徒刑一年，缓刑两年，处罚金一万元。

法官：他所复制的这个光盘，因为有明确的著作权人，那就是微软公司，所以这次认定是侵犯著作权罪。其实对这种行为的打击，早就开始了，而且打击力度还是相当大的。

采访中倪光南院士谈道，企业打击盗版应该依靠政府执法部门，而不能企业自行对盗版用户采取制裁措施。

倪光南：中国有相应的法规，也有执法部门，显然应该可以举报，可以向有关部门提出侵权的问题，比如说我们不久以前就受理了番茄花园的盗版问题，处理了。那么你现在等于越过了中国有关的法规，越过了中国的执法部门，那么中国有国法，微软不能以这种行为来代替国法。

2008年11月4日，针对微软"黑屏事件"，新闻出版总署署长、国家版权局局长柳斌杰接受媒体采访时，他说了下面这番话：知识产权保护的水平应与

157

国家的经济、文化和社会发展水平相适应。在知识产权领域，中国政府总体上坚持的方针是"鼓励创造、支持流转、依法保护、加强管理"，我们不赞成一些国家和企业利用先进技术或先进手段进行"强保护"，牟取自己的利益，而使其他多数国家、多数人受到损失。

资料来源：中央电视台. 再看"微软黑屏事件". www.cctv.com 经济与法，2008-11-07.

问题讨论：

1. "黑屏事件"主体应负何种法律责任？
2. 市场应该是企业执法还是政府执法？为什么？

本章小结

通过本章的学习，要重点掌握移动支付产业价值链的概念与特点，熟悉产业链的理论基础及我国移动支付服务的特点。熟悉我国移动支付产业链的构成与主体，特别是我国移动支付产业链主体分析。了解移动支付产业价值链在各国的发展。理解我国移动支付产业链的问题与态势，特别是移动支付产业链主体的竞争和协同。详细分析了移动支付平台的实现技术和实现移动支付系统的框架。

本章复习题

1. 什么是移动支付产业价值链？
2. 移动支付产业价值链的特点是什么？
3. 简述移动支付产业价值链的发展。
4. 试论我国移动支付产业链的构成。
5. 简述我国移动支付产业链主体分析。
6. 试述移动支付产业价值链在各国的发展。
7. 试论我国移动支付产业链的问题与态势。

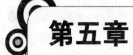

第五章

移动支付商业模式

学习目的

★★★★

知识要求 通过本章的学习，掌握：

- 移动支付商业模式概述
- 移动运营商主导商业模式
- 银行主导的商业模式
- 移动与银行合作商业模式
- 第三方移动支付运营商主导模式
- 移动支付商业模式分析

159

技能要求 通过本章的学习，能够：

- 了解移动支付商业模式概述
- 掌握移动运营商主导商业模式
- 熟悉银行主导的商业模式
- 熟悉移动与银行合作商业模式
- 熟悉第三方移动支付运营商主导模式
- 掌握移动支付商业模式分析

学习指导

★★★★

1. 本章内容包括：移动支付商业模式概述；移动运营商主导商业模式；银行主导的商业模式；移动与银行合作商业模式；第三方移动支付运营商主导模式；移动支付商业模式分析。

2. 学习方法：结合案例了解移动支付商业模式概述，掌握移动运营商主导商业模式，熟悉银行主导的商业模式，熟悉移动与银行合作商业模式，熟悉第三方移动支付运营商主导模式，掌握移动支付商业模式分析。

3. 建议学时：4学时。

 **引导案例**

网上银行服务协议纠纷案

2005年9月3日，储户杨先生在×行海淀支行西苑储蓄开具的一个存折上有7.4万余元存款，但在9月15日去银行取款时却发现账上只剩下1.3万余元，6万多元不翼而飞。杨以此起诉××银行。××银行在法庭上作出的解释是：此前杨先生已与他们签订了网上银行服务协议，2005年9月4~15日期间，杨先生的账户通过×行的网上银行系统汇款达36笔，总计6万元，手续费600元，这36笔交易是在对方凭杨先生的账号、密码登录网上银行系统后发出指令，他们依据该指令办理的。该指令的发出均应视为杨先生本人所为，因此造成的后果也应由其自行承担。杨先生表示那段时间自己并未使用过网上银行。

法院在审理此案时查明，在整个网上交易过程中，客户需要输入两个密码，即登录密码和支付密码。在首次登录时，客户还需输入在柜台申请开通网上银行时设置的初始登录密码，这些密码都是由客户自己掌握，银行并不知晓。而从杨先生提交的存折可以看出，杨先生此前进行过网上银行交易，他已对登录密码及支付密码进行过设置。对此法院认为，×行在客户能够准确输入登录密码以及交易密码的前提下接受汇款指令，并提供相关服务，完全履行了合同义务。在杨先生不能提供充分证据证明存款的消失是因×行过错导致的情况下，×行不应对此承担法律责任。因此，驳回了杨先生的诉讼请求。

资料来源：张蕾.网银丢6万 储户告工行一审败诉 [N].北京晚报，2006-09-29.

➡ **问题：**

1. 客户使用密码登录网上银行对其开户行发出的转账支付指令是否属于数字签名的范畴？

2. 中国金融认证中心（CFCA）作为客户和网上银行之间的电子签名的第三方认证机构，是否应对本案承担责任？

第一节　移动支付商业模式概述

一、商业模式的定义及特征

商业模式（Business Model）一词最早于 1957 年出现在论文正文中，1960年出现在论文的标题和摘要中，然而这一概念的兴起却是从 20 世纪 90 年代开始的。伴随着 ICT 和全球化的迅猛发展，商业模式受到越来越多的关注。在新的商业环境下，商业模式成为企业竞争和发展的重要战略分析工具；从某种程度上说，未来的企业竞争已经不再是产品、技术、服务、管理、人才、品牌、文化等功能性的竞争，而是企业的商业模式的竞争。

（一）商业模式的概念

商业模式的定义可以归纳为四类。

（1）体系论：商业模式是一个由许多因素构成的体系或集合。

（2）价值论：商业模式的核心是创造价值。

（3）盈利论：商业模式是企业的盈利模式，其本质内涵为企业获取利润的逻辑。

（4）整合论：商业模式是一种包含了一系列要素及其相互关系的概念性工具，用以阐明某个特定实体的商业逻辑。

（二）商业模式的特征

应该说商业模式必须具有以下两个特征：

（1）商业模式是一个整体的、系统的概念，而不仅仅是一个单一的组成因素。如收入模式（广告收入、注册费、服务费）、向客户提供的价值（在价格上竞争、在质量上竞争）、组织架构（自成体系的业务单元、整合的网络能力）等，这些都是商业模式的重要组成部分，但并非全部。

（2）商业模式的组成部分之间必须有内在联系，这个内在联系把各组成部分有机地关联起来，使它们互相支持，共同作用，形成一个良性的循环。

（三）商业模式的分类

根据上述理解，我们可以把商业模式分为两大类。

1. 运营性商业模式

重点解决企业与环境的互动关系，包括与产业价值链环节的互动关系。运营性商业模式创造企业的核心优势、能力、关系和知识，主要包含以下几个方

161

面的主要内容。

（1）产业价值链定位：企业处于什么样的产业链条中，在这个链条中处于何种地位，企业结合自身的资源条件和发展战略应如何定位。

（2）盈利模式设计（收入来源、收入分配）：企业从哪里获得收入，获得收入的形式有哪几种，这些收入以何种形式和比例在产业链中分配，企业是否对这种分配有话语权。

2. 策略性商业模式

策略性商业模式对运营性商业模式加以扩展和利用。应该说策略性商业模式涉及企业生产经营的方方面面。

（1）业务模式：企业向客户提供什么样的价值和利益，包括品牌、产品等。

（2）渠道模式：企业如何向客户传递业务和价值，包括渠道倍增、渠道集中/压缩等。

（3）组织模式：企业如何建立先进的管理控制模型，比如建立面向客户的组织结构，通过企业信息系统构建数字化组织等。

二、移动支付商业模式

移动支付价值链涉及很多方面，如标准制定组织、技术平台供应商、网络运营商、金融组织、第三方运营商、终端设备提供商、商品或服务供应商以及消费者。移动支付的运营模式由移动支付价值链中各方的利益分配原则及合作关系所决定。成功的移动支付解决方案应该是充分考虑到移动支付价值链中的所有环节，进行利益共享和利益平衡。目前移动支付的服务模式主要有四种：移动运营商服务模式、银行服务模式、第三方服务模式和银行与运营商合作服务模式。由于移动支付平台在移动支付业务中占有核心的地位，是信息流的交汇点，根据移动支付平台运营者的不同，可以将移动支付商业模式分为四种：移动运营商主导、金融机构主导、移动运营商和银行合作模式、第三方移动支付运营商主导。

（一）商业模式一：移动运营商主导

在运营商主导的商业模式中，移动运营商根据自身优势选择搭建移动支付平台所采用的技术以及模式，然后选择有意向的银行进行合作，银行一方则搭建可以与其接口的移动商务平台，然后双方各自维护各自的平台部分。如中国移动与中国银行，中国工商银行以及招商银行的合作。在移动运营商主导的移动支付模式中，移动运营商不仅是信息通道，而且是移动平台运营商，还可能是代理结算单位（如小额支付费用直接从手机话费中扣除）；金融机构则是最终结算单位、账户管理者，并且要承担一部分平台维护工作。运营商主导的移动支付模式要求运营商调动和协调整个移动支付产业链。从运营商拥有的无线通信网络资源和手机客户资源来看，运营商具有产业链主导者的天然优势。

（二）商业模式二：银行等金融机构主导

在金融机构主导的移动支付商业模式中，银行等金融机构可能购买，也可能自己开发移动支付平台，但必须独立运营移动支付平台。所有交易以及信息流的控制均在金融机构一端，移动运营商只是充当此业务系统的信息通道，商家也就相当于系统上的一个 POS 终端。已有的如交通银行北京分行、光大银行与中国移动的合作。在银行主导的移动支付模式中：移动运营商收取用户和银行的通信费；银行向商家收取平台使用费和利润分成，银行不对用户收取交易手续费，但可能收取金融信息定制费（包月形式）；商户付给银行平台使用费和交易手续费，从用户的商品购买中得益。

（三）商业模式三：移动和银行合作模式

移动运营商与银行关注各自的核心产品，形成合作控制整条产业链；在信息安全、产品开发和资源共享方面合作更加紧密；运营商需要与各银行合作，或与银行合作组织建立联盟关系。运营商和银行结合的模式下集合了以运营商为主导模式和以银行为主导模式的优点，具有很好的适应性，容易为各方接受。

（四）商业模式四：第三方移动支付运营商主导

在第三方移动支付运营商主导的移动支付模式中，由第三方移动支付运营商来进行运营，移动运营商仅作为信息通道，或者代理结算单位（如小额支付费用直接从手机话费账号中扣除）；银行是最终结算的单位，账户管理者；移动平台提供商（也可能是第三方移动支付运营商自己），向第三方移动支付运营商提供移动支付平台。

在第三方移动支付运营商主导移动支付模式中，第三方移动支付运营商收取商家平台使用费和利润分成，并与金融机构分享利润分成；移动运营商收取用户和银行的移动通信费；银行从商家提取利润，也可以向用户提供金融信息以收取金融信息费；用户不用付给商家交易手续费，只付给移动运营商信息费。

在第三方移动支付运营商主导的模式中，当第三方移动支付运营商和银联合作的时候，用户不用考虑银行彼此互不相连的因素，在任何一家银行接受移动支付的 POS 机上都可以进行操作；金融机构和商家通过接入移动商务平台，也可以共享不同运营商的用户。如果协调得当，这种模式的信息交流最广，资源共享范围比前两种模式都大。就第三方移动支付运营商本身而言，具有灵活的机制、敏锐的市场反应能力，还需要具备整合移动运营商和金融机构等各方面的资源并协调各方面关系的能力。

第二节 移动运营商主导商业模式

一、移动运营商服务模式

移动运营商服务模式主要通过移动运营商来推动移动支付产业价值链的发展。对于运营商推出的移动支付业务大多可以提供三种账户设置方式：手机账户、虚拟银行账户和银行账户。除银行账户外，消费者可以选择手机，即账户与手机进行绑定，支付款项将从手机话费中扣除，也可以选择虚拟银行账户，这是一种过渡时期的账户形式，用户开户后可以通过指定方式向移动支付平台存入现金，形成一个只能用于移动支付的虚拟的银行账户，账户信息将保留在支付平台本地，支付时金额将从这个虚拟账户中扣除。这样，移动运营商以用户的手机话费账户或专门的小额账户作为手机支付账户，用户所发生的手机支付交易费用全部从用户的账户中扣减，如图 5-1 所示。

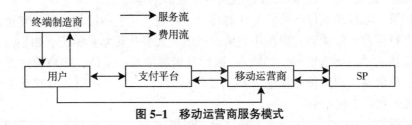

图5-1 移动运营商服务模式

该模式典型的例子是日本移动运营商 NTT DoCoMo 推广的 I-Mode FeliCa 手机电子钱包服务，用户将 IC 卡插入手机就可以进行购物。I-Mode FeliCa 使用的 IC 卡中安装了电子货币交易软件，用户拥有一个电子账户，可以购买电子货币充值。进行交易时费用直接从用户的电子账户中扣除，整个支付过程无须金融机构参与。

这种模式的特点是移动运营商直接与用户联系，不需要银行参与，技术成本较低。问题在于移动运营商参与金融交易，需要承担部分金融机构的责任和风险，如果没有经营资质，将与国家的金融政策发生抵触。欧洲品牌多采用这种方式，较著名的有由 Orange、Vodafone、T-mobile 和 Telefonica 四家欧洲最大的移动电信运营商联合运营的 Simpay 品牌。

在运营商主导的商业模式中，移动运营商根据自身优势选择搭建移动支付平台所采用的技术以及模式，然后选择有意向的银行进行合作，银行一方则搭建可以与其接口的移动商务平台，然后双方各自维护各自的平台部分。如中国移动与中国银行，中国工商银行以及招商银行的合作。

　　从网络结构来看，这套移动支付系统位于移动运营商所控制的网络区域内，可应用于包括 GSM 和 CDMA 在内的任何一种移动通信网络。配合一些加密手段，通过 SMS 网关或 WAP 网关与用户之间进行交互。这时用户的手机既是一个无线通信工具，又是一个移动电子钱包，该电子钱包信用额度由移动运营商（电子钱包与手机话费挂钩）或银行（电子钱包与银行卡挂钩）来控制。外界商户以及银行等可以通过 Internet 或 OON 专线与移动运营商相连，为系统提供具体内容和强大的银行平台。

　　在移动运营商主导的移动支付商业模式中，移动运营商不仅获得通信流量费，还收取用户与银行的信息传递费和银行与商户的移动支付平台使用费；银行收取用户的信息定制费，并向移动运营商和商户收取利益分成；商户从手机用户购买其商品中得益。

　　在移动运营商主导的移动支付模式中，移动运营商不仅是信息通道，而且是移动平台运营商，还可能是代理结算单位（如小额支付费用直接从手机话费中扣除）；金融机构则是最终结算单位、账户管理者，并且要承担一部分平台维护工作。运营商主导的移动支付模式要求运营商调动和协调整个移动支付产业链。从运营商拥有的无线通信网络资源和手机客户资源来看，运营商具有产业链主导者的天然优势。

165

　　在这种模式中，处主导地位的是移动运营商。在这个产业链中移动运营商提供移动支付业务数据传输网络，金融机构负责管理移动支付账户，商业模式如图 5-2 所示。

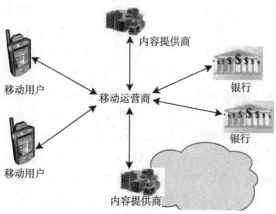

图 5-2　运营商主导的商业模式

在移动商务中运营商的角色复杂多变，可以是简单被动，仅仅提供无线网络，也可以复杂主动，全面参与移动商务全过程，成为价值链的核心。

二、移动运营商的参与方式

根据移动运营商在移动商务价值链中的参与程度，它的角色可以是简单的移动网络提供者，可以是移动门户，直至中介、可信赖的第三方。

（一）无线网络提供者模式

移动运营商最简单被动的角色就是只提供无线网络供用户和内容提供商交流，开展最基本的短消息业务和语音业务。在这种模式下，移动运营商在价值链中的参与程度很低，除了向用户收取网络使用费以外，与下游用户没有其他的联系。而在与上游的内容提供商的关系方面，也不提供任何网络以外的服务，如代收费、宣传推广等。由于功能单一，移动运营商的收入仅来源于提供无线连接。在这种模式下，移动运营商只负责无线互联网的维护，这项业务被称作电信业的基础业务。在无线互联网建立之初，移动运营商的主要工作就是这一块，而发展至今，几乎所有的运营商都跨过了这个阶段，开始提供增值服务。

（二）WAP 网关模式

WAP 网络架构由三部分组成，即 WAP 网关、WAP 手机和 WAP 内容服务器，这三方面缺一不可。其中 WAP 网关起着协议的翻译作用，是联系移动网络与互联网的桥梁；WAP 内容服务器存储着信息，以提供 WAP 手机用户访问、查询、浏览等。当用户从 WAP 手机输入他要访问的 WAP 内容服务器的 URL 后，信号首先经过无线网络以 WAP 协议方式发送请求至 WAP 网关，其次经过网关的"翻译"，再次 HTTP 协议方式与 WAP 内容服务器交互，最后 WAP 网关将返回的内容压缩、处理成二进制流返回到客户的 WAP 手机屏幕上。

在这种模式下，移动运营商提供 WAP 网关，充当使用 WAP 终端的不兼容 WAP 的互联网商家之间信息交换的交流平台。WAP 是无线互联网的通信协议，它和互联网上的 HTTP 协议、HTML 语言并不兼容。传统网络内容提供商想成为移动内容提供商，有两种选择。第一种是建立网站。但这种方式并不是什么好主意，首先它需要较多的投资，其次 WAP 网站这种技术工作不是内容提供商的强项，往往会分散内容提供力，事倍功半。第二种就是由移动运营商提供 WAP 网关，内容提供商信息通过移动运营商的 WAP 网关转发给 WAP 用户。这是一个双赢的结果。建立 WAP 网关对移动运营商来说是简单的工作，非常轻松，固定投资分摊在众多提供商身上。对于内容提供商来说，租用移动运营商 WAP 网关的费用比自己建网关花费要多，更重要的是，它可以把全部精力放在自己的核心业务上。在 WAP 网关模式下，移动运营商在价值链上的参与程度比在网络式下要高一些。它在为内容提供商提供网络服务之外，还额外提供了网关这种增值服务。移动运营商的盈利除了来自网络收费以外，还有一部分提供网关服务的收费。随着移动通信技术的发展，WAP 技术在性能上显得落后。一旦 3G 得到运用，WAP 的生存空间将会更小。移动运营商提供 WAP 网关的商业模式渐消亡。

(三) 移动门户模式

除了在用户和内容提供商之间简单地促进交易之外，移动运营商还有一种更强的作用：提供门户服务。移动运营商充当门户网站，把众多的用户和众多的提供商连接在一起，方便用户查找合适的提供商的同时，也让提供商有机会通过门户的宣传直接接触用户。

互联网能吸引全世界的目光，成为现代人必不可少的工具的一个重要原因，就是它提供了海量的信息，很少有什么是互联网上找不到的。但是海量信息也带来了上网者的一个困惑：信息过多导致时间不足，不够浏览，难以找到自己需要的信息。这种需求促使了互联网门户网站的出现。门户网站的基本定义就是用户登录互联网的第一站。通常门户网站都通向某类综合性互联网信息资源并提供有关信息服务，它将各类信息分门别类搜集整理好，上网者可以按类别浏览所需的信息。门户网站最初提供搜索引擎和网络接入服务，后来由于市场竞争日益激烈，门户网站不得不快速地拓展各种新的业务类型，希望通过门类众多的业务来吸引和留住互联网用户，以至于到后来门户网站的业务包罗万象，成为网络世界的"百货商场"或"网络超市"。从现在的情况来看，门户网站主要提供新闻、搜索引擎、网络接入、聊天室、BBS、免费邮箱、电子商务、网络社区、网络游戏、免费网页空间等。在我国，典型的互联网门户网站有新浪网、网易和搜狐网等。

在无线互联网中，门户网站的重要性更加突出。由于手机浏览面积和传输内容大小的限制，手机用户无法接收大量的信息。用户需要用尽可能少的网络流量获取尽可能多的信息。这种情况下，移动门户网站的分类导航作用、搜索作用、推荐作用就显得尤为重要。移动门户提供的第一个功能就是分类导航。它把无线互联网上各类资源分门别类，按关键词排好。当用户接入无线互联网后，首先登录的就是移动门户，在这里，用户进入自己感兴趣的分类，就可以看到所有他需要的内容，而不受其他不需要的信息的骚扰。移动门户提供的第二个功能是搜索，这和互联网上搜索引擎的原理是一样的。从互联网搜索引擎受关注的程度就可以知道，搜索功能是移动门户吸引用户的一个重要武器。移动门户提供的第三个功能是推荐。移动门户分析用户的浏览情况，把人气最旺的资源推荐在首页，省去了新用户盲目寻找的麻烦。

和其他的门户网站相比，移动运营商充当门户有如下的几项优势：移动运营商掌握着客户关系和用户个人信息。通常互联网的门户网站既不能获知用户的位置信息，也收集不到用户的信息和知识，传统互联网门户在鉴别用户时，仅仅知道用户的一个 E-mail 地址，这个地址还有可能是虚构的。此外，如果互联网门户网站不兼任内容/服务提供商的话，它和用户之间缺乏紧密联系。在移动商务中，移动运营商恰好掌握了用户的真实信息和详细资料，因此移动运营商充当移动门户是很自然的事情。另外，由于移动运营商一边联系着用户，一边联系着提供商，它还可以提供搜索服务，把内容提供商、服务提供商的名单按所提供的服务、价格、对比做成列表供用户选择。也就是说，移动运营商可以作为众多提供商的前端与客户联系，用户通过移动运营商可以根据服务质量和点击率挑选提供商。

在移动门户模式下，移动运营商在价值链上的参与程度非常高，业务范围涉及价值链上下游多个领域。在与用户的关系方面，作为移动门户，它是用户接入无线互联网的第一站，与用户的联系非常紧密。在与内容提供商的关系方面，它成为内容提供商的重要营销渠道，并充当了内容提供商与用户之间的中介。在这种模式下，移动运营商是名副其实的移动价值链的主导者。

移动运营商作移动门户，收入来源比前面的模式要更广泛。收入首先来自用户的流量费和服务费。用户使用无线互联网就要向运营商付费，移动门户带来的精彩内容吸引用户更多地使用无线互联网，增加了运营商流量费用的收入。另外，用户使用了移动门户的服务，也要付给运营商服务费。收入的第三个来源是内容提供商。无论是导航，还是推荐，移动门户都为内容提供商做了推广，由此可以获得收益。

（四）中介和可信赖的第三方模式

这种模式下，移动运营商的角色更加灵活，除提供门户服务外，还附加以下的服务。

（1）提供捆绑服务。提供一系列在不同供应商处采购的价格信息。例如，用户想从 X 提供商处购买 A 商品，他可以通过移动运营商获得从不同的供应商处购买 A 和 B 两种商品的更低价格。

（2）作为银行的前端。用户向移动运营商支付购物款项，如果今后用户对产品不满，移动运营商会退回用户的款项。

（3）为供应商提供安全保障和支付服务，也就是说，为供应商提供应用程序服务。

（4）充当可信任的第三方。在客户向不同的供应商购买一系列的商品时。

履行是电子商务交易的关键环节，也是和客户建立真实联系的实质性阶段。如果商品交付时出现损坏或者延误或者根本没有交付，客户的利益必须要保护，责任必须弄清楚。例如，用户从两家不同的供应商处分别购买了一部数码相机和一部计算机，用户需要两件商品都能到达，以便把数码相机里的照片导入计算机。运营商可以提供担保，只有当两件商品都完好地交付时，用户才付钱。这使得用户不必和每个供应商单独谈判，不必担心有东西损坏的责任谁付。运营商对整个交易流程负责，用户只把钱交给运营商，由运营商转交给数码相机和计算机的提供商。在这种模式下，运营商的作用已经渗透到商务活动的全过程。收入来源也极其广泛。

三、运营商主导商业模式的特点

此种模式下，运营商推出的移动支付业务多采用信用卡或借记卡的方式支付。移动支付的主要收入来源是从商家获得的每笔交易的服务佣金和从消费者获得的通信费。但这部分收入要在运营商和金融机构之间分配，分配比例由移动运营商决定，费用流见图5-3。其中虚线表示运营商和银行间的分配。

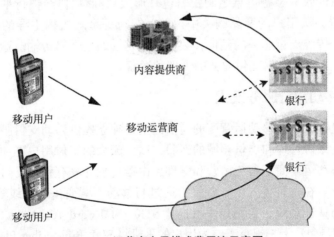

内容提供商

移动用户

移动运营商

银行

移动用户

银行

169

图5-3 运营商主导模式费用流示意图

此种模式的优势体现在以下两点：

（1）由于有了金融机构的参与，承受金融风险的能力极大增强，支付额度的限制大大减小，信用安全等级提高。

（2）商家的销售款项由金融机构负责结算，结算周期较短。但从当前发展来看，由于缺乏行之有效的合作模式，金融机构对和移动运营商合作开展移动支付业务的积极性不高。

NTT DoCoMo 后来与三井住友合作推出的 ID 借记卡业务和 DCMX 信用卡业务就属于这种类型。韩国 SKT 联合五家卡类组织（KORAM Bank、Sumsung Card、LG Card、Korea Exchange Card、Hang Card）共同推出的移动支付业务品牌 MONETA，也是此种形式的代表。

第三节 银行主导的商业模式

在银行等金融机构主导的移动支付商业模式中，金融机构可能购买也可能自己开发移动支付平台，但必须独立运营移动支付平台。所有交易以及信息流的控制均在金融机构一端，移动运营商只是充当此业务系统的信息通道，商家也就相当于系统上的一个 POS 终端。已有的如交通银行北京分行、光大银行与中国移动的合作。在银行主导的移动支付模式中：移动运营商收取用户和银行的通信费；银行向商家收取平台使用费和利润分成，银行不对用户收取交易手续费，但可能收取金融信息定制费（包月形式）；商户付给银行平台使用费和交易手续费，从用户的商品购买中得益。银行等金融机构主导的移动支付业务，相当于传统支付业务的延伸，数据通过移动通信网络传输。运营商只负责提供网络，不参与移动支付业务的管理和运营。

一、移动银行服务模式

银行也可以借助移动运营商的通信网络，独立提供移动支付服务。银行有足够在个人账户管理和支付领域的经验，以及庞大的支付用户群和他们对银行的信任，移动运营商不参与运营和管理，由银行独立享有移动支付的用户，并对他们负责。在这种模式中，各银行通过与移动运营商搭建专线等通信线路，自建计费与认证系统，为用户手机换置 STK（SIM Card Tool Kit，客户识别卡应用开发工具包）卡。银行需要为用户的手机将 SIM（Subscriber Identity Model，客户识别模块）卡换为 STK 卡，用户在手机上可以直接登录所在银行的账户，进行手机支付交易，如图 5-4 所示。

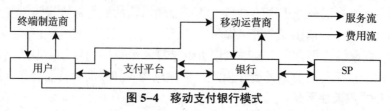

图 5-4 移动支付银行模式

该模式产生的费用主要有三部分：一是数据流量费用，由移动运营商收取；二是账户业务费用，由银行收取；三是支付业务服务费用，由银行、运营商、支付平台分成。该模式的特点是各个银行只可以为本行的用户提供手机银行服务，不同银行之间不能互通；特定的手机终端和 STK 卡换置也会造成用户成本的上升；移动运营商只负责提供信息通道，不参与支付过程。

银行独立运营的方式在韩国取得了瞩目的成效。所有提供消费金融服务的银行纷纷投资移动支付业务，截至 2004 年底已有两千多万个在线银行账户，银行希望人们投入到移动支付的行列，这将大大减少成本，因为手机处理业务的花费比面对面处理业务的费用少得多。韩国央行曾对 2004 年 6 月的交易量做过一次统计，当月共有 58.1 万韩国人用手机完成了 400 万笔金融交易。这种模式的国内典型案例是中国工商银行推出的手机银行业务。工商银行的用户使用手机直接登录或发送特定格式的短信到银行的特服号码，银行按照客户的指令可以为客户办理查询、转账以及缴费等业务。

虽然移动支付的市场潜力很大，但是目前我国移动支付发展的状况并不像大家期望的那么好，现实的如交通银行北京分行、光大银行与中国移动的合作。在银行主导的移动支付模式中：移动运营商收取用户和银行的通信费；银行向商家收取平台使用费和利润分成，银行不对用户收取交易手续费，但可能收取金融信息定制费（包月形式）；商户付给银行平台使用费和交易手续费，从用户的商品购买中得益。

手机银行通过移动网络将客户手机连接至银行，成为利用手机界面直接完成各种金融理财业务的服务系统，其主要功能涉及账务查询（通过手机查询用户在银行的存折、信用卡账户余额）、自助缴费（可直接在手机上查询及缴纳手机话费和其他费用）、银行转账（通过手机可以进行信用卡、存折之间的资金转账）；另外，进入短消息平台后，可查询股市行情、外汇牌价、航班信息、天气预报等，它具有使用方便、安全保密、快捷可靠等特点。

这种结合了货币电子化与移动通信的崭新服务，丰富了银行服务内涵，它意味着人们不仅可以在固定场所享受银行服务，更可以在旅游、出差中高效、便利地处理各种金融理财业务。通过移动银行服务，消费者能够在任何时间、任何地点，通过移动电话以安全的方式访问银行，而无须亲自光临银行或向银行打电话。现有的可选服务包括查询账户结余、审核最新交易情况，在账户间进行转账、支付账单，甚至可以通过"双槽"手机重新加载"电子钱包"。订购者可以直接通过他们的手机，使用特定的密码及用户友好选单，就能够完成所有操作。

手机银行服务使用方便，用户持有的手机同时又是一个移动的 POS 机、移动的银行 ATM，可以在移动和漫游中随时随地办理银行业务。使用手机银行安全保密，用户需要更换更大容量的 SIM 卡，使用银行可靠的密匙，对信息源加密，传输过程采用密文，确保安全。银行采用专用服务器处理有关信息，一项业务在发送后几秒内即可完成。

通过手机银行实现移动网上电子商务。由于移动网只是提供了业务承载平台，不必了解交易的细节，具有较好的保密性。相信随着手机的普及，手机银行将有更广阔的前景。

手机银行是由手机、GSM/CDMA 短信中心和银行系统构成的。手机与 GSM/CDMA 短信中心通过 GSM/CDMA 网络连接，而 GSM/CDMA 短信中心与银行之间的通信可以通过网络来完成。在某些情况下，短信中心通过一个业务增值平台与银行业务前置机连接。业务增值平台便于以后增加多种业务，同时将减轻短信中心的负担。在具体实施时，远程用户可以与短信中心的增值服务平台直接相连，而不用通过短信中心。

我国的手机银行采取的是在现有的网络架构和设备基础上，通过短信息系统平台来完成手机银行业务，以后随着业务的发展和扩展，再对设备更新换代。

在现有的移动银行架构中，运营商需要在短信中心与银行应用系统、数据库之间增设短信接口。该接口可用来过滤及分发从手机 STK 卡向应用系统发送的指令和数据，同时也可在向手机和 STK 卡发送信息之前，转译或过滤从银行服务口中传来的信息。

其中的 SIM 卡不再是一般的通常使用的 SIM 卡，而是基于 Java 技术的 32Kb 内存的卡片。由于存储量的扩大，在 SIM 卡上可以存储手机银行的相关应用信息，具体包括向手机用户提供选单界面，帮助接收广泛的应用信息业务（如股票价格、民航信息等）。而 SIM 对移动增值业务的支持，是通过 SIM 工具包 STK 实现的。STK 为一种小型编程语言，它允许基于智能卡的 SIM 运行自己的应用软件。

应该说，随着手机通信技术的迅速发展，手机银行的客户界面会越来越友好，交易速度也会越来越快，交易的安全性将逐渐提高。同时，手机银行的解决方案不一定拘泥于某种技术、某个设备供应商，而应提供具备通用性和高可扩展性的解决方案，并且能够充分关注银行业务本身的特性，因为无论接入技术如何变化，银行业务本身才是用户最终需要的。

二、银行主导商业模式的特点

在这种模式中，各银行通过与移动运营商搭建专线等通信线路，自建计费与认证系统，为用户手机换置 STK 卡。用户在手机上可以直接登录所在银行的账户，进行手机支付交易。该模式产生的费用主要有三部分：一是数据流量费用，由移动运营商收取；二是账户业务费用，由银行收取；三是支付业务服务费用，由银行、运营商、支付平台分成，费用流见图 5-5。这种模式的典型案例是中国工商银行推出的手机银行业务。工商银行的用户使用手机直接登录或发送特定格式的短信到银行的特服号码，银行按照客户的指令可以为客户办理查询、转账以及缴费等业务。

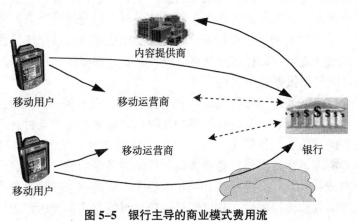

图 5-5 银行主导的商业模式费用流

173

银行的资金结算体系使其成为移动支付重要的参与者，银行为运营主体的特点是：

（1）各银行只能为本行用户提供本行的手机银行服务，移动支付在银行之间不能互联互通，很大程度上限制了移动支付业务在行业间的推广。

（2）各银行都要购置自己的设备并开发自己的系统，造成资源极大浪费。

（3）各银行提供的手机银行服务不尽相同，每个用户正常情况下只拥有一部手机，但同时拥有几个银行的账户，而一部手机只能与一个银行账户相对应，用户无法享受其他银行的服务。

（4）对终端设备的安全要求很高，用户需要更换手机或 STK 卡。

（5）给 SP 带来很大不便，SP 要与多家银行进行连接。

（6）银行，尤其是银联，作为金融秩序的规范者如果参与到平台运营当中来就会形成一种"既是裁判又是运动员"的不公平竞争局面，会引起其他参与方的不满。

在移动支付业务上，银行拥有移动运营商所缺乏的条件，即现有严密的支付结算体系和精确的信用管理技术。只有充分利用现有的体系，包括银行结算与清偿系统、支付方案及移动公司网络和用户终端，促使移动支付与现有支付手段及银行体系相集成，使移动支付成为传统支付手段的补充和延伸，大大拓展手机和银行卡各自的服务功能，移动支付才可能真正快速地发展起来。

三、银行主导商业模式的应用

移动银行以完善的移动通信系统为基础、以移动支付系统为技术支撑，采用当前先进的无线分组交换技术，实现了电子支付方式的无线移动和永久在线，推进了银行业务自助式、无纸化的发展趋势。它代表着银行业务的技术方向，使银行柜台延伸到社会的各个角落，使手机不仅是通信工具，还充当移动的 POS 机。使用这种服务，银行客户通过移动电话界面直接完成各种金融理财业务，例如账务查询、银行账户转账、外汇买卖、炒股等，还可查询利率、汇率、交通、天气预报等公众信息。

移动银行的发展使得银行进一步拓展了中间业务，高效率地实现支付水、电、通信、物流配送、机票送达等各种代收代付业务的无线支付，避免了各物流单位收款的风险，加快资金周转，突出了使用方便、保密、快捷的优越性，安全可靠地实现了移动支付、移动查询和移动商务等功能。对于客户而言，与传统的 POS 支付相比，此时手机相当于银行卡，区别在于移动支付需要多输入商户号、终端号和银行账号，并可通过短信支付的方式实现远程支付。这种新型银行业务具有广阔发展前景，它将无线通信技术的 3A（任何时间、任何地点、任何方式）优势应用到金融业务中，为客户提供在线的、实时的服务。这种服务方式更加贴近客户，客户可以方便地选择金融交易的时间、地点和方式。移动银行丰富了银行服务内涵，使人们不仅可以在固定场所享受银行服务，还可以在旅游、外出中高效、便利地管理他们的银行账户，处理各种理财业务。

第四节 移动与银行合作商业模式

一、移动与银行合作服务模式

从产业链环节上看，移动支付的主要参与者主要包括：消费者、平台提供商、银行、运营商和商户。银行机构管理着广大用户的资金账户，拥有完善的支付体系，在支付领域具有天然的用户信任。运营商则拥有完备的网络设施和先进的 IT 系统，通过定制终端，运营商可以将各种先进的移动应用提供给用户，使用用户获得良好的移动化生活体验。因此，运营商在这方面具有较好的用户资源和营销渠道。移动电信运营商与金融组织进行互补，发挥各自的优势，共同运营移动支付服务，该模式见图5-6。

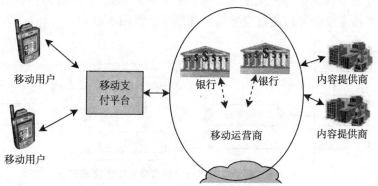

图5-6　运营商和银行合作商业模式

在国内，中国移动和中国银联共同投资创办联动优势科技有限公司，共同推出移动支付业务并参与运营。韩国 SKTelecom 联合五家卡类组织（KORAM Bank、Sumsung Card、LG Card、Korea Exchange Card、Hang Card）共同推出的移动支付业务品牌 MONETA，就是此种形式的代表；日本的 NTT DoCoMo 推出的 I-Mode FeliCa 也是与 VISA 合作的结果，手机也同时拥有了信用卡的功能。

二、移动与银行合作商业模式特点

银行与运营商合作的运营模式最为普遍。银行和移动运营商发挥各自的优势，在移动支付技术安全和信用管理领域强强联手，该模式费用流如图5-7所示。

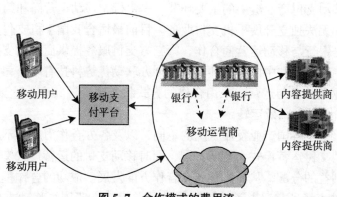

图5-7　合作模式的费用流

这种模式的特点是：移动运营商与银行关注各自的核心产品，形成一种战略联盟关系，合作控制整条产业链；在信息安全、产品开发和资源共享方面合作更加紧密；运营商需要与各银行合作，或与银行合作组织建立联盟关系。银行与运营商合作的服务模式最为普遍。银行和移动运营商发挥各自的优势，在移动支付技术安全和信用管理领域强强联手，见图5-8。

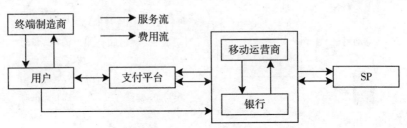

图5-8 移动支付银行与运营商合作运营模式

欧洲国家的手机支付多数采用多国电信运营商联合运作的方式，而银行作为合作者但不参与运营，业务模式往往通过 WAP、SMS、IVR 等方式接入来验证身份。这种模式已经被证明无法适应广泛的用户需求。日本则是移动运营商利用其在产业链中的优势地位来推动手机支付业务，整合终端厂商资源，联合银行提供手机银行业务。日本的 DTT DoCoMo 推出的 I-Mode FeliCa 也是与 VISA 合作的结果，手机也同时拥有了信用卡的功能。在韩国，银行独家运营模式已形成规模。这主要源于韩国银行业对手机支付的高度重视，同时其电子技术、电子货币的普及以及人们的消费观念都为手机支付业务的发展奠定了基础。韩国 SKTelecom 联合五家卡类组织（KORAM Bank、Sumsung Card、LG Card、Korea Exchange Card、Hang Card）共同推出的移动支付业务品牌 MONETA，就是此种形式的代表。

我国移动支付产业链中的主要环节——银行、移动运营商和第三方支付服务提供商都无法独立开展手机支付业务。目前最适合我国手机支付业务发展的商业模式是银行与移动运营商合作，第三方支付服务提供商协助支持的整合商业模式。中国移动和中国银联共同投资创办联动优势科技有限公司，共同推出移动支付业务并参与运营。采用合作的方式将实现资源共享，达到优势互补，促进产业价值链的高效运转。

因此，由于各国产业发展状况的不同，以及各方合作力度的不等，各国所采用的移动支付运营模式会有所不同，同时移动支付的运营模式又将决定价值链中各方利益的分配，从而影响各个合作方的发展。成功的合作模式将是移动支付能否被市场所接受并逐步走向繁荣的关键。在我国，移动支付才刚刚起步，国内的移动支付品牌类似欧洲模式，多是由移动电信运营商独立发起的，并借助于银行或其他金融机构的资源进行移动支付的独立运营。移动支付形式主要是非现场支付，即通过短信、语音、互联网等通道进行移动支付的身份认证和支付确认移动支付也还没有为大众所知晓，甚至还没有被移动支付服务应用的先锋人群所使用。中国电子货币的发展的落后也制约了移动支付业务的普及。所以，国内移动支付市场的培育仍是一个长期的过程。

第五节　第三方移动支付运营商主导模式

一、第三方支付服务模式

有关第三方支付服务模式内容详见本章第一节的二、（四）商业模式四：第三方移动支付运营商主导。

第三方运营商独立于银行和移动电信运营商，利用移动电信的通信网络资源和金融组织的各种支付卡，进行支付的身份认证和支付确认，见图5-9。

177

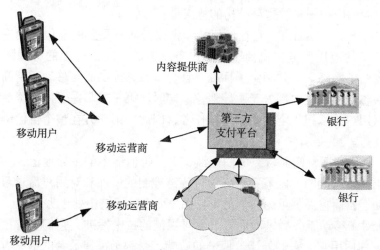

图5-9　第三方主导商业模式

该商业模式的核心是价值创造，而价值链相关理论的研究目的就是基于为客户、企业、合作伙伴创造价值，找出价值创造环节，分析价值在价值链中传递和转移过程，为企业赢得竞争优势，两者的本质和核心是统一的。一方面，价值链可以展现出具体的价值创造环节、价值的传递和实现过程，不同的商业模式可以用不同的价值链进行描述,对不同商业模式的价值链进行比较,可清晰地反映出不同商业模式间的本质区别。因而,价值链为商业模式研究提供了有效的分析框架和理论模型。另一方面,通过对价值链上价值活动进行整合和创新,可以创造出新的商业模式。因而,价值链相关理论又为商业模式创新提供了一种方法与思路,价值链又是进行商业模式创新的有效工具。因此,应用价值链工具以价值分析为主线探讨商业模式是可行的。具体到移动支付业务,依据商业模式本质的理解及价值链相关理论,移动支付商业模式的本质是反映移动支付产业中具体的某个企业价值创造、价值维护与价值实现的核心逻辑。

二、第三方主导支付商业模式特点

随着 3G 环境下移动商务产业的发展,移动商务服务层出不穷,由于受技术、资源的限制,移动运营商们将很难持续维持主导整个价值链,而服务提供商的成熟也非一蹴而就,而此时,在移动商务价值链上,就有可能出现整合移动商务服务的第三方,它可能是发展较为成熟的应用服务提供商,掌握手机应用平台的终端设备制造商,也可能是一个虚拟的网络运营商,通过构建移动商务产业服务平台主导整个移动商务价值链。在第三方主导的价值链结构下,移动运营商只需要与第三方进行合作,分享利润,而由第三方搭建平台,并整合服务提供商的应用服务。这种结构的特点是:

(1)对于第三方而言,它在价值链中占据着非常重要的地位。无论它是掌握先进技术的应用服务提供商、终端设备制造商,还是虚拟的移动网络运营商,它搭建了网络平台并制定了标准,整合了服务提供商与移动运营商之间的合作,在整个价值链中都处于主导地位。同时,第三方掌握了用户资源,它将直接面对用户并承担一定的市场开拓任务,因此,第三方在整个价值链中占有绝对的优势。

(2)对移动运营商而言,他们逐渐丧失了价值链中的主导地位,与第三方属于供求关系,同时,随着第三方对价值链控制的增加和对用户需求习惯的掌握,移动运营商将面临更为激烈的市场竞争而在价值链中处于劣势。

(3)对于移动服务提供商而言,面对规范的技术标准,它们只有接受这个技术标准并适用它。它们处于价值链的后端,受制于搭建平台的第三方,只有接入它们的平台才能向用户提供应用服务,在价值链中处于劣势。

这种由第三方主导的价值链的优点在于:①第三方主导的价值链下,搭建统一的平台,容易形成规范的技术标准,从而更好地为移动商务市场所接受。②为没有网络资源的虚拟移动网络运营商提供了进入移动商务价值链的机会,有利于促进移动商务产业的发展。③对于移动网络运营商而言,它与第三方是合作的关系，搭建平台及提供什么样的应用服务是由第三方决定的，因此，它们不必承担额外的开发成本及风险，同时能够从中获利。④对于服务提供商而言，接受并适应既定的技术标准将减少市场的不确定性，降低服务的开发成本。⑤对于用户而言，既定的技术标准将更方便地使用各种移动商务服务。

而它的缺点在于：①对于移动运营商而言，它丧失了价值链中的主导地位而与第三方分享利润，竞争加剧，所能分配的利益也有所减少。②对于服务提供商而言，应用服务的内容由控制网络平台的第三方决定，在利益分配上也处于劣势地位而受制于第三方。③对于用户而言，尽管与移动运营商主导的价值链相比，移动商务服务的种类和质量得到了改善，但由于第三方对移动商务业务平台的控制，用户所能接受的移动商务服务内容仍然有限。第三方主导价值链的移动商务应用在电信管制放松、掌握先进技术的国外已经有了成功的案例，如美国高通公司的 BREW 平台、诺基亚的手机电视业务、英国虚拟运营商 virgin 百货等。

3G 环境下的移动商务价值链正在不断地发展，在不同的发展阶段，随着移动商务价值链内部竞争局势、链上企业力量对比及相互依赖程度的改变，价值链上企业之间的关系也将不断发生变化，并形成不同的移动商务价值链结构，而不同的移动商务价值链结构由于其各具优缺点，在移动商务产业发展的不同阶段也会体现出对移动商务产业发展不同的促进与制约效用。

179

三、第三方主导支付商业模式应用

该模式中，第三方支付服务提供商是独立于银行和移动运营商之外的经济实体，其自己拓展用户，与银行及移动运营商协商合作，提供手机支付业务，见图 5–10。

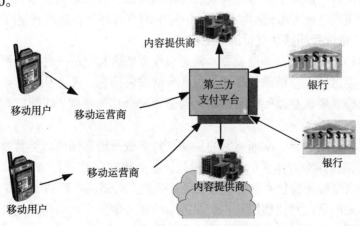

图 5–10　第三方支付的费用流

该模式最典型的例子是瑞典的 PayBox。南非 MoPay 和我国上海捷银提供的移动支付业务也属第三方运营模式。以瑞典 PayBox 为例，第三方运营的移动支付业务流程如下：

（1）消费者给商家他（她）的手机号。

（2）商家将消费者的手机号和商品金额发送到 PayBox。

（3）PayBox 通过 TVR 的方式，给消费者打电话，并请消费者确认消费。

（4）消费者确认消费并将 PIN 码发送至 PayBox。

（5）PayBox 通知德意志银行从消费者账户中将消费金额转账到商家账号。

（6）通过语音或短信的方式通知商家商品款已经转账到商家账号。

第三方运营的最大优势是：可以利用其支付平台，为消费者提供跨银行和运营商的移动支付服务。劣势是：没有用户基础，业务推广难度大。通常第三方机构需要有运营商或银行的背景；否则，业务很难开展起来。

第六节　我国移动支付商业模式分析

一、我国移动支付的运营模式探讨

（一）移动支付的多种运营模式

移动支付产业链涉及许多方面：移动运营商、金融组织、第三方支付服务提供商、技术平台提供商、设备提供商、商家和消费者等。移动支付的运营模式由移动支付价值链中各方的利益分配原则以及合作关系所决定。成功的移动支付商业模式应该考虑到移动支付价值链中的所有环节，进行利益的共享。

（二）适合我国移动支付的商业模式

我国移动支付产业要想发展，就必须找到适合自己的一种商业模式。根据我国的特定国情，总结国外移动支付产业的发展历程，笔者认为，我国移动支付的商业模式应该是以银行和移动运营商紧密合作为基础，以第三方的协助支持为推动力的整合商业模式。

从国外的情况看，欧洲国家的移动支付多数采用多国电信运营商联合运作方式，而银行作为合作者但不参与运营，业务模式往往通过 WAP、SMS、WR 等方式接入来验证身份，这种模式已经被证明无法适应广泛的用户需求。

日本是网络运营商利用其在产业链中的优势地位来启动移动支付业务，整合终端厂商的资源，联合银行提供移动银行业务。

在韩国，银行独家运营模式已经形成规模。这主要源于韩国银行业对移动支付的高度重视。银行独立运营模式往往需要提供类似信用卡的方式，对终端设备具有较高的要求。消费者需要 STK 卡和支持红外线的终端。因此，这种模式的顺利发展与韩国先进的技术、电子货币的普及以及人们的消费观念和产业链的整合是分不开的。国外移动支付产业链与国内最大的不同之处在于：运营商并不从移动支付业务中获取过多的利益，往往希望通过这类业务来发展更多的用户。而我国产业链中，无论是移动运营商还是银行都希望在支付产业链中处于强势地位。

从我国国情来看，移动运营商独立经营和银行独立经营都存在很大的困难。

第一，垄断金融资源的银行业不会同意中国移动运营商为主体经营移动支付业务。中国 4 亿多的移动用户如果都使用手机购买东西，任何一个商业银行都不是移动运营商的对手。

第二，中国的信用体制还不健全，移动运营商在经营类似支付金融业务的时候为用户提供的信用度明显不如银行。同时，类似预付费的移动支付行为还需要金融监管。

第三，移动支付最大的特点就是小额支付，而目前中国的移动用户中使用移动支付业务的人数很少。如果银行独立经营移动支付业，为了这样微量的交易额，银行需要投资购买运营商的通信服务以及加密措施等诸多额外服务，赚到的钱还不足以支付购买运营商服务的费用。因此，在未能看到明显的利润回报之前，银行独立运营方式在我国也不可取。

目前，我国比较流行的是移动运营商与银行合作的商业模式。这种模式也有自己的弊端。①一部手机只能绑定某个银行的一个信用卡账号，无法实现跨行移动支付；②各个银行不同的接口标准，会造成运营商成本的上升。因此，在移动运营商和银行之间就需要引入一个第三方来承担协调和整合的任务。这个第三方移动支付服务提供商既是移动运营商和银行之间联盟关系的桥梁，也是协调各个银行之间不同标准，实现跨行支付的主要技术力量。

第三方移动支付服务提供商可以是银联，也可以是别的移动支付平台。银联在统一银行间标准上具有优势，具有平衡银行和运营商关系的力量，但是受自身体制限制，在业务创新和市场反应能力方面不够。独立的移动支付服务平台需要具有强大的资金和技术动力，同时拥有协调各方利益的能力。因此，规模背景单薄的移动支付平台提供商将被淘汰出去。

综上所述，由于各自的局限和核心优势的不同，我国移动支付产业链中的主要环节银行、移动运营商和第三方支付服务提供商都无法独立开展移动支付业务。因此，目前最适合我国移动支付发展的商业模式将是以银行和移动运营商紧密合作为基础，以第三方的协助支持为推动力的整合商业模式。采用合作的方式将实现资源的共享，达到优势互补，促进价值链的高效运转。

二、移动运营商与银行的主导权分析

(一) 移动运营商与银行的竞合关系

移动支付涉及移动通信和金融交易两个领域。虽然两个产业中的参与要素众多，但是，移动运营商与银行无可争议的是各自领域中的领导者。因此，移动支付产业的主导者的重任也将落在移动运营商和银行身上。

我国移动支付产业链中的两个主要成员移动运营商和银行之间的关系非常微妙。从市场地位上来看，两者都希望能够成为移动支付产业链的主导者，因此，双方对于主导权的争夺将贯穿始终；从移动支付的流程看，移动支付业务涉及两个行业——移动通信与金融，双方都拥有相当庞大的用户群，并且消费潜力是不容忽视的，双方在用户群上有一定的叠加，并且单独一家都无法吞掉所有的用户市场，因此还必须要进行一定的合作。移动支付业务的跨行业特性，使得产业链上的成员都希望借助移动支付，在增加主营业务收益的同时，开辟另一块利益的增长区域。出于对利益和资金流的渴望，移动运营商希望能够在移动支付领域实行扩张经营的策略，而日本的移动运营商在这方面提供了示范。移动运营商完全有能力通过自身的计费平台为用户开设移动支付专用账户，扮演虚拟银行的角色，获得大量的用户资金，这也是移动支付对于我国移动运营商最诱人的地方。虽然在资金账户的信用认证和信任度上同银行相比还有一定的差距，但是相信凭借中国移动和中国联通的巨大市场号召力，一旦能够实现这项业务，移动支付将大有可为。

目前唯一的障碍在于此项业务属于非银行类支付和结算活动，理应属于金融监管范围，移动运营商没有足够的权力经营。所以从现实上看，移动运营商有同银行合作的需求，希望能够通过合作，避开监管政策的困扰。我国银行一直处于保守防御地位，并且长期以来我国银行系统改革缓慢，无论是业务内容、商业模式的创新还是对市场的反应都较为缓慢。因此，我国银行金融机构对于移动支付业务未投入足够重视，失去了抢在移动运营商之前开发移动支付市场的机遇。目前，银行业面临着两难的境地：拒绝与移动运营商合作，不积极发展移动支付业务，将面临传统业务被移动通信业蚕食的威胁，移动支付业务将不再是金融行业的垄断业务；合作，银行将不得不第一次面对一个双领导者的产业，这是从未有过的局面，同时业务利润还将被移动运营商摊薄。正因为存在这样的顾虑，银行选择了有限度地与移动运营商合作，推出了一些"手机银行"业务。但是，移动支付产业的发展，需要银行加大对于移动支付的扶持，加强同移动运营商的合作。银行需要看到，合作比不合作更有利于银行的自身利益：从国外移动支付的发展情况看，移动支付往往在发展初期的小额交易上较为依赖运营商提供的服务，而随着业务的发展和交易金额的上升，手机号码将与银行信用卡账户等进行绑定，提供更方便快捷的移动支付服务。因此，发展移动支付可以增加银行卡收益，促进银行卡的普及与推广。同时，相比较移动运营商，银行同商家之间的合作更为密切，因此在与移动运营商进行利益分配时，拥有更好的下游渠道，能够获得大部分利润。从目前中国人民银行发布的一系列关于电子支付的管理办法来看，政府对于金融支付和结算这一领域的监管仍然不会放松。因此，移动运营商就必须要在移动支付上同银行合作；移动运营商在用户和网络技术支持方面的优势也是银行所不得不借重的，所以从双方来看，都存在较大的合作需求。

（二）移动运营商与银行的合作前景

移动运营商与银行在产业链领导权上博弈的结果将是出现一个双主导者的产业链结构，这是由移动支付产业跨行业的特性决定的。

在这种情况下，移动运营商与银行在产业链内部的竞争仍然存在，但将是良性的竞合竞争。双方都会关注于各自的核心业务，进行优势互补。从移动营商和银行的各自业务来看，双方具有较为广阔的合作前景。

（1）移动运营商和银行各自拥有的庞大用户群在一定程度上存在叠加。在移动运营商实行手机实名制等保障措施后，手机号码与银行信用卡绑定业务将会得到更好的发展。

（2）移动运营商和银行各自都建有用户的数据库。移动运营商可以拥有用户的位置信息、业务使用习惯等数据；而银行可以对用户的消费结构、消费倾向等跟踪分析，双方可以进行数据共享，充分进行数据挖掘，根据用户信息制定出一套完整的、为用户量身定做的移动支付业务。

（3）移动运营商和银行合作才能对第三方支付服务市场进行有效的清理和管理。移动支付业务的开展离不开移动支付服务提供商，即第三方支付平台。但是他们的经营情况又是关系到移动支付产业发展的重要因素。对第三方支付平台进行监管，需要银行和移动运营商的通力合作，移动支付业务既是移动增值业务也是金融业的支付结算业务，银行和运营商都要对第三方支付平台进行严格的资质审核，双方建立互信合作的机制，才能规范市场秩序，促进移动支付产业的健康发展。

（4）在移动支付业务中，双方的合作建立在各自的核心竞争力之上，明确各自的分工和责任。移动运营商需要提供优良的通信网络，在移动终端上加强定制终端的份额，引导用户建立新的消费习惯。银行主要解决移动支付业务的安全问题和信用问题。

在技术上同移动运营商合作，提高安全级别；利用自身在风险管理的信用体系方面的经验和优势，为移动支付业务的安全提供保障；对商家和用户的交易情况通过账户进行监控，发现异常后，采取冻结账户等措施，这样可以有效防止欺诈等信用问题，同时和移动运营商合作在当天交易次数和金额上对不同商户根据信用度设置等级。相信通过合作，移动运营商与银行都能从移动支付业务中获得"1+1>2"的利益，合作共赢将是双方共同的选择。

三、运营商与银行在移动支付市场中的作用

（一）移动支付市场的结构

简单来说，移动支付市场中存在着用户、领导者（银行与移动运营商）、服务提供者三方参与者，组成了开放、半开放的或者封闭的市场结构。从我国移动支付市场的实际情况看，中国移动采用的是允许联动优势独家经营移动支付的策略，是一个较为封闭的模式；中国联通对手机支付采取开放态度，拥有较多的合作企业。从全球移动支付业务的发展经验看，业务在市场起步阶段和推广阶段，产业领导者——无论是运营商还是银行，抑或两者的合作，都发挥了核心的作用。如果离开了他们的倡导与支持，移动支付产业不可能得到发展。一个产业的繁荣需要链条上各个环节的整体合作，领导者在产业链上的地位和作用至关重要。

（二）企业中间层理论

科斯的《论企业的性质》（1937）发表以来，企业这个新古典经济学中的"黑箱"逐渐被打开，随之而来的是新企业理论的不断出现。丹尼尔·斯帕尔伯（Daniel F.Spulber）从交易的中介角度提出了企业的中间层理论，该理论开始得到人们的重视并已经形成若干成果。美国西北大学教授丹尼尔·斯帕尔伯提出的企业的中间层理论重点解释了企业的存在和市场，认为企业的出现是因为经由中间人的交易比消费者和供货人之间的直接交易能够带来更多的利益，而市场是通过中间层组织的策略定价和缔约行为来实现市场均衡或出清市场的，以此来解释市场的运作方式。斯帕尔伯认为很多理由可以说明由中间层的交换比直接交换更有优势，主要表现在六个方面。斯帕尔伯还认为，通过作为中间人的参与，厂商在市场经济中的作用包括选择价格、出清市场、配置资源和协调交易，认为是厂商创造了并操作着市场。中间层理论还解释了市场的微观结构，主要体现在，市场上的资源既可以通过供求双方直接交换的分散过程来配置，也可以通过中间层的集中交换来配置，或者由两者的某种组合来配置。

斯帕尔伯（1999）把企业的功能定义为担当消费者和供应商之间的"中

介"。企业中间层理论的基本假说是：企业的存在是因为它比消费者和供应商之间的直接交换更能增加交易的净利益。由于企业的存在，减少了交易延迟和寻找可行交易伙伴的成本，所以，厂商的存在相对于其他分权化的交易来说也就减少了交易成本。企业的存在也从很多方面缓解了信息不对称的问题。

斯帕尔伯指出，企业提供和分配着供求以及产品特性的信息，因而减少了逆向选择问题。在产品市场上，企业检验产品，认证产品质量，从而减少了因为产品性能不透明造成的非效率问题。在金融市场上，因为它可以随时向买卖双方提供服务从而给市场提供了灵活性和中介服务。在某些情况下，由中间层加入交易比消费者和供应商直接交易更有优势，它可以通过交易的集中化来降低交易的成本：减少搜索和讨价还价的成本；减少道德风险和机会主义行为；减轻逆向选择的影响；促进买卖双方做出可信的承诺等。如果供应商和消费者选择直接交易，它们将对如何分配交换利益进行谈判。中间层、供应商和消费者之间的博弈假定中间层能够信守价格承诺，供应商和消费者的直接交易模式能够承诺进行相互的交易，但是无法做出价格承诺。中间层之所以能够做出价格承诺，是因为中间层力图维持进行交易的信誉。

由于中间层处理的交易量大大超过供应商和消费者个人的交易量，而且中间层在市场上的时间会大大超过单个的供应商和消费者。中间层处理的更大的交易量和长远性为建立信誉创造了回报。通过中间层交易和直接交易都会产生交易成本。不同的是，直接交易需要等待搜索和讨价还价。当消费者和供应商的贴现因子很小，消费者的支付意愿很高，并且供应商的机会成本很小时，中间层的出现就更有利益。因此，企业出现的目的是作为节约交易成本的工具。假设市场中的供应商和消费者采用分散的交易形式，那么交易的风险就会增加。在进行直接交易时，消费者有动机压低支付意愿，而供应商有动机抬高机会成本。支付意愿与机会成本的信息不对称会造成交易效率的扭曲甚至破裂，中间层的出现可以缓冲这种风险。

（三）主导者作用

1. 降低交易成本

运营商和银行作为市场中间层的存在是显而易见的。企业进行交易，执行支付系统的功能并提供交易记录。领导者提供了移动支付业务的集中场所，减少了服务提供商以及用户的搜索成本。中间层的存在也增加了潜在交易伙伴的数量。在移动支付业务市场中，消费者有不同的支付意愿，供应商（第三方移动支付平台）有不同的机会成本。中间层可以为双方提供报价，买卖双方可以在使用按中间层报价进行交易和有风险的分散交易之间进行权衡。

2. 防止逆向选择

在市场上，买卖双方的信息是不对称的。用户并不了解各服务提供商所开展的移动支付业务的质量、内容和安全性。银行和运营商作为中间层通过收集和向消费者以及供应商提供产品和服务相关信息从而填补了这一空白。中间层可以保证所提供信息的准确性。由于信息的不对称，市场会出现"劣币驱逐良币"的现象。在逆向选择市场中引入中间层可以增进效率。因为中间层比单个的消费者更有动机投资于质量的监督。在均衡时，所有高质量产品都通过中间层卖出。以我国移动通信增值业务中的短信业务为例，在短信业务飞速发展的初期，由于移动运营商忽视了对 SP 提供业务的信用管理，造成了少数 SP 在经营过程中违规操作损害了消费者的权益。当时经过媒体的曝光，全国人民一片讨伐之声。短信业务走到了发展的十字路口。中国移动和中国联通两家移动运营商对此采取了积极的对策。同一些诚信经营的 SP 一起积极倡导整个行业的健康发展，发起行业自律行动，对于违规的 SP 取消其经营增值业务的资质，通过自身的努力填补了行业监管的空白，短信业务也获得了健康的发展环境。

3. 抑制道德风险

由于起草和执行的成本，市场合同的效率经常很低，导致买卖双方在订立有约束力的合同上有相当的难度。Crossman 以及 Hart 和 Moore（1990）运用产权的研究方法发现，企业会尝试占用那些与交易专用的投资互补的资产。有约束力的合同提供了一种抑制机会主义行为的方法，它并不依赖组织的扩张。作为买卖的中间层，领导者——银行和移动运营商通过自身强大的信誉保证和资金支持，可以提供做出可信的承诺。而他们也因为做出价格的可信承诺而获得回报。但是在直接交换中，承诺往往无法得到兑现。

从上面的分析可以看到，银行和运营商作为中间层主要发挥了降低交易成本、防止逆向选择和抑制道德风险的作用。而正是这样的作用，巩固了他们在产业链中的领导地位，将整个产业链的调整纳入到自己的规划之中。

四、第三方移动支付服务提供商分析

（一）第三方移动支付服务提供商的作用

结合我国的特定情况，在适合我国移动支付的商业模式中，第三方移动支付服务提供商具有不可忽视的作用。

1. 提供方便快捷服务

第三方移动支付服务提供商直接面对用户，是移动支付业务的积极推广者，在提供消费示范、创造业务需求方面都起到桥头堡的作用。他们提供的业务将影响用户消费习惯的建立和支付方式的选择，更方便、快捷、安全的移动

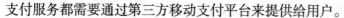
支付服务都需要通过第三方移动支付平台来提供给用户。

2. 统一不同交易接口

第三方平台可以统一不同银行的业务接口，解决目前不同银行移动支付业务无法互联互通的问题。同时，各银行可以将软件开发与设备设置的任务交给第三方平台，自己无须独立开发移动支付系统，可以节省大量资源，只需要专注于自己擅长的信用管理和风险管理。

3. 增加支付业务内容

第三方平台是直接与用户接触的界面。对消费者的业务需求反应最为灵敏。它们同时也是技术创新的推动者。技术的改进意味着业务的创新和内容的增加，移动支付服务提供商往往投入大量的资源进行移动支付技术和平台的开发，是推动移动支付产业发展的活跃力量。

4. 加速产业资源整合

第三方平台处于移动支付的中间环节，可以在银行、移动运营商与消费者之间充当一个缓冲地带，平衡各方利益。同时，第三方平台建立与各方的合作关系，有利于整个产业链的资源整合。

（二）许可证制与第三方移动支付服务提供商

由银行与移动运营商合作主导，第三方移动支付服务提供商积极参与的商业模式是适合我国移动支付产业链的合理模式。移动支付服务提供商作为直接面向用户的界面，充当不同银行和移动运营商之间的转接器，将各利益群体之间错综复杂的关系简单化。但是这样做给移动支付服务提供商增加了压力：一是需要耗费资源用于处理各种关系；二是在市场推广能力、技术研发能力、资金运作能力等方面都需要很高的行业号召力。

因此，目前市场上的移动支付服务提供商就面临着重组和变革，将向着大规模、规范化、拥有人民银行要求的金融结算资质的目标发展。这也正是我国移动支付产业链不断完善的需要。在这种情况下，实行移动支付"许可证制"将是规范第三方移动支付平台的有利举措。"许可证制"简单来说就是由中国人民银行对电子支付市场中的第三方电子支付公司发放营业资质，拥有牌照的企业才可以经营支付业务。"许可证制"的出台有两方面的原因。

（1）从运营商介入支付领域那一刻开始，移动支付就已经改变了传统电子支付的力量构成，由互联网企业与银行的联盟向运营商、银行、第三方支付的主导秩序转变。运营商开始在移动支付产业链中占据越来越重要的主导地位。在移动支付业务不断丰富的同时，也带来了参与者的博弈和对主导权的制衡。中国移动通过与中国银联合资成立联动优势科技有限公司，拥有相当的主导权；中国联通建立了自己的开放式手机支付平台，统一旗下的第三方支付公司，并在 2005 年秋试图制定"移动支付规范"。这些举措都让银行的危机感不断升级。支付领域是银行金融机构的传统势力范围，也是重点的监管对象。因此，在 2005 年 6 月，中国人民银行支付清算司发布了《支付清算组织管理办法》（征求意见稿），指出第三方支付结算属于支付清算组织提供的非银行类金融业务，理应纳入中国人民银行的监管轨道；央行将以牌照的形式提高企业进入这一行业的门槛，在第一批牌照发放后将对第三方支付市场进行清理整顿。通过这一举动，央行希望将包括移动支付在内的所有电子支付产业的未来发展纳入金融体系的主导轨道。

（2）"许可证制"的出台可以整顿第三方平台市场，有利于移动支付产业链架构的建立。银行通过发牌找回了自信，对移动支付的热情和支持力度有所上升，而银行的支持力度是我国移动支付产业发展的重要标向；第三方支付公司通过牌照竞争淘汰弱小的企业，扩大市场份额，在拥有牌照后增加了自己的议价能力；移动运营商从众多的增值服务提供商中识别出第三方支付服务提供商，在通信服务保障上可以给予一定的政策倾斜；第三方平台拥有牌照后地位上升，在运营商与银行之间制造了可靠的缓冲区，有利于形成银行、运营商、移动支付服务提供商之间协调、高效、共赢的商业模式，完善整个产业链的利益分配。

正因为如此，"许可证制"可能将是我国移动支付市场的催化剂。银行的高调介入将给不瘟不火的移动支付市场带来推动力量。移动支付服务市场面临着洗牌，整条产业链也会得到完善。在央行正式发牌之后，不少支付公司将退出市场。但是，通过检验的移动支付平台提供商将承担起协调运营商和银行之间关系，进而支撑整个产业链发展的重任。他们将为移动支付提供系统软件开发、平台维护、行业应用拓展以及市场营销宣传等支持性服务。

 **本章案例**

网上购物信用卡恶意透支案

一、案情介绍

张某于 2003 年申领了某银行信用卡，该卡自 2006 年 8 月 12 日后发生多笔连续透支，并且超过两个月未还。然而，在银行催收过程中，持卡人张某对网上银行进行网上购物所产生的 9000 余元透支不予承认，称其从未注册过网上银行，也未进行过网上购物。银行通过调阅系统数据发现，张某所持信用卡是通过网上自助注册方式开通网上购物功能的，注册过程中输入了持卡人的开户地、信用卡卡号、密码、信用卡有效期、身份证号码等信息。注册时间为

2006年7月12日17时34分，电脑IP地址显示注册地在郑州（经进一步了解为郑州一网吧）。注册成功后，从2006年7月12日到2006年7月13日，该卡在同一电脑上连续进行了七笔网上购物，所购物品为电脑游戏中的武器装备，购买人是网络中的虚拟主体，实际购买人无法查明。

二、案例评析

1. 法院庭审情况

为追索透支款，银行将持卡人诉至法院。审理过程中银行向法院提供了三组证据材料：①被告签名的信用卡申请表（含信用卡领用协议）和信用卡章程，用于证明被告为持卡人，信用卡的透支期限不应超过两个月，透支后的日利率为0.5‰；②《信用卡交易历史明细》，用于证明被告透支额度；③网上银行注册须知、网上银行客户服务协议、自助注册操作提示和网上银行交易明细，用于证明持卡人已通过密码注册网上银行，并通过密码进行了网上购物，导致透支。

被告张某提供了两份证据材料：①单位证明，证明被告在7月12日到13日在单位正常上班，无外出；②公安机关出具的《受理案件回执凭证》，证明被告曾向公安机关报案反映其信用卡被人作为诈骗银行的工具，被告本人不存在恶意透支的可能。

庭审过程中被告代理人针对原告诉请提出以下抗辩：①由于被告本人并不认可通过网上购物方式发生的9000多元透支，银行应对其主张的网上购物透支进行举证，而银行提供的第二组证据和第三组证据均由银行单方面提供，且为打印件，来源不明确，即使能够证明上述打印件的内容源于银行的内部电脑记录，但上述记录也只是银行方面的单方记录，不排除银行电脑记录有误或被人为修改的可能性，银行以源自自己这部电脑的数据不足以证明被告有透支行为。②银行主张信用卡透支不应超过两个月，透支利息按日0.5‰计算的依据是银行的信用卡章程，但银行的章程经常变动，并且不需要书面或单独通知持卡人，只进行公告，原告提供的章程未必就是被告2003年办卡时的章程，原告主张信用卡透支不能超过两个月，透支利息按日0.5‰计算依据不足。③网上银行自助注册功能的安全性直接关系到客户和银行资金的安全性，银行需对网上注册平台的安全性进行举证，以便排除他人能够对银行系统安全进行类似黑客行为的可能性。根据上述情况，考虑到法院一审结果可能以银行证据不足为由驳回诉讼请求，银行撤诉。

2. 点评及案例启示

结合本案例可以看出，作为商业银行的新兴业务，电子银行业务遇到了一些新的法律问题。根据中国银行业监督管理委员会2006年3月1日施行的

《电子银行业务管理办法》（以下简称《管理办法》）的规定，电子银行业务是指银行业金融机构利用面向社会公众开放的通信通道或开放型公众网络，以及银行为特定的自助服务设施或客户建立的专用网络，向客户提供的银行服务。如何确认电子银行交易形成的法律关系，明确交易当事人的权利义务，保护客户和银行的合法权益，防范电子银行业务风险，较传统银行业务更为复杂。

按照本案反映的情况，客户在输入了持卡人的开户地、账号、密码、信用卡有效期、身份证号码等信息后，经银行系统确认无误，即可进行自助注册。一方面，可以说自助注册为客户提供了一种便捷的注册方式，对于引导客户使用电子银行平台，推广电子银行业务，进而拉动相关业务的发展起到了积极的作用。但另一方面，与柜面注册相比，由于自助注册没有客户签字确认的程序，基于安全性考虑，银行应当对客户基于自助注册所享受的服务予以限制。因此，在交易流程设计时，银行应充分考虑不同的电子银行业务具有的风险差异。比如，就自助注册网上银行而言，客户可以享用的服务一般为查询类服务，如账户余额查询、交易明细查询等。而对外转账功能和 B to C 网上购物功能的开通，应该以柜台注册的形式实现，并尽可能采用客户证书等更为安全的客户验证方式办理业务。因为实际上，从客户角度来看，对外转账功能和 B to C 网上购物功能，无论是资金的转出，还是直接消费，均是通过使用私人密码在网上或其他电子交易平台上完成资金的支出，客户可能承受的风险是相当大的。所以银行在进行交易流程和结构设计时，应充分考虑不同类型交易的风险程度及对其进行风险控制的力度和方式。对于风险程度相类似的业务，应该采用较为一致的风险控制力度和方式。

引导客户充分了解、正确认识法律文件。为明确银行和客户的法律关系和交易规则，银行一般制定了内容全面的法律文件，如客户服务协议和章程等。但是客户在申办业务时，是很少阅读相关法律文件的，在客户不了解交易规则的情况下，很容易违背其本意进行操作，引起纠纷。比如银行卡透支未全额还款的罚息问题，多是由于客户不了解交易规则造成的。因此，银行应该利用营业网点、网络平台等渠道加大宣传力度，让客户明确其权利义务、知晓交易规则和交易风险，充分理解银行产品的特点，这样一方面能减少由于客户误解造成的不必要的纠纷，另一方面也能增强客户的自我保护意识、避免欺诈等恶性事件的发生，从而有效防范法律风险，引导客户使用客户证书。

以客户证书的方式识别确认客户身份要比私人密码更加安全，有利于保障客户和银行的利益，明确双方的权利义务关系。一是因为客户证书在技术上更可靠、保密性上更强；二是因为用客户证书进行电子银行交易，更能贯彻本人行为和不可抵赖原则。通过客户证书进行的电子银行交易，除非有相反证明，否则应当视为本人进行的交易行为。因此，银行在风险提示的同时，应引导客户使用更安全、有效的交易介质，并适当地降低客户的交易成本。这对于避免争议或付出更高的交易成本是有益的。

资料来源：朱亚.网上购物：银行卡透支案例点评〔N〕.银行家，2007（5）.

➡ 问题讨论：

1. 银行用户熟悉客户服务协议和章程有何意义？
2. 银行以客户证书的方式识别确认客户身份为何比密码更可靠？

本章小结

通过本章学习，应掌握商业模式的定义及特征以及移动支付商业模式。要熟悉移动支付商业模式的概念、特点及分类。要掌握移动运营商的服务模式、移动运营商的参与方式、运营商主导商业模式的特点。熟悉移动银行服务模式、银行主导商业模式的特点及银行主导商业模式的应用。了解移动与银行合作商业模式。掌握第三方移动支付运营商主导模式特点与应用。最后是移动支付商业模式分析，对我国移动支付的运营模式、移动运营商与银行的主导权、运营商与银行在移动支付市场中的作用和第三方移动支付服务提供商做了详细分析。

本章复习题

1. 简述商业模式的定义及特征。
2. 试述移动支付商业模式的分类。
3. 试论移动银行的服务模式。
4. 简述移动与银行合作商业模式的特点。
5. 简述第三方主导支付商业模式。
6. 试分析移动运营商与银行的主导权。

第六章

移动支付的业务模式

学习目的

知识要求　通过本章的学习，掌握：

- 移动支付业务模式概述
- SMS 移动支付业务模式
- WAP 移动支付业务模式
- I-Mode 移动支付业务模式
- 其他移动支付业务模式

技能要求　通过本章的学习，能够：

- 了解移动支付业务模式概念
- 掌握 SMS 移动支付业务模式
- 掌握 WAP 移动支付业务模式
- 熟悉 I-Mode 移动支付业务模式
- 了解其他移动支付业务模式

学习指导

1. 本章内容包括：移动支付业务模式概述；SMS 移动支付业务模式；WAP 移动支付业务模式；I-Mode 移动支付业务模式；其他移动支付业务模式。

2. 学习方法：结合案例了解移动支付业务模式概念，掌握 SMS 移动支付业务模式，掌握 WAP 移动支付业务模式，熟悉 I-Mode 移动支付业务模式，了解其他移动支付业务模式。

3. 建议学时：4学时。

网上银行盗窃案

2007年3月10日，上海市民蔡先生向上海市公安局卢湾分局报案，称其在建设银行开户的两张信用卡内的16.6万多元人民币被盗。遭盗前，蔡先生曾多次上网进行电子网络购物。侦查员通过查询银行的转账记录发现，蔡先生的两张信用卡被犯罪嫌疑人通过网上银行分11次转出，转出金额共计人民币163014元（不包括转账手续费），被盗款全部转入了一个在云南昆明开户的建设银行活期账户内。在详细分析案情和银行反馈信息并向被害人了解上网情况后，侦查员初步断定，被害人的电脑极有可能被黑客侵入并安装木马程序，从而导致信用卡银行账号、密码和认证证书被盗取。

据此，上海市警方迅速赴云南昆明开展侦查工作，并很快查明犯罪嫌疑人实施网上盗窃的行为地在昆明市金沙小区金春苑某室内，该室实际居住人是青年男子白某和青年女子葛某。经与银行监控录像比对，确定白某即为取款人。2007年3月28日晚，上海专案组侦查员在云南警方的配合下，顺利抓获了犯罪嫌疑人白某和葛某，并查获了作案用的电脑和部分赃物。经查，犯罪嫌疑人白某今年31岁，在昆明一家科技公司软件开发部工作；葛某今年27岁，是昆明一家公司的职员，两人均为大学文化程度。犯罪嫌疑人白某、葛某到案后，如实供述了犯罪过程：经事先预谋，他们利用在网上购物时发送照片之际，将携带木马程序的病毒植入被害人的电脑，进而获取了被害人的银行账号、密码和认证证书，同时修改了被害人的密码，盗取了被害人的信用卡现金。

资料来源：曹金玲，刘丹."3·10"网络盗窃案启示：电子商务谨防黑客袭击. 新华网, 2007-04-06.

➡ 问题：

1. 本案被告侵入原告的电脑并安装木马程序违反了我国《刑法》哪一条款？
2. 本案原告网上银行账户被盗，银行应负何种责任？

第一节　移动支付业务模式概述

随着移动通信产业的快速发展，手机的普及程度不断提高。在满足用户日常通信需要的同时，手机的功能日益扩展，整合了传统的计算机、电视、音像、智能卡等设备的基本功能，从单一的通信工具逐步演变为集商务管理、多媒体甚至个人理财等多种功能于一体的综合性掌上电子设备，在便利百姓日常生活方面发挥着越来越重要的作用。手机移动支付就是手机功能扩展比较典型的应用之一，由于使用技术的不同、适用范围的不同，其具体的业务运作模式也有自己的特点，故称其为业务模式，也称为技术模式。

一、移动支付业务模式的内涵

移动支付业务是一种结合了电子化货币、身份验证、移动通信与移动终端的崭新业务，可以使用户随时、随地、随身、随心地享受服务。尽管移动支付刚刚起步，却呈现出爆发式增长态势，极有可能成为蕴涵极大发展潜力的战略性新兴产业。据易观国际预测，随着移动互联网业务的发展，远程支付将迅速发展，同时移动运营商对近程支付推广力度也将不断增强。用户黏性的提升和更多近程支付业务的发展将使移动支付市场收入规模快速提升，2010 年底市场规模突破 30 亿元，2011 年预计达到 52.4 亿元，2012 年则有望突破 100 亿元。

移动支付产业链各方正在合作中博弈，在竞争与合作中造就一个诱人的市场蛋糕。移动支付产业链包括移动运营商、支付服务商（如银行、银联、第三方支付等）、应用提供商（零售商业、公共事业、交通运营、票务等）、设备提供商（终端厂商、卡供应商、芯片提供商等）、系统集成商、商家和终端用户及政府。在产业链之中，终端用户和商家位于两端，是移动支付业务重要的市场受众，中国银联、电信运营商和第三方支付服务商是服务提供者，POS 机制造商、SIM 卡制造商、终端制造商、芯片制造商以及系统服务提供商是移动支付市场近距离支付的重要支撑力量，政府在这其中是负有政策监管和标准引导方面的主导者，营造安全的支付环境，加快移动支付相关标准的研究和制定是政府目前的首要任务。

任何一个新生产业的发展，都需要政治、经济、社会等宏观产业环境具备，新技术的成熟度与业务的充分发展切合等，只有当时间和变革的力量积蓄到某一阶段，天时、地利、人和都具备后，移动支付业务才会在未来某个时点上成为爆发性的应用。

所谓手机移动支付，就是用户通过手机完成向特定收款人转移一定资金的行为。由于手机移动支付不受银行经营时间和网点的限制，具有很大的灵活性和便利性，真正实现"随时随地"支付，已逐步得到广大用户的认可。近年来，许多国家在手机移动支付方面均取得了较快发展，手机移动支付在支付活动中所占的份额也逐步提高。据统计数据显示，截至 2011 年上半年，我国的手机用户数量已经超过 8 亿。庞大的手机用户群为手机移动支付提供了巨大的发展潜力。因为移动支付业务同时涉及两个最具商机与活力的行业——金融与移动通信，可以同时接触到两个相当庞大、极具消费潜力的用户群。所以移动支付产业链中各成员间的关系相当复杂，市场竞争极为激烈。在移动支付产业链中，以移动运营商和金融机构之间的关系最为微妙。同时移动支付业务的跨行业特性，使产业链的竞争与替代趋势更加显著。产业链成员都希望借助移动支付，在增加自己的传统业务收益的同时，也能够在另一个极具潜力的行业里奠定经营基础，甚至在未来开拓为另一项主营业务。这对移动运营商最具吸引力。

在早期运营商提供的移动支付业务中，一般都是基于短信或语音交互绑定后台账户模式，或是基于 WAP 和 Java 方式通过网络进行支付，也分别被认为是移动支付的第一代和第二代。非接触式移动支付方案的使用是移动支付业务进入第三代的标志。目前，非接触移动支付已经在全球范围内大规模使用，如日本 NTT DoCoMo 的 FeliCa 项目、欧洲的 NFC 手机支付项目。移动支付服务的业务模式主要是指提供移动支付业务的电信运营商、设备制造商、终端提供商、内容提供商以及银行等金融机构、终端用户等产业链的各个环节在整个移动支付产业生态环境中的体系结构，包括参与者的角色、位置、互相的关系，物流、信息流和资金流的传输方法，价值创造的来源和方式等。移动支付是一个开放的市场，产业链涵盖众多环节。根据前面第一章我们对移动支付产业链的构成和移动支付商业模式的分类，以及在移动支付中应用的不同关键技术，移动支付服务在实际运行中也有不同的业务模式存在。图 6-1 反映的是移动支付产业链中的主要参与者。

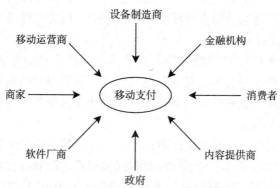

图 6-1　移动支付产业链的主要参与者

资料来源：Mobile Payment Forum, 2002.

由客户、商家和移动运营商等参与者所构建的移动支付产业链，在为客户提供移动支付业务时，信息、商品（或者服务）、资金在这个产业链的各个环节有序流动，最终实现了完整移动支付过程。图 6-2 反映的是简易的移动支付通用业务模型图，是无论哪一代的移动支付业务模式都通用的基本运作形态。移动支付的基本运作形态包括信息交互、资金流通和商品服务交付三个步骤。

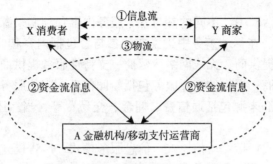

图6-2 简易移动支付通用业务模型

步骤一，信息交互。消费者 X 使用移动终端，通过无线网络向商家 Y 咨询其所需要的商品或者服务。如果决定购买，则继续下一步，否则不发生移动支付活动。

步骤二，资金流通。消费者 X 发起移动支付活动，资金通过移动支付运营商或者金融机构 A 的中介作用，在消费者 X 的账户和商家 Y 之间实现转移。如果本步骤正确，则进入下一步，否则移动支付活动中止。

步骤三，商品服务交付。确认资金转移正确的商家 Y 向消费者 X 提供对应的商品或者服务。

值得注意的是，无论是早期运营商提供的基于短信或语音交互模式，还是基于 WAP、Java 方式以及各种非接触式移动支付方案，由于使用技术的不同、适用范围的不同，以及涉及参与者的不同，其具体的业务运作模式也有独特的地方，本章下面就分别分析介绍。

二、手机移动支付的业务模式分类

手机支付按照不同的标准可以划分为不同的业务模式。例如，按手机用户办理支付业务的方式划分，有短信、移动网银、移动 POS 和电子钱包四种模式；按照运营主体划分，有移动通信运营商、商业银行、非银行支付服务组织三种模式；按照结算方式划分，有通过银行结算账户和虚拟账户结算两种模式；按照支付指令的传输渠道划分，有通过移动通信网络和专用交易网络两种模式；按支撑技术来划分，如 WAP、SMS，此时业务模式也可称为技术模式。

根据移动运营商在移动商务价值链中的参与程度，它的角色可以仅是移动网络提供者，也可以是移动门户，直至中介、可信赖的第三方。总的来讲，商务模式是从简单、种类少到复杂、种类多变化的。以下从最初的无线网络提供者模式到 WAP 网关模式，再发展为移动门户模式以及中介和可信赖的第三方模式。

在移动商务活动中，不同的参与者、服务内容和利润来源的组合就组成了不同的商业模式。在移动商务中，主要的参与者包括内容和应用服务提供商、门户和接入服务提供商、无线网络运营商、支持性服务提供商，以及终端平台和应用程序提供商；提供的主要服务包括新闻信息、定位服务、移动购物、娱乐等；可能的利润来源包括通信费、佣金、交易费等，当然还有各种广告费、提名费等。

集中商业模式包括：通信模式、信息服务模式、广告模式、销售模式和移动工作者支持服务模式。

技术模式：SMS、WAP、NFC、RFID、K-Java、USSD 等。

国内使用的手机支付技术主要有：基于 2.4GHz 的 RFID-SIM 卡方案、基于 13.56MHz 的非接触技术的 NFC 方案、双界面 SIMPass 方案、基于 13.56MHz 技术的贴片卡方案等。

以下从手机用户办理支付业务的角度出发，分别对各类业务模式进行分析。

（一）短信模式

短信模式是指手机用户通过短信方式发起各种支付交易或查询指令，并通过短信方式接收处理结果。

（二）移动网银模式

移动网银模式是指参照通过计算机办理网银支付的方式，通过手机上网登录商业银行互联网支付平台，实现手机移动支付功能。在此模式下，用户可以通过手机在线发起各种支付、查询等交易指令，也可通过手机在线查看各类指令的处理结果。移动网银模式涉及四类参与主体：一是手机用户，也就是付款人；二是收款人（须在银行开立结算账户）；三是移动通信运营商，将支付指令传输至付款人开户银行，并提供相关安全技术保障；四是收、付款人开户银行，负责处理客户的支付指令，并将结果发送给收、付款人，保存相关交易记录。

移动网银模式的特点是实用性强，可以满足用户多种方式的支付需求，用户也可及时了解交易处理状态，功能较为完善。但该模式对手机的功能要求较高，业务操作也相对复杂。另外，如果收、付款人不在同一家银行开户，支付指令需通过跨行支付平台处理，资金到账时间较长。

目前，一笔跨行网银支付业务的处理需经过发起行网银支付平台、发起行行内业务系统、中央银行跨行支付系统、接收行行内业务系统等多个系统的处理，涉及支付指令在多个节点、多个系统间的转换，处理时间一般需要两天，付款人也无法及时掌握资金到账情况。若出现收款人账号、户名等信息有误，收、付款银行间需要往返查询、核对，业务处理时间可能需要一周以上，难以满足客户的需求。

目前，国内大多数银行均开通了网银支付平台，网银支付业务发展迅速，网银支付的发展趋势为各银行及社会公众广泛认可。但由于现有跨行支付平台主要基于传统支付业务的处理模式而设计，对新兴电子支付业务的处理功能有待进一步完善。有必要针对网银支付的业务特点，建设专门的跨行网银支付平台，联结各银行网银系统，客户在网上银行办理跨行支付业务由该平台实时转发，并将处理结果实时反馈付款人。该系统可以由中央银行建设，也可按照市场化原则由其他机构建设。跨行网银支付平台的建设，将大大提高银行系统网银支付的整体效率，充分发挥网银支付的优势；有利于促进网银支付的业务发展，优化银行网点的资源配置，提高商业银行的经营水平；另外，网银支付平台作为现有跨行支付系统的有益补充，也有利于社会整体支付清算服务水平的进一步提高。

(三) 移动 POS 模式

移动 POS 模式是指依托中国银联的银行卡跨行信息处理系统，参照银行卡的收单业务模式实现手机移动支付功能。在此模式下，手机相当于一台移动POS 机，用户可以通过手机在线发起各种支付、查询等指令，并在线接收各类指令的处理结果。移动 POS 模式涉及五类参与主体：一是手机用户，也就是付款人；二是收款人（必须是银行卡持卡人或中国银联特约商户）；三是移动通信运营商，负责在手机用户和中国银联之间传输支付指令，并提供相关安全技术保障；四是中国银联，负责向收、付款人开户银行转发支付信息；五是收、付款人开户银行，负责处理客户的支付指令，并将结果发送给收、付款人，保存相关交易记录。移动 POS 模式将手机支付与现有的银行卡支付网络相联结，有效拓展了银行卡支付网络的服务范围，便利了支付活动，对于银行卡的推广普及将发挥重要推动作用，也有利于促进银行卡受理市场的进一步扩展。考虑用户对通过手机移动支付办理业务的时效性要求较高，应在银行卡跨行资金结算现有模式的基础上，对通过手机 POS 模式发起的支付业务流程进行优化，以满足用户的业务需要。可以考虑对通过银行卡移动支付平台转发的业务加编特殊标识，收款人开户银行收到中国银联转发的该类付款指令后，立即贷记收款人账户，银行间的资金结算仍保持现有模式。中国银联应与各成员银行约定相关业务的处理规则，同时完善风险防范机制。

2009 年 11 月 11 日，中国工商银行股份有限公司、中国联动优势科技有限公司、美国运通公司在北京联合推出国内首张移动支付双币信用卡 ——"牡丹移动支付信用卡"。"牡丹移动支付信用卡"具有强大的手机移动支付功能，持卡人将手机号码与联名卡账户绑定，开通移动支付功能业务，即可通过手机进行购物、缴费等交易，实现安全、快捷的手机移动支付。"牡丹移动支付信用卡"分为金卡和普通卡两种，可以使用人民币和美元进行消费结算，具有最长56 天的充裕免息还款期；存取款实时到账；消费短信即时提醒；余额变动短信即时提醒；到期还款短信提醒；人性化的消费密码选择功能；24 小时的网上、电话、手机银行服务；多种还款渠道自由选择；年终财务结算账单服务、纸质或电子对账服务等。中国工商银行牡丹信用卡系列产品发卡量已超过 5000 万张，成为中国信用卡第一品牌，此次与联动优势和美国运通合作推出"牡丹移动支付信用卡"，是工商银行在信用卡领域的又一突破，期望通过此次合作，引入支付领域的创新技术，为国内的持卡人打造更先进、便捷、时尚的支付体验。移动支付是移动电子商务发展的重要条件。在国家积极扩大信息化、数字化发展的背景下，大力发展移动电子商务已经成为社会各界的共识。便捷、迅速、安全可靠的移动支付已经得到消费者的高度认可，移动支付产业因此也面临巨大的发展机遇。此次与中国工商银行和美国运通合作推出的"牡丹移动支付信用卡"正是在这个背景下应运而生的。作为国内移动电子商务领域的先驱厂商，联动优势有责任发挥在技术和市场方面的引领作用，促进本土移动支付产业保持稳健的发展。

（四）电子钱包模式

电子钱包模式是指在用户手机中植入专用芯片，使手机成为一台便捷、快速的非接触式支付工具（类似于公交一卡通）。植入该设备的手机可以在任何有读卡器的地方办理支付。将两台手机靠近在一定距离范围内，可以方便地在两台手机之间转移资金。与前述三类模式不同，手机采用电子钱包模式办理支付业务时不依赖于移动通信网络，直接靠近读卡器即可办理支付。由于具有便捷支付的特点，手机像一个装有电子现金的钱包。该模式涉及三类：

主体：一是手机用户，也就是付款人；二是收款人，通过专用读卡设备或手机接收付款人的支付结果；三是"电子钱包"支付平台的运营商，也是电子现金的发行者。相对于前三种业务模式来说，电子钱包支付模式的操作最为简便，支付业务处理效率最高。特别是通过两台手机间直接办理现金转移的支付模式，对于便利支付活动、减少现钞使用具有积极意义。在手机电子钱包模式发展初期，可能同时存在多家运营商，各运营商的经营范围也不尽相同。对于多个运营商来说，相当于多个电子现金发行主体，不同主体发行的电子现金互不通用（例如公交卡和加油卡不能通用），对用户会带来不便。因此，为整合社会资源，便利支付活动，逐步统一电子现金的发行标准成为必然。

三、手机支付的技术模式

随着计算机技术和移动技术日益完善的结合，新型的移动计算的概念影响到了社会各个领域和阶层，移动商务已经成为当今广义互联网领域炙手可热的话题之一，手机在人们生活中扮演的角色不断丰富，客户在任何时候、任何地方、使用任何可用的方式都可以得到任何想要金融服务的强烈需求有机会以金融业与移动 IT 的结合而实现，金融业务形成一种新的趋势——移动支付服务。

移动商务和移动银行业务会随着手机使用者的不断增加和手机终端的高速替换而呈现高速增长态势。在日常使用的手机中，其中有相当比例的具有数据通信功能。相信在不久的将来，手机可以成为接入广义互联网的基础性设备。通过移动设备的随身携带、无线接入，从而实现随时随地处理银行业务这一趋势得到了业界的广泛认同。专家们预计无线银行服务将成为今后银行业的必备服务内容，就像现在 ATM 业务是银行不可或缺的服务一样。不过，手机银行服务乃至手机支付的重要性还不限于开创一项成长空间巨大的新业务这么简单。一方面，如何吸引手机支付的上下游服务提供商，形成有利益的增值链。另一方面，降低银行的服务成本，丰富客户服务手段，提高客户服务质量已成为银行竞争的关键。特别是如何更好地吸引和服务优秀客户，成为银行能否更好发展的重中之重。

为适应电子商务的需求，手机银行业务的推出势在必行。本章在给出了几种手机银行的实现方式后介绍一种手机银行系统的解决方案。

（一）SMS

短信服务（SMS）是一种在移动网络上传送简短信息的无线应用，是一种信息在移动网络上储存和转寄的过程。世界上第一条短信息是 1992 年在英国 Vodafone 的 GSM 网络上通过 PC 向移动电话发送成功的。

与语音传输及传真一样，短信服务同为 GSM 数字蜂窝移动通信网络提供的主要电信业务，它通过无线控制信道进行传输，经短信息业务中心完成存储和前转功能，每个短信息的信息量限制为 140 个八位组。

从发送方发送出来的信息（纯文本）被储存在短信息中心（SMS），然后再转发到目的用户终端。这就意味着即使接收方终端由于关机或其他原因而不能即时接收信息的时候，系统仍然可以保存信息并在稍后适当的时候重新发送。

（二）STK

STK 是 SIM Tool Kit 的英文缩写，即"用户识别应用开发工具"。它包含一组指令用于手机与 SIM 卡的交互，这样可以使 SIM 卡运行卡内的小应用程序，实现增值服务的目的。之所以称小应用程序，是因为受 SIM 卡空间的限制，STK 卡中的应用程序都不大，而且功能简单易用。目前市场提供的主流 STK 卡主要有 16K 和 32K、64K 卡。

STK 卡与普通 SIM 卡的区别在于，在 STK 卡中固化了应用程序。通过软件激活提供给用户一个文字菜单界面。这个文字菜单界面允许用户通过简单的按键操作就可实现信息检索，甚至交易。

STK 卡可以有选择性地和 PKI 结合使用，是通过在卡内实现的 R.S.A 算法来进行签名验证。从而使利用手机来从事移动商务活动不再是纸上谈兵。

（三）GSM/GPRS

GPRS 的英文全称为 General Packet Radio Service，中文含义为通用分组无线服务，它是利用"包交换"（Packet-Switched）的概念所发展出的一套无线传输方式。所谓的包交换就是将 Date 封装成许多独立的封包，再将这些封包一个一个传送出去。GPRS 是一种新的 GSM 数据业务，它在移动用户和数据网络之间提供一种连接，给移动用户提供高速无线 IP 和 X.25 分组数据接入服务。GPRS 采用分组交换技术，它可以让多个用户共享某些固定的信道资源。

（四）WAP

WAP 是无线 Internet 的标准，由多家大厂商合作开发，它定义了一个分层的、可扩展的体系结构，为无线 Internet 提供了全面的解决方案。WAP 协议开发的原则之一是要独立于空中接口，所谓独立于空中接口是指 WAP 应用能够运行于各种无线承载网络之上，如 TDMA、CDMA、GSM、GPRS、SMS 等。

（五）GSM/USSD

USSD（Unstructured Supplementary Service Data）即非结构化补充数据业务，是一种基于 GSM 网络的新型交互式数据业务，它是在 GSM 的短消息系统技术基础上推出的新业务。USSD 业务主要包括补充业务（如呼叫禁止、呼叫转移）和非结构补充业务（如证券交易、信息查询、移动银行业务）两类。

（六）K–Java

无线 Java 业务是一种新的移动数据业务的增值服务，开辟了移动互联网新的应用环境，能更好地为用户提供全新图形化、动态化的移动增值服务。用户使用支持 Java 功能的手机终端，通过 GPRS 方式接入中国移动无线 Java 服务平台，能方便地享受类似于 Internet 上的各种服务，如下载各种游戏、动漫、小说等，也可进行各种在线应用，如联网游戏、收发邮件、证券炒股、信息查询等。无线 Java 业务使得手机终端的功能类似于可移动上网的个人电脑，将可以充分利用用户的固定互联网使用习惯，以及固定互联网应用资源，提供用户高性能，多方位的移动互联网使用体验。

（七）CDMA/BREW

QUALCOMM 从芯片出发设计了 BREW 平台。BREW 并不仅仅是为 PC 或 PDA 开发的产品的缩减版本，它比其他应用程序平台或成熟的操作系统小许多倍。BREW 平台位于芯片系统软件之上，启用了快速 C/C++ 本地应用程序，以及浏览器与基于 Java 技术和扩展的虚拟机（例如游戏引擎和音乐播放器）的简易集成。开放除本地 C/C++以外，BREW 还支持其他多种语言，包括 Java、可扩展标识语言（XML）、Flash 等执行环境。而且，由于它可以驻留在采用 Palm 等任何移动操作系统（OS）的智能手机上，因而可使用 BREW 发布系统（BDS）无线下载为这些 OS 编写的应用程序，并像 BREW 应用程序一样使之商品化。BREW 对基本的电话和无线网络运行提供保护。

第二节　SMS 移动支付业务模式

SMS（Short Messaging Service）即短信服务。早期的移动支付业务采用最多的实现方式是通过短信方式远程控制完成支付。采用这种方式的用户在需要缴纳费用时需用短信的方式通知移动运营商；运营商或从用户事先在运营商处开的虚拟账户中扣除一定金额，或通知银行在和手机号码绑定的用户银行账户上扣除一定金额；支付行为完成后，运营商还要以短信等方式告知用户支付已完成。

一、SMS 的移动支付流程

目前，短信作为移动支付的手段，可以实现诸如"手机钱包"、话费充值、缴费、彩票、手机银行等功能。图 6-3 是基于 SMS 的移动支付方式的系统框架和支付流程图。

在图 6-3 中：步骤 1 短信息请求。身为消费者的终端用户 X，通过短信息形式（SMS）来请求内容服务，如发送××到××来查询天气预报、新闻等。移动电子商务平台 P 是移动支付的中转站。步骤 2 P 将消费者 X 的服务请求转交给商家。步骤 3 鉴权。商家收到请求内容后请金融机构或者移动运营商进行消费者身份鉴权（如认证终端用户的合法性及账户余额）。步骤 4 如果用户合

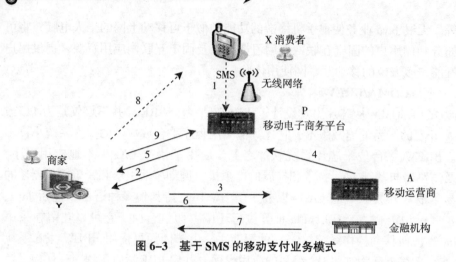

图 6-3 基于 SMS 的移动支付业务模式

法则向消费者发送信息请求协议的确认。如果不合法则返回相应错误信息。步骤 5、6、7 为移动支付核心过程：移动支付服务商/金融机构从终端用户的账户中扣除相应内容的费用转账给商家。在 SMS 系统中费用是从用户的话费中扣除的。账户的处理是由支付服务商/金融服务商来完成的。步骤 8 交付。商家把商品或者服务提交给消费者。

通常情况下，移动支付服务商/金融机构是指移动运营商，即 SMS 系统一般不会涉及银行的参与，并且 SMS 系统适合于小额的信息服务。SMS 系统的安全性取决于短消息的安全性 K，该系统的优点是费用低廉。移动金融服务通过发送一条短信完成一笔交易一般只需花费 0.1 元，而使现有手机带上银行服务的功能，只要将原先的 SIM 卡换成 STK 卡，成本也很低，并且还能保留原有的电话号码。这符合现阶段手机使用群体期望以低成本享受高质量金融服务的心态。但是 SMS 系统只适合于小额支付，主要是电子服务，如购买天气预报信息等，只有 10%用于移动交易。

二、SMS 移动支付系统

（一）SMS 移动支付系统的功能

SMS（Short Message Service）是第一代 GSM 的一部分，一条短消息能发送70~160 个字符，但限于欧洲各国语言、中文和阿拉伯语。该系统在欧洲、亚洲被广泛使用。SMS 是一种存储和转发服务，短消息服务器使移动电话能够使用 GSM 网络发送短消息。短消息并不是直接从发送人发送到接收人，而始终通过SMS 中心进行转发。如果接收人处于未连接状态（可能电话已关闭），则消息将在接收人再次连接时发送。SMS 具有消息发送确认的功能。要使用 SMS，用户需要预订支持 SMS 的移动网络，并且必须为该用户启用 SMS 的使用。SMS 消息的发送和接收可以和 GSM 语音同步进行。用户需要有发送短消息或接收短消息的目的地。该目的地通常是其他的移动电话，但也可以是服务器。最后，用户还需要有支持 SMS 的移动电话，并需要了解如何使用其特定型号的移动电话发送或阅读短消息。

（二）基于短信的移动支付的优势

基于短信的移动支付系统通过 GSM 网络将客户手机连接至金融机构，实现利用手机界面直接完成各种金融理财业务的服务系统，主要功能涉及账务查询、自助缴费、银行转账、证券交易、外汇买卖。它的主要优势有：

（1）业务丰富、实用方便。移动支付系统通过已入网的手机终端，为用户提供查询账户记录和汇率等金融信息，提供各种转账等个人理财业务及代缴费等服务，服务内容基本涵盖金融业的主要领域。

（2）随时随地、自由自在。由于移动通信网 GSM 网覆盖广泛，移动银行凡是在 GSM 网覆盖到的地方，都可以提供服务，用户可以不受时间及地点的限制，随时获得服务。

（3）费用低廉、节省成本。移动金融服务通过发送一条短信完成一笔交易一般只需要 0.1 元，而使现有手机带上银行服务的功能，只要将原先的 SIM 卡换成 STK 卡，成本也很低，并且还能保留原有的电话号码，这符合现阶段手机使用群体期望以低成本享受高质量金融服务的心态。

（4）多次交易、个性服务。利用移动金融服务，用户可以选择由金融机构邮寄单据或由进入机构利用短信发送简易单据，或用户确认后不发送单据。移动金融利用短信的方式，即使用户关机，再次开机后同样可以收到金融机构发送的请求，可以在任何时间对消费进行确认，从而实现再次交易。

三、SMS 的移动支付应用

短信模式是指手机用户通过短信方式发起各种支付交易或查询指令，并通过短信方式接收处理结果。该模式涉及四类参与主体：一是手机用户，也就是付款人；二是收款人，通常是提供商品或劳务的商户，通过移动终端或联网的商户款台接收手机用户支付的结果；三是移动通信运营商，为短信传输提供通道及安全保障；四是银行或非银行支付服务组织，负责处理客户的支付指令并将处理结果发送给收、付款人，保存相关交易记录。手机短信支付模式的特点是用户操作简便，只需按规定格式编辑并发送短信即可完成支付。对手机功能无特殊要求，所有支持短信功能的手机均可办理该项业务。受经营模式及风险控制等因素的限制，用户只能在运营机构规定的范围内办理支付。

关于短信:

通过短信服务, 手机之间或者个人计算机或手持设备可以向手机发送信息, 信息内容以文本、数字或二进制非文本数据为主。一则短信能够容纳 140 字节, 也就是约 160 个 7 位元的字符、或是 140 个 8-bit 的字符 (中文字占 2-byte 的字符可容纳 70 个)。短信简单易用、资费便宜。短信被 GSM、CDMA、TD-SCDMA 等各种制式网络支持, 实现了全球移动数据服务。资费方面, 澳大利亚每则短信仅要 0.2~0.25 元澳币; 新加坡花费 0.05~0.07 新币/条, 我国则是 0.1~0.15 元/条。同时是一种存储和转发服务。发送方发送的短信可以不直接进入接收方的手机, 而是被存储在短信息业务中心 (可以根据需要存储数日), 当接收方手机开启或进入服务区时, 就会立即收到这条信息, 本质上是推式 (PUSH) 服务方式。据统计, 在亚洲、澳大利亚和欧洲, 短信服务特别受到欢迎。

当然短信服务也存在一些缺点。首先是速度问题: 短信使用的是无线网络的低速心灵频道, 存储转发模式无法保证短信的快速传输。在高峰期, 发送一条短信可能需要几分钟甚至是几小时。其次, 短信服务仅限于发送文本短信息。SMS 不支持发送图片、视频或是音乐文件。另外, 运营商的收费方式也有不同, 某些运营商要求用户必须预付费使用短信服务, 或者规定一个数量限制; 或者只对发送短信的用户收费 (单向收费), 而其他同时会对接收短信的用户收费 (双向收费)。

案例 1: 工商银行手机银行支付导引

您在互联网上购物后, 选择 "工商银行手机银行支付", 输入手机号码, 随后将接收到我行手机银行 (短信) 系统给您发送的购物支付确认短信, 您只要将该短信转发至 "1065800895588******" 就可完成购物货款的支付。

案例 2: 中国移动通信公司手机钱包业务及其资费标准

手机钱包业务是中国移动面向用户提供的一项综合性移动支付服务。用户开通手机钱包业务, 系统将为用户开设一个手机钱包账户, 用户可通过该账户进行远程购物 (如互联网购物、缴话费、水费、电费、燃气费及有线电视费等)。开通手机钱包业务后, 若用户在中国移动营业厅更换一张手机钱包卡 (支持 RFID 功能的专用 SIM 卡), 则用户还可以使用手机在布放有中国移动专用 POS 机的商家 (如便利店、商场、超市、公交) 进行现场刷卡消费。

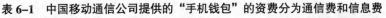

表6-1　中国移动通信公司提供的"手机钱包"的资费分为通信费和信息费

操作方式		资费	
		通信费	信息费
短信		MO 0.1 元/条，MT 不收费	所购买商品的费用
语音	125880 客服电话	本地通话 0.3 元/分钟，漫游通话 0.5 元/分钟	无
	125881 银行卡支付		0.3 元/分钟
	125886 话费支付		所购买商品的费用
USSD（*188#）		0.1 元/3 分钟	无
WAP、K-Java		按标准收取流量费	无

注：短信方式最高限额 30 元/次，50 元/天，100 元/月。

基于 SMS 的与移动支付模式具有技术门槛低、用户技术大、操作简单易用的特点，整个业务模式也简单清晰，利于产业链中各个环节之间的分工合作，是最早得以实施的移动支付方式。但是，SMS 信息传送能力较弱，直观性差，安全性不高也限制了其进一步发展。

四、SMS 移动支付的评价

作为应用最广泛的手机服务，短信对移动支付的增长起到了关键作用。目前，短信支付业务占到短信业务营收的 30%~50%，移动运营商大多提供后付费与预付费两种计费平台，在产业链中暂时保持着核心的地位。目前，虽然短信这种基于存储和转发机制的离线授权并不是安全完善的解决方案，但对于小额支付已经能够满足需求。语音交互以及 WAP 方式成本较高，用户界面不友好；USSD 以及 3G 架构还没有大规模使用，使得短信暂时成为最主要的移动支付授权方式。另外，金融机构也提供短信支付服务。VISA 已经在 CEMEA（中、东欧与中东、非洲地区）提供移动充值服务（VMRS），持卡人可以通过用户名和密码从 VISA 支付卡向一个或多个移动预付费账户进行充值。该服务也是金融机构充分利用现有架构和客户资源提供增值移动支付服务的典范，显然金融机构在该模式中扮演主要的角色，这是移动运营商不愿意看到的。当然，银行品牌的支付服务也是可行的，从传统意义上消费者更加信任银行机构，更愿意把短信支付看做传统支付渠道的自然扩充。

第三节 WAP 移动支付业务模式

一、WAP 移动支付的网络组成

（一）WAP

WAP 是无线终端和互联网之间进行通信时使用的开放性全球标准，可以支持目前已广泛使用的绝大多数无线设备。WAP 也可以支持目前存在的各种移动网络，如 GSM、CDMA、PHS、GPRS 等，并充分考虑了对未来第三代移动通信系统的支持。通过 WAP 终端，人们能进行股票交易、银行业务、产品订购等电子商务。

（二）基于 WAP 的移动电子商务网络组成

WAP 在应用上充分借鉴了 Internet 的思想，并加以一定的改进和简化。WAP 安全标准使通过互联网的电子商务扩展到了无线终端设备上。典型的 WAP 应用系统定义了三类实体。

（1）具有 WAP 用户代理功能的移动终端：典型的终端为 WAP 手机，它相当于 Internet 中的 PC。在它的显示屏上运行有微浏览器，用户可以采用简单的选择键实现 WAP 服务请求，并以无线方式发送和接收所需的信息。

（2）WAP 网关：WAP 网关是 WAP 网络中重要的一个环节，它是连接客户端和服务器的桥梁，使得 WAP 终端可以访问其中的资源。从 WAP 终端发送的请求，在网关实现 WAP 协议栈与 Internet 协议栈之间的转换后，再向内容服务器传送；而从内容服务器返回的信息，经网关编码后，转换为较紧凑的二进制格式，返回移动终端，以减少网络数据流量，最大限度地利用无线网络较为缓慢的数据传输速率。

（3）Web 内容服务器：特定资源存储或生成的地方，旨在为 WAP 应用提供数据服务支持，如支持 WAP 的 Web 网站以及相关的网站服务等。WAP 的 Web 服务器中通常采用 WMLScript 编写的 WAP 具体应用。

二、基于 WAP 的移动支付安全架构

WAP 安全架构由 WTLS（无线传输层安全）、WIM（无线鉴别模块）、WPKI（无线公共密钥系统）、WMLScript（无线标记语言脚本）四部分组成。各个部分在实现无线网络应用的安全中起着不同的作用，其中，WPKI 作为安

全基础设施平台，是安全协议能有效实行的基础，一切基于身份验证的应用都需要 WPKI 的支持，它可与 WTLS、TCP/IP、WMLScript 相互结合，实现身份认证、私钥签名等功能。网络安全协议平台包括 WTLS 协议及有线环境下的安全协议 TLS、SSL 和 TCP/IP。安全的参与实体作为底层安全协议的实际应用者，相互之间的关系也由底层的安全协议决定。当该安全构架运用于实际移动电子商务时，这些安全参与实体之间的关系即体现为交易方（移动终端、Web 服务器）和其他受信任方（WAP 网关、代理和无线认证中心）。

（一）无线传输层安全 WTLS

WTLS 将 Internet 的安全扩展到了无线环境，对于 SSL 在 Internet 上所实现的安全在无线环境中给予了实现，从而带来了今天的移动电子商务的繁荣。WTLS 是 WAP 协议栈的可选层，工作于运输层之上，它是模块化的，使用取决于所要求的安全层次。目前 WTLS 为 WAP 提供了鉴别、加密、完整性三大安全服务。

（二）应用层安全 WML Script

WML Script 是一种能够提供编程功能的语言，它属于 WAP 的应用层，可以用在基于 WAP 的应用开发之中。它是类似于 Java Script 的轻型脚本语言，能够支持窄带通信和瘦客户端。它可以用于移动商务在线支付过程中，用户对自己的购物清单确认无误后，使用自己的私钥对该清单数据签名，授权在线商店有权在交易完成后从用户的银行账户划转相应金额的款项。

（三）身份识别模块 WIM

WIM（WAP Identity Module）即 WAP 身份识别模块，是安装在 WAP 终端设备中的一种无法被篡改的计算机芯片，用来支持 WTLS 协议并提供应用层面的安全功能：存放和处理使用者的身份认证信息（密钥和证书）。目前，WIM 大多使用智能卡芯片来实现，带有 WIM 的 SIM 卡由 SIM 卡的发行商提供。

（四）无线公共密钥系统 WPKI

WPKI 适合于移动计算，可以为移动电子商务和移动电子政务提供安全解决方案，WPKI 有效地解决了具有有限计算资源的移动设备的身份认证问题。

移动电子商务中，实现客户端与服务端之间端到端的安全连接是非常重要的问题，在基于 WAP 的应用系统中，结合本文所讨论的安全架构模型的各个组成部分，移动运营商可以构建一个满足用户要求的端到端安全传输模型，并且可以保证传输过程中数据的保密性、完整性、不可否认性，并完成通信双方的身份认证。

三、WAP移动支付的工作流程

WAP（Wireless Application Protocol，无线应用通信协议）是移动通信与互联网结合的第一阶段性产物。这项技术让使用者可以用手机之类的无线装置上网，透过移动终端屏幕访问互联网网站。这些网站必须以WML（无线标记语言）或者XHTML（The Extensible Hyper Text Markup Language，可扩展超文本标识语言）语言编写。经过一段时间的市场培育，WAP已逐渐被用户所接纳，用户访问量逐年大幅度提高。WAP配上手机的彩屏、摄像、MP3动画播放功能，将使手机变成名副其实的多媒体通信办公娱乐中心。其高速率、移动和高安全性等特点，给移动电子商务的应用带来巨大商机。图6-4是基于WAP的移动支付系统框架以及工作流程的介绍。

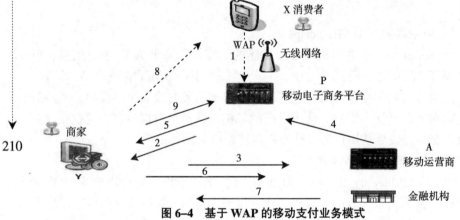

图6-4 基于WAP的移动支付业务模式

可以看出，基于WAP的移动支付模式和基于SMS的移动支付模式，在流程方面的主要不同就是访问移动电子商务平台的途径不同：通过WAP技术发送服务请求和接收反馈信息。而关键的支付过程的完成则基本和一般的网络支付相似，区别在于使用的终端（移动终端而不是电脑）、承载信息的载体网络（移动网络而不是有线互联网）。WAP信息交互过程如图6-5所示。

从图6-5可以看出，当WAP终端发送的请求，在网关经协议转换后，再向内容服务器传送；而从内容服务器返回的信息，经网关编程后，转换成较为紧凑的二进制格式，返回移动终端（客户端）。WAP网关用来连接无线通信网和万维网。其中，客户端是无线通信网的一部分，服务器端是WWW网的一部分。系统中的WAP网关实现的功能除了上述的协议转换和消息编解码这两个功能外，还具有以下两个功能：

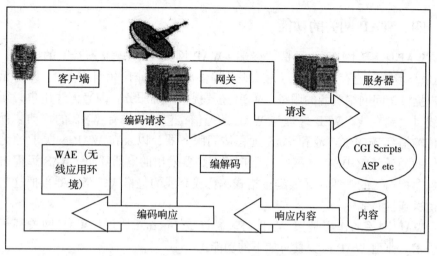

图 6-5 WAP 信息交互过程示意

（1）将来自不同 Web 服务器上的数据聚合起来，并缓存经常使用的消息，减少对移动设备的应答时间。

（2）提供与数据库的接口，以便使用来自无线网络的信息（如位置信息）来为某一用户动态定制 WML 页面。

基于 WAP 的移动支付系统安全性是建立在 WAP 的基础上的。目前这种系统还存在以下缺点：

（1）移动终端只能通过采用 B/S 方式访问 Internet。WAP 是一种分层协议，其中底层是无线 WDP 和 WTP 等传输层协议，基于底层的应用层中的 WAP 微浏览器只能访问 WML 脚本，而不是主流的 HTML，也不能显示复杂格式的图形。

（2）移动终端手机通过 WAP 网关才能访问 Internet。由于 WAP 网关的存在不可避免地带来新的安全隐患，例如中间人的攻击等。因此，直到 WAP 2.0 采用 TLS 才保证了端到端的安全性。

（3）WAP 解决方案不能访问终端设备本地存储区，需要运行于在线环境中，大量数据的交换增加了服务器负荷，并且增加了数据被窃听的可能性。

基于 WAP 的移动支付模式，并没有对网络支付的传统模式进行关键性的改造，因为遇到的体制阻力也不大。但是缺点是需要能够支持 WAP 功能的移动终端和网站，交易成本较高。而终端显示能力、信息处理能力、操控能力以及移动网络带宽等方面的限制，则是不小的制约因素。

四、WAP 网关的功能

WAP 采用的实现方式是"终端 + WAP 网关 + WAP 服务器"的模式。在 WAP 环境下，也存在 WSP（无线服务提供商），其作用相当于 ISP，即为无线用户提供访问网络资源的服务。WSP 还要提供附加服务，因为无线用户必须从无线过渡到有线。WSP 处理与 WAP 的通信，包括从带有 WAP 的移动装置通过传输塔到 MODEM 池和 RAS 远程访问服务器，以及在 WAP 网关上的无线通信的翻译。MODEM 池接收从用户移动装置发出的电话呼叫，RAS 远程访问服务器把输入的呼叫从无线的包格式解释成有线的包格式，路由器再把这些包路由送到目的地。

WAP 网关的作用是把 WAP 协议翻译成 Internet 协议。WAP 网关基于代理技术。典型 WAP 网关具有如下的功能：

（1）提供域名服务，如将域名解析成 URLs。

（2）提供了一个管理控制点，防止进行欺诈和利用。

（3）充当一个代理，把 WAP 协议栈解释成 Internet 协议栈。

许多网关也包括翻译编码的功能，此功能将把 HTML 网页翻译成无线标记语言网页以适应移动设备的类型。CMNET 拥有完全的 Internet 访问权。CMWAP 的适用范围就要看 WAP 网关所提供的支持。因此，只有满足以下两个条件的应用才能在中国移动的 CMWAP 接入方式下正常工作：应用程序的网络请求基于 HTTP 协议，同时应用程序支持 HTTP 代理协议或 WAP 网关协议。WAP 论坛至今已发展到包括设备制造商、网络运营商、服务提供商、软件开发商等机构在内的 200 多个成员。WAP 规范还在不断地完善扩充之中，将随着互联网技术的发展、无线带宽的增加和市场需求日益扩大而不断发展。WAP 新规范将是一个在移动设备上提供基于 Internet 数据服务的协议。它将完成 XHTML 和 TCP 的移植，使开发商编写应用程序更加容易。WAP 论坛也在研究 WAP 设备上支持多种服务，包括彩色图形的显示，动画、音乐及图片的下载及允许用户使其 WAP 上的信息与远程个人信息管理软件同步运行技术。

据市场调研公司 Gartner 指出，WAP 是发达市场首选的移动接入技术归因于手机的种种限制，Gartner 预计短信服务（SMS）和非结构化补充业务数据（USSD）依然是发展中市场的主要接入技术。而无线应用协议（WAP）仍然会是发达市场首选的移动接入技术，因为在那里用手机使用和激活移动互联网非常普遍。移动应用软件下载和移动商务是 WAP 支付的主要推动力量。2011年，WAP 支付在北美移动交易中大约占 90%，而在西欧约占 70%。

第四节　I-Mode 移动支付业务模式

一、日本的 I-Mode 移动支付

非接触式移动支付已经成为移动支付领域的主流趋势。目前用于非接触式移动支付业务的近距离通信技术有 RFID、FeliCa、NFC 等。未来，蓝牙、802.11 等也非常有可能应用在移动支付业务中。应用最早最成功的非接触式移动支付服务，是由日本的 NTT DoCoMo 公司推出的。得益于 NTT DoCoMo 的 I-Mode 品牌对市场的培育，日本成为全球移动支付发展最成功的国家。日本在移动支付的实现方式上进行了大胆而成功的尝试。日本移动支付产业由 DoCoMo 与 Sony 引领。两家公司共同推出了内嵌 FeliCa 芯片（智能感应卡）的 I-Mode FeliCa 移动钱包方案，支持各种零售、电子票务（公交、铁路及民航）、会员卡、娱乐消费、在线金融等应用，还支持身份认证功能。

I-Mode 就是由日本 NTT 旗下的 DoCoMo 公司于 1999 年 2 月 22 日所推出的移动互联网技术。NTT DoCoMo 公司是日本移动通信行业的领导者，拥有覆盖全国的通信网络。公司提供广泛的、全方位的服务，包括：使用高效 PDS 电信系统的手机服务；PHS 数字通信系统；FLEX-TD 高级无线寻呼系统；航海及机上电话；卫星移动通信系统及办公用数字无线电话系统。在日本占据了移动通信市场的最大份额，所有的移动电话都是数字式的。通信流量不但在语音交流，同时也在定位服务数据包传输，互联网接入等各个方面持续增长，公司具备世界级水平的研发部门一直在尖端移动通信领域进行研究和开发。

二、I-Mode 的系统与技术

I-Mode 是移动电话通信平台。I-Mode 手机屏幕比普通手机略大，内置了网页浏览器，这种手机保留了其他手机的所有特性，但是它增加了 5 个 I-Mode 键，其中四个方向键、1 个选择键。I-Mode 机有很多功能，其中包括永远在线、HTML 浏览器、E-mail 软件、Java 虚拟机，具有端到端的安全协议等功能。内置的浏览器允许用户访问超过 3000 个 I-Mode 官方站点和超过 84000 个其他站点，这些网站都是手机的小屏幕特别设计的。I-Mode 的成功是由价值链各环节共同努力的结果：手机提供商必须为终端用户提供功能强大、方便实用的手机；网络和服务提供商必须为高质量的服务和可拓展性创建合适的架构；

内容提供商必须为终端用户提供丰富的服务；最后移动运营商必须把这些整合起来的价值友好地提供给终端用户。DoCoMo 把自己定位为整合协调价值链各个环节，使得价值链上的参与者都能分享利润，分享成功。这是一个多赢的商业模式。

I-Mode 利用了两个非常关键的技术从而使它获得成功：基于包交换的传输技术、为第三方开发商选择了正确的应用层技术。在提供无线互联网服务时，包交换技术能给终端用户带来许多好处：首先它使用户可以"永远在线"，免去了使用电路交换技术时费时的拨号和登录过程。其次包交换技术使得在计费方面按照流量计费而不是按时间计费。如果按时间计费，其 9.6Kb/s 的传输速率会让用户很难接受。除了每月 315 日元的月租费外，用户只需要为 128 字节的每个 IP 包支付 0.315 日元。DoCoMo 还自己制定了 I-Mode 标准，它使用简化的 HTML 语言作为网页编程语言，于是能够很容易地建设所需要的网站。同时，I-Mode 还能够与一些其他的标准兼容。

三、I-Mode 移动支付业务模式

多种先进技术的采用以及独一无二的商业模式使得 I-Mode 在日本取得了极大的成功。在这种商业模式的背后是一种崭新的移动服务价值链，以及崭新的无线服务和 Internet 之间的关系。为了给用户开发更好的移动服务，DoCoMo整合了 I-Mode 价值链上的各个环节。与设备制造商、内容提供商和其他平台供应商的紧密合作确保了无线技术、内容质量和用户体验能以相同的最优节奏前进。最终，这种同步确保了客户、合作者和股东的利益与终端用户一致，使得价值链各个环节价值都能最大化，从而不断地改进产品和服务的质量。DoCoMo 还与很多国际上的合作伙伴组成联盟，这样的联盟有助于 I-Mode 扩大全球范围的规模、与国内外制造商合作开发新的产品、为用户在全球市场提供高效高质的产品和服务。在利润分配上，DoCoMo 与客户存在比较成熟的账单支付关系，这使得它可以代替内容提供商向用户收取内容服务费用。这些费用被记入每月账单，其中的 9% 为 DoCoMo 佣金，其余的返还给内容提供商。这种分成模式刺激了内容商的极大热情，他们倾其全力不断推出新业务，这样整个市场形成了良性循环。

I-Mode 移动支付业务模式如图 6-6 所示。居于核心地位的移动运营商NTT DoCoMo 定制具有 FeliCa 功能的终端、整合商家和信用卡公司等一系列操作，牢牢掌握了移动支付产业链的各个重点环节，有效理顺了整个移动支付的信息、物品和资金流，有力地促进了移动支付的发展。消费者享受了便捷、安全、丰富的移动支付服务，而消费者在"手机钱包"中预存的资金成为移动运

营商稳定的资金流，商家和信用卡、银行等上下游企业也有明晰稳定的获利，因此是一个多赢的业务模式。

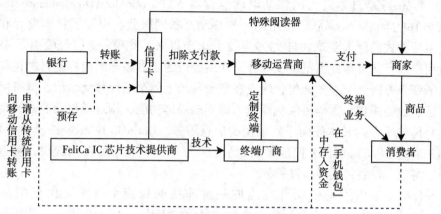

图 6-6 I-Mode 移动支付业务模式

注：图中实线为产品线，虚线为资金流。

四、I-Mode 模式的市场环境

但是 I-Mode 模式的成功是和日本独特的市场环境有密切关系的，具有一定的特殊性。选择在日本有广泛基础的 FeiliCa IC 技术作为移动支付技术，FeiliCa IC 技术是日本索尼公司研制开发的非接触智能芯片技术。FeliCa IC 技术不仅在技术上具有先进性，而且在日本被广泛应用。从技术上来讲，FeliCa IC 技术适用于移动支付技术。第一，FeliCa IC 卡具有很高的安全性，适合存储安全要求很高的用户个人信息；第二，FeliCa IC 技术传输速率非常高，操作简单，用户只需在特殊的读卡器前晃动安装有 FeliCa 芯片的手机就可完成支付，极大地方便了用户。从 FeliCa 芯片在日本的发展来看，在众多领域都有应用，并且已经应用于电子支付领域，在日本具有一定的基础。采用 FeliCa IC 技术，一是可以省去许多安装特殊读卡器的费用，从而更容易调动商家对开展移动支付业务的积极性；二是在用户中更容易宣传进行比较。

DoCoMo 支付业务在 Internet 环境下，许多内容都是免费提供的，其中的原因之一就是缺少有效的收费机制。虽然有很多微支付的服务，但成功的很少。I-Mode 为用户支付服务费用和内容提供商收取费用都提供了一个方便的渠道。DoCoMo 可以代替内容提供商从用户每月的账单中收取其订阅服务的费用。而对于用户而言，在某个网站注册的过程也很简单，只要输入移动电话的 PIN 码就可以完成注册。内容提供商可以根据 PIN 码找到用户的详细信息，从而提供个性化的内容和服务。使用，能够增强用户使用移动支付业务的体验。

五、日本 I-Mode 移动支付业务模式

I-Mode 是日本最大的移动电话运营商 NTT DoCoMo（Do Communications Over The Mobile Network）推出的一种移动互联网服务，引发了日本商界和个人生活方式的巨大变革。自 1999 年 2 月上市以来，此项服务已经吸引了 4800 万用户，目前可赖此浏览逾 95000 家网站提供的丰富多彩的内容。日本在移动电子商务方面处于领先地位，建立在宽带基础上的第三代移动通信，具有可视电话、数码照相、数码摄像机高速上网等多媒体功能，构筑成移动商务的高速信息传输平台。日本倾向于娱乐型的信息服务。DoCoMo I-Mode 按流量计费，用户通过 I-Mode 可以方便地接入大量的互联网站点，享受在线购物、网上银行、游戏、订餐订票等多种服务。

FeliCa 是由索尼公司开发出的一种非接触智能卡技术，由英文单词"Felicity"和"Card"组合而成，意为"灵活的卡片"。由于采用了"非接触式技术"，FeliCa 产品无须通过终端读写槽便可实现数据的快捷传输，并因此确保了用户个人资料很难被复制或窃取。FeliCa 技术已经被嵌入手机芯片，人们在购物时只需将手机贴近结算终端，就可在 0.1s 内完成以前漫长的刷卡或现金交付手续。和传统的银行卡相比，FeliCa 技术更为安全。FeliCa 最早应用在交通系统，乘客可在特殊的阅读器前晃动 FeliCa IC 卡购买车票。将 FeliCa IC 芯片移入手机是 NTT DoCoMo 的一大创举。移入 FeliCa IC 芯片的手机通过在特殊的阅读器前晃动手机，就可将支付数据、票据或者用户的身份认证信息通过无线电波传输到移动运营商或者银行等金融机构。不像短信、WAP 等方式，用户不必输入烦琐的文字信息或者浏览手机寻找相应消息，一是方便了用户，二是节省了时间，另外，在手机处于关机状态下依然能够完成支付。这样不仅扩展了 FeliCa IC 卡的应用范围，还有效解决了移动支付手机操作的不便利性。

以 NTT DoCoMo 为代表的移动运营商在移动支付产业链中占据主导地位。第一，日本的金融管制政策宽松，降低了移动运营商进入金融领域的壁垒。日本金融厅于 2000 年 5 月在《异业种加入银行经营及网络专业银行等新型态银行执照的审查指针方案》明确提出允许其他行业参与银行业的方针。第二，信用卡和移动支付业务存在一定的替代关系，日本消费者对信用卡的使用频率不高，为移动支付业务的发展提供了契机。日本的信用卡最先是由零售商于 20 世纪 60 年代引入，零售商通过个人金融公司向消费者提供分期付款信贷。为保护零售商的利益，日本政府对日本银行提供信用卡业务采取了严格的管制政策。直到 1982 年才允许日本银行通过成立全资信用卡附属公司间接介入信用卡业务，并且该信用卡不具备循环信用功能，只能采取每月清偿的延期还款方

式。直至 2004 年 4 月允许日本银行直接发行信用卡，日本银行业进入信用卡市场的限制被完全取消。日本信用卡产业的特殊发展历程导致了日本的信用卡产业受理市场规模小，规模效应很难产生，从而致使交易成本高，加之前面提高的缺乏循环信用功能，使得消费者对信用卡的使用频率不高。第三，日本银行业对开展移动支付等新业务的兴趣不浓，减少了对移动运营商的威胁。日本银行业近几年一直忙于合并后的重组，并且面临着诸如"存款限额保护政策"的重创以及主银行制度带来的巨额不良资产等困境，使得他们无暇顾及移动支付等新业务的开展。第四，日本移动运营商庞大的用户基础也是保证移动支付市场不断壮大的因素之一。

在近距离支付方面，目前国际上有三种主流技术方案：NFC、SIMPpass、RF-SIM，这三种方式都是通过无线射频信号实现信息传输，区别在于：NFC 的射频单元集成在手机上，需要改造手机方可投入使用；而 SIMPpass、RF-SIM 是集成在 SIM 卡上，无须改造手机；此外，RF-SIM 载波频率为 2.4G，SIMpass 和 NFC 为 13.56M。

第五节 其他移动支付业务模式

一、USSD 支付

USSD（Unstructured Supplementary Serviee Data）即非结构化补充数据业务，是一种基于 GSM 网络的新型交互式数据业务，是在 GSM 的短消息系统技术基础上推出的新业务。USSD 技术单独使用或与目前的短消息技术、通用分组无线业务 GPRS（General Packet Radio Service）技术相结合，可为客户提供种类繁多的增值业务，如移动银行、金融股票交易、手机话费查询、气象信息预报和查询、收发电子邮件、航班查询、网上订票、民意测验等。在中国香港特区、新加坡等国家和地区已有广泛的应用，在我国也有广阔的应用前景。

USSD 系统与短消息业务 SMS（Short Message Service）、GPRS 和无线应用协议 WAP（Wireless Application Protocol）的应用范围相似，但有其自己的特点。首先，USSD 数据传输速率比 SMS 传输速率高，虽然比 WAP 低，但是目前 WAP 的响应时间较慢，且需专门的 WAP 手机支持。其次，USSD 在会话过程中一直保持通话连接，提供透明通道，不进行存储转发；而 SMS 在物理承载层没有会话通道，是一个存储转发系统，用户完成一次查询需要进行多次会话过程。USSD系统对用户的呼叫请求是即时响应，使响应时间大大加快，比短消息快。而且，USSD在交互式会话中可以提供直观的菜单操作，方便用户使用。在一次信息服务中，只需要拨打服务号码，以后就可以按菜单提示进行下一步操作，可以建立类似WAP的门户网站来提供电信增值服务。最后，USSD和GPRS适合不同的用户群。在工业环境下，在通信量不大、每次通信量只有几K数据量的情况下使用USSD的费用低廉；而GPRS传送带宽高，适用于信息量大的数据传输。

二、K-Java

Java是sun公司开发出的计算机编程语言。Java手机软件平台采用的基本Java平台是CLDC（Connected Limited Device Configuration）和MIDP（Mobile Information Device Profile），是J2ME（Java 2Micro Edition）的一部分，在中国一般称为"无线Java"技术。此前，有人把它叫做"K-Java"；随着K-Java技术的不断完善与发展，移动运营商们对具有K-Java功能的手机用户提供全面的服务。如互动游戏、互动新闻、以Java语言写成的内容、遥控家用电器等。

三、BREW支付

BREW就是无线二进制运行环境（Binary Runtime Environment for Wireless）的缩写，是高通公司2001年推出的基于CDMA网络"无线互联网发射平台"上增值业务开发运行的基本平台。相对于Java，BREW是一个更底层的技术。

BREW提供一个高效、低成本、可扩展和熟悉的应用程序执行环境（AEE），着重开发可无缝植入任何实际手持设备的应用程序。制造商和开发人员可以随时对运行环境进行扩展，提供应用程序需要的各种附加性能模块，如"无线互联网发射平台"中包含的多媒体、多种连接方式、位置服务、用户界面、网络等功能套件。BREW提供的功能环境就好像PC上的操作系统一样，可以通过服务提供商下载指定类型的应用程序或游戏来使用。同时，通过BREW接口功能，供应商可以提供成套的完整的资讯、商务、娱乐功能。在将来的版本中，BREW内核类将能提供诸如蓝牙技术、全球定位系统（GPS）和基于数据业务的电话等服务。由于需要更少的内部应用程序开发和集成任务，OEM可以更加快速地推出新设备。用户可以选择和下载适合个人喜好的无线软件。通过这种方式，用户将推动新的无线数据应用程序和服务市场的发展。

BREW主要应用在移动通信领域，BREW类似一个免费开放的PC操作系统，其他厂商可以在这个平台上设计各项应用。作为一个手机应用平台，BREW能支持高速上网、下载游戏、无线购物等几十种数据业务。厂商使用

BREW 设计一款应用软件，所有装载高通芯片的手机都可以使用，不会出现 Java（另一种平台）上不同手机型号需要分别设计的麻烦。此外，BREW 还兼容其他语言，包括 Java、Flash。

四、RFID 和 NFC

RFID 是 Radio Frequency Identification 的缩写，即射频识别，俗称电子标签。RFID 射频识别是一种非接触式的自动识别技术，它通过射频信号自动识别目标对象并获取相关数据，识别工作无须人工干预，可工作于各种恶劣环境。RFID 技术可识别高速运动物体并可同时识别多个标签，操作快捷方便。

NFC（近距离非接触技术）脱胎于无线设备间的非接触式射频识别 RFID 及互联技术，它可以满足任何两个无线设备间的信息交换、内容访问、服务交换，并且使之更为简约——只要任意两个设备靠近而不需要线缆接插，就可以实现相互间的通信。这将任意两个无线设备间的"通信距离"大大缩短。举例来说，用户手里拿着手机，在一个音乐会的广告海报前面，把手机接近海报，它就能实现手机与海报网站的连接；要想买票入场，可以利用嵌在手机中的智能卡支付票款。作为一个安全地连接到世界的网关，未来的 NFC 设备将允许使用者无论在何处都可以存储和获取各种个人数据如消息、图片、MP3 文件等。它具有使用简单、连接快速方便、无须额外配置和智能密钥获取数据等特点，满足了使用者的各种需求。Informa 仍预测，到 2013 年约有 11%的新手机会具备 NFC 功能，超过 1.78 亿移动用户会经常使用移动 NFC 手机购买商品和服务，例如购票。图 6-7 是 NFC 的系统架构以及应用领域。

五、我国移动支付技术方案

我国的移动支付目前所用技术方案主要有三种，分别是 SIMpass、RF-SIM 和 eNFC。从 2006 年下半年开始，中国移动先后在湖南、重庆、广州进行试点，陆续采用了 SIMpass、eNFC、RF-SIM 等多种技术方案。中国联通在湖北推广基于 RFSIM 的移动支付业务之后，又于 5 月份在上海和复旦微电子股份有限公司及相关手机厂商合作推出基于 NFC 技术的手机支付业务。中国电信从 2008 年底也开始了非接触移动支付的预研。

SIMpass 卡（或者称为双界面 SIM 卡）是一种多功能的 SIM 卡，支持接触与非接触两个工作接口，接触界面实现 SIM 功能，非接触界面实现支付功能，兼容多个智能卡应用规范。利用 SIMpass 技术，可在无线通信网络及相应的手机支付业务服务平台的支持下，开展各种基于手机的现场移动支付服务。使用 SIMpass 的用户只需在相应的消费终端前挥一下，即可安全、轻松完成支付过

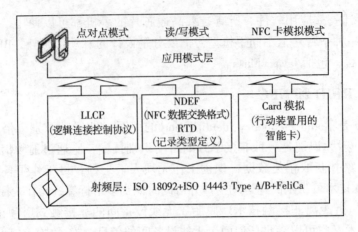

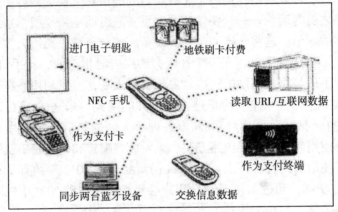

图 6-7　NFC 系统架构以及应用领域

程。SIMpass 卡除支持 GSM 或 CDMA 规范外，与低成本非接触 CPU 卡兼容，这也为 SIMpass 卡片的广泛应用提供了基础应用环境。

　　RF-SIM 是一种实现中近距离无线通信功能的手机智能卡，也叫 RF-SIM/RFSIM 卡。它通过将射频技术集成到手机 SIM 卡里，使手机使用者仅需要把 SIM 更换一张 RF-SIM，便可以使现有的手机变成类 NFC 手机。不但拥有普通 SIM 卡的所有功能，还拥有一个可代替钱包、钥匙和身份证的全方位服务平台，能实现大部分的非接触应用，并支持全制式的无线网络和各种型号手机。RF-SIM 的主要功能包括：支持标准 SIM 功能（GSM 11.11，11.14），"电子钱包"功能（模拟 Mifare 数据逻辑结构并符合 BOC 2.0 以及 EMV 电子信用卡的规范要求，支持空中开卡和充值），远程支付功能，超级 VIP 卡功能（CRM、积分、打折、交易）等。

第六章 移动支付的业务模式

应用案例：RF-SIM 公交应用落地仪式于 2008 年 1 月 11 号在广州东方宾馆举行

2008 年 1 月 11 日，在广州一巴士全球首发的 30 辆最新技术混合动力客车上应用直通电信的 RF-SIM 技术。乘客上车后只要用带有 RF-SIM 智能卡的手机对着 POS 感应器刷一下就可以买票坐车，还能进行交友、下载歌曲、听歌等娱乐消遣，还可以查询本地区娱乐场所最新的娱乐信息和各商家的优惠信息，并可通过刷卡即时购买电影院门票、演唱会门票、下载商家优惠券等，让车厢成为移动的娱乐、消费场所，让手机成为真正的"电子钱包"。车辆内部装载的基于 RF-SIM 技术的互动广告机将为乘客提供前所未有的体验。观看广告不再只是单一的广播模式，如果对广告内容感兴趣的话，可以用 RF-SIM 手机轻松下载：广告内容；广告所涉及商品、服务的优惠券；音乐、视频、海报等。真正提高了公交媒体广告的效果。同时能对用户获取信息资源的行为做数据采集和分析，大大提高公交媒体广告的科学性。

eNFC-增强型 NFC。法国公司 INSIDE 于 2005 年 2 月 11 日将其于 2000 年开发的 R2R™ 技术更名为 "eNFC" 技术（"e" 代表 "enhanced"，即增强的意思），并且在 NFC 对 ISO 标准的支持列表中增加了 ISO 14443TypeB 和 ISO 15693。eNFC 技术除了对 NFC 技术 100%兼容以外，增强型还体现在包含了对其他两种使用非常广泛的 ISO 标准的支持，即 ISO 14443B 和 ISO 15693。巴黎地铁系统于 2006 年上半年采用了 INSIDE 公司的 eNFC 技术。在集成 PicoRead 后为 Bouygues 电信公司的手机访问 RATP 巴黎交通网络设备之间提供非接触式接口。这项新服务将使 Bouygues 电信公司能够在日常活动中测试移动电话并采用移动电话付费的使用情况，如乘坐公共交通时，在整个地铁网络中，乘客可以用他们的手机取代他们的 "Navigo" 非接触式智能卡。当通过地铁口的检票栏或者搭乘公共汽车时，他们只需用手机在读卡机前晃一晃即可。另外只需在 RATP 的 i 模式位置单击几下，乘客就可以选择更新他们手机上的 Navigo 旅行卡，这项功能极大地方便了旅客，节约了大量时间。业内几个主要厂家已经加入了该项目。Axalto 推出一张被称为 Proximera 的新 SIM 卡，可以储存用户旅行卡详细资料。此类新卡运用单线协议技术，允许与 INSIDE 公司的 PicoRead

部件实现互动，获得与 RATP 非接触式读取器设备的通信。

六、各种移动支付技术实现的案例

（一）SMS 方式——以中国工商银行为例

申办条件：用户选择的移动运营商与工商银行具有合作关系，手机支持短信收发。

提供的服务：账户查询、利率查询、汇率查询、债券查询、转账、汇款、历史明细查询、电话费或手机费缴纳、变更手机银行注册信息、获取"移动银行"帮助等。

操作方法：以消费支付为例，用户在互联网上购物，选择"工商银行手机银行支付"，输入手机号码，随后将接收到工商银行手机银行（短信）系统发送的购物支付确认短信，用户只要将该短信转发至（移动：777795588******，联通：7010******）就可完成购物货款的支付。

资费：按短信条数收取 0.2~0.3 元/条的信息服务费，按异地汇款笔数收取交易费。

（二）WAP 方式——以交通银行为例

申办条件：中国移动和中国联通的用户，手机支持上网功能。

提供的服务：

（1）个人理财。余额查询、账户明细查询、交易明细查询、转账服务、手机查询、充值。

（2）基金业务。交易明细查询、查询撤销交易、基金持有查询、基金账户开户、基金认购、基金赎回、基金转换。

（3）外汇宝。单个/定制汇率查询、账户管理、及时交易、挂单交易、成交明细查询、客户设置。

（4）卡号管理。删除记忆卡号、修改登录别名、设定登录卡号、解除登录设定。

（5）公共服务。外汇牌价、外汇行情、外汇资讯、环球股指、基金净值查询等。

操作方法：以查询余额为例，客户登录交通银行，登录后出现菜单，选择个人理财，出现理财菜单选项，选择记忆卡号登录，出现绑定的各卡号，选择一个卡号输入密码进入，选择客户余额查询就可以得到详细的客户余额信息。

资费：交通银行目前不收取费用，客户需要支付手机上网的信息流量费。目前移动 1K 的数据流量为 3 分钱，联通 1K 为 1 分钱。

（三）STK 方式——以中国移动支持的 STK 卡为例

申办条件：中国移动用户将 SIM 卡更换为 STK 卡，北京地区全球通用户和东莞地区移动用户，用户拥有在签约银行建立的个人银行卡账户。

提供的服务：手机缴费和手机账务查询、历史交易查询和转账等。

操作方法：以转账为例，在"手机钱包"菜单中选择"转账"一项，输入对方号码，再次输入以确认对方号码，输入转账金额，输入银行卡密码，输入简短附言。

资费：将 SIM 卡换成 STK 卡时需要缴纳 80 元的换卡费，使用业务时按 0.1 元/条收取短信费用。

（四）GSM/USSD 方式——以民生银行为例

申办条件：中国移动用户，用户拥有民生银行账户。

提供的服务：

（1）查询服务。余额查询、交易明细查询、账户信息查询、利率查询、汇率查询等。

（2）个人外汇买卖。外币余额查询、即时交易、挂盘交易、交易明细查询等。

（3）移动缴费。移动话费查询、移动话费缴纳、话费充值、余额查询。

（4）银行缴费。实时缴费、预存缴费、缴费信息注册与查询。

（5）彩票投注。足球彩票投注、福利彩票投注。

（6）用户管理。修改和找回密码，账户挂失。

（7）手机购物和手机捐款。

操作方法：以查询余额为例，用手机拨打 *188#，接通；按照网络回复，按接听，输入"手机钱包"密码，发送；按照网络回复，按接听，输入 2，发送；按照网络回复，按接听，输入 1，发送；按照网络回复，按接听，输入 1，发送，网络回复账户余额。

资费：每 3 分钟为一次，0.1 元/次；不足 3 分钟按一次收取；超过 3 分钟另算一次。

（五）BREW 实现方式——建设银行与联通合作的"手机银行"

申办条件：联通 CDMA 用户，同时是建设银行用户，手机支持 BREW 功能。

提供的服务：查询、转账、汇款、缴费、外汇业务、账户管理、支付。

操作方法：使用"联通无限键"（炫键），进入"神奇宝典"→进入"软件超市"→进入"软件目录"→进入"手机银行"→进入"建行手机银行"→选择下载。在下载中国建设银行手机银行菜单后，可以直接进行操作。

资费：通信费、信息费、银行业务费通信费用由中国联通向用户收取，按

223

照流量 0.01 元/K；信息费由建设银行按包月制收取，每月 10 元；银行业务费由建设银行按银行规定向用户收取，查询、同城转账、缴费、银行转账等不收取费用，汇款等业务收取银行结算费用，按柜台办理费用的 60% 收取。

（六）Java 方式——中国移动 Java 业务

申办条件：中国移动用户，同时为广东发展银行、民生银行、工商银行用户三者之一，手机支持 K-Java 功能。

提供的服务：广东发展银行、民生银行、工商银行已经开通的各项手机银行服务。

操作办法：进入"应用和游戏"找到 Java 图标，单击后选择"安全手机钱包"进行用户登录，之后可根据菜单选择进行的业务操作。

资费：收取 GPRS 流量费，0.03 元/K。

（七）欧美支付新模式：移动支付成为大势所趋

2011 年 5 月 27 日，Google 发布了其手机移动支付产品 Google Wallet（钱包），基于 NFC 技术，将信用卡存储为智能手机上的数据，未来还会加入各种购物卡、礼品卡、优惠券等，致力于将智能手机变成钱包，取代信用卡。

随着智能手机的普及与移动互联网的蓬勃发展，消费者越来越不愿使用传统而烦琐的银行账户和现金支付方式，更为便捷的电子支付、移动支付成为大势所趋。以美国为例，据咨询公司 Aite Group LLC 进行的调查显示，2010 年美国家庭进行了 110 亿笔个人之间的在线支付交易，交易金额累计高达 8650 亿美元，每户家庭交易金额平均为 7500 美元。因此，来自不同领域的企业，从金融机构、电信巨头到互联网企业等都不愿落后，纷纷推出新的支付业务，企图在这一钱途无限的市场分一杯羹。2011 年 5 月 25 日，全美三家大型银行——美国银行（Bank of America Corp.）、富国银行（Wells Fargo & Co.）和摩根大通（J.P. Morgan Chase Co.），推出一项新的名为 clearXchange 的支付业务，使用户能够通过手机号码或邮箱地址绑定活期账户实现相互转账。近年来，Paypal（eBay 旗下）等在线支付企业的迅猛发展，不断挤压着银行的相关业务利润。银行希望通过这样的新在线支付业务重新吸引消费者。

此外，由荷兰国际集团在美国成立的网上银行 ING DIRECT 于 5 月 3 日推出了一款同名应用，通过碰撞移动设备实现设备间的快速转账。用户在安装应用后，输入个人账户信息（只需一次输入，长期有效），提交支付或收款信息后，双方设备互相撞击，便完成了支付过程。在英国，5 月 21 日，巴克莱银行与英国最大的移动运营商 Everything Everywhere 旗下的 Orange 宣布合作，发布了一项基于 NFC（Near Field Communication），即近场无线通信技术的手机支付业务。英国消费者可以利用搭载这两家合作开发的 Quick Tap 功能的 NFC 手机，在英国超过 5 万家商店进行低于 15 英镑的小额 NFC 付费。据 Google 公司日前新发布的一份报告预计，到 2014 年全球 NFC 移动无线支付交易额将接近 500 亿美元。基于 NFC 技术的支付领域似乎已成为各家必争之地。Google Wallet 也是通过 NFC 技术，使消费者在收款台的读卡器前轻松晃动智能手机便可完成兑换优惠券或支付的过程，让移动支付更为便捷。据了解，消费者使用 Google Wallet 消费基本上无须负担额外金额，仅由信用卡公司向加盟店收取手续费。NFC 技术存在已久，但大规模普及应用却一直未能实现。此次 Google 大手笔推出 Google Wallet，也引起了外界的争论，NFC 支付系统能否成功打破消费者的认知障碍、改变其固有消费习惯？但无论成功与否，巨头 Google 此举无疑会加速移动支付的发展普及趋势。

信用卡公司亦不甘落后。VISA 宣布将推出新的电子支付业务，包括在互联网及离线 POS 机上进行支付的数字钱包服务。具体来说，消费者在互联网（无论是桌面电脑、笔记本电脑还是移动终端）进行消费时，通过对 VISA 数字钱包的设置，就可只凭用户名与密码进行交易，简化了支付流程。而在离线 POS 机支付过程中，则也采用 NFC 技术，让用户"刷"有 NFC 功能的手机完成支付。不只这些大企业，许多初创公司也瞄准了这一市场。由 Twitter 创始人 Jack Dorsey 创办的移动支付公司 Square 就是一例。简单说来，Square 是个小巧的、可插入 iPhone 或 iPad 耳机插孔中的一个读卡器，允许用户方便地通过将信用卡读卡器插入 iPhone 或 iPad 中来支付，不需额外的设备、手续，也不产生手续费。2010 年 5 月正式推出，到 2011 年 5 月 Square 达到每天处理 300 万美元支付，读卡器单个售价 9.95 美元，出货量达 50 万。据报道，Square 刚获得了新一轮约 5000 万美元融资，并迈入估值超 10 亿美元公司俱乐部。这些形形色色、各种各样新产品的推出，意味消费者将很快拥有空前多的支付选择方式，也会令传统支付方式进一步缩减。而各大公司对这一领域的强势介入也将加快电子支付领域的淘汰速度。

225

 **本章案例**

手机短信借款纠纷案

2004 年 1 月，杨先生结识了女孩韩某。同年 8 月 27 日，韩某发短信给杨先生，向他借钱应急，短信中说："我需要 5000 元，刚回北京做了眼睛手术，不能出门，你汇到我卡里。"杨先生随即将钱汇给了韩某。一个多星期后，杨先生再次收到韩某的短信，又借给韩某 6000 元。因都是短信来往，两次汇款杨先生都没有索要借据。此后，因韩某一直没提过借款的事，而且又再次向杨先生借款，杨先生产生了警惕，于是向韩某催要。但一直索要未果，于是起诉至海淀法院，要韩某归还其11000元钱，并提交了银行汇款存单两张。但韩某却称这是杨先生归还以前欠她的欠款。

为此，在庭审中，杨先生在向法院提交的证据中，除了提供银行汇款存单两张外，还提交了自己使用的号码为"1391166×××ד的飞利浦移动电话一部，其中记载了部分短信内容。如2004年8月27日15：05，那就借点资金援助吧。2004年8月27日15：13，你怎么这么实在！我需要5000元，这个数不大也不小，另外我昨天刚回北京做了个眼睛手术，现在根本出不了门，见人都没法见，你要是资助就得汇到我卡里等韩某发来的18条短信内容。

后经法官核实，杨先生提供的发送短信的手机号码拨打后接听者是韩某本人。而韩某本人也承认，自己从2003年7、8月份开始使用这个手机号码。

法庭判决：

法院经审理认为，依据《最高人民法院关于民事诉讼证据的若干规定》中的关于承认的相关规定，"1391173×××ד的移动电话号码是否由韩女士使用，韩女士在第一次庭审中明确表示承认，在第二次法庭辩论终结前韩女士委托代理人撤回承认，但其变更意思表示未经杨先生同意，也未有充分证据证明其承认行为是在受胁迫或者重大误解情况下作出，原告杨先生对该手机号码是否为被告所使用不再承担举证责任，而应由被告对该手机其没有使用过承担举证责任，而被告未能提供相关证据，故法院确认该号码系韩女士使用。

依据2005年4月1日起施行的《中华人民共和国电子签名法》中的规定，电子签名是指数据电文中以电子形式所含、所附用于识别签名人身份并表明签名人认可其中内容的数据。数据电文是指以电子、光学、磁或者类似手段生成、发送、接收或者储存的信息。移动电话短信息即符合电子签名、数据电文的形式。同时移动电话短信息能够有效地表现所载内容并可供随时调取查用；能够识别数据电文的发件人、收件人以及发送、接收的时间。经本院对杨先生提供的移动电话短信息生成、储存、传递数据电文方法的可靠性；保持内容完整性方法的可靠性；用以鉴别发件人方法的可靠性进行审查，可以认定该移动电话短信息内容作为证据的真实性。根据证据规则的相关规定，录音录像及数据电文可以作为证据使用，但数据电文可以直接作为认定事实的证据，还应有其他书面证据相佐证。

通过韩女士向杨先生发送的移动电话短信息内容中可以看出：2004年8月27日韩女士提出借款5000元的请求并要求杨先生将款项汇入其卡中，2004年8月29日韩女士向杨先生询问款项是否存入，2004年8月29日中国工商银行个人业务凭证中显示杨先生给韩女士汇款5000元；2004年9月7日韩女士提出借款6000元的请求，2004年9月8日韩女士向杨先生询问款项是否汇入，2004年9月8日中国工商银行个人业务凭证中显示杨先生给韩女士汇款6000元；2004年9月15日至2005年1月韩女士屡次向杨先生承诺还款。

杨先生提供的通过韩女士使用的号码发送的移动电话短信息内容中载明的款项往来金额、时间与中国工商银行个人业务凭证中体现的杨先生给韩女士汇款的金额、时间相符，且移动电话短信息内容中也载明了韩女士偿还借款的意思表示，两份证据之间相互印证，可以认定韩女士向杨先生借款的事实。据此，杨先生所提供的手机短信息可以认定为真实有效的证据，证明事实真相，本院对此予以采纳，对杨先生要求韩女士偿还借款的诉讼请求予以支持。

资料来源：阿拉木斯. 注意！你的手机短信也可以作为证据了. www.legaldaily.com.cn, 2007-12-03.

问题讨论：

1. 从此案法官判决中可以看出，法官引用了《中华人民共和国电子签名法》中的规定，您认为在此案中，手机短信是否能作为证据？

2. 如何来确定短信的法律效力？

3. 这个案子有何法律意义？

本章小结

以SMS为代表的第一代支付方式使用门槛很低，但是存在安全性欠缺、操作烦琐复杂、无法即时支付等问题。WAP等第二代与第一代移动支付有同样的缺点，还受到网络速度的制约。NFC等三代移动支付方式，在成本、周边厂商的接纳度、安全等方面都有非常大的不确定性。安全性也是近距离无线通信中需要特别重视的问题，虽然NFC比蓝牙、红外线等无线通信技术的安全性要高得多，但是一个无线标准不会是绝对安全，尤其是NFC，这种技术涉及了电子支付功能，当它代替消费者的钱包时，就更需要谨慎，如果安全性问题不能够保证，相信NFC市场就会变得更加狭小。产业链中的主要成员移动运营商和银行之间关系微妙。移动支付的商业机遇使移动运营商有机会染指银行业，通过自身计费平台为用户开设移动支付专用账户，在支付领域扮演着银行和信用卡服务商的角色，并获得银行业才特有的利益优势，例如可以使用大量的用户账户资金。移动运营商筹建的移动支付服务提供商对金融行业更具威胁，因为移动运营商拥有强大的自身资源和用户资源，拥有用户的位置信息和消费倾向信息等，商家可以根据用户信息提供一套完整的按照用户特点定制的细分服务。由于存在替代竞争关系，银行与移动运营商之间存在着合作上的疑虑：发展移动支付可以增加银行卡收益，促进银行卡的普及与推广，但银行也担心移动运营商借助其网络垄断优势获取垄断利润。由于金融交易要求安全保障体系，但是由于无线通信的开放性，以及移动终端用户的庞杂性，由谁来承担交易欺诈风险成为一个很棘手的问题。尽管如此，移动运营商与金融机构之间还是存在着较大的合作需求。

本章复习题

1. 简述移动支付产业链的结构。
2. 移动支付的业务模式有哪些？各有什么特点？
3. 简述我国的移动支付方案。

第七章

移动支付市场与服务创新

学习目的

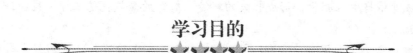

知识要求 通过本章的学习，掌握：

● 移动支付市场发展现状分析
● 移动支付消费者心理分析
● 移动支付服务创新概述
● 移动支付服务创新前景

技能要求 通过本章的学习，能够：

● 了解移动支付市场发展现状
● 掌握移动支付消费者心理分析
● 掌握移动支付服务创新概述
● 熟悉移动支付服务创新前景

学习指导

1. 本章内容包括：移动支付市场发展现状分析；移动支付消费者心理分析；移动支付服务创新概述；移动支付服务创新前景。

2. 学习方法：结合案例了解移动支付市场发展现状，掌握移动支付消费者心理分析，掌握移动支付服务创新概述，熟悉移动支付服务创新前景。

3. 建议学时：4学时。

三方四年58万元合同纠纷

原告是上海环讯电子商务公司（以下简称"环讯"），第一被告是西单电子，第二被告是中国建设银行上海分行（以下简称"建行上海分行"）。三方原本合作共同从事电子商务，但合作不到一年，就发生了有58万多元人民币的货款被外币持卡人拒付，形成损失的纠纷，纠纷的焦点就是三方中应由谁来承担损失。

西单电子、环讯都是2000年左右成立的，成立后不久，这两家公司和建行上海分行就建立了合作关系。半年时间，西单电子光是通过环讯结算的业务就近千万元。然而好景不长，三家企业的合作到第7个月时问题就出现了。2002年8月，西单电子发出去的两台手提电脑，迟迟不见回款，于是便向环讯发出咨询。几天后，环讯回信说，购买电脑的人持国外信用卡，他们拒绝支付。又过了几天，环讯说，拒绝支付的客户有好多家，交易有100多宗，货款总计达七八十万元，通过西单电子交易的有58万元，全是通过建行上海分行结算的。国外银行卡组织规定，持卡人在接到对账单后的6个月内可以无条件拒绝付款。如果持卡人有要求，银行应将划出的款再划回持卡人账户。建行上海分行根据上述规定，把已经打出的钱又从环讯账上划了回去。

西单电子和环讯、建行上海分行之间形成的就是一般意义上的电子商务。电子商务至少需要四类企业分工合作完成：第一类是出售商品的商家；第二类是银行；第三类是买卖及结算信息整理传递的中介企业；第四类是物流递送企业。商家把商品的信息公布在互联网上，购货人订货后，订货信息经中介企业集中整理后发给相应的银行。银行核对买方的信用卡，并将款划出，经由中介企业打给商家。商家得到购货人货款已划出的信息，即"交易成功"的信息，就把商品交由物流递送企业发送到购货人手中。随后，中介企业即把货款打入商家账户。

由于当时弄不清楚这些持外国银行卡的拒付者是恶意透支还是伪造信用卡，出现损失后，建行上海分行首先暂扣了环讯的60万元货款，环讯也扣下该支付给西单电子的10万元货款。在这种情况下，西单电子只好暂停与环讯的业务。第二年，环讯把西单电子告上法庭，要求西单电子返还其余的50余万元货款的损失，理由是损失的款项应看作是环讯替西单电子交的垫付款。几个月后撤诉，2005年初又以同样理由起诉，并在法院要求下，将建行上海分行列为第二被告。2006年6月，上海市长宁区法院一审判决三企业各负1/3的责

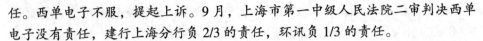
任。西单电子不服，提起上诉。9月，上海市第一中级人民法院二审判决西单电子没有责任，建行上海分行负 2/3 的责任，环讯负 1/3 的责任。

资料来源：阿拉木斯. 三方四年五十八万 [N]. 法制日报，2007-11-11.

➡ **问题：**

    1. 本案涉及的国际信用卡支付交易安全应如何解决？

    2. 本案一审法官判决三企业各负 1/3 的责任说明什么问题？

第一节　移动支付市场现状分析

一、移动支付的市场价值

    移动支付昭示着一个崭新消费时代的开始，更加预示着这个电子效益时代的明日辉煌。随着诸如移动证券、移动彩票、移动票务、移动政务、移动办公等增值服务的不断涌现，现有的手机银行/移动支付模式将会被注入更加丰富的功能和新的活力。而参与运营手机银行系统分工的各个利益团体（如移动运营商、平台开发商、平台运营商、银行、服务提供商 SP、广大移动终端用户、普通消费者，以及社会各界）将联结成一条衔接人们生活方方面面的高效能价值链，而且这条新兴的多产业价值链将会对社会和人们的生活产生不可估量的级数效应，并最终会进一步促进科技的发展和技术的不断进步。下面分别从不同团体的角度阐述推广移动支付系统能够给各团体带来的长期利益和广泛的社会效应。

（一）移动支付给移动运营商带来的利益

    （1）移动支付的开展将推进移动运营商数据业务的进一步发展：SMS（Short Message Service，短信息服务）是实现无线通信数据业务的重要载体之一，现在也被广泛应用为手机银行业务的通信手段。用户通过使用 SMS 服务以廉价、便利的方式实现间接访问互联网络、信息查询、人际交流、电子交易等目的。作为成熟的移动数据服务类型，SMS 已经成为国内外电信运营商的重要收入来源。由于目前绝大多数的手机银行系统都是基于短信通信的无线动态交易系统，大力推广和协助开发手机银行将会持续为移动运营商提供直线上升的业务流量和广阔的利润空间。而虽然目前 WAP（Wireless Application Protocol，无线应用协议）由于安全问题长时间坐在手机银行通信手段的替补席上，但是随着时间的推移和 WAP 技术的不断完善及成本的逐渐降低，WAP 完全有可能支持甚至取代 SMS 成为移动支付系统的核心载体，移动支付系统也必将促使 WAP 成为引人注目的移动数据业务并创造巨大的市场价值。

（2）移动支付有助于提高移动用户的忠诚度：随着移动支付业务的推广给移动运营商带来的（SMS 和 WAP 等）移动数据业务的增加，用户将更加倾向于继续使用该移动运营商的此项服务，并有助于移动运营商向用户推荐使用其他的相关服务，随之而来的将会是用户对移动运营商服务满意度的增加和忠诚度的提高。

（3）移动支付有助于促进移动运营商与其他 SP 的合作：产业整合是任何行业在任何时候的重中之重，而以手机银行交易平台是一个连接若干行业（如金融业、电信业、服务业、娱乐业等）、若干领域的桥梁和纽带，从前与移动运营商没有业务往来，毫无任何潜在业务关系的行业和企业（如水、电、煤气等社会公用事业部门）如今通过手机银行终于能够找到一个最为有效的渠道与移动运营商展开多领域、跨行业的相关合作。这不仅给移动运营商带来前所未有的商机，而且这种跨行业的合作也将为国家的经济发展蓝图勾画出浓重的一笔。

（二）移动支付给银行带来的利益

（1）降低银行经营成本，提高赢利能力：开展移动支付服务可以有效降低银行经营成本。据国外金融研究机构（Booz Allen & Hamilton/Logica Estimate）调查结果表明，利用手机银行处理每一笔交易的平均成本为 0.16 美元，大大低于 1.07 美元的传统柜员交易成本（比柜员成本低 85%）。按国内目前平均柜台交易成本约为人民币 4 元进行推算，使用移动交易的成本为 0.6 元人民币。

（2）拓展银行服务方式，增强银行竞争力：移动支付拓展了银行的服务渠道，是继网上银行、电话银行之后又一种方便银行用户使用的服务方式。银行业向来注重利用技术提高服务，发展移动支付已成为各银行提高服务，增强竞争力的一个重要手段，是银行间经营战略的要素之一。

（3）延长了银行服务的时间，扩大了银行服务范围：移动支付是将银行业务柜台延伸至手机用户身边，无形地增加了许多业务网点，同时不受营业时间的限制，真正实现了 7×24 小时全天候服务。

（4）方便展开中间服务，增加银行收入：移动支付服务方便性和安全性，使手机用户更愿意选择通过手机缴纳电话费、水、电、煤气费等。利于银行开展中间业务，增加收益。

（5）易于推广银行的金融产品，增加业务量：银行可以随时将新出的金融产品推向用户，通过短信息及时与客户沟通互动，促进交易买卖，有效地提高交易频率，扩大业务量和规模，如当记账式国债和新基金推出时，银行在通知用户定期存款到期的同时，提供可转记账式国债/转基金/续存定期/转活期等多种金融产品方便用户选择。

（6）利于开展有偿收费服务，获得新的服务收入：随着国外银行在国内开展移动支付业务，外资银行提供的理财收费服务使国内各商业银行看到了新的服务形式和新的收入来源。目前国内已经有一些银行开始尝试提供这种满足用户理财需求的专家建议、投资组合建议等有偿的个人理财服务，并获得较好的回报。移动支付服务除了能为移动用户提供通知、查询服务外，还是银行开展有偿服务的一个最佳服务方式。

（三）移动支付给服务提供商（SP）带来的益处

（1）提高竞争力：通过移动支付系统和移动增值服务业务的推广会扩大 SP 的服务地域覆盖范围，提高 SP 品牌知名度，利用高新技术为客户提供方便、快捷的增值服务，提高行业综合竞争力，应对日益激烈的市场竞争。

（2）拓展新业务，吸引新客户：SP 可以通过移动支付交易平台向客户提供各种新服务类型，以移动证券为例，除证券查询、委托交易等传统业务的移动电子化之外，还可推出行情预警、股评预订等新型个人化证券信息定制服务，促进券商和其他 SP 业务的发展；面对种类繁多的移动商务服务种类，SP 还能够通过空中菜单下载（OTA）技术提高服务提供及选择的双向灵活性。这些方便实用的新业务将吸引大批新客户，提高客户忠诚度，并提高总体交易量，帮助 SP 获取更多的利润。

（3）节约成本：通过参与移动支付系统的分工和合作，SP 无须耗费巨资自行开发或购买相关技术，即可实现为用户提供移动增值服务的愿望，节省大量人力、物力的投入；另外，手机银行系统还将与 SP 共同对其移动交易业务进行市场推广，从而为 SP 节约可观的市场营销成本；通过移动支付增值交易的推出，SP 如券商还能够缓解营业厅运营压力，降低日常运营成本，提高运营效率。

（4）快速抢占市场：SP 通过与移动支付系统的合作将赢得时间，得以快速有效地占领移动增值业务的新市场，并避免或降低自行开发技术的风险及投入。此外，通过与移动支付系统的合作，SP 即直接与移动运营商及银行等其他服务提供商达成合作，迅速实现整套服务体系的形成。

（5）原有业务体系不受影响，更好地了解用户消费行为：与移动支付系统合作实现移动增值交易业务后，该服务的实行对 SP 现有的业务体系、工作流程等各方面的运作没有任何影响。而且随着各种移动交易业务不断被用户所接受，SP 也会通过业务量更好地了解用户的消费需求和倾向，并有助于开发出更多、更丰富的新型应用服务。

（四）移动支付给广大消费者带来的益处

（1）用户将享受丰富多彩的增值服务：一部手机能干那么多事情——这是从前的移动用户想都没想过的，也是移动运营商、银行、SP 等所始料不及的。然而，手机银行却给多方团体赋予了崭新的角色，让他们又拥有了更加广阔的活动空间，而最大的受益者就要属广大的移动用户了，随着手机银行系统的不断完善和应用服务内容的不断增加，普通的移动用户可以享受到诸如银行账户查询、水、电、煤气费的支付、股票买卖、在线订票、在线订房、移动彩票、充值卡蓄费等层出不穷的移动增值服务。

（2）用户将真正享受 7×24 小时的无障碍消费体验：有人说，移动支付的蓬勃发展缩短了人与人之间的距离，也使地球变小了，因为人们可以坐在家里通过互联网访问世界任何角落的人或机构。然而移动支付时代的到来让电子商务有了"腾飞的翅膀"，即人们不必再坐在家里，而是通过一部手机就可以实现移动炒股、移动彩票、移动购物等，真正实现 7×24 小时的跨时间、跨地区的无障碍购物新体验。

（五）移动支付有助于建立完善的社会信用体系

由于加入 WTO 与申奥成功的影响，信用体系的建立和信用卡支付环境的形成已经迫在眉睫。建立统一的银行卡结算体系和信用体系，可以为将来与国际信用卡网络接轨的实现提供可能。在这个过程中，银行本着公共性、社会性的理念，按照一定的技术与商务规范，连接其他各银行的发卡与收单系统，向各支付服务运营商提供统一品牌的支付接口。电信运营商只要建立起与银行的连接，就可以将身后的亿万手机用户接入银行网络。商家简单地开通一次接口，就可以提供跨银行的卡支付服务，不必担心资金的实际流动方式，可以专注于在线营销业务的本身。在 G2C 电子政务方面，政府也需要银行系统的支持。对于政府机构及公共事业单位的收费项目，利用居民普遍拥有手机、银行卡的天然优势，方便居民足不出户达到交费的目的，将是手机、银行卡在电子政务中应用的最广阔途径。同样，手机用户、持卡人也不必担心自己所持的银行卡是否被某一个商家或某一个支付服务商所限制。这将极大地提高我国移动商务在线交易的普及率与接纳度，也必将大大促进我国社会信用体系的逐渐完善和发展。

（六）移动支付的未来展望

互联网的出现，改变了人们生活、工作的传统模式，打破了时间、地域的限制，给予人们更多的信息。但随着互联网与无线通信技术的发展，人们已不满足于固定地点与 Internet 的连接，人们希望随时随地地得到和处理需要的信息，于是无线互联的出现，实现了人们自由的愿望。而移动支付系统和移动交易平台概念的萌生更是带给了人们前所未有的商务模式。而且越来越多的人相信，移动商务的时代已经向我们走来，并且移动支付存在着巨大的潜在市场。

二、移动支付市场发展现状

（一）国外移动支付市场

1408 年世界上第一家现代银行——圣乔治银行在热那亚开业之时，创始人之一拉贝拉·德·格里马尔蒂斯肯定不会想到，600 年后银行会被"装进"手机。1902 年英国人内森·斯塔布菲尔德发明手机之时肯定也没想到，100 年后手机会跟银行联姻生出手机银行，除现金存取之外个人银行业务动动手指就能完成。

1. 移动支付提升企业价值

先来看两份榜单，一份是 2004 年全球互联网上市企业的市值排名，一份是 2011 年全球互联网上市企业的市值排名。根据财经信息供应商 Factset 和谷歌的相关数据，2004 年，易趣、雅虎、IAC、雅虎日本、谷歌、亚马逊、苹果是全球市值最高的 7 家互联网公司。

到 2011 年，苹果公司的市值从 7 年前的 140 亿美元跃升至 3270 亿美元，谷歌和亚马逊市值的跨度分别是 300 亿美元到 1980 亿美元、170 亿美元到 830 亿美元，排在前 3 位之后的新面孔是第 4 位的腾讯（市值 450 亿美元）和第 6 位的百度（市值 420 亿美元）。

而易趣、雅虎日本、雅虎不仅仅是排名跌落，市值也大幅缩水，易趣从 620 亿美元降至 420 亿美元，雅虎日本和雅虎如今的市值均为 220 亿美元，相较之前的 360 亿美元和 450 亿美元，可谓风光不再。

过去 7 年间全球上市互联网企业市值发生的变化事实上从一个侧面反映了电子商务的发展历程，也能映射移动互联的未来。7 年前，市值居首的易趣和仅次于它的雅虎，市值只差 170 亿美元。

而今，傲视群雄的苹果，市值比第二位的谷歌多出 1290 亿美元。苹果的巨大成功其实也是智能手机的胜利，这种个人移动终端的崛起彻底改写了电子商务。

国际电信联盟的数据显示：1993 年，个人电脑销量达到 1 亿台；2002 年，手机用户数量达到 10 亿户；2005 年，互联网用户数量达到 10 亿户。而今，手机与互联网正在迅速融合，预计到 2020 年，将有超过 100 亿部用户终端支持移动上网，包括智能手机、电子阅读器、平板电脑、汽车电子设备等。

摩根士丹利研究部的资料也同样证明了移动终端正取代传统个人电脑成为每个人"网络化生存"的标配，数据显示，2010 年第四季度起，智能手机+平板电脑出货量已经大于个人电脑出货量。预计到 2013 年，智能手机+平板电脑的出货量将接近个人电脑的两倍。

新技术的推陈出新加速了移动商务实现的脚步，移动互联时代渐行渐近。截至 2011 年 12 月的统计表明，iPhone、iPad、iPod touch 的用户数已突破 1.3 亿户，年增长率达到 103%，苹果应用商店里的 35 万款应用赢得了 100 亿次的下载量。

而移动与搜索、信息、游戏、社交的多平台融合，正催生又一轮增长，同样是 2011 年末的统计数字，谷歌用户达到 9.72 亿户，年均增速 8%，付费点击的增长率更可观，达到 18%；团购网站 Groupon 用户数达到 5100 万户，年增速超 25 倍；游戏网站 Zynga 每月活跃用户达 1.3 亿户，年增长率 15%；社交网站 Facebook 的用户数达到 6.62 亿户，年增长 41%，其 55 万款应用获得了 5 亿次的下载量。

2. 移动支付改变消费行为

移动商务的愿景正改变着消费者的行为。美国最大的点评网站 Yelp 发布的数据显示，2010 年 12 月，320 万独立用户使用了 Yelp 移动应用，用户每 30s 就会通过移动应用上传一张图片，而 Yelp 所有搜索的 35% 都来自一款移动应用。越来越多的消费者通过自己的手机购物，移动设备用户显得比 PC 用户更活跃。

国内的情况也很类似。易观智库 EnfoDesk 最新发布的《2011 年第 2 季度中国手机购物市场季度监测》显示，2011 年第 2 季度中国手机购物市场交易规模达到 16.7 亿元，其中客户端带来的交易约 27%，手机网页带来的交易占 73%。

这与智能手机和平板电脑的普及息息相关，客户端装机量的快速增长让更多 B2C 企业加大了对手机端业务的投入力度。

到 2011 年 6 月底，京东的客户端下载量已经逼近百万数量级，日均交易规模接近 200 万元；凡客诚品手机客户端也同样快速发力，手机端订单数占总订单的比例近 3%。分析师预计，未来几大 B2C 网站的手机端业务将成为推动近期手机购物市场增长的核心动力。

消费者在尝试移动商务的同时，也乐于接受移动商务带来的社交乐趣。电子商务"移动"起来后，其社交能力大大扩充，人们可以买东西时社交，也可以在社交时买东西，事实上，已经有越来越多的商店在一些社交网站上开店，"网络商店必须考虑将移动商务纳入其经营战略"。有专家给出明确建议。

市场人士还发现，移动行业正在抢夺 PC 行业的风投，风投的嗅觉向来敏锐。由此看来，企业必须认真对待移动趋势，并提早布局。如果说 2010 年是消费者大批接纳移动互联网的一年，那么，2011 年注定是厂商拥抱这一潮流的关键年。

3.消费者诉求"无摩擦"交易

移动商务的快速发展也对电子支付提出了更高的要求，如何让支付不成为瓶颈，而扮演加速器呢？

1998 年，70%的人不会在互联网上进行金融交易；2009 年，70%的人通过互联网使用它们的信用卡账户进行网上交易。近年来，移动商务的迅猛发展已实实在在改变着电子支付。

首先，消费者需要的是一种更为便捷和安全的支付方式。其次，商家需要金融机构或者第三方支付服务商能够提供一个更为专业，同时又能够支持多种支付的工具，这既可以有效地控制欺诈风险、保证数据安全，又能保证消费者的交易成功率，从而使其能够更有效地专注于其自身核心业务的发展，而无须对支付环节的变化感到担忧。

消费者在网上购物时，要求的是简单、安全的"无摩擦"支付方式，Visa的研究表明，越来越多的网民愿意在交易中使用替代支付工具，这种工具除了可以满足支付最基本的简单和安全诉求外，还将个性化和趣味度融入其中，比如，结合地理位置信息进行奖励驱动型营销，或者根据偏好引导消费者光顾实体店铺等。

（二）国内移动支付市场

移动商务正极大地改变着消费者与商家的沟通方式及交易方式。据中国电子商务研究中心统计，2010 年中国移动支付市场整体规模达到 202.5 亿元。到 2013 年，中国的市场规模将超过 1500 亿元。未来几年，中国移动支付的年均增速将超过 40%。

为加快网络金融业的发展，提高金融业的整体竞争力，2000 年 6 月由中国人民银行牵头，与 12 家商业银行联合共建的中国金融认证中心（CFCA）正式挂牌。2001 年 4 月泰康亚洲（北京）科技有限公司通过与 CFCA 的连接测试，成为移动领域中首家获 CFCA 金融权威安全认证的移动电子商务技术提供商。

与国外手机银行的发展相比，我国手机银行起步较晚，但发展迅猛。最早的是 2000 年 2 月 14 日，中国银行与中国移动通信集团公司签署了联合开发手机银行服务合作协议，并于 2000 年 5 月 17 日正式在全国范围内先期开通北京、天津、上海、深圳等 26 个地区手机银行服务。几乎与中国银行同时，中国工商银行与中国移动通信集团公司也于 2000 年 5 月 17 日开通了手机银行系统，并首先在北京、天津、河北、上海、江苏、浙江、福建、江西、山东、广东、重庆、深圳 12 个省、市分行开通。2000 年 3 月 24 日，招商银行发布信息，宣布已与广东移动通信有限责任公司深圳公司联合在深圳推出手机银行服务，随后在重庆、北京、武汉、上海等 11 个城市推出。2000 年 4 月 26 日，中国光大银行宣布在摩托罗拉公司的支持下推出"手机银行"服务。2001年广东发展银行中山分行与中山移动通信公司联合推出"手机钱包"项目。目前，国内各家手机银行服务项目的开通基本上是分期进行的，首期主要以账户查询、存款账户间转账、金融信息查询和临时挂失等信息服务为主。

1. 用户规模

近年国内电信增值业务飞速发展，用户数和市场规模急剧扩大，在运营商的总营收中所占比重越来越大。然而，不同于其他移动增值业务，作为后起的新型业务，中国移动支付用户数量经历了相对温和的增长。

（1）起步期。国内移动支付市场于2001年开始起步，发展初期由于消费者安全理念、消费习惯还没有转换，用户增长缓慢，在整个移动用户群中所占比例可忽略不计。

（2）启动期。从2004年下半年开始，移动支付进入快速扩张的阶段。支付平台安全性的进一步完善，以及支持移动支付业务的大量出现，促使具有移动支付要求的潜在用户纷纷转换为实际用户。2004年，全国移动支付用户数达到666万人，较2003年增长190%。2005年，使用移动支付的用户以134%的增长率进一步增长，达到1560万户，占移动通信总用户数的4%。

（3）发展期。进入2006年，移动支付用户数依旧保持了增长的势头，但在经历了2004年和2005年的爆发式增长后，现在用户数已经处于一个稳定发展期，随着用户基数的不断扩大，增长速度在一个时期内逐渐放缓。从整个行业的准备情况看，整个用户群体仍然表现出急速扩大的趋势，国内移动支付用户数处于第一次大发展的前夕。

2. 收入规模

国内的移动支付市场收入规模与用户数发展基本上保持了一致，表现出初期低迷，后起快速爆发的曲线发展模式，整体上处于快速增长阶段。虽然，在移动支付发展的过程中，由于初期法规和监管的缺失，整个市场曾经出现过与上述发展曲线不一致的现象：业务收入在短期内激增后又在短期内下挫。但是，这种短时期收入的减缓或下降并不代表市场的衰退和萎缩，而是规范与监管加强的表现，是保证市场长期发展的必要振荡。

2002年，国内移动支付业务开始起步。初期以实验性的小额支付为主，重点放在完善技术和普及网络上，营业额增长缓慢。虽然中途由于法规和监管的缺失，也曾出现由于大批国家公务员使用此项业务为私人购买商品等非正常原因而造成其收入规模在短期内出现畸形增加的现象，但这种不健康的扩张方式并没有为移动支付业务带来长久的收入，在限制了此类消费后，移动支付的收入规模又出现短期内的大幅下跌。直到2004年整个市场的收入还不到2000万人民币。至 2005 年，随着用户数的大幅增长，才真正带动了该业务收入的攀升，整个产业规模扩张至 3.4 亿元，业务收入也较 2003 年增长 873%，达到 1.87 亿元。

3. 业务特点

移动支付基于用户手机操作，具有实时性、迅捷性的特点，因此采用移动支付完成的交易行为也具有相应的特点：

（1）小额支付。手机承载的增值服务都具备小额特点（移动支付有承载各种类型业务的潜力，但随着电子商务的不断深化，其他支付方式的发展，预计移动支付今后的优势还是体现在小额的实时支付上，如公交车票、自动售货机购物），在移动支付发展初期，消费者也更容易接受小额的手机支付，使得通过手机完成的支付具有额度小、次数频的特点。

（2）实时消费。消费者在做出小额交易前往往不需要太多考虑，很大一部分是冲动性的消费行为，因此要求移动支付能够在消费者的消费意愿消失前内完成交易流程。

（3）消费场所不定。手机的移动性使得支付能够在任何地方完成，而不必受到地点的限制。使用移动支付购买那些在日常生活中广泛使用的商品和服务能够凸显其便利性，而限定使用环境的产品通过移动支付购买的优势不明显。

（4）适用范围广。移动支付作为新型的电子商务解决方案，应用范围却不局限在互联网交易领域内，更多时候移动支付解决的是通过传统方式不方便完成的支付行为。

4. 中国移动支付市场成熟度评测

（1）总体成熟度评测。从总收入来看，移动支付作为新生的电信增值业务类型，在整个收入中只占很小的份额。以 2005 年移动支付收入 1.87 亿元计，仅占当年全年电信收入 5799 亿元的 0.032%。

从用户数来看，2005 年国内移动支付总用户数为 1560 万户，仅占手机用户数的 4%。而同期数据增值业务用户数接近 7101 万户，接近手机用户数的 1/4。相较其他电信增值业务，移动支付在用户覆盖方面还很落后。

从对银行卡持有者的渗透率来看，银行卡是现阶段开展移动支付业务的基础，2005 年国内发卡总量达到 7.6 亿张，其中具备跨行转账功能的银联卡两亿张，按照人均持卡两张计算，移动支付对银行卡持有者的渗透率只有 4%。

从业务类型来看，移动支付能够支持手机购物、理财、代缴费等多项业务，但国内目前的移动支付业务，主要是运营商展开的代收费业务，业务模式单一，抗风险能力低下，一旦政策加强监管，将受到很大影响。

综上所述，国内移动支付市场虽然在用户数和收入规模上取得高速发展，但仍处于初期推广阶段，成熟度不高。

（2）移动运营商成熟度评测。国内两大移动运营商是移动支付业务最早的推广方，也是移动支付产业链上最成熟的环节，因此在技术和业务上已有一定程度的积累。国内运营商在技术层面已经完成了最重要的基础开发，在业务类型方面能够提供多方面支持，下一步的重点将是在现有平台上拓宽业务范围，扩大现有移动支付业务的影响力，并与其他移动增值业务结合，形成联动效用，互相促进。

运营商的支付平台经过多年的开发改进，目前在安全保障方面已经取得突破，其技术已经能够保证基于手机的交易安全进行，基本杜绝了欺诈等行为的发生。目前技术的发展重点在于进一步完善流程的合理性，在技术层面简化用户的使用过程，为提升用户使用体验提供技术保障。中国移动和中国联通现在都已推出和银行卡结合的"手机钱包"、"手机银行"业务，支持手机缴费和理财等多项服务。但是由于消费者的接受程度和市场上业务成熟度还不高，目前，两大运营商的移动支付业务主要还集中在缴纳话费和少量移动购物业务上。

综上所述，国内两大移动运营商在技术和业务上已经比较成熟，但是还需要在业务范围的拓广、增强业务的影响力等方面做进一步的努力。

（3）用户成熟度评测。国内消费者对移动支付业务接受程度还不高，调查显示50%的手机用户不愿使用移动支付业务，20%表示在安全得到保障的情况下可能尝试，只有10%的用户显示出愿意使用移动支付的意愿。

移动支付本身属于电子商务的业务之一，国内电子商务整体成熟度不高，各类不规范行为的存在使消费者对安全交易产生顾虑，这是消费者对移动支付产生抵触情绪的主要原因。

在用户眼中，移动支付的不安全因素主要有：①手机丢失对账户安全的影响。②手机上网后的病毒攻击及恶意窃取。③划账过程中的误差与错误。④SP的不负责行为。⑤发生纠纷的风险责任不清晰。

此外，国内目前主要的移动支付采取远程通信方式，需要用户通过短信等途径确认交易的发生，用户需要一定的学习才能熟练使用。与传统消费习惯的差异，也是阻碍消费者尝试的因素之一。

综上所述，用户对移动支付业务的接受度目前还停留在很低的水平。对安全性缺乏信任，以及对使用流程的不熟悉是成熟度低下的主要原因，成为阻碍业务发展的障碍。移动支付用户的市场培育，还亟待更大的投入。

（4）第三方支付平台成熟度评测。国内第三方支付平台在2004年开始兴起。这些第三方支付公司大多依靠风险投资进入市场，与移动运营商和银行等金融机构更多采取业务合作的方式。在投资方的压力下，大多数第三方平台提供商在进入初期，就有明确的运营模式，与具体的营销业务挂钩，具有完善的技术平台规划。

目前，第三方支付平台在技术储备上已经有一定基础，但在客户资源方面受限于移动运营商，独立开展业务的能力不强。同时，业务开展不顺导致大多数第三方平台的赢利能力不强，一旦失去资金支持，将面临生存危机。

总之，国内的第三方平台在成熟度方面呈现"重技术，弱业务"的特点，业务量偏小导致的经验不足和运营模式单一，是第三方平台提供商的主要问题。

第二节 移动支付消费者心理分析

一、移动支付消费心理剖析

随着市场由以往针对产品的创新，转到针对消费者的创新，消费者主导的时代已经来临，面对更为丰富的商品和服务的选择，消费者心理与以往相比呈现出新的特点和发展趋势，这些特点和趋势在电子商务中表现得更为突出。

对于惜时如金的现代人来说，在选择特定的消费方式进行消费活动时，支付过程中的即时、便利、随手显得更为重要。传统的支付过程短则几分钟，长则几小时，再加上往返路途的时间，消耗了消费者大量的时间、精力，而移动支付方式弥补了这个缺陷。消费者选择移动支付，利用它方便快捷、随时随地支付，不受经营时间、地理位置的限制的特点，在很大程度上提高了消费效率，也就是提高了消费者的消费效用，对消费行为有很大的促进作用。

消费者在选择特定消费方式过程中会比较新的支付方式能否比传统支付方式带来更大的效用，同时也在预期选择了该方式需要付出多大的代价和风险，权衡利弊后最终决定使用适合自己的方式。处在社会这一复杂环境下，消费者本身与其他消费者之间相互影响，尤其是对处在发展初期的新事物，大家都是持观望态度，谁都不愿做"第一个吃螃蟹的人"。一旦看到别人从中获益，立刻随波逐流投入到此行列中来。可见，消费者的消费心理对整个社会环境、消费群体、消费态势、商品因素、购物环境、营销沟通都产生很大的影响。

消费品市场发展到今天，消费者都能够以个人心愿去挑选和购买丰富的商品或服务，他们往往富于想象力、渴望变化、喜欢创新、有强烈的好奇心、对新技术敏感，对于独特的购物环境和与传统交易过程中截然不同的购买方式会引起消费者的好奇、超脱和个人情感变化，呈现追求时尚和个性化的消费趋势。另外，在物质消费满足的条件下，现代消费者更加注重精神的愉悦、个性的实现、情感的满足等高层次的需要，希望在购物中能随时随地，随便看、随便选，保持心理状态的轻松和满足。

二、移动支付消费心理障碍分析

目前，消费者对移动支付存在的心理障碍大致有以下几点：

（一）安全无保

数据结果显示安全问题是消费者最重视的问题。移动支付是虚拟支付，消费者感觉不到实实在在的资金流动，失去了对资金的控制能力，这种不安心理甚至导致消费者不愿去尝试，这是制约移动业务发展的很大一方面。另外，由于最近几年不法分子利用手机短信诈骗银行用户的案例屡屡出现，使消费者望而生畏，加重了对移动支付的抵触心理，不愿意通过移动网络发送手机或银行的账户信息。

（二）受传统支付观念的束缚

一种新事物的出现并且向人们的日常生活进一步渗透的过程中，人们总是习惯于把它与旧事物进行比较，在认识及使用上都有一个过程。作为新兴的电子支付方式，这必然会有从不成熟到成熟，从不被认可到认可的过程。由于对传统的支付习惯和消费模式存在依赖性，消费者对使用手机进行移动支付的主要态度是：比较新，安全性缺乏信任；没有必要，其他方式好；不知如何使用；从未听说过。所得出的结果是，对于移动支付这种新的概念仍然需要更多的时间去认识、接受和习惯。

（三）不可接受的额外成本

使用移动支付是否需要额外的成本，这也是消费者普遍关心的问题。通过调查我们发现，对于移动支付的各项额外成本，消费者都表示出较高的不接受态度。由更换 SIM 卡或手机终端等产生的一次性费用，也各有一半以上的消费者不能接受；男性消费者不接受额外付费的比例相比女性消费者要高一些；对于 30 岁以上的消费者，由于其对新生事物的接受程度有限，已经习惯现有的产品和消费模式，不愿轻易做出改变，导致这部分消费者比其他年龄段更不能接受各项移动支付成本。

（四）对运营机构的不信任心理

手机用户对垃圾短信和短信陷阱的熟悉程度，恐怕是无以复加了。前两年，随着手机消费收入的扶摇直上，短信陷阱也几乎是无处不在，用户经常莫名其妙地被定制了服务扣了费。这种现象主要是由于 SP 运营商利用信息的模糊性和歧义性对消费者进行欺骗甚至强行消费，可见诚信问题影响了人们的消费心理，阻碍移动支付的健康发展。

（五）对移动支付系统的可靠性心存疑虑

由于移动支付是完全虚拟的过程，通常情况下很难得到物理上的消费凭证，这对消费者的信任心理是一个考验。系统发生错误后，凭证的搜集是个麻烦问题。而任何系统的可靠性都达不到100%，一旦发生错误，将怎么保证消费者的资金，这是消费者很关心的问题。

（六）个人隐私受到威胁

随着电子商务的发展，商家不仅要抢夺已有的客户，还要挖掘潜在的客户。而现有技术不能保障网上购物的安全性、保密性，使许多消费者不愿用手机参与网上购物。特别是在移动支付中，订单、密码等信息都是以无线的方式发送，一旦信息被截取，那么消费者的隐私将得不到保障。

（七）对系统反应速度慢、操作便捷性的担忧

烦琐的操作流程和细节为用户放弃使用移动支付业务的一个重要原因，如无线 POS 机数据连接失败、多次登录不上、手机支付短信发送后无短信反馈等。许多手机用户尤其是年轻用户，购物消费心理属于冲动型心理，所以移动支付能否提供一个方便快捷的支付手段是消费者衡量是否选择和使用它的又一心理标准。

（八）相关法律体系不完善

目前，国内整体社会诚信水平有待提高，与金融管理制度和商业信用体系有关的法律法规尚未完善，使得移动运营商和银行机构都有所顾忌，从而影响它们对移动支付业务的推广。另外，人们对某些新业务的消费心态就像买到假烟、假酒、毒大米，怕出现纠纷而付出巨大代价，这种心态也必然遏制了人们尝试移动支付业务的冲动。没有法律这层保护墙，个体消费者必然处于弱势地位，这种后顾之忧的心理使得消费者不能放心地使用移动支付。

（九）移动支付覆盖范围太小

目前，能够提供移动支付功能的业务还很少，能购买的商品太受限制，移动业务与消费者生活结合不够紧密，在很大程度上影响了手机用户使用移动支付业务。另外，地区差异较大，移动支付在东部和沿海城市发展较好，而西部和其他内地城市使用移动支付的用户很少，在全国发展很不平衡。

三、消费者心理障碍的解决途径

鉴于消费者对移动支付的心理障碍，我们对移动支付的改进提出如下几条解决途径：

(一) 打破传统观念束缚

移动支付的真正价值被肯定还要经历一段过程。研究表明，只要尝试过一次，消费者就会经常使用。传统的几种支付方式由于形式单一，已经无法满足出现紧急支付需求或者其他临时支付任务的特殊需要。但移动支付的成功关键还在于消费者能否接受。

(1) 通过公交移动或者网络社区的营销手段进行推广，使消费者认识到移动支付带来的好处，用增加更多的消费者数量的方式来消除移动支付所带来的心理障碍，也从另外的角度促进了销售额的增长。

(2) 动员产业链的相关环节共同开拓市场，根据交易产品的类别和金额的大小，有针对性地对消费者愿意利用移动支付的场合开展业务，除了公共服务体系外，还可以考虑零售商、彩票发行商等，让商家了解移动支付可以给他们提供一种更快捷和更廉价的客户服务方式。

(二) 小额费用支付成为主流

按照支付交易金额，移动支付分为微支付和宏支付。国内的移动支付方式1999 年才起步，现阶段还没有被广泛使用，在推广的过程中，大多数消费者更愿意利用移动支付完成购买车票、门票，交水电费等小额费用的支付。所以，移动支付业务提供者应该有针对性地推出业务，主要面向商户与消费者之间的小额交易，尽力满足消费者的需求，推动移动支付的发展。国外移动支付业务已经进入宏支付阶段。宏支付对安全性要求较高，一般采用各交易角色移动终端绑定银行账号或信用卡账号的方式进行移动支付。

(三) 技术风险亟待解决

技术风险主要包括以下五个方面：

(1) 身份鉴别。由支付提供方（发行方）对用户进行鉴定，确认其是否为已授权用户。

(2) 数据保密性。保证未被授权者不能获取敏感支付数据，给某些欺诈行为提供方便。

(3) 数据完整性。保证支付数据在用户同意交易处理之后不会被更改。

(4) 灾难恢复。一旦灾难发生，要保证支付数据能够恢复，避免因无支付凭证数据而产生纠纷。

(5) 不可否认性。避免交易完成后交易者不承担交易后果。

针对上述问题，业务提供者必须对敏感信息进行全程数据安全加密；系统中配备适当的安全措施如防火墙、侵入窃密检测系统、监视控制系统等；对访问系统的用户进行身份鉴别；装备必要的恢复和后备系统；使用数字签名等。银行应注重交易数据的保管，为可能的纠纷或诉讼做必要准备。

（四）加强信用制度的完善

业内人士认为，移动支付发展的瓶颈不是技术问题，而是信用问题。信用问题导致了消费者的心理障碍，直接打击了消费者的消费欲望。在 2012 年的一项调查中表明，手机由于携带的随身性，其丢失和损坏造成个人信息泄密的概率较高，国内 40% 的消费者对移动支付的安全性缺乏信任，只有低于 15% 的手机用户完全信任移动支付，而 65% 的手机用户拒绝通过移动网络发送自己信用卡资料。

要普及移动支付，需要银行部门分担用户风险来激发用户使用移动支付的积极性，并且要大力推广手机实名制，建立手机用户的信用账户，这样才能有良好的信用保证。信用制度的建立并不是一朝一夕的事，这需要移动运营商与银行机构的支持和改革，还需要消费者在意识上和观念上的转变。随着法律法规和管理机制的完善、商业模式的创新以及人们素质的提高，电子商务中的信用将会逐渐提升。

（五）3G 时代推动移动支付

3G 技术与传统的通信技术主要区别在于传输声音和数据的速度上的提升，它能够在全球范围内更好地实现无缝漫游，并处理图像、音乐、视频流等多种媒体形式，并提供包括网页浏览、电话会议、电子商务等多种信息服务，随着 3G 时代的到来，移动支付平台要从现有网络向 3G 网络平滑过渡，运营商要积极完成 3G 移动支付平台的建设，根据其技术和应用特点，开发丰富和实用的增值业务，拓展移动支付的市场份额，促进移动支付的发展。

245

（六）人性化的便捷操作

消费者的消费往往是在一瞬间发生，如果支付的手段过于烦琐，那么消费者很有可能就失去了耐心，从而对移动支付也产生了不良心理因素。这就要求企业提供人性化服务，移动支付系统应具有良好的用户界面，创建不间歇服务模式（每周 7 天、每天 24 小时为顾客服务），注重培养顾客的安全感与信任感，以含蓄的方式建立网上社团并在社团内推广移动业务的优势。

（七）加强消费者隐私保护

隐私的保护不仅涉及技术安全性，还涉及抢夺和挖掘客户资源的各竞争商家。由于移动电话具有内置的手机号码，并要求实名制，在增加交易安全性的同时，也增加了消费者对隐私保护问题的关注。运营商在进行各种业务宣传活动的同时，必须强调保护消费者的隐私，要有配套的、详尽的自愿选择加入邮件列表计划。同时，为了发送定制化的信息，商家需要收集数据，这也会涉及消费者的隐私问题。因此，商家要在实现个性化和尊重消费者隐私之间进行权衡，以最大的限度地保护消费者的隐私。

（八）降低移动支付使用成本

使用移动支付，可能需要一次性更换手机或 SIM 卡，这些额外成本是消费者不愿接受的。但是，这些成本可随无线上网方式的多样化发展而分散，随着业务的规模化，成本必将大幅度下降。另外，运营商可以降低移动支付的费用，让它比传统支付的费用更加便宜，人们会因价格因素转而选择移动支付方式。

（九）完善移动支付法律法规

严格的法律制度是消费者使用移动支付这种虚拟化的消费方式的心理保障。

（1）要充分利用我国现行法律来拟定移动支付相关协议，如《合同法》、《会计法》、《票据法》、《支付结算办法》等。

（2）技术安全上充分利用信息技术安全方面的行政法规，如《中华人民共和国计算机信息系统安全保护条例》等。由于电子商务发展十分迅猛，移动电子商务又属于前沿新技术，相关的法律法规在该领域非常缺乏，急需我国立法机构及时研究并建立。

第三节　移动支付服务创新概述

一、服务创新

现今，市场竞争日益激烈，在网络经济以产品为中心转变到以客户为中心，服务质量成为网络经济努力追求的目标。如何让客户方便地付款，是提高客户服务质量的关键因素之一。随着手机的日益普及，采用手机移动支付方式作为小额货款付费是实现钱包电子化和移动化的较好选择。移动支付是基于无线通信技术采用从指定手机号上结算费用的一种支付方式，利用移动产品进行交易支付可以实现钱包电子化和移动化。采用这种方式有利于消费和结算摆脱空间束缚，使得消费者有更灵活、更便捷的个性化消费环境。因此，将移动支付结合到电子商务营销运作中是一个值得深入研究的话题。实际上，用户对电子商务新兴的服务方式充满了好奇和期待，对移动商务服务扩展功能的需求也越来越强烈，而移动支付作为一种崭新的支付方式也为消费者欣然接受，具有广阔的发展前景。

所谓移动支付，就是用户使用手机、掌上电脑、笔记本电脑等移动电子终端和设备，通过手机短信息、IVR（Interactive Voice Response，互动式语音应答，是基于手机的无线语音增值业务的统称)、手机上网业务 WAP (Wireless Application Protocol，无线应用协议) 等多种方式，对所消费的商品或服务进行账务支付、银行转账等的商务交易活动。它是移动商务的重要组成部分。与传统的现金支付相比，移动支付具有方便、快捷、安全的优点，在开展该业务较早的日本、韩国及一些欧洲国家，移动支付正越来越受到人们的青睐。国内的移动支付业务从 2003 年开始正式起步。至 2005 年，用户数已达 1560 万户，产业规模达 3.4 亿元，其中非面对面的移动支付业务占了绝大多数份额。随着人们消费心理的日趋成熟，运营商、银行、商家等各方从中获取利润的逐渐增多以及基础设施的进一步完善，移动支付业务将进入产业规模快速增长的拐点。

移动支付的电子商务实现整个过程是：用户通过拨打电话、发送短信或者使用移动 WAP 功能接入移动支付系统，移动支付系统将此次交易的要求传送给 MASP (Mobile Application Service Provider，移动应用服务提供商)，由 MASP 确定此次交易的金额，并通过移动支付系统通知用户，在用户确认后，付费方式可通过多种途径实现，如直接转入银行、用户电话账单，或者实时在专用预付账户上借记，这些都将由移动支付系统 (或与用户和 MASP 开户银行的主机系统协作) 来完成。

目前的移动支付业务已经在很多国家进行了尝试，日韩主要在通过手机支付类似购买饮料等方面做得比较出色，而欧洲在停车缴费、POS (Point of sales，销售点) 机捆绑方面要多做一些工作。为了推动移动支付业务的发展，2003 年 2 月，欧洲的 Orange、Telefonica Moviles、T-Mobile 和 Vodafone 等多家运营商、软件开发商、银行联合成立了移动支付联盟，旨在选择和推荐标准的移动支付业务平台标准，让移动支付业务提供者、商家以及银行能够在一个开放的、互兼容的公共品牌下提供移动支付业务。商家可以从中得到的好处是能够同时接触到全球所有用户。软件和解决方案提供商将从购买技术接口来开发移动支付产品和业务得到好处。运营商则将有了标准地、有效地管理商家关系的手段和工具。该联盟在随后的两个月内吸引了 80 多家企业，主要包括 Nokia、Mastercard、Visa、Oracle、NTT DoCoMo、JCB 等公司。

据百纳 2007 年初发布的《中国移动支付业务发展分析报告》显示，2005 年，我国手机用户达到 4 亿户，银行卡发行总量超过 8 亿张，国内移动支付用户数达到 1560 万户，比 2006 年增长 134%，占移动通信用户总数的 4%，产业规模达到 3.4 亿元。百纳预测，2007 年，由于产业链的成熟、用户消费习惯的形成和基础设施的完备，国内移动支付业务将进入产业规模快速增长的拐点；到 2008 年，移动支付用户数将达到 1.39 亿户，占移动通信用户总数的 24%，产业规模将达到 32.8 亿元。如此巨大的手机消费群体和银行卡持有者数量，为移动支付业务提供了良好的用户基础和发展空间。市场研究表明，移动支付将成为未来支付的重要方式。服务创新就是使潜在用户感受到不同于从前的崭新内容。服务创新为用户提供以前没有实现的新颖服务，这种服务在以前由于技术等限制因素不能提供，现在因突破了限制而能提供。服务创新具有四个维度：①服务概念。即供应商以什么概念吸引新老客户。②客户接口。即供应商与客户端交互平台。③服务传递。即供应商和客户间有效传递所共创或获取的价值途径。④技术选择。即如何开发新技术并应用于服务系统中，推出新服务概念，设计更先进的客户接口、建立更有效的传递系统。

为了使用户感觉新的服务，要求提供额外的服务，对服务传递过程做巨大变动，或者对现存的服务包、服务传递过程逐步做出改善。也可以只是简单地变更附加服务的某些成分，或者与竞争者相比改变服务定位。服务创新具有激进式和渐进式两种：①激进式。对世人和市场都是全新的，通过新服务周期中的某些步骤开发出来。分三种类型：重大创新、创新服务、新服务。②渐进式。渐进式创新通常是对现有服务组成的微小调整。分三种类型：服务延伸、服务改善、风格转变。

服务创新有以下五种途径：①全面创新，借助技术的重大突破和服务理念的变革，创造全新的整体服务。其比例最低，却常常是服务观念革新的动力。②局部革新，利用服务技术的小发明、小创新或通过构思精巧的服务概念，而使原有的服务得到改善或具备与竞争者服务存在差异的特色。③形象再造，是服务企业通过改变服务环境、伸缩服务系列、命名新品牌来重新塑造新的服务形象。④改型变异，通过市场再定位，创造出在质量、档次、价格方面有别于原有服务的新的服务项目，但服务核心技术和形式不发生根本变化。⑤外部引入，通过购买服务设备、聘用专业人员或特许经营等方式将现成的标准化的服务引入到本企业中。

服务创新需要跨学科的交流和合作，它是一种技术创新、业务模式创新、社会组织创新和需求、用户创新的综合。最有意义的服务创新来自对服务对象的深入了解，这个深入比一般的产品创新要深入得多。

二、移动支付服务创新

2009 年上半年，我国手机支付用户总量突破 1920 万户，实现交易 6268.5 万笔，支付金额共 170.4 亿元，咨询公司 Informa 报告认为，预计到 2013 年，移动支付的市场规模将达到 8600 亿美元。虽然移动支付业务是非常有潜力的业务，但目前移动支付有以下三大核心问题。

第一，手机支付的安全问题是居于首位的问题。安全不仅是手机支付所面临的问题，也是信息化建设所面临的问题，还是移动商务等共同面临的问题。如何保证交易安全是每一个使用手机支付的用户最关心的问题，同样也是业务运营商首先要解决的问题，是制约手机支付发展非常大的一个因素。只有解决了用户的安全顾虑，手机支付才能逐渐地发展壮大。

第二，支付的标准化问题。手机支付的标准是主管部门、运营商及产业界各方面人士共同关心的一个主要问题。任何一种技术都要有标准，手机支付也不例外，只有统一了标准才能规范产业、进入正轨，健康的发展。相关的部门应该相互合作，制定一个可执行、规范化的手机支付标准，这是当前移动支付产业非常关键的问题。

第三，如何取得各方合作健康发展移动支付业务的问题。这关系到中国的信息化、移动商务等产业的发展，所以需要产业链的各个环节紧密配合，加深合作，加快业务的创新，探索出一条全新的移动支付业务的运营模式、商业模式，共同促进移动支付业务的健康、快速发展。

真正解决上述三大问题，需要在对移动支付产业链的各个环节进行深入整合，促进移动支付的服务创新，这是一项重要、必要且紧迫的任务。

（一）移动支付服务创新的重要性

移动支付是移动商务中的核心环节。移动商务是一种商务方式，也是一种营销活动，移动支付业务的本质是服务。商家与消费者相交换的并非仅仅是货币或其价值本身，消费者为提供服务的整个移动支付产业链支付服务费用。从实践看，移动支付服务创新的重要性还需要得到进一步的重视。移动支付服务创新并非仅仅指更加亮丽的操作界面、智能化水平更高的终端设备、产业链服务人员的规范服务以及提高服务效率等柜台过程，而是指一个端到端的创新：从支付业务客户体验的设计创新、到业务推广及营销手段的创新，从终端、网络等技术创新，到盈利模式、系统架构的商务创新。事实上，业务平台技术的创新和友好的终端界面的创新是基础，对于大多数运营商而言只有选择权和建议权而并无设计权，而业务体验设计和业务营销过程则是运营商可以努力的方向。

目前我国移动运营商、金融机构、商业银行以及众多第三方企业都已经推出了很多移动支付创新品种，但需求并不旺盛，效果远不理想，市场占有程度不高。其重要原因之一就在于，新的"移动支付产品"缺乏坚强有力的营销服务方面的开拓过程，缺乏以客户为核心的服务体系构建，产业链的整合也一直进行得缓慢而缺乏成效。移动支付、手机银行等已经是几乎所有运营商、商业银行都可以办得到的业务了，但社会不了解、客户不熟悉，"现金大旅行"的状况仍然十分普遍；很多具有可操作性的品种创新思路，缺乏一个主动和市场

"亲和"的机构去建立制度性的运转体系。服务创新应当成为移动支付市场开发的重点取向之一。从目前情况看,服务创新可能比品种创新更为迫切。具体来说,就是要把"服务"的概念扩展到柜台之外,把"服务"的范围推广到交易发生之前。

(二) 移动支付服务创新的必要性

面对千家万户,推出好的品牌后,要在激烈的市场竞争中开拓出新的业务领域,要占有一定的市场份额,就必须增强竞争实力。如果没有优质的服务开拓发展业务只能成为一句空话。移动支付是一项融合了移动运营、金融服务、终端零售商业服务的融合性业务,是一种综合性、多层次、多方位的服务,一种为客户提供的最便捷、最准确、最优质的服务。服务是一种战术、一种商品,也是一种手段,更是一种文化。

近年来运营商、终端厂商、金融机构、第三方机构进行了大量探索工作,业务创新上呈现出一定的竞争态势。在支付业务市场化趋势、面临的挑战和扩大消费需求的政策推动等多方面因素综合作用下,移动支付技术手段创新、业务品种创新颇有建树。但与此同时,一个被忽视的方面是服务创新。创新过于囿于各自业务领域,没有实现产业链的整合和端到端的服务创新。

(三) 移动支付服务创新的紧迫性

全球发展新服务经济的趋势日趋明显。IBM、HP 等知名制造业公司向 IT 服务的转型,众多制造业大国不遗余力发展服务业的行为,中国香港、珠三角地区的经济转型的努力,都显现出新服务经济时代的来临。在新服务经济时代,服务不再是仅为产品销售的门面工作、短期行为,产品的整个价值链需要从制造过程向用户应用端开放延伸。以客户为中心,而不是以产品为中心是新服务经济的基本原理。技术创新应该让步于服务创新。所以,通过对客户需求和体验的深入分析与挖掘来指导产品的设计,是新服务经济时代的产品设计理念。在新服务经济时代,必须把服务意识、客户意识嵌入每个员工的行为准则中。

第四节 移动支付服务创新前景

一、移动支付创新的源泉

2009 年 1 月,工业和信息化部为中国移动、中国电信和中国联通发放 3 张第三代移动通信（3G）牌照，此举标志着中国正式进入 3G 时代。随着 3G 的正式上线，对于优化电信市场竞争结构，促进 TD-SCDMA 产业链成熟，具有十分重要的作用，这在一定程度上促进了移动支付的发展。3G 牌照的下发将改变当前电信运营商的行业格局，将为中国移动支付市场的长远发展带来利好，中国移动支付市场的发展前景将更加值得期待。据信产部数据统计截至 2008 年底，中国手机用户总数超过 6 亿户，如此庞大的手机用户群体是移动支付扎实的物质基础。支付手段的电子化和移动化是不可避免的必然趋势，对于中国的移动支付业务而言：庞大的移动用户和银行卡用户数量提供了诱人的用户基础，信用卡使用习惯的不足留给移动支付巨大的市场空间，发展前景毋庸置疑。计世资讯（CCW Research）研究预测，2009 年中国移动支付用户数达到 1.08 亿户，其同比增长率将达到 25.6%，2010 年中国移动支付用户数将达到 1.47 亿户，其同比增长率将达到 36.1%，2011 年中国移动支付用户数将达到 2.12 亿户，其同比增长率将达到 44.2%，2012 年中国移动支付用户数将达到 2.86 亿户，其同比增长率将达到 34.9%，2008~2012 年中国移动支付用户规模预测，如图 7-1 所示。

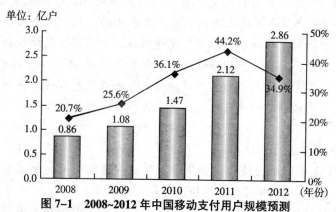

单位：亿户

图 7-1 2008~2012 年中国移动支付用户规模预测

资料来源：CCW Research，2009-01.

二、移动支付创新的支撑

计世资讯研究认为，随着 3G、4G 通信技术，能够实现手机现场支付的 RFID 技术（包括 NFC 技术和 SIMpass 技术等）的不断创新以及金融业信息化需求的不断提升，未来三年内，移动支付市场将由"慢车"状态跨度到"快车"状态，2010 年将成为市场快速增长的拐点。

三、移动支付创新的动力

计世资讯研究预计，2010 年由于产业链的不断成熟、用户消费习惯的形成和基础设施的完备，中国移动支付将进入产业成熟期。2010 年手机支付将会成为中国银联的首要电子支付渠道之一，交易量达到甚至超越互联网渠道水平，银联和移动深度联手，既共同分担成本，又快速做大市场规模，这是移动支付发展的应有之道。

四、移动支付服务创新案例

移动支付是一项新兴的业务，从本质上说是电子支付的发展和手段创新。移动支付产业的发展路径没有现成的模式可以套用，它必须同本国的实际国情相结合。我国的移动支付产业还处在新生和发展阶段，有其自身的特点，在这种情况下，移动支付服务的创新对于移动支付的健康发展就更为重要。

案例 1：以终端为突破口的产业链整合

2009 年 10 月，中国移动发布自主知识产权的 3G 终端操作系统 oPhone，无疑在整合 TD 产业价值链上迈出了有历史意义的一步。这个里程碑事件意味着中国的运营商对于平台和终端不仅是建议权，更获得了设计权和决定权。超大触控屏、重力感应器、中国移动植入软件和界面是 oPhone 手机的突出特点。用户打开手机界面，就可以非常方便地接入这些应用和服务。同时，有些地方采取购机进行高额补贴的优惠政策，以吸引和粘住中高端用户。

案例 2：手机订票

"华讯掌上通商旅在线"是由华迅国际运输有限公司和北京掌上通网络技术有限公司于 2004 年 8 月共同提供的手机购票服务。

业务功能：与中国民航订座系统实时对接，向用户提供航班时刻、舱位剩余数量、舱位折扣、价格、退改签规定等信息，并实时将用户的订座信息提交给航空公司，完成手机订票。用户通过手机终端实现航班查询、在线订票、在线出票、银行支付、订单查询、资讯信息等服务，客户订票→支付→获得电子票号都通过手机完成。实现方式：提供三种方式查询航班和机票：短信、WAP、K-Java。终端要求：支持 WAP/GPRS 上网功能，并开通 GPRS 服务，同时要开通手机钱包业务。目前移动支付在五地展开：北京、天津、湖南、浙江、海南，除湖南外，都与当地移动合作，在湖南跟联通和银联合作。2004 年总用户数达到 200 万户。

近年来，一方面，人们的信息消费、金融消费等需求被给予了更广阔的发展空间和更宽泛的选择余地，消费内容被极大丰富。另一方面，客户多样化、深层次的消费需求又反过来促进了终端、内容提供商SP、移动运营商、银行、证券、保险等金融机构的服务方式尤其是营销方式的改革，使其呈现出共同服务、共同繁荣、多元竞争的格局。

 **本章案例**

透视银行卡诈骗——境外黑手

不知从什么时候起，我们钱包里的卡越来越多，除了银行卡之外，还有各种各样的贵宾卡、美容卡、购物卡等。如果我要说，有人拿着这些贵宾卡、美容卡或者购物卡，到了ATM机上，能跟银行卡一样取出钱来，前不久，在福州市就发生过这样的事儿。

2008年8月初，正值北京奥运会开幕前夕，中国银行福州市分行突然接到总行的一个紧急电话，几张可能被盗用的境外信用卡，最近连续发生了几笔交易，地点就在福州。

中国银行福州市分行工作人员：接到总行通知之后，我们就启动了应急预案。一般来讲，奥运主办国都是国际银行卡犯罪组织攻击的目标。

气氛立刻紧张起来，银行方面召集专业的技术人员对这几张银行卡进行24小时监控。

中国银行福州市分行工作人员：我们当时也抽掉了两三个人一起过来盯着屏幕，一发现这卡号出现，我们就通知网点先控制。

一连几天过去了，被监控的信用卡始终没有任何动静。2008年8月8日，北京奥运会开幕式当天晚上，监控器突然发出信号，涉案银行卡出现了。

7点30分的时候，跳出这个卡号的交易。

有人正拿着涉案银行卡在ATM机上取款，银行工作人员锁定了犯罪嫌疑人的取款地点，立即赶往现场。

中国银行福州市分行工作人员：到了现场，我们发现×银行里面没有人了。犯罪嫌疑人已经跑啦。

犯罪嫌疑人虽然已经逃之夭夭，可他用来取款的六张卡都被吞没在ATM机里面，银行工作人员把这些卡取出来一看，大家都愣住了。

吞没的都是医院的就诊卡，还有美容卡、VIP卡、桑拿卡之类的。

这些卡怎么能到银行的ATM机上取钱呢？工作人员拿着这些卡回去进行了检测，发现这些卡都已经过了处理，表面上看虽然不是银行卡，可实际上，卡上的磁条已经被人改写成了银行卡的信息，和真正的银行卡一样可以取款。随后工作人员对这几张卡的信息进行分析，发现了一个现象。

中国银行福州市分行工作人员：前六位都是一样的，我们发卡上的识别码，就是国际通用的发卡上的识别码就是前六位，通过这个我们判断都是同一家银行。

按照国际惯例，每张银行卡的前六位，就是它的 bin 码。同一家银行发行的卡，它的 bin 码都是相同的。得到这个信息，中国银行福州市分行工作人员开始对这一号段内的所有银行卡进行监控。

与此同时，中国银行福州市分行工作人员还调出了犯罪嫌疑人取款时监控器录下的影像资料。很明显，犯罪嫌疑人在取款时是经过伪装的。

中国银行福州市分行工作人员：他的特征是这样的，一个是戴鸭舌帽，有意把这个头部进行伪装，再一个就是戴墨镜，就是把眼睛这个部位进行伪装。

得到这两个线索，工作人员马上在市区的各个取款地点进行了部署。果然，第二天早上 9 点，工作人员发现这一号段的一张外籍银行卡显示出正在交易的信号，通过监视器发现，取款人的体貌特征和之前的犯罪嫌疑人十分相似，手里拿着一个名片夹，里面全是各种卡。

中国银行福州市分行工作人员：可以看清楚卡面的，它不像是银行卡。

中国银行福州市分行立即把这一情况通知了在取款机旁蹲守的工作人员。工作人员假装不经意地慢慢走过去靠近取款人，走到取款人旁边时，看到他用来取款的根本不是银行卡。就在犯罪嫌疑人取完钱准备离去的时候，中国银行福州市分行的保安人员马上把他拦住，并立即向福州市公安局经侦总队报案。侦查员还在赶来的路上时，戏剧性的一幕出现了。在同一台 ATM 机上，又有人拿着这个号段的外籍银行卡在取款。而且，手里也握着一个名片夹。侦查员接到通知，马上赶了过去，慢慢地向其包抄过去，就在这时，取款人好像发现了什么，突然拔腿就跑。侦查员立刻冲了过去，将他抓获。

他手上拿了 20 张卡片，都是桑拿卡、美容卡，包括机器里面正在用的也是这种卡片，毋庸置疑，这就是在使用假卡。

警方对案情进行分析后认为，这应该是个专门从事银行卡诈骗犯罪的团伙，他们窃取了境外银行卡的信息和密码，复制成伪卡之后在我国境内套现。

这个时候应该来说是大量的国外的游客在我们国内参加北京奥运会的一个时期，如果这个时候不把这个团伙给打掉，它有可能给我们国家的国际声誉，还有我们国家的金融安保体系、国际金融秩序造成很严重的影响和破坏。

被警方控制的两名犯罪嫌疑人都是福建人，那么，这些人是怎样窃取国外银行卡的信息呢？幕后黑手究竟是什么人呢？是跨国犯罪集团所为吗？在中国

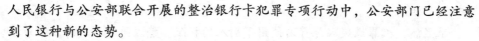

人民银行与公安部联合开展的整治银行卡犯罪专项行动中，公安部门已经注意到了这种新的态势。

银行卡犯罪最初比较猖獗的是在东南亚地区，一度猖獗到使当地信用卡造成危机，就是大家开始不使信用卡用现金了，所以引起了当地政府的高度重视，采取了有力的打击，那么受到打击之后，犯罪逐渐向外扩展，逐渐蔓延到我们境内，所以我们境内随着银行卡迅速发展银行卡犯罪也逐渐增多，在这个过程当中西方这些犯罪团伙也在向我们境内渗透，当然它们在我们境内刷了一些外境卡是为了逃避本国法律的打击，这个也引起了我们的高度重视，我们也承担了国际的义务，也要对这个犯罪进行打击。

境外的犯罪团伙把黑手伸向我国，有的时候是与我们国内的犯罪分子相勾结，有的时候则是直接潜入我国疯狂作案。当福州警方在 ATM 机前抓获了两名正在取款的犯罪嫌疑人，接下来准备扩大战果抓捕其他同伙的时候，上海警方也在密切关注着一名外籍犯罪嫌疑人的动向。

2008 年 6 月的一个晚上，上海一家旅行社的工作人员来到公安机关报案，说他们被人骗走了价值 60 多万元的机票。

上海旅行社工作人员：我们是在 2008 年 3 月的时候新开的业务，主要是针对境外的客户，也可以打电话过来，通过确认对方的身份，提供护照复印件和信用卡的卡号，我们通过在 POS 机上做离线的刷卡交易来支付。

这项业务推出之后，很多外籍旅客都通过这种"离线交易"的方式购买机票。可是到了 6 月，这家旅行社突然收到了中国银行发来的拒付通知书。

上海旅行社工作人员：中国银行正式发过来拒付通知书中说，这批外国人用的卡中，有 3 张 VISA 卡是伪卡交易，出现了拒付。我们当时就感到出现问题了。再跟他电话联系，电话也打不通了。

这 3 张伪卡的使用者是同一个人，护照上显示他来自美国，之前他多次从广州给上海的这家旅行社打电话购买机票，票款总额超过 60 万元。由于是离线交易，只需要传真银行卡的卡号和护照的复印件就可以办理购票手续，本人一直没有露过面。

上海警方：我们还是第一次接到这样的报案，就是用信用卡来骗购机票的案件。对犯罪嫌疑人身份的确定，应该是存在一定难度的，没有办法来确定嫌疑人真实的身份是什么。

眼下的线索只有这张护照和银行卡的复印件。侦查员立即对护照进行核查。

上海警方：他护照上所反映出来的名字，也确实存在这样一个人。但是我们通过信息的核对以后，发现他应该是没有作案时间的，在案发的这段时间，这个人不在中国境内。所以我们当时初步判断是有人冒用了这样一个名字，在实施犯罪活动。

很显然，犯罪嫌疑人是冒名使用了别人的护照。警方同时还对那三张外籍银行卡进行了核查，银行卡也都真实存在，但持卡人一直身在美国，从没到中国来过，侦查员们意识到，一定是犯罪嫌疑人盗取了持卡人的银行卡卡号信息，境外的银行卡诈骗团伙已经把黑手伸向了我国，对于我国公安机关来说，这是一次新的考验。

犯罪嫌疑人总共购买了几百张机票，那么这些乘客跟犯罪嫌疑人有着怎样的联系，能不能对这几百位乘客进行排查，找到犯罪嫌疑人的线索呢？

上海警方：乘机人也都是境外人员，就没办法去调查取证了。外国人流动性很大，确实是没有办法开展相关的工作。所以可以说刚刚接手这个案子的时候，对这个案件陷入了困境。

调查一时陷入了僵局，几天后，又有一家旅行社来到上海市公安局经侦总队报案。说他们被骗走了价值40多万元的机票。

两起案件还是存在一定的相同性的，就是有一个都是自称美国国籍的这样一个外籍男子，使用假的美国护照和假的信用卡信息。

两起案子非常相似，那么这两起案件会不会是同一个人作的呢？侦查员决定再次从乘客入手进行调查。

上海警方：我们把两起案件放在一起进行分析比较以后，就是购买过机票的真实的乘客信息，我们从这一点入手。通过比对以后，我们发现有一个名叫卡亚的加纳籍男子，在2008年3~6月，同时在两家公司购买过机票。

警方觉得，这个名叫卡亚的外籍男子有作案嫌疑，侦查员立即对他的相关信息展开调查，发现他在两家旅行社订票的时候分别留下过不同的手机号码。

上海警方：因为当时两起案件当中所出现的手机全部是在广州地区，而且案发以后全部处于关机状态，我们只能试着从手机原来的通话信息上去获取相关的线索。其中我们发现有一部手机在2008年6月初与上海的另一家票务代理公司有过联系。

侦查员立即赶往那家票务代理公司，果然又发现了一条重要线索。

上海警方：在2008年5月底、6月初，有一个叫卡亚（音）的美国籍男子也在这家公司运用境外的信用卡购买了价值18万元左右的机票。这次通过对三家公司的核查，我们可以确认这个叫卡亚的加纳籍男子有重大作案嫌疑。

经过向国家信用卡组织核实，这个叫卡亚的人用于购买机票的银行卡全部是假冒的，那家票务代理公司立即取消了这笔十多万元的机票订单。上海警方开始围绕这个叫"卡亚"的外籍人员展开调查，此人来自非洲的加纳，30岁左右。可是，他已经离开中国，回到了加纳。

上海警方：卡亚已经于 2008 年 6 月初从上海回到加纳，人已经在境外。所以这又给我们的侦查工作造成了困难。

侦查员们经过认真的分析讨论，觉得犯罪嫌疑人在已经尝到甜头之后，肯定不会轻易放弃，还会潜入中国继续作案。于是，上海警方向各地出入境管理部门发出了协查通报。

上海警方：对国内主要的出入境口岸，进行布控工作。这个犯罪嫌疑人，是我们上海警方需要抓捕的，如果这个人入镜的话，暂时帮我们扣留，然后通知上海警方。

先后在上海和福州出现的这两起涉外银行卡诈骗案件，都发生在北京奥运会开幕前夕，立即引起了公安部的高度重视。

上海警方：因为在之前的情报也显示，就是国际的犯罪集团企图利用奥运会的举办之机到中国大陆来大捞一把。

为了保障我国的金融安全，维护我国金融系统的声誉，绝不能让罪恶的企图得逞，针对福州和上海发生的两起涉外银行卡诈骗案件，在公安部的指导下，两地警方进行了周密部署，目标是尽快将犯罪嫌疑人绳之以法。

福州警方在 ATM 机前抓获了两名正在取钱的犯罪嫌疑人之后，为了不打草惊蛇，尽快找出隐藏在幕后的其他团伙成员，他们立即对两名犯罪嫌疑人进行讯问，经过努力，其中一个人终于开了口。

福州警方：其中一名犯罪嫌疑人交代，主犯叫做阿雄，是我们福建平衡人。交代出他的窝点在我们福州市某一个小区 304 房间。

得到这个重要的线索之后，福州市公安局经侦支队立即制订抓捕方案。2008 年 8 月 9 日下午 2 点 30 分，参与抓捕的侦查员来到犯罪嫌疑人的窝点楼下，进楼之后，他们顺着楼梯一步一步向 304 房间逼近。上到二楼的时候，侦查员突然发现，一个人正在下楼，而且 304 的房门是开着的，这个人会不会就是侦查员要找的犯罪嫌疑人呢？

福州警方：我们从警这么多年，应该说对犯罪嫌疑人的心理变化还是有一点的掌握，看他的眼睛有些闪动，然后就故作镇定地往下走。

几秒钟之内，侦查员迅速做出决断，他们冲了上去，将这个人控制起来。紧跟着另外几名侦查员也冲进 304 房间，里面有个人拎着包正准备往外走，也被控制起来。随后，侦查员们在房间里搜出了几十张伪造的信用卡。在犯罪嫌疑人随身携带的 U 盘里，发现了大量境外银行卡的信息和一个制作"伪卡"的读写卡器。

福州警方：现场因为这些证据到手以后，我们心里等于一块石头基本上落地，同时在窝点里面又抓到这两个犯罪嫌疑人，跟我们监控录像里面基本上判断相同，我们有如释重负的感觉。

在大量的证据面前，犯罪嫌疑人交代了全部犯罪事实。这个团伙共有四人，主犯阿雄，29 岁，福建人，2005 年他偷渡到英国打工，在那里，他加入了一个国际银行卡诈骗团伙，回国之后不久，他就开始"重操旧业"。

他向一个叫 Peter 的人，购买了英国西敏寺（音）万事达银行卡的卡号跟密码。应该说在境外他已经有一定的作案基础，在境外学习到这些技术。回到国内以后没有工作做，他就跟英国的犯罪嫌疑人又联系上了。

购买了这些银行卡信息之后，阿雄又拉来曹建基、邱宁等三人入伙，准备趁着北京奥运会期间，大量的境外游客来到我国消费这个时机，将境外银行卡信息制作成伪卡在国内取款。

指使 3 名犯罪嫌疑人去街面上收集了大量的、作废的，还有一些带有磁条的磁卡的美容卡、就诊卡，在家里面用购买来的这些读写软件制作了伪卡。

阿雄通过网上交易，购买了一部读写卡器，将那些卡内原有的信息清除，写入从国外买来的那些银行卡信息。

他通过电脑软件，通过读卡器读入，经过这种程序，然后通过读卡器、写卡器，就可以把这个卡的信息写入这个磁卡上，这个磁卡就是一个记忆，但它又会被银行接受。

"伪卡"制作完成后，阿雄交给其他三人，并告诉他们相对应的密码，这三人就到处找 ATM 机取钱。

四名犯罪嫌疑人从 2008 年 8 月 3 日开始作案，仅仅 7 天时间，就在 ATM 机上取走了 388000 元人民币。庆幸的是，福州警方反应迅速、部署得当，在北京奥运会第二天，斩断了这只罪恶的黑手。一般来说，这种境内、境外不法分子勾结起来从事银行卡诈骗犯罪，境外犯罪团伙往往负责提供外籍银行卡的卡号信息和密码，被称为"车头"，境内犯罪团伙负责复制伪卡取钱，被称为"车手"。目前，公安机关已经把境外的那个犯罪团伙的有关线索通报给了当地警方，力争将"车头"也打掉。

回过头来我们再说上海的那起案件，加纳籍的犯罪嫌疑人卡亚利用假冒的银行卡骗走了上百万元的机票款，上海警方张网以待，他还会再次入境吗？

晚上，上海市公安局经侦支队的侦查员刚刚下班，在回家的路上，突然接到深圳警方的电话，犯罪嫌疑人卡亚刚刚入境，就被警方控制起来。

上海市公安局经侦支队的侦查员：我们的判断方向是真的，不是假的，我们马上就过去了。因为当时心情很急切。

怀着激动的心情，侦查员连夜飞往深圳。一开始，这个叫卡亚的犯罪嫌疑人还百般抵赖，但侦查员很快就从他的笔记本电脑中找到了大量的伪造银行卡

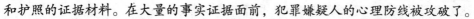

和护照的证据材料。在大量的事实证据面前，犯罪嫌疑人的心理防线被攻破了。

上海市公安局经侦支队的侦查员：当时卡亚自己交代从2008年3月开始，他是3月中旬从加拿大到中国大陆，专门通过网络，非法获取境外持卡人的信用卡信息，然后在互联网上专门寻找中国大陆的包括广州地区在内一些北京、上海其他城市的可以提供离线交易方式的票务代理公司，然后通过打电话或者网上联系的方式订购机票。

犯罪嫌疑人还交代说，他在订票时提交的护照复印件和银行卡复印件，都是在获得境外持卡人信息后，自己在电脑中修改的。

上海市公安局经侦支队的侦查员：我们警方在犯罪嫌疑人随身的笔记本电脑里面，查获的他还没有来得及作为犯罪工具使用的一张假的美国护照，我们可以看到犯罪嫌疑人已经在这个护照上面将那个护照持有人的姓名和那个护照的证件号码进行了修改。这是一张由VISA卡组织发行的，一张境外信用卡这里的持卡人姓名，是犯罪嫌疑人进行修改后粘贴上去的，上面有信用卡的卡号和信用卡的有效期。卡背面的这个号码，同样是犯罪嫌疑人粘贴上去的。

做好这些准备工作之后，犯罪嫌疑人就开始联系票务代理公司，声称可以帮他们代购折扣机票，然后拿着成批的乘客名单，找那些可以提供外籍信用卡离线交易的旅行社大量购买机票。

上海市公安局经侦支队的侦查员：将这些价值数万元到几千元不等的机票，进行低价倒卖，从中非法获利。他对于一些真实的乘机人，他是以现金方式，直接向人家收取现金，就直接从中牟利。

事后上海警方调查统计发现，在短短3个月里犯罪嫌疑人以这种方式骗取票务公司价值上百万元的机票。而且，这种犯罪手段不仅很新颖还非常周密，在短期之内是很难被察觉的。

上海市公安局经侦支队的侦查员：它有一个时间跨度，就说犯罪分子也是利用这个时间差，实施作案的。因为离线交易，等到那个真实持卡人接到这个发卡银行的对账单，发现这笔交易我没有交易过，再去向银行提出的话，那肯定是几个月乃至半年以后的事情了。

这两起案件的犯罪嫌疑人都已经落网了。在采访即将结束的时候，李警官也告诉我，目前这种跨国间银行卡诈骗的案件的危害性很大，一旦发生将会极大程度地破坏正常的国际金融秩序。所以，这已经成为警方下一步加大力度重点打击的犯罪活动。而作为接受这种外籍银行卡委托业务的公司，在接到委托后一定要对客户的身份和外籍银行卡核实清楚。并且，在刷卡交易后，要及时地通过中国银行和相应的境外信用卡组织联系，确定交易的真伪。这样可避免这种犯罪的发生，不给犯罪嫌疑人留下可乘之机。

资料来源：中央电视台. 透视银行卡诈骗. www.cctv.com 经济与法，2008-11-19.

问题讨论：

1. 跨国银行卡诈骗对国际金融秩序有何危害？如何预防？
2. 本案件中被告制造伪卡依据的是用户信息，如何保护用户信息？

本章小结

中国移动支付市场具有不可估量的发展潜力，而且可以预见这种潜力在不久的未来会出现井喷式的快速发展。随着3G的普及化应用，无线移动的应用将进一步加强，各家服务提供商已经蓄势待发。但是移动支付不能作为一种单纯的支付手段来单独发展，只能与网络营销、移动商务模式协调发展，才能使得移动支付在传统的网络支付领域衍生出新的业务。通过本章的学习，首先要理解移动支付服务创新。巨大的手机消费群体和银行卡持有者数量，为移动支付业务提供了良好的用户基础和发展空间。市场研究表明，移动支付将成为未来支付的重要方式。重点熟悉移动支付模式创新，要掌握移动支付服务创新方式，包括创新服务理念、创新服务手段和创新服务体制。熟悉移动支付的问题与对策及移动支付服务创新前景，要理解移动支付创新的源泉、创新的支撑及创新的动力。

本章复习题

1. 试述我国移动支付市场发展现状。
2. 分析移动支付消费者心理因素的形成原因。
3. 试论移动支付消费者心理障碍及解决方法。
4. 试论移动支付服务创新。
5. 试举例阐述移动支付模式创新。
6. 试论述移动支付服务创新方式及创新服务体制。
7. 试论述移动支付创新的源泉与动力。

第八章

移动支付的安全

学习目的

知识要求 通过本章的学习，掌握：

- 移动支付安全技术与标准
- 移动支付安全认证与管理
- 移动支付安全的风险防范
- 移动支付信用体系的构筑

技能要求 通过本章的学习，能够：

- 熟悉移动支付安全技术与标准
- 掌握移动支付安全认证与管理
- 掌握移动支付安全的风险防范
- 熟悉移动支付信用体系的构筑

学习指导

1. 本章内容包括：移动支付安全技术与标准；移动支付安全认证与管理；移动支付安全的风险防范；移动支付信用体系的构筑。

2. 学习方法：结合案例熟悉移动支付安全技术与标准，掌握移动支付安全认证与管理，掌握移动支付安全的风险防范，熟悉移动支付信用体系的构筑。

3. 建议学时：4学时。

引导案例

网络销售信用诈骗案

投诉人于 2005 年 5 月 1 日在某某网下单购买两款二手笔记本电脑，计 2600 元（交易号：2005050123892434）。被投诉人卖家用户名为"北外小生"，被投诉人在某某网上以较低的价格出售二手笔记本电脑，投诉人在下单之前已和卖家协调，货款分两次付清，一次用"支付宝"付 1100 元，另一次直接汇款到卖家所指定的邮政储蓄账户。5 月 2 日，投诉人通过邮政汇款将 1500 元汇到卖家所指定的账户之前，电话通知卖家发货，发货后传真发货单，卖家也表示同意。

但是投诉人在 5 月 2 日将 1500 元汇到卖家所指定的邮政储蓄账户内之后，卖家没有任何回音，也无任何动静，其间打卖家的电话总是没人接听或无法接通；向某某网的站内邮箱发电子邮件，卖家也没有回复（其间卖家也登录过）。卖家从此消失了。

于是投诉人于 5 月 2 日投诉到某某网，并随后于 5 月 5 日向诚信联盟投诉部投诉。诚信联盟投诉部于 5 月 12 日把投诉信息反馈给某某网。某某网对卖家的所有交易信息进行调查，发现卖家有严重的炒作信用的行为，信用评价都是伪造的，有重大诈骗嫌疑，于是某某网对卖家在某某网所注册的账户进行冻结，对卖家的店铺做监管处理，并将相关的 ID 冻结。

资料来源：中国电子商务法律网.中国电子商务诚信联盟受理相关投诉的基本情况. http://www.lusin.cn, 2006-05-23.

问题：

1. 结合案例分析消费者如何防范网上的信用欺诈？
2. 国家或商家应采取哪些措施来降低商家的信用炒作？

第一节　移动支付安全技术与标准

移动电子商务相对于电子商务环境具有以下一些特点：

（1）移动性（Mobility）：移动是无线链路最明显的优势之一，它可以不受定点上网限制，允许随时随地地收发信息，不受时间、地域的限制。

（2）安全性（Security）：无线设备所使用的 SIM（Subscriber Identity

Module）卡可以提供较高的设备拥有者的安全身份认证。

（3）定位性（Localization）：通过电信业的电信网络可以随时追踪和定位移动用户所在区域位置。

（4）个性化（Personalization）：目前人手一机已成为普遍现象，使得手持设备成为人们生活必备工具，相比于个人电脑更具有个性化特点。

移动电子商务中的安全应确保交易双方的合法权益所涉及的内容不受非法入侵者的侵害。通常，主要涉及数据的机密性（Confidentiality）、数据的完整性（Integrity）、数据的鉴别（Authentication）、不可否认性（Non-repudiation）方面的内容。

移动支付系统按照交易额的数量分为宏支付和微支付。现存的移动支付系统大部分都是微支付。在微支付系统中，交易的费用是从用户的话单中扣除的，不涉及银行的直接参与。而在宏支付系统中，用户用手持设备购物时，银行是直接参与者之一，用户的交易费用是从与用户手持设备绑定的银行账户中扣除的。由于交易数额较大，宏支付对安全性要求较高。

一、移动支付安全技术

（一）加密技术

加密技术是电子商务的最基本安全措施。以整个密码系统来分，有对称式密码系统、非对称密码系统、对称式非对称式混合的密码系统，对称式密码系统是加解密用同一把密钥，优点是运算速度快，缺点是有密钥分配上的问题存在。非对称密码系统加解密的过程使用两种不同的密钥，即公钥与私钥，不但解决了密钥分配上的问题，而且还能用私钥来达到数字签名的功能，使数据的传输有不可否认性。但是，公钥密码系统最大的缺点就是对数据加解密速度慢。因此，通常在使用密码系统时，会结合两种密码系统的特色，以实现加解密速度快，又能解决密钥分配的问题。

（二）安全认证技术

目前，仅有加密技术不足以保证移动电子商务中的交易安全，身份认证技术是保证移动电子商务安全的又一重要技术手段。移动电子商务中的身份认证可以将手机的 SIM 卡的唯一识别结合起来，实现对移动终端用户的认证，还可以结合数字签名技术和数字证书技术实现用户认证。

（三）消息认证

消息认证是检验数据的完整性、数据是否被篡改的技术，使用杂凑函数（HASH）来实现，单项杂凑函数还可按其是否有密钥控制分为两大类：一类有密钥控制，以 h（k，M）表示，为密码杂凑函数；另一类无密钥控制，为一般杂凑函数不具有身份认证的功能，只用于检测接收数据的完整性，它一般与数字签名结合应用；而密码杂凑函数，其杂凑值不仅与输入有关，而且与密钥有关，因而具有身份验证功能。

（四）数字签名

数字签名是非对称密码中的一种技术，其主要过程为：发送方将报文生成一个固定长度的散列值（或报文摘要），并用自己的私钥对这个散列值进行加密，形成发送方的数字签名；然后，这个数字签名将作为报文的附件和报文一起发送报文的接收方；报文接收方首先从接收到的原始报文中计算出散列值，接着再用发送方的公开密钥来对报文附加的数字签名进行解密。如果两个散列值相同，那么接收方就能确认该数字签名是发送方的，通过数字签名能够实现对原始报文的鉴别和不可否认性。

（五）双重数字签名

在实际商务活动中经常出现这种情形，即持卡人给商家发送订购信息和自己的付款账户信息，既不愿让商家看到自己的付款账户信息，也不愿让处理商家付款信息的第三方看到订货信息。在移动电子商务中要能做到这点，需使用双重签名技术，持卡人将发给商家的信息（报文1）和发给第三方的信息（报文2）分别商城报文摘要1和报文摘要2，合在一起生成报文摘要3，并签名；然后，将报文1、报文摘要2和报文摘要3发送给商家，将报文2、报文摘要1和报文摘要3发送给第三方；接收者根据收到的报文生成报文摘要，再与收到的报文摘要合在一起，比较结合后的报文摘要和收到的报文摘要3，确定持卡人的身份和信息是否被修改过。双重签名解决了三方参加电子贸易过程中的安全通信问题。

（六）数字证书

数字签名是基于非对称加密技术的，存在两个明显的问题：第一，如何保证公开密钥的持有者是真实的；第二，大规模网络环境下公开密钥的产生、分发和管理。由此，证书签发机构（Certificate Authority，CA）应运而生，它是提供身份验证的第三方机构，由一个或多个用户信任的组织实体构成。CA核实某个用户的真实身份以后，签发一份报文给该用户，以此作为网上证明身份的依据。这个报文称为数字证书，包括：唯一标识证书所有者（贸易方）的名称、证书所有者的公开密钥、证书签发者的数字签名、证书的有效期及证书的序列号等。

（七）数字信封

为解决每次传送更换密钥的问题，结合对称密码技术和公开密钥加密技术的优点，提出数字信封的概念：发送者自动生成对称密钥，用它加密原文得到密文；对原文进行 HASH，再用自身的私钥加密得到签名；将对称密钥本身用公开密钥加密保护；将运算得到的三项结果一同发送给收信者。收信者用自己的私钥解密得到对称密钥，用以解密密文得到明文，并验证签名。这样保证每次传送都可由发送方选定不同密钥进行。

(八) 数字时间戳

同传统商务一样，日期和时间是商务文件中的重要内容之一，需要加以确认与保护。同样，在移动电子商务中，也需对交易数据的日期和时间信息采取安全措施，而数字时间戳服务专用于提供电子文档发表时间的安全保护。数字时间戳服务 (DTS) 由专门机构提供。所谓的时间戳是一个经加密后形成的凭证文档，共包括三个部分：需要加盖时间戳的文件的摘要、DTS 收到文件的日期和时间、DTS 的数字签名。

二、移动支付安全标准

(一) 电子支付的安全性指标

安全技术的目标是保证在安全方案执行完毕时能实现其安全性质。安全方案的安全性质主要有以下四个方面。

1. 可认证性

认证是最重要的安全性质之一，所有其他安全性质的实现都依赖于此性质的实现。认证是分布式系统中的主体进行身份识别的过程。有以下三种认证方法：

（1）主体使用只有验证者与其共享的密钥加密消息，验证者使用同一密钥解密消息验证主体的身份。

（2）主体使用其私钥对消息签名，验证者使用主体的公钥验证签名以验证主体的身份。

（3）主体通过可信第三方来证明自己的身份。

2. 秘密性

秘密性是指保护协议消息不被泄露给未被授权的人，即使是攻击者了解消息的格式，他也无法从消息内容中得到有用的信息。保证秘密性最直接的办法是对消息进行加密，将消息从明文变成密文，没有密钥的人是无法解密消息的。

3. 完整性

完整性是指保护协议消息不被非法篡改、删除或替代。最常用的方法是封装和签名，即用加密或 Hash 函数产生一个摘要附在传送消息后，作为验证消息完整性的依据。用户收到消息后用同样的 Hash 函数产生一个摘要和收到的摘要进行对比来判断消息在传输过程中是否保证了完整性。

4. 不可否认性

不可否认性又称不可抵赖性，是指通信主体能通过提供对方参与协议交换的证据来保护自身合法利益，即协议主体必须对自己的行为负责，不能也无法事后抵赖。不可否认性又分以下两种：

（1）消息源不可否认（non-repudiation of origin），亦即不可否认协议向接收方提供不可抵赖的证据，证明收到消息的来源的可靠性；

（2）消息宿的不可否认（non-repudiation of re2ceipt），亦即不可否认协议向发送方提供不可抵赖的证据，证明接收方已收到了两种消息。主体提供的证据通常以签名消息的形式出现，从而将消息与消息的发送者进行了绑定。

（二）电子支付的安全交易标准和认证

除了通过法律规范确定电子支付中当事人的相互权利义务关系，以保障安全顺利地完成电子支付乃至整个交易过程外，人们不断通过各种途径进行大量的探索，包括在技术和操作程序方面予以改进。电子支付安全标准就是为满足电子支付的安全性要求而开发出的集加密技术、电子签字和信息摘要技术、安全认证技术于一体的各种安全技术措施或者安全技术协议。目前，虽然还没有形成一个公认的成熟的解决办法，但 SSL 安全协议和 SET 安全协议就是这种探索的两项重要结果，并对电子支付中当事人的相互关系产生了新的影响。

1. SSL 安全协议

SSL 安全协议最初是由 Netscape Communication 公司设计开发的，又叫安全套接层（Secure Sockets Layer）协议，主要用于提高应用程序之间的数据的安全系数。SSL 协议的整个概念可以被总结为：一个保证任何安装了安全套接层的客户和服务器间交易安全的协议。SSL 安全协议的使用，可以确定以下三个方面的法律事实，进而明确当事人之间的权利义务关系和责任划分：

（1）在认证机构和用户之间，它能够确信数据将被加密并被隐藏发送到正确的客户机和服务器上；

（2）在指令人和接收银行之间，它可以维护数据的完整性，确保数据在传输过程中不被改变；

（3）付款人和收款人之间提供后者对前者的信息保密承诺。

SSL 安全协议运作的基本特点是商家对客户信息保密的承诺，客户的信息首先传到商家，商家阅读后再传到银行。这样，客户资料的安全性就受到威胁。另外，整个过程只有商家对客户的认证，缺少了客户对商家的认证。随着越来越多的公司参与电子商务，对商家认证的问题也就越来越突出，SSL 的缺点也完全暴露出来，SSL 协议也逐渐被新的 SET 协议所取代。

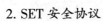

2. SET 安全协议

为了克服 SSL 安全协议的缺点，两大信用卡组织 Visa 和 MasterCard 联合开发了 SET 电子商务交易安全协议。这是一个为了在互联网上进行在线交易而设立的一个开放的以电子货币为基础的电子付款系统规范。SET 安全协议在保留对客户信用卡认证的前提下，又增加了对商家身份的认证，这对于需要支付货币的交易来讲是至关重要的。SET 安全协议对电子支付在处理过程中通信协议、请求信息的格式、数据类型的定义等，都有明确的规定。

SET 安全协议在付款人和收款人之间确定了以下权利义务关系。

（1）付款人必须向收款人公开相关信息，即消费者通过互联网选定所要购买的物品，并输入订货单，订货单上需包括在线商店、购买物品名称及数量、交货时间及地点等相关信息。

（2）收款人必须对付款人的与基础交易有关的信息予以确认，即商家通过电子商务服务器作出应答，告诉消费者所填订货单的货物单价、应付款数，交货方式等信息是否准确，是否有变化。

（3）付款人发出指令时必须进行数字签字。在 SET 安全协议中消费者必须对订单相关付款指令进行数字签字，同时利用双重签字技术保证商家看不到消费者的账号信息。

（4）收款人必须请求付款人银行的支付认可。即在线商店接受订单后，向消费者的银行请求支付认可，银行确认后，信息通过支付网关到收单银行，返回给在线商店。

（5）付款人和收款人之间的基础交易必须确认。在线商店发送订单确认信息给消费者。消费者端软件可记录交易日志，以备将来查询。

SET 安全协议同时也确定了认证机构的法律地位。在电子支付的每一个环节，消费者、在线商店、支付网关都通过认证机构来验证通信主体的身份以确保通信的对方不是冒名顶替。所以，也可以简单地认为，SET 安全协议中充分发挥了认证机构的作用，以维护在任何开放网络上的电子商务参与者所提供信息的真实性和保密性。因此，安全的电子支付与认证机构密切相连。

三、电子金融电子证据

电子金融电子证据是指随着计算机及互联网络的发展，在计算机、计算机系统运行和在互联网上进行金融数据信息交互传递过程中产生的，以其记录的内容来证明案件事实的电磁记录物。更通俗地说，电子金融电子证据就是在电子金融信息交互过程中，证明金融交易行为发生来源的各种信息的集合。其一般包括电子邮件、电子数据交换、电子资金划拨、电子公告牌记录和电子签章等样式的各种证据。

综合现在流行的电子证据的定义和分类观点，电子金融电子证据具有以下基本特点。

1. 即时性

互联网之所以发展得如此迅猛，最主要原因在于信息数据的即时性。电子金融活动中一切金融往来都是数字信息在网络上进行传播交互，这能在很大程度上降低金融机构的运作成本，同时也使地理位置的重要性降低，提高了金融服务的速度与质量。金融信息数据即时性主要体现在两个方面：一方面是通过信息的高速传递，实现金融信息实时通信；另一方面是金融信息存在的短暂性，更新极其快速。

2. 非主控性——第三方干预与非直接获取性

Internet 数据交换服务需要互联网服务提供者 ISP（Internet Service Provider），只有借助 ISP 每一台单独的电脑才能获准进入互联网，获取或者交换数据（朱子勤等，2006），而且大多数 ISP 提供数据服务器缓存服务，但对数据的类型、大小和时限都有相应的规定和限制。在电子金融数据单元（数据包）的传输过程中，要经过 N 个第三方计算机的传递，一组数据的不同部分基本上是沿着不同的路径传递的，而且在传递过程中极易受到恶意攻击和篡改。所以电子金融信息发出者不能够保证发出信息与信息收取者用户信息的一致性。电子金融数据、信息在存储和传递过程中，都是以二进制码的形式存在，不通过相应的软件阅读、组合、纠错或者解密，所谓的数据只不过是一组无序的 0、1 数字组合，人类无法对获取数据的原始形态进行识别、阅读和应用。

3. 形式多样性

电子金融数据、信息的表现形式是极其丰富的，即使在单独的计算机上，电子金融主体可以通过屏幕阅读或者通过外部设备进行打印、音频及视频播放。由于多媒体的出现，更使电子金融电子证据综合了文本、表格、图形、图像、动画、音频和视频等多种媒体信息。

4. 主观单方性

电子金融数据信息发布者的主观目的针对单体尚不能够保证或者认定送达，需要辅助其他手段再次确认，那么数据信息发布者的主观目的如果针对多方，就更加不容易确认受众群体的范围和数量。

5. 易损性

由于电子金融数据信息在存储和传输中的特性，很容易受到人为故意或者其他对电子证据的截收、监听、剪接、窃听、篡改、删节，且不易查明；而计算机操作者本人或者 ISP 的主观差错，甚至故意或者供电系统、通信网络、病毒侵害和存储媒介损坏等客观技术环境等原因，都会使电子金融电子证据无法完全反映真实状况。

6. 隐蔽性与多存在性

互联网的开放性和网络资源的易获得性，可以使行为人通过简单的更改名称、异地存储等技术手段或者通过复杂的加密解密、分解复原组合专门技术对电子证据进行隐藏。另外，同一份电子数据既可以在金融数据发布者的电脑存储器上存在，也可以在 ISP 的缓存媒介、收受方的电脑存储器或者其他外接存储媒介（如移动硬盘、磁带、卷、光盘、手机、MP3 和 U 盘等）上存在。

综上所述，电子金融电子证据也就是能够反映电子金融活动主体及行为要素的数据电文，依照"功能等同法"原则，能够保证其可随时获取性的，就可作为"书证"；在保证其可随时获取性的同时能够在金融活动过程中始终保证完整性和真实性的，就可视为"原件"；如果在电子金融活动中的"书证"和"原件"可以识别出该数据电文的发件人、收件人以及发送、接收的时间，则可认为其被"保存"。

第二节 移动支付安全认证与管理

一、移动支付认证消息

移动电子支付认证消息是在商家与支付网关之间交换的信息。支付认证包括支付授权和支付资金清算。

（一）支付授权

支付授权确保这笔交易是经银行确认的，保证商家能收到钱，据此可向持卡人提供商品或服务。商家首先向支付网关发送授权请求消息，其由以下三部分组成：

（1）与购买有关的信息。主要来自客户，包括 PI、双签名、OIMD 和数字信封。

（2）与授权有关的信息。由商家生成，包括交易标识号、由商家签名并加密的授权数据块以及数字信封。

（3）数字证书，包含持卡人签名证书、商家的签名证书及密钥交换证书。

支付网关接到授权请求后。

（1）验证有关的数字证书。

（2）解开相关数字信封。

（3）验证有关的数字签名、双签名。

（4）验证交易标识号。

（5）向发卡银行提交授权请求。

得到发卡银行的授权确认后，支付网关向商家返回授权响应消息。其由以下三部分组成：

（1）与授权有关的信息，包括由支付网关签名及加密的授权数据块和数字信封。

（2）资金清算令牌，这一消息将用于清算支付资金。

（3）数字证书，包含支付网关的签名证书。得到支付网关的授权确认后，商家即可发送货物或提供服务。

（二）支付资金清算

商家向支付网关发送清算请求消息。其包括：经商家签名、加密的清算请求数据块，该数据块包含了支付总额和交易标识号；资金清算令牌。支付网关收到清算请求后，解开有关加密的数据块，进行相关的有效性、一致性的检验，然后通过银行内部的资金清算网络把款项从持卡人账号划到商家的账号上。接着，支付网关向商家返回清算响应消息以通知商家转账的结果。商家须保留该响应消息以备日后核对之用。

二、移动支付认证安全管理机制

在认证过程中，身份认证是至关重要的环节。CA 认证中心颁发数字证书，并履行用户身份认证的责任，在安全责任分散、运行安全管理、系统安全、物理安全、数据库安全、人员安全、密钥管理等方面，需要十分严格的政策和规程，要有完善的安全管理机制。

（一）产生、验证和分发密钥

主体的密钥对管理必须确保高度的机密性，防止其他方伪造证书，主体密钥对产生的方式有两种方式：用户自己产生或者 CA 产生，由移动电子支付系统的策略决定。

1. 用户自己产生密钥对

在这种方式下，用户自己选择产生密钥的方法，自己负责私钥的存放，用户还向 CA 提交自己的公钥和身份证明，CA 对用户进行身份认证，对密钥强度和密钥持有者进行审查，在审查通过的情况下对用户的公钥产生证书，然后通过面对面、信件或者电子方式将证书安全的发放给用户，最后将证书发布到相应的目录服务器。

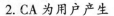

2. CA 为用户产生

这种方式下，用户应到 CA 中心产生并获得密钥对，产生之后，CA 中心应自动销毁本地的用户密钥对复制，用户获得密钥对后，保存好自己的私钥，将公钥送至 CA，接着申请证书。

（二）签名和验证

在移动电子支付体系中，对信息和文件的签名以及对数字签名的认证是很普遍的工作，成员对数字签名和验证是使用多种算法的，有 RSA、DES，这些算法可以由硬件、软件或者软硬结合的加密模块来完成，密钥和证书存放的介质有内存，手机 SIM 卡、IC 卡、UsbKey、光盘等。

（三）数字证书的获取

在验证信息的数字签名时，用户必须事先获取信息发送者的公钥证书，以对信息进行解密验证，同时还需要 CA 对发送者所发送的证书进行验证，以确定发送者身份的有效性。数字证书的获取有如下方式：

（1）发送者发送签名信息时，附加自己的证书。

（2）单独发送证书信息的通道。

（3）访问发布数字证书的目录服务器。

（四）数字证书的验证

验证证书的过程就是迭代寻找证书链中下一个证书和上级 CA 的证书。在使用每一个证书前，必须检查相应的证书列表。用户检查证书的路径，是从最后一个证书所签发的证书有效性开始，检查每一个证书，一旦验证后，就提取该证书的公钥，用于检验下一个证书，直到验证完发送者的签名证书，并将该证书中包括的公钥用于验证签名。

三、移动支付交易系统安全认证管理

移动支付应用系统评价是对一个应用系统进行以下几个方面的质量检测分析：系统对金融机构和支付业务的相对满意程度，系统开发过程是否规范，系统功能的先进性、可靠性、完备性和发展性。系统的性能、成本、效益综合比，系统运行结果的有效性、可行性和完整性，系统对计算机系统和信息资源的利用率，提供信息的精确程度、响应速度，系统的实用性和操作性，系统安全运行及系统内数据信息的保密性等。应用系统在投入运行以后，要不断对其运行状况进行分析评估，并以评估结果作为系统维护、更新以及进一步开发的依据。系统运行评价指标一般包括预定的系统开发目标及完成情况、系统实用性评价、系统对设备的影响三个方面。

（一）交易系统的安全性原则

1. 可靠性

可靠性是移动支付应用系统能够在设定条件内完成规定功能的基本特征，是系统启动应用安全的最基本的审查目标之一，是应用系统稳定可用的审查度量，是应用系统启动运行安全的基础。应用软件系统规模越做越大越复杂，其可靠性越来越难以保证，尤其是金融行业，近年来，各行都在利用覆盖全国所有机构的综合性业务系统来实现数据大集中、业务大集中，风险高度集中，因此，此业务系统的可靠性就更显得关键了。可靠性主要表现在计算机实体环境的可靠性、软件可靠性、人员可靠性等方面，因此，除了要在符合相关技术标准的基础上保证实体环境可靠性、软件可靠性之外，金融机构还应该通过加强人员教育培养、定期技术培训，规范系统管理员职责、制定相关人员及技术管理制度、加强管理力度等措施来确保人员的可靠性。

2. 可用性

可用性是移动支付应用系统可被授权实体访问并按任务需求使用的特性。具体指系统无故障、无外界影响、能稳定可靠运行，包含了计算机实体环境的稳定可靠性、抗损毁性和抗干扰性。可用性有以下要求：认识确认身份、访问控制、信息觉控制、审计跟踪。

3. 保密性

在移动支付应用系统中，只有授权用户才能访问系统信息，同时必须防止信息的非法、非正常泄露。一般情况下，应用系统的保密性要做到防入侵、防篡改、防窃取，同时还要对信息进行密钥加密或者物理加密。这一点对于金融行业保护资金安全、防止金融秘密、客户资料的泄露非常重要。

4. 完整性

完整性的目的是要求信息不能受到各种原因的破坏，信息在传输、存储、交换过程中，保证接收者收到的信息与发送者发送的信息完全一致，也就是要确保信息真实性，只有这样才能确保银行资金的传输安全，这一点在人民银行刚建成的大额支付系统中得到了充分体现。

5. 不可抵赖性

在移动支付业务应用系统的信息交换过程中，确认参与者的真实同一性，也即不可抵赖性，是非常重要的。

6. 可控性

可控性包括对移动支付应用系统信息访问主体的权限划分和更换，以及信息交换双方已发生的操作进行确认，同时还包括可审查性。

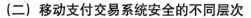

（二）移动支付交易系统安全的不同层次

1. 管理安全

移动支付应用系统启动是依靠部门和人员来具体实施的，他们既是实施应用系统安全的主体，也是系统安全的管理对象。所以，要确保应用系统的安全，必须加强部门和人事的安全管理。管理安全必须遵从从小单独使用、限制使用期限、责任分散三项原则。

2. 物理安全

物理安全的不安全因素包括自然灾害、物理损坏、设备故障、电磁辐射、硬件操作失误、系统崩溃等金融部门对此应该采取各种防护措施，随时进行系统信息备份、辐射防护、状态检测、报警确认、应急恢复等。

3. 控制安全

控制安全分为两层，一是操作系统的安全控制，二是应用系统的安全控制。

4. 服务安全

服务安全可以在一定程度上补充和完善现有操作系统的安全漏洞，主要包括安全机制、安全连接、安全协议、安全策略。

（三）移动支付交易系统运行安全检查

金融部门的系统维护人员应该对应用系统实施经常性的检查，确保应用系统始终处于稳定、高效、最佳运行状态、获得最高的使用率和安全性。安全检查包括计算机硬件系统及实体环境安全检查、系统运行安全测试两大方面的内容。

（四）参数文件及运行日志设置

系统设置参数文件是记录备案系统运行时所设定的运行参数及文件，其包括系统启动文件、设置允许文件、检查记录、审计文件、口令文件，主要用于今后系统运行维护、系统恢复、系统移植，也用于用户对系统运行进行安全审查。系统运行日志是记录系统运行时所产生的特定事件，是系统管理员对访问操作系统的人进行安全管理控制的重要根据，此类信息在设计上必须要有法律依据，同时要求设计安全完善，不能由于偶尔事件或有意行为破坏运行日志的正常运行。

（五）移动支付交易系统运行管理制度

为了保证移动支付应用系统运行安全，应建立科学的管理制度。它包括岗位制，如系统分析员的安全职责、系统管理的安全职责、数据信息管理员的安全职责等；操作规范制度，如应用系统启动和关闭操作步骤要求、注册登录操作步骤及要求等；应用系统维护及数据信息维护制度，如软件升级、病毒防治、数据备份等。另外还包括其他与应用系统安全运行相关的制度，如机房卫生、安全、保卫制度、设备维护保养制度等。

应该看到，作为多年来掌握大量资金运转的金融部门，在各种内控制度上是非常健全的，但是，近年来随着各种金融资金、金融业务处理的信息化大踏步的迈进，各种金融业务系统也在不断整合、重组、扩充、升级，而建立在这些具体业务系统上、严密的管理制度的健全方面就显得跟不上步伐了，往往出现一个系统运行很长时间了，而配合其运行管理的整套规范和制度却迟迟出不了台，制度真空是常有的事，这不能不引起金融部门的管理层给予高度重视。

第三节 移动支付安全的风险防范

安全无疑是移动支付的最大障碍。现在的安全措施简单易行，主要通过用户的 PIN 进行识别。但是更高级的安全问题需要从四个方面着手：①确定身份。由支付提供方（发行方）对用户进行鉴定，确认其是否为授权用户。②保密性。保证未被授权者不能获取敏感支付数据，这些数据会给某些欺诈行为提供方便。③数据完整性。这个特性可以保证支付数据在用户同意交易处理之后不会被更改。④不可否认性。可以避免交易完成后交易者不承担交易后果。

移动电子支付潜在的风险包括三个方面，即技术风险、法律风险和信誉风险，其中最大的风险是技术风险。

一、移动支付安全技术防范

客户在交易过程中，银行会采用多种方式有效保障客户资金安全：一是手机银行的信息传输、处理采用高强度的加密传输方式，实现移动通信公司与银行之间的数据安全传输和处理，防止数据被窃取或破坏；二是手机银行对客户对外转账的金额有严格限制；三是将客户指定手机号码与银行账户绑定，并设置专用支付密码。

为了防范移动电子支付的潜在风险，就必须建立起完善的技术安全机制。

（一）手机端软件下载分发的安全

（1）开发商开发的手机应用程序首先要提交给运营商指定的第三方测试公司进行兼容性测试，保证软件没有病毒和有害代码。

（2）测试通过后的软件包经过运营商代理签名，提交到应用下载服务器用户从下载服务器下载的软件包是经过签名的，保证了软件包在分发过程中是不会被更改的。

（3）开发商可以指定软件包中二进制执行文件等关键的数据文件不可更改，如果更改的话则无法启动软件，从而防止了文件被从外部改动而带来的风险。

（4）软件被下载到手机上后会生成一个跟卡号相关的签名文件，在每次启动程序的时候，首先要检查当前卡跟签名文件授权的卡是否一致，只有一致才能正常启动程序。

（二）WAP 应用使用安全

（1）手机的 WAP 业务只能通过联通的统一门户对外提供，所有的门户上面的业务都必须是运营商的正式 SP（服务商）开发的并且是经过审核的，这在一定程度上保证了用户访问的 WAP 应用是由正规合法 SP 提供的，避免了类似目前互联网上假冒网银的现象。

（2）WAP 应用程序首先要提交给联通指定的测试公司进行测试。

（3）WAP 支持 HTTPS 协议，实现了真正的端到端的安全。

（三）手机端软件下载分发安全

（1）开发商开发的手机应用程序首先要提交给指定的测试公司进行兼容性测试，保证软件没有病毒和有害代码。

（2）采用数字版权技术，保证程序在下载/分发过程中的正确和完整。

（四）手机与商户之间的安全通信

（1）数据特性：用户通过手机到商户的网站上浏览商品信息，查找需要的商品，向商户网站提交商品购买请求供商户网站生成订单。这一过程中传输的数据没有密码等关键数据信息，所以可以采用明文传输。

（2）安全措施：由于这一过程没有需要保密的敏感信息，所以采用 HTTP 协议进行传输。

（五）商户与平台之间的安全通信

（1）数据特性：用户在商户网站上提交了商品购买请求后，商户网站向 SP 平台传送用户的订单信息；SP 平台在商户的订单处理完毕或者支付失败后，向商户网站传递订单支付状态信息。这两个过程都要保证传递的信息的准确和完整，要防篡改。

（2）安全措施：提供两种安全措施，商户可以自由选择。商户网站和 SP 平台都配置有 CA 中心签发的私钥证书，双方使用 HTTPS 协议进行数据通信，保证了通信双方的身份认证和信息的安全。商户在注册成为手机支付的商户的时候由 SP 平台分配一个秘钥给商户，在商户与 SP 平台通信的时候使用秘钥进行加密处理，同时结合摘要技术，保证了数据传输的准确和完整。

(六) 手机与 SP 平台之间的安全通信

（1）数据特性：用户登录到 SP 平台，处理余额查询、转账、支付等业务。在这过程当中需要用户输入用户的卡号和密码等关键信息，要保证这些信息不被窃听和篡改。

（2）安全措施：SP 平台配置有 CFCA 签发的服务器证书，手机端程序包中包含 CFCA 的保证书。在手机和 SP 平台之间采用 HTTPS 协议，手机端通过证书对服务端进行身份认证，在传输过程中使用 HTTPS 协议进行加密传输，保证了数据不会被窃听和篡改。

(七) 手机与银行系统之间的安全通信

（1）数据特性：手机与银行公共支付平台之间并不建立直接的数据连接，但是在手机和银联系统之间要保证用户密码是端到端安全的，在中间的 SP 平台不能得到用户的密码明文信息。

（2）基于 SMS 支付方式安全措施：银联系统生成一对 RSA1024 密钥，其中公钥随客户端程序分发到手机上。用户在手机上输入密码后，先用公钥对密码进行加密处理，然后只把加密后的密文随同其他信息一起通过 HTTPS 协议传送给 SP 平台。SP 平台再按照银行公共支付平台的接口，把支付请求数据发给公共支付平台，其中密码仍然是密文的形式。由于 SP 平台没有对应的 RSA 私钥，所以不能通过密文得到用户的密码，保证了密码在手机和银联公共支付平台之间是端到端安全的。

（3）基于 WAP 支付方式安全措施：由于 WAP 与后台之间的通信采用 B/S 方式，不能够在客户端对用户密码先进行加密处理，再通过 HTTPS 传输。为了保证用户密码的安全，在银行系统内部署一台代理加密服务器，用来代理客户端进行用户密码的加密工作，手机与代服务器之间使用协议。由代理加密服务器使用 RSA 公钥对密码进行加密处理，然后把密码的密文以及其他信息通过重定向命令发给手机，通知手机把密码密文和其他信息重定向到 SP 平台，SP 平台的后续处理跟方式一样。这样 SP 平台只能收到密码的密文信息，保证了密码在手机和银联公共支付平台之间是端到端安全的。

(八) 平台与银联公共支付平台之间的安全通信

（1）数据特性：SP 平台按照公共支付平台的接口规范传输支付的报文，其中有卡号和密码密文等关键信息。

（2）安全方式：首先，在 SP 平台与银行公共支付平台之间采用专线进行连接，在物理层保证了数据不被窃听；其次，按照公共支付平台接口，采用加密算法对数据进行加密传输，并且加密密钥能随时更换。

移动支付

二、移动支付安全法律防范

（一）移动支付当事人的法律地位

通过对移动支付业务流程分析，可以得出移动支付涉及的当事人众多，其中包括消费者、商业机构、移动运营商、银行、支付平台营运商和认证中心等，当事人之间的法律关系错综复杂。然而我国缺乏相应的立法，因此有必要明确各方当事人的法律地位及相互之间的法律关系。

消费者是指那些持有移动设备并且愿意用它来购买商品的组织和个人。消费者是整个移动支付过程中的发起者，他的行为包括在第三方信用机构注册、查询所购商品的品种和内容、支付结算的授权和商品与服务接收。消费者与商业机构、移动运营商、银行和认证机构之间存在四个相互独立的合同关系：一是消费者与商业机构的买卖合同关系，但是这种买卖合同关系表现得十分特殊。例如，商业机构应当将多收货款向其前手返还不当得利，而不必向消费者返还，同样货款支付不足时商业机构应向其前手主张权利而不能直接找消费者；消费者在支付失败或支付不足时应及时向银行补足货款，而不必向商业机构补足货款。二是消费者与移动运营商间的移动通信服务合同关系。三是消费者与银行间的金融服务合同关系。四是消费者与认证机构间的认证服务合同关系。总而言之，消费者为了顺利完成移动支付交易必须严格履行上述四个合同义务。

商业机构出售产品或提供服务给消费者。它在接到消费者的购买请求后，向支付平台运营商传递收费信息；收到支付平台运营商的收费完成信息之后，把商品提供给消费者。商业机构与消费者、银行和移动运营商间分别存在以下三个相互独立的合同关系：买卖合同关系、金融服务合同关系和移动通信服务合同关系。

由于我国的金融业务特许制，移动运营商不得不与银行合作共同开发移动支付市场。在移动支付中移动运营商是连接消费者、金融机构和商业机构的重要桥梁。目前，移动运营商能够提供语音、短信业务（Short Messaging Service，SMS）、WAP 等多种通信手段，并能为不同级别的支付业务提供不同等级的安全服务。在移动支付中消费者有权向移动运营商发出信息指令，移动运营商有义务将用户的信息在指定的时间传输到银行，当然消费者应向移动运营商支付相应通信费用。因此移动运营商在移动支付交易中扮演了组织者的角色，但是目前在我国由于移动支付商业模式多样化，有些移动运营商为了在移动支付中获取更大利益还扮演着支付平台运营商的角色。

银行是移动支付中的支付中介，其支付的依据是银行与消费者所订立的金

277

第八章 移动支付的安全

融服务合同。在移动支付中，银行的基本义务是依照客户的指示，准确、及时地完成电子资金划拨。银行按其扮演的角色不同可以分付款行和收款行。付款行是接收消费者付费指令支付货款的银行。为了支付安全，消费者要事先在付款行存款立户并约定使用的密码或其他有效的身份确认手段。收款行是按其与商业机构间服务合同接收所划拨来的资金的银行。收款行一旦接到付款行送来的资金划拨指示，就应立即履行义务，如有失误或延误则应承担相应的责任。付款行和收款行通常都是某一电子资金划拨系统的成员，受一定规则的约束，并且两者有可能是同一银行。此外，目前在我国由于移动支付商业模式多样化，有些银行为了在移动支付交易中获取更大的利益还扮演着支付平台运营商的角色。

支付平台运营商在移动支付产业链中处于核心地位，负责支付结算的过程。它具有整合移动运营商和银行等各方资源并协调各方关系的能力，传递各种授权请求、消费者账户信息和交易记录。根据我国目前移动支付商业模式（以移动运营商为运营主体的移动支付业务、以银行为运营主体的移动支付业务和以独立的第三方为运营主体的移动支付业务），支付平台运营商分别由移动运营商、银行和独立的支付平台运营商来担当。总之，不管由谁来担任支付平台运营商，它们都应该协调好彼此之间的关系、履行自己的职责，促进移动支付的健康发展。

认证中心即在网上建立的一种权威的、可信赖的、公正的第三方信任机构，为参与移动支付交易各方的各种认证要求提供证明服务，建立彼此的信任机制，使交易及支付各方能够确认其他各方的身份。认证机构承担第三方信用机构的角色，它们提供信用信息，接受消费者和商业机构的注册，为支付平台运营商提供认证服务，防范交易及支付过程中的欺诈行为。因此认证中心对整个的移动支付的交易双方负责。

（二）手机银行交易中的法律问题

手机银行是一种新型服务，其法律问题至少有下述几个方面。

1. 手机银行参与者之间的关系问题

由于手机银行与传统的银行业务在办理上是有区别的，手机银行与客户办理业务是通过移动通信在互联网上进行，现在，有些手机银行已经在移动互联网上办理客户开户业务，不需要到银行的营业厅，只需要于手机银行的网页上签署文件即可。现行法律已承认网上签署的合同形式，这种网上签署行为已具备法律效力。

2. 手机银行计算机系统故障的风险和责任承担问题

由于计算机系统出现问题，在没有得到客户的同意下将指令发出或是计算机系统程序错误和功能失效时，产生的风险和责任应由谁承担？根据香港特别行政区金融管理局《虚拟银行认可》第2条第6款规定，虚拟银行必须在其章则及条款内，列明银行及其客户各自的权利及义务。其章则、条款对各方应公平与适当。虚拟银行必须提醒客户在使用虚拟银行服务时有责任确保系统安全，以及若没有履行此责任而可能要承担的后果。章则及条款更应特别列明银行与其客户之间如何分担因保安系统遭破坏、系统故障或人为失误引致的任何损失。如因上述原因导致损失，除非客户以欺诈手段行事或严重疏忽（如未能妥善保管其密码）；否则，客户不应就利用其账户进行的未授权交易而引致的直接损失负责。

3. 手机银行的营业时间问题

手机银行可24小时服务，但是提供电子银行服务的金融机构一般日常营业时间是从上午9点到下午5点，且在节假日休息，不办理业务，而现行法律只认可金融机构的日常营业时间。对电子银行24小时都进行交易的，其营业时间应如何确定？有观点认为，由于电子银行服务刚刚开展不久，对其交易时间仍以一般的营业时间为准，对于超过通常营业时间所进行的交易应视为是在下一个工作日完成的。当然这种规定只针对银行而言。对客户来说，依然可以在网上24小时接受手机银行的服务。

（三）手机银行的风险防范问题

在网络环境下，客户不需要到银行的营业地点而只需要到手机银行的网页上签署文件就可以建立。另外，在移动支付中，商家或网络商业中心与银行支付网关存在支付协议或类似的协作关系，使支付与交易融为一体。将手机银行业务移至网上开展，将使银行面临更大的风险，对于银行自身而言，必须有一套风险防范措施，以减少手机银行业务的风险。由于我国目前在手机银行的立法和司法实践方面还不完善，这就使银行建立整套网上业务风险防范机制十分必要。这些防范机制可以概括如下：

1. 开户审查和签约

对手机银行客户开设条件和程序应有一定限制和规范。首先，对客户的经济收入、信用度应有一个最低准入标准；其次，开户时要核验开户人的身份证件和必要的法律文件；最后，要向客户提供客户须知之类的资料，使客户了解电子支付流程、规则和安全措施。

2. 树立风险防范意识

银行应加大对手机银行的宣传，使客户具备基本的网络知识，并了解网上业务风险防范规程，尤其是交易密码和认证机构认证，应告知客户严格保密，并尽量不委托他人办理。在密码遗失、泄露时，应立即与银行联系并申请挂失。

3. 建立身份认证制度

移动支付最大的风险是非真实所有人伪造相关证件，盗用真实所有人的密码或身份资料划拨资金。为防止此类事件发生，手机银行必须建立身份认证制度，设计安全周密的身份核验、资金划拨流程，并经常对移动支付状况进行监督。为从源头防范欺诈风险，应防止非财产真实所有人伪造相关证件，抢先申请手机银行服务，并以账户真实所有人的名义划拨资金，对于个人客户银行应严格审查申请人的身份证件和开户材料，并保证签约柜台的双人临柜操作；对于法人客户应严格审查其营业执照和年审情况，并对其手机银行服务申请中的法人公章和印鉴以及在本行预留的公章和印鉴予以核对。

4. 置备严密完善的合同

鉴于我国在立法和司法实践方面对电子银行均处于起步阶段，银行应在提供服务前与客户签订《手机银行服务协议》对手机银行业务中可能产生的一系列权利与义务事先予以明确约定。在不违反现行法律强制性规范的前提下，这些约定将成为划分客户和银行的责任及解决纠纷的重要依据。

（四）手机银行服务协议的内容

一般而言，该服务协议至少应包括以下内容：

1. 支付指令的接受

客户支付指令必须符合以下条件：①金额固定；②受益人确定；③受益人的名称和账号等要素正确、一致；④客户在该银行的账户上有足够支付划拨款项和费用的存款；⑤该支付为无条件付款。对于不符合上述条件的支付指令，银行可以拒绝接受，并立即通知客户其指令未被接受，并告知原因。

2. 安全程序的选定

银行和客户应约定一个对支付指令的真实性进行认证的安全程序，该程序一般由银行提供。若银行对收到的支付指令经过认证证书和身份密码等安全程序的证实，由这一指令所产生的后果应由客户承担。客户应妥善保管认证证书及密码，若因丢失、被盗等原因泄露，致使他人通过安全程序进入客户账户所造成的损失，应由客户自己负责。

3. 网上资金划拨的终结点

对划拨发端人代理行较为有利的约定为：一旦银行将划拨金额贷记了发端人在该行的账户，划拨即告完成。此后，发端人不得撤销其指令，更不得撤回划拨款项。除非划拨人代理行或受益人代理行发现支付指令有误而停止划拨。

4. 在服务合同中约定风险和责任

手机银行在提供服务前应当与客户签订《手机银行服务协议》，对手机银行业务中可能产生的一系列权利、义务和责任事先予以明确约定，在不违反现行法律法规强制规定的前提下，合理分配风险和责任。这主要包括以下几个方面：

（1）银行和客户的责任。银行应正确、按时完成客户的划拨指令，对于银行迟延或不当履行支付指令所造成的损失，应适用退款保证原则，即应退还客户划拨资金本金及利息。由于银行本身无法预见每一笔资金划拨的间接损失，对于特别重大的划拨事项，客户应在发出支付指令之前，明确通知银行该笔划拨事关重大；否则，应推定银行无法预见间接损失，而不需承担间接损失赔偿。在客户明确告知银行该项划拨事关重大的情况下，对客户的预期利润问题，双方可以约定一个最高赔偿比例，并只按照事先设定的最高额赔偿。而在客户方面，则应保证其支付指令的正确性，若因支付指令有误造成的损失，应由客户自己承担。

（2）证据的存留与效力。银行和客户应以对账单或网上查询的方式定期核对账目。若银行在按客户提供的住址及电子邮件信箱送达对账单后的若干个工作日内，或在网上资金划拨完成后的若干个工作日内，客户未向银行提出异议的，银行保留的电子凭证相关交易记录即作为确定客户网上交易内容的唯一有效的证据。

（3）银行的免责条款。为在法律无明确规定的前提下充分保护自身利益，银行应和客户明确约定免责条款，如不可抗力（战争、自然灾害）、电力故障、大规模计算机病毒、其他网上资金划拨参与方的过错等。

（五）建立内部安全运作的管理规章

手机银行应当管理和运用好自己的资金，防止客户透支或其他违法活动，为此必须制定相应的规章，规范手机银行资金划转的条件和程序，严格要求手机支付的工作按规章和流程操作。

（六）建立公平、高效的纠纷解决机制

手机银行与客户可通过协议建立一套公平、高效的纠纷解决机制。为尽量避免诉讼，纠纷当事人首先应查明事实，在分清责任后按各方事前协议的约定公平合理地解决纠纷。为避免因协商不成而纠缠不清，最好在服务协议中明确约定合同成立地与生效时间，以及诉讼的协议管辖问题。

第四节　移动支付信用体系的构筑

一、移动支付信用体系的构筑

用户在考虑是否使用移动支付业务时，首先考虑的是交易的安全性。因此，要普及移动支付，首先，需要金融机构分担用户风险，使用户能够放心使用。如美国联邦政府《消费者信用保护法》规定，用户不必为被盗用的信用卡负任何责任，当发卡金融机构与信用卡用户因为一项交易是否系他人盗用而发生纠纷时，金融机构负有证明是不是信用卡用户自己消费的举证责任，而信用卡用户无须证明自己的清白。这一规定将极大地提高用户使用移动支付的积极性。其次，要继续推广手机实名制，建立手机用户的信用账户，这样才能有良好的信用保证。

（一）建立完善的社会信用管理体制

移动支付作为一种新型的商务活动模式，它的每一次交易活动都要涉及多方参与者，包括参与交易的双方、电子商务网站、第三方物流公司、银行、税务部门、工商、公安以及其他机构，每个参与者都要承担一定的信用责任。他们需要在一个完善的诚信环境下进行交易，但建设这种环境不是电子商务活动的某一参与者具有诚信意识就能解决的问题，这种诚信环境和机制需要社会各方共同长期努力才能营造出来。

构建诚信机制首先要建立一个健全的社会信用体系。一个健全的社会信用制度是现代社会健康发展的可靠保证。要建立一个实在的诚信社会，必须做好以下工作。

1. 加大建立社会信用管理体制的宣传

国外企业信用意识较强，信用管理机制较为健全，同时拥有先进的保密技术和发达的个人资料网络，为移动支付的发展奠定了基础。而我国经济是由计划经济脱胎而来的，信用基础较薄弱，无论是企业或个人均缺乏资信管理的意识。虽说市场经济就是信用经济，但时至今日，我国有相当一部分企业领导对移动支付信用体系缺乏最起码的了解。观念意识不强，行动上也就难以跟上。因此，为了尽快提高移动支付交易主体的积极性，加速移动支付信用体系的建设，必须更新观念，加强和拓展信用披露制度和方式，增强全社会的资信观念，力争在较短的时间内实现企业领导观念的现代化。

2. 建立企业和个人的信用评价与监管机构

采用电子商务模式进行商品交易和提供服务与利用其他贸易方式一样，进行交易或涉及交易行为的各方参与者会遇到下列风险：交易各方的资信风险、产品风险，包括产品质量是否可靠、产品品牌、产品是否假冒伪劣等问题；物权转移中的风险，包括先付款还是货到付款问题，产品如果委托第三方物流企业配送还涉及物流企业的信用问题；支付风险，这里不仅指移动支付支付过程中的支付安全性风险，更是指交易中付款方是否付款的问题；售后服务和技术支持风险，在交易完成后，售后服务和技术支持提供方能否履行其义务的问题等。

这些风险不仅仅在移动支付模式中出现，在任何一种支付方式中都会存在。要防范这些风险，必须建立起以政府为背景跨部门的，包括银行、工商管理、公安、税务等部门协同的企业和个人的信用评价与监管体系，实现跨部门、跨行业、跨地区的信用信息互联互通。

3. 建立企业和个人在移动支付活动过程中的第三方信用服务、认证机构

采用移动支付交易模式的各方还有与采用其他交易方式相比所具有更多的风险，这些风险时常被归纳到移动支付安全问题中，但归根结底引起这些风险的原因还在于带来这些风险的人的失信行为。从信用的角度来分析，这些在移动支付中所特有的风险有：卖方在网站上对产品进行不实宣传、欺诈行为的风险；买方发出恶意订单的风险；交易一方对电子合同否认的风险；交易信息传送风险，如信息被窃、被修改等风险；网上支付风险，如支付用户的密码、账号的安全性问题等。

这些风险的存在，需要有一个第三方信用服务机构、移动支付认证机构通过技术手段帮助参与移动支付交易的各方解决问题，使风险降到最低程度。移动支付是建立在移动互联网基础上的，可以设立第三方商务认证中心（如 CA 中心），为网上交易各方交易资料的传递进行加密、验证和对交易过程进行督察。移动支付认证中心还可以对网上进行交易的企业进行资格评定和认证。只有通过资格认证的企业才能获得数字证书，这样的企业也就获得了对网络资源访问的权限，并被允许在网上开展交易活动，同时也可以得到认证中心提供的技术服务支持，从而确保客户的交易在安全、诚信的环境下进行。

4. 进一步加强政府信用建设

社会信用体系除了企业信用和个人信用外，还包括政府信用。政府信用建设的主要思路是按照"取信于民、服务社会"的要求，创新行政管理机制，建设公开、透明、高效、诚信政府，努力实现从管理型政府向服务型政府转变。

5. 建立信用奖惩机制

建立保证电子商务健康发展的完善的诚信机制，需要有信用奖惩机制做支撑。对诚实守信行为或不诚实不守信行为的奖惩机制应包含以下方面：

（1）完备的法律法规保障。法律法规的确立和健全（金融有关立法，非金融有关立法，失信惩罚机制）是社会信用制度及管理体系建立和实施的保障。世界各征信国家和政府对之都高度重视，都有相应的法律和法规对移动支付进行规范和管理，在此方面我国的法律法规建设还没有与移动支付发展的进程相适应。需要加快信用立法，包括银行信用、非银行信用的立法，商业信用与消费者信用行为的立法以及商业授信的立法等。

（2）建立奖惩机制。赋予相关部门依据法律法规实施奖惩的权力。如对信誉良好的企业给予优惠政策，采取免予检查、实行信誉年检等措施予以奖励，对失信企业和个人，让其受到应有的行政或司法处罚，使他们在经济上受到损失，并对其进行重点监管，同时将失信企业或个人的不良行为记录进行广泛传播，让失信者难以在社会经济生活中生存。

6. 加强网络技术的开发和应用

信用体系中的信息安全技术是相当重要的。随着 B2B、B2C 和 C2C 等商务交易模式的深入发展，网络信用安全已成为制约网络经济发展的瓶颈。通过建立信用信息安全管理规范，严格规定信息管理、发布、交换、查询的管理权限、审批流程、传递方式、密码管理、保密规则，保证企业及个人信息的安全、可靠、有效。

移动支付的应用离不开健全的信用体系，而建立完善的信用体系必须不断加强网上安全认证技术的开发和应用，如数据挖掘技术的开发，信息安全技术的开发，信用系统数据平台建设，数据仓库的整合与数据采集，制定政府信用相关数据和信息的采集、交换和存储标准、电子签名、CA 认证等服务体系。

（二）培养全社会的诚信意识和诚信消费习惯

在移动支付活动中，促进完善移动支付诚信机制的另一个至关重要的因素是，人们的诚实守信意识和成熟的诚信消费习惯。诚信消费概念不局限于贷款消费，还应包括人们在消费过程中的互相信任和采用先进的电子信用支付手段。

应该看到，在我国信用评价和监管机制不健全的环境下，人们在交易过程中诚实守信的意识还很淡薄，因为人们的失信成本很低，或者说有时还不存在失信成本，这使得部分人越来越不诚实、不守信。移动支付相对于传统支付模式更需要人们诚实守信，没有全社会各方面的诚信支持，信用机制也会是水中浮萍。移动支付发展技术上的差距，可以通过购买引进或独立开发来弥补，但是良好的诚信环境建设和诚信意识的培养，需要人们长期的努力才能培育出来，这是在移动支付诚信机制建设中的难题。

诚信消费也是在人们诚实守信的基础上产生的。如果消费者和企业在电子商务交易过程中习惯于使用电子信用支付手段，如电子信用卡或电子汇款方式支付货款，移动支付的进程会大大加速。因此，需要积极稳妥地引导消费者采用先进的诚信消费手段。如果更多人接受了这种电子信用支付模式，就会逐渐将这种消费行为演化为习惯，而这种习惯会大大提高人们的诚信意识，会推进移动支付诚信机制的日益完善。

（三）我国移动支付诚信建设的步骤

综上所述，解决我国移动支付中诚信缺失问题的关键是建立系统健全的社会信用管理体系，而社会信用管理体系的建设是一项复杂的系统工程，涉及我国经济建设中的方方面面。因此建立完善的信用管理体系需要政府部门的大力支持，如掌握着企业的核心信用数据工商、税务、金融、公安等部门，根据我国现状及国外经验，进行我国移动支付诚信建设最好分三步走：

（1）首先必须获得中央政府批准及各级政府部门的支持。在信息化建设和电子政务搞得比较好的省、市选取 3~5 个试点，进行区域化的政府信用基础数据建设的可行性研究和试验，其目的是取得经验，为全国的数据整合制定标准和实施途径。

（2）试点取得成功的基础上，引入信用咨询和服务企业，进一步完善数据的完备性，提高可用度，同时开始对金融企业的相关数据进行整合试验，并开展跨地区数据整合的试验。

（3）全国推广统一的数据标准和整合实施方法，迅速完成全国信用基础数据库的建设，信用数据的加工和信用信息增值，也在信用咨询和服务企业的支持下同步开展，初步完成社会信用体系的建设。

（四）我国移动支付展望

中国的移动支付是一个市场机会与风险并存的市场，随着世界经济一体化、全球化进程的加快和移动支付在企业的广泛应用，对于扩大贸易机会，提高贸易效率，降低贸易成本，增强企业竞争力和应变能力有着非常重要的作用。因此，建立健全我国社会信用管理体系，通过对客户的调查和事前、事中、事后的风险控制，不仅有利于有效地降低企业经营的风险，降低企业呆、坏账损失，提升企业的经济竞争力，而且还有利于加快社会信用体系建设的步伐，使我国早日成为一个高度发达的诚信国家。

二、电子支付安全风险评估

安全风险是指威胁利用系统或资产的脆弱性从而对组织资产造成直接或间接损害的可能性。电子支付系统安全风险评估是对特定环境中的电子支付系统进行安全风险分析，找出潜在的致命缺陷和易被忽略的问题，为电子支付系统的安全设计选择合理的安全产品，为电子支付系统的安全管理提供可靠的依据。电子支付系统安全风险评估的目标是核实和评定某一电子支付系统及其资产所面临的风险，核实并选择正确的电子支付安全控制系统。电子支付系统安全风险评估的成果体现为将测得的风险按照对电子支付系统资产的破坏程度列出清单，为制定电子支付系统安全规划、加强电子支付系统管理控制提供事实依据。

（一）电子支付系统安全风险评估类型

电子支付系统安全评估类型大致有以下几种：电子支付系统安全风险自评

与他评；电子支付系统安全风险检查；电子支付系统安全保障等级评估；电子支付系统安全测试与认可等。

1. 电子支付系统安全风险自评与他评

根据电子支付系统安全风险评估实施者的不同，我们将电子支付系统安全风险评估分为自评估和他评估服务两类。自评估是由被评估者发起的，并依靠自身的力量，对其自身的电子支付系统进行安全风险评估的活动。他评估则相反，通常是被评估者的上级主管机关或业务主管机关发起的，旨在依据已经颁布的法规或标准进行的，具有强制意味的检查活动，是通过行政手段加强信息安全的重要措施。他评估也是经常提及的检查评估，无论自评估还是他评估，都可以通过委托第三方评估机构来进行，这就是委托评估。

2. 电子支付系统安全风险检查

电子支付系统安全风险检查是指电子支付服务提供者的上级主管部门或国家相关的职能部门对其所进行的一种带有行政管理性质的安全监督和检查，偏重于安全管理方面，最终也对检查对象安全状况给出相应的评判。

3. 电子支付系统安全保障等级评估

电子支付系统安全保障等级评估是由一个具有权威性的、独立的第三方机构来进行，该机构由专门的技术部门、专业的实验室以及评估专家组成。电子支付系统安全保障等级评估包括对电子支付系统安全的技术环节和非技术环节的安全评估，并最终给出电子支付系统安全保障能力的等级和系统安全当前状态的评价。它是对电子支付系统进行安全认证与认可的前期工作。它综合了当前信息安全领域关于安全技术、安全管理及安全工程过程等方面的最新国际标准，是一种非常全面、深入、细致的安全评估。

4. 电子支付系统安全测试与认可

电子支付系统安全测试与认可是以系统安全保障等级评估为依据和基础，由一个具有权威性的、独立的、公正公平的第三方进行测试与认证，并由电子支付系统的主管机构来对该测试结果进行认可的一种安全评估方式。安全测试与认可的目的是批准并确保符合安全要求的电子支付系统投入正式运行，其结论有三种：允许系统投入运行、允许系统有条件地暂时投入运行、不允许系统投入运行。

（二）电子支付系统安全风险评估内容

电子支付系统安全风险评估应涵盖状态评估与能力评估两个方面，这两个特性不仅保障了系统当前的安全建设，也应保证后续的安全要求。具体内容包括电子支付系统的资产评估、威胁评估、脆弱性评估、访问控制机制评估和安全影响评估五个部分。

1. 资产评估

资产评估是明确电子支付系统的资产、配置和分布、业务运行模式、网络拓扑结构、技术基础结构、资产环境（周边控制、安全措施）、信息安全策略和制度。电子支付系统的资产包括数据资产、软件、人员、硬件和服务资产等。

2. 威胁评估

威胁是指对系统有潜在危害的实体或事件。它具有造成不希望出现的事件的潜力。这种事件可能会导致系统或企业以及该企业的财产受到损害。威胁可能来自对一个企业的信息进行直接或间接的攻击，也可能来自意外事件或蓄意的来源和活动。威胁按其性质一般可分为自然威胁、人为威胁和环境威胁三种。电子支付系统应根据自身的特点和地理位置分析可能会面对的威胁源。

电子支付系统的典型威胁来自错误操作、未经授权的进入系统和使用信息、恶意软件及软件故障、信息窃取，水火灾害、黑客和病毒等。辨别和分析这些威胁，有助于判断它们发生的可能性和对资产的潜在危害。安全威胁信息可以通过多种方法得到。

3. 脆弱性评估

脆弱性是指可能为许多目的而利用的电子支付系统某些方面，包括系统弱点、安全漏洞和实现的缺陷等。从技术类别分类包括主机系统、网络系统、数据库和应用软件等系统的脆弱性分析。安全脆弱性评估就是鉴别和理解电子支付系统安全的脆弱性，包括分析系统资产，定义脆弱性，并提供整个电子支付系统的脆弱性评估报告。评估脆弱性可以在电子支付系统整个生命周期中的任何时间进行，为系统的发展、维护或运行提供决策支持。

4. 访问控制机制评估

访问控制是电子支付系统安全防范的主要手段，是按照事先确定的规则决定主体对客体的访问。当主体试图非法使用未经授权的客体时，访问控制将拒绝请求，同时审计系统记录过程和报警。

访问控制机制评估主要有身份认证评估、最小授权评估和网络权限及属性控制评估等。其中，身份认证评估是指计算机及网络系统确认操作者身份的过程。身份认证是进行有效身份鉴别，确认合法用户最有效、最关键的安全机制。身份认证评估主要是检查软件、硬件身份认证技术使用的现状，分析身份认证的注册审核体系是否健全，用户的证书申请和证书审核的途径是否可靠安全，用户私钥及证书服务的安全性水平是否达标等。最小授权评估通过分析电子支付系统中账户设置、服务配置、主机间信任关系配置等是否设置为电子支付系统正常运行所需的最小限度，将入侵危险降至最低限度。网络权限及属性控制评估，即分析是否根据访问权限划分用户，并对用户设置相应的电子支付系统用户组，明确应用范围，控制用户和用户组可以访问的目录、文件和其他资源以及操作类型。

5. 安全影响评估

安全影响评估目的是识别对电子支付系统的影响，并评估这些影响发生的可能性，影响是不希望发生的事件对资产影响的结果。事件结果可能对资产造成一定的破坏作用，如对电子支付系统的机密性、完整性、可用性、可说明性、验证性或可靠性的破坏，也可能引起间接的结果，如经济损失、市场占有率损失等。安全事件发生的频率也是需要考虑的，因为单个事件的危害是很小的，但是大量安全事件的综合影响可能是非常有害的。在电子支付系统安全风险评估和安全保护的选择中影响的评估是非常重要的。

在电子支付系统安全风险评估过程中产生的资产信息、影响信息、威胁信息、弱点信息和管理控制信息等共同构成了电子支付系统的安全风险信息。风险信息是动态变化的，因此对它们必须进行周期性的监控，并进行长期的维护。

三、安全电子支付系统案例

电子金融行业的应用安全一个最典型的例子就是电子支付系统。下面介绍几个典型的电子支付系统。目前已经有很多应用的电子支付系统，下面简单介绍两种典型的基于 SET 协议的互联网支付系统：即 IBM 的 Commerce Point 系统和 HP/VeriFone 公司的网络支付系统。

（一）IBM 的 Commerce Point 系统

IBM 公司基于 SET 的整套解决方案就是 IBM 一直在大力宣传的 Commerce Point 完整电子金融解决方案，其中涉及支付的主要有下面几个子系统：

1. 电子钱包系统 Commerce Point Wallet

电子钱包系统由计算机网络系统、智能卡及其读写设备、电子钱包软件系统构成。电子钱包软件系统安装在用户的微机上，内嵌在浏览器内，其主要功能有用户管理、信用卡的增删改、信用卡的查询显示与认证、购物支付及相关操作等。

IBM 公司提供的 Commerce Point Wallet 软件是为发行信用卡的银行开发的电子钱包管理软件。Commerce Point Wallet 是可以用互联网浏览器启动的应用程序，支持多种版本的浏览器。信用卡持卡人可以从发卡银行的站点下载这个电子钱包管理软件，发卡银行也可以将存储有电子钱包管理软件的软盘或光盘预先发给自己的各个信用卡用户或持卡人。在 Commerce Point Wallet 管理下，一个电子钱包内可以装入多个信用卡，装入电子钱包的信用卡也叫电子信用卡。在选定某一个电子信用卡后，持卡人可以对电子信用卡进行授权允许的各种编辑操作。一个电子钱包可以在多种、多台计算机上使用，一台计算机上也可以使用多个电子钱包，拥有口令的持卡人也可以共用一个电子钱包。使用电子钱包在网上购物十分方便。客户在购物时，通过互联网浏览器启动 Commerce Point Wallet 软件，输入口令，立即进入电子钱包界面，此后他就可以利用电子钱包进行安全方便的网上交易。Commerce Point Wallet 软件具有数字签名功能和对交易数据进行加密的功能，Commerce Point Wallet 软件和电子金融服务器相互进行信息传输和数据交换，在网上银行、信用卡公司、商家和客户之间进行信息传递、电子支付和清算，完成全部交易过程。

2. 电子收款机系统 Commerce Point eTill

该软件与 IBM 的其他商家应用系统一起完成交易信息的处理、存储、传递以及获得交易的授权、付款、退款等许可，可用来管理付款流程的所有作业。

3. 支付网关系统 Commerce Point Gateway

该软件用来完成客户及商家与银行系统的通信工作，处理 SET 协议与银行卡格式标准的转换，并核查 SET 信息的有效性，主要包括支付网关交易管理者（PGTM）和支付网关应用程序两大块。

（二）HP/VeriFone 的网络支付系统

HP 公司的子公司 HP/VeriFone 公司推出了 SET 网络支付系统，涉及支付的子系统主要包括 VWALLET、VPOS、VGATE 等。

1. VWALLET

VWALLET 软件的电子钱包中存储诸如信用卡、数字现金等电子货币数据。VWALLET 含有数字签名信息并对客户的数字证件（证件和密钥）实行管理，允许银行和其他金融机构为商家和企业提供各种特殊服务。此外，VWALLET 具有以下良好特性：具有十分容易使用的图形接口，只需简单的鼠标操作或按键即可完成各项功能服务；在一台个人计算机上可以同时支持多个电子钱包（如另一位家庭成员），每个客户都有一个自己的口令；支持各种电子货币，例如，数字现金、电子信用卡、电子支票等互联网网上支付工具和支付方法；采用 VISA，MASTERCARD 等公司的安全电子交易协议，为商家和企业网络服务器提供安全的通信手段；通过发票管理程序对客户状况进行跟踪，并且可以将这些数据输出到常用的个人财务管理程序中去，在发生退货或争议时可以提供收据记录，并且节省个人财务程序数据的输入时间。

2. 商家端的交易处理系统 VPOS

VPOS 软件是面向商家和企业进行网上支付的灵活易用的销售点终端应用软件，用于互联网网络商场的网上交易。VPOS 通过一个使用方便的 Web 浏览器，大大简化了互联网网络商场的商场管理和支付处理的操作。商场的多个收银员可以在系统操作员的模式下很方便地完成支付交易的处理。系统设置接口可以用来对那些需要由商店经理确认的交易进行限制和管理。VPOS具有商家和企业所需要的多种有用的特性：具有十分易用的浏览器接口，操作方便容易；可以将交易直接传送到金融机构，简化了处理过程，从而降低了人工处理的成本。

总之，移动支付有三大核心问题，第一，手机支付的安全问题。安全不仅是手机支付所面临的问题，也是信息化建设所面临的问题，也是移动商务等共同面临的问题。如何保证交易安全是每一个使用手机支付的用户最关心的问题，同样也是业务运营商首先要解决的问题，是制约手机支付发展非常大的一个因素。只有解决了用户的安全顾虑，手机支付才能逐渐的发展壮大。第二，支付的标准化问题。手机支付的标准应该是主管部门、运营商及产业界各方面人士共同关心的一个主要问题。任何一种技术都要有标准，手机支付也不例外，只有统一了标准才能规范产业、进入正轨，健康地发展，相关的部门应该相互合作，制定一个可执行、规范化的手机支付标准，这是当前移动支付产业非常关键的问题。第三，如何取得各方合作健康发展移动支付业务的问题。这关系到中国的信息化、移动商务等产业的发展，所以需要产业链的各个环节紧密配合，加深合作，加快业务的创新，探索出一条全新的移动支付业务的运营模式、商业模式，共同促进移动支付业务的健康、快速发展。

290

本章案例

斩断黑手

2008年5月12日发生的汶川大地震，时时刻刻都在牵动着全国人民的心。在前线军民争分夺秒全力抢救受灾群众的同时，全国各地都在积极捐款、捐物支援灾区。社会各界人士纷纷慷慨解囊，向灾区群众奉献自己的一片爱心。有的老人捐出了自己的养老金；有的小学生捐出了积攒的零用钱；有的年轻人拿出了银行里的存款。就在大家行施善举的时候，竟然有人利欲熏心，丧尽天良，利用人们的爱心牟取不义之财。

2008年5月18日，下午2点40分，江苏昆山市红十字会献爱心募集捐款活动已进入第三天。江苏昆山市红十字会在自己网站的最新消息一栏中，发出紧急呼吁，"号召大家伸出援助之手，为受灾群众捐赠善款，给身处灾难中的父老乡亲带去温暖，帮助他们渡过难关"。

下午3点钟，就在呼吁发出20分钟后，昆山红十字会工作人员汤佩冲，上网浏览捐款情况时，突然发现，刚刚发布的赈灾捐款的公告已经被人篡改，原来留下的昆山红十字会赈灾捐款的开户人、账号，变成了一个私人账号。

昆山红十字会工作人员：有人在盗用我们红十字会的名义，以对灾区募捐这种行为，来为自己牟取利益，应该来说，这种行为是很令人气愤的。

昆山市公安局项柏林：他这个肯定是利用黑客程序，注入木马，通过网站后台的管理，对红十字会公布的捐款热线、捐款账号进行了篡改，变成了个人的一个账号。

昆山市警方经过技术分析后发现，网站已经受到黑客的攻击和篡改，网民只要一点击进入网站，马上就弹出被篡改的页面。

昆山市公安局项柏林：普通的网民看到这个广告以后，因为它来自官方的红十字会网站，他不会有任何其他的想法，可能感觉这是一个真实的广告。

昆山红十字会秘书长：我们真的是非常着急，因为我们红十字会的网站，当时好多人点击那个网站，要查询我们的银行账户、开户银行以及热线电话、地址。

自从"5·12"大地震发生后，昆山各界人士已累计捐款 2000 多万元。后续捐款仍在进行之中。按照计划，在 5 月 19 日，也就是网页被篡改的第二天，昆山红十字会将借助媒体，进行更广泛的救灾捐款宣传，争取为灾区群众募集到更多的捐款。

昆山市公安局项柏林：一旦这个信息公布以后，有大量的人士都会做出义举行动，但是，这恰恰被犯罪分子所利用，这造成的后果是很严重的。

291

主持人：这是一起采用高科技手段实施诈骗的案件，如果不及时采取措施，势必会造成恶劣影响。昆山警方采取了两项紧急措施，通过技术手段，将假的捐款宣传页面删除掉，另一个措施就是，将一个捐款信息图片固定在网站主页上，让"黑客"无法擅自改动。

可是这名"黑客"并没有就此罢手，网站刚刚恢复正常一个小时，"黑客"就再一次侵入了网站管理程序，并采用了危害性更强的"黑客"攻击手段。

苏州市公安局网监处严峻：用那个网站管理员的账号跟密码登录上去以后，把那个网站再一次修改过来，同时，他就把原来的这个网站管理员登录账号跟他的密码就从后台程序删除了，这样就导致那个昆山红十字会的网站的维护人员无法对这个网站再次进行维护。

5 月 18 日下午 5 点钟，苏州市公安局网监处的侦查员也开始全力投入到这起案件的侦破工作。两地警方集中了经验丰富的民警，成立了"5·18"案件专案组。可是破解木马程序，需要一定的时间，犯罪嫌疑人肆无忌惮地侵入昆山红十字会网站，打着爱心捐款的幌子，随时都可能造成难以弥补的损失。

苏州市公安局网监处严峻：那么在这种情况下，我们只能暂时采取关闭网站的方式，以减少犯罪嫌疑人这种行为对整个社会的影响进一步扩大。

为了尽快恢复网站，保证群众通过网站捐助顺利进行。专案组警民展开了与时间的赛跑，面对黑客的木马程序，他们一点点破解，一点点地清除。经过30多个小时的连续奋战，5月20日凌晨，昆山红十字会网站的管理程序被彻底修复。

与此同时，专案组也在努力搜寻黑客的踪迹。那个隐藏在幕后的"黑客"究竟是谁？他又潜藏在哪里呢？如果不及时将犯罪嫌疑人抓获归案，接下来他还会采取新的作案手段。专案组民警首先对犯罪嫌疑人留下的个人银行账号进行了核实，希望能够查找到黑客的踪迹。经过调查，犯罪嫌疑人留下的捐款账号，开户银行是在广州市。

昆山市公安局项柏林：我们立即赶赴广州，对捐款的虚假账号进行调查，发现开户所用的信息都是真实的。

开设银行账户的庞土贤是广州本地人。警方立即对庞土贤进行了布控，展开深入调查。

昆山市公安局项柏林：据当事人反映，他的身份证三个月前就丢了，根据我们的走访，这个当事人5月18号前后一直在居住地，没有作案的可能性。

主持人：开户信息这条线索很快就断了。不过让警方感到欣慰的是，因为采取措施及时，他们在假冒的捐款账户上没有发现打入捐款的记录。也就是说，还没有捐款人上当。可是这个潜藏在网络背后的"黑客"，随时随刻都有可能再对其他的红十字会网站进行攻击，将一笔笔爱心捐款占为己有，造成非常恶劣的社会影响。因此必须尽快破案。

专案组民警对近期登录昆山红十字会的数据逐一进行了排查。

昆山市公安局项柏林：我们对上百万组数据进行了分析，用了20多个小时，连续作战，最终确定了有一组数据来自广东深圳的，是非法用户登录。

案发后第三天，2008年5月20日一早，专案组民警飞往了深圳。在当地警方配合下，很快锁定了犯罪嫌疑人上网的具体位置。

昆山市公安局项柏林：我们确定了攻击源来自一个城乡结合部的一个出租房，这个出租房有64户人家。

苏州市公安局网监处严峻：确认就是其中住在205室的杨丽涛有重大作案嫌疑。

警方调取了杨丽涛个人资料。杨丽涛，23岁，湖北襄樊市人。5月21日晚上9点，警方赶往杨丽涛的暂住地，将刚刚回家的杨丽涛一举抓获。并从他随身携带的钱包中，搜查出用于作案的身份证以及银行卡。

苏州市公安局网监处严峻：同时在他的电脑里面，我们发现了他5月18

日中午的时候浏览我们昆山红十字会网站的这些日志记录，包括在他的电脑的一个文件夹里面，我们找到了一些相关的木马程序。

在大量证据面前，犯罪嫌疑人杨丽涛对于自己攻击昆山红十字会网站的行为供认不讳。

2008年5月29日，记者在昆山市看守所，见到了犯罪嫌疑人杨丽涛。面对记者的来访，杨丽涛还有一定的抵触情绪。当被问及攻击红十字会网站的目的时，杨丽涛的回答让记者感到惊讶。

犯罪嫌疑人杨丽涛：说是为了钱，但又不一定是为了钱，说是好玩，但不一定是为了好玩，这东西两方面都有，但两方面有时候又没有，这个东西，到现在我还没想明白，我当时是怎么想的。

杨丽涛在湖北一所大学，就读于计算机专业。大学毕业后，他来到广东一家网络公司打工。因为业务上的需要，他经常和一些老板打交道。日子久了，杨丽涛对于财富的欲望，让他的心里渐渐失去了平衡。他一直苦于找不到发财的机会。汶川大地震发生后，人们投去了关切的目光，纷纷伸出援助之手。可是杨丽涛对此却表现得非常冷漠。他更感兴趣的是那些募集的捐款，他竟然把这当做一次发财的机遇。

记者：那么多善良的人，在向灾区捐款，而你又用这样一种方式，想把钱占为己有，你花这个钱你心里会安心吗？父母在家里务农，培养你成为一个大学生，你这样做对得起他们吗？

在全国人民抗震救灾，众志成城的历史乐章中，杨丽涛的所作所为，无疑是一个不和谐的音符。而他必将为自己的冷漠、自私、贪婪付出代价。等待他的将是法律的严惩。

犯罪嫌疑人杨丽涛：我知道错了。

主持人：在这次抗震救灾的报道中，我的很多同事都赶赴到了第一线。他们记录下的一组组画面，讲述的一个个故事，让我一次次感动得落泪。与此同时，国内外千千万万的人们还在捐款、捐物，表达着自己的一份爱心。截止到目前，募集到的捐款数额已经达到457.68亿元。可另有个别人跟杨丽涛一样，他们绞尽脑汁，想方设法，利用人们的善良和爱心，诈取不义之财。而他们的诈骗手段更具有欺骗性和迷惑性，造成的后果也会更严重。

2008年5月16日，下午2点10分左右，正在进行网上监控的苏州公安局网监处民警，突然发现一个假的募集捐款网站。

苏州市公安局网络侦查大队李晶：它最大的一个漏洞就是这个域名，从头到尾这个域名是锁死的，为了骗取别人的信任，他在这里留有腾讯慈善基金会联合红十字会，计划为"5·12"四川地震募捐这个页面，就是利用这句话，让你相信这个页面是真实可靠的。

该网站网址为 qq.yw5188.net，页面内容与"腾讯公益网"网页如出一辙。但其中的网上银行在线支付页面均被修改为假网页。一旦有网民被其迷惑，不仅捐款被犯罪分子占为己有，更严重的是，自己输入的银行账号以及密码都会被记录下来，而银行卡内的存款也将全部被窃走。

苏州市公安局网络侦查大队李晶：这里留了一个在线捐款的入口，点击这个入口，我们发现它链接一个假的银行页面，在这个页面他提供了很多银行的网上支付平台的接口，这是我们点击的一个银联的网上支付平台，中国建设银行的，按道理讲，进入这个平台以后，就应该进入中国建设银行的网上银行支付平台，不过它这个域名还没变过，这个平台就是犯罪分子留给自己的一个偷取别人网上银行支付的银行账号的后台程序。这是建设银行的，它需要你填写你的银行账号，或者你的身份证号，登录密码附加码，当你在这里填写以后，你的所有资料就完全流入到了犯罪分子的手里。

同时警方还发现犯罪嫌疑人从 5 月 15 日开始，在一些网站论坛上发布了这样的信息，"5·12 四川地震紧急募捐！灾害无情，你我有情，1 元钱你捐了吗？"并留下假网站地址欺骗网民前来捐款。经过两个小时的网上追查，苏州公安局网监处民警发现，该网站服务器位于江苏省江阴市，而网站上传互联网的终端，则远在广东中山市。

因为网站服务器在江阴市，5 月 16 日下午 4 点，江苏省公安厅立即指令江阴警方展开调查。

江阴市公安局华自立：我们省厅的黄明厅长做出了三个快指示，第一，快速侦破，要求在五天之内。第二，就是快速取证，马上就关闭这个网站。第三，马上要从重、从快进行打击。

尽管警方很快关闭了犯罪嫌疑人精心克隆的假网站，但浏览量已经达到 1 万多人次。

江阴市公安局华自立：我们是非常担心，要是我们的善心给他利用了，那造成的损失，造成的我们心理上的伤害，是不可估量的。

警方根据犯罪嫌疑人的 IP 地址，很快就在广东中山市一个网吧将他们抓获。2008 年 5 月 18 日，犯罪嫌疑人刘自成、犯罪嫌疑人王双抢被民警带回了江苏。从发现假冒捐款网站，到案件告破，江苏警方仅仅用了 24 小时。

群众：我们四川人民正在受灾、受苦、受难的时候，应该从重、从快坚决打击。

群众：哪有这种人，实在是太不道德了，真的应该挨揍。

警方查实，王双抢和刘自成都精通电脑技术，甚至建立自己的网站，专卖游戏积分点卡。2008 年 5 月 13 日，两人看到汶川大地震的新闻后，就匆匆将他们的网站进行了修改，仿冒"腾讯公益网"，募集捐款，诈骗钱财。5 月 16 日，他们把假网站上传到互联网上。由于警方发现及时，假网站还没有骗到一笔捐款，就被警方关闭了。这时，两人还以为是出现了技术故障。5 月 17 日下午，两人又到网吧上网，对假网站再次进行维护时，被民警逮了个正着。因为警方及时采取措施，并迅速破案，假网站并没有给群众造成任何损失。

王双抢：做这个事情，可能就会有点违背良心、伤天害理，自己内心也不好受。

刘自成：我真的很后悔，每天都看汶川大地震报道，现在已经死了六万九千人。煎熬，每一天都是煎熬。

王双抢：想自己创一番事业，所以我才想到钱的重要性，所以我才犯下这个弥天大罪。

主持人：采访中，杨丽涛留下了后悔的眼泪。刘自成、王双抢也在忏悔。可是当初他们却连做人最起码的良心都抛在了脑后，一场突发的灾难也检验着所有人，人性的善与恶。目前，各地公安机关先后侦破了多起诈骗爱心捐款的案件，除了以上这两种网络诈骗手段，而且已经造成了一定的社会危害。

2008 年 5 月 13 日，汶川大地震第二天，上海市公安局网络报警平台收到了大量举报，不少群众称，他们收到了手机短信，让大家向灾区捐款，大家不知是真是假。

市民：就是有个别的那种银行户头，让往里面打钱，说是四川赈灾的。

上海市公安局民警：短信是什么内容呢，就是一方有难八方支援，今天四川汶川发生了 7.8 级地震，死亡过了万人，百万人无家可归，它提供了一个红十字会的捐款的账号，它的署名是李梅冬。那么自从 9 点钟以后，我们连续接到好多市民拨打 110 （的电话），反映这个情况。

主持人：按照我们国家法律的规定，募集捐款除了民政部门，红十字会，慈善会，可以依法开展之外，其他任何单位和个人未经民政部门批准，不得开展任何形式的募捐活动。警方判断，这是一起有预谋的手机短信诈骗案件。于是警方立即采取了行动。

那么这个李梅冬是谁，他又隐藏在哪里呢？此案立即被转到上海市刑事侦查总队，进行调查。

上海市公安局民警：对他们的交易的轨迹我们进行了一些查询，发现他的交易地或者说查询的地点主要是在贵州的毕节地区。

侦查队员立即动身赶往贵州，并且迅速追查到了发信人所在的具体位置。

上海市公安局民警：当场缴获了作案用的电脑 10 台、银行卡 30 多张，作案用的手机有 100 多台，另外还有涉案的发短信用的手机的手机卡 300 余张。

上海市公安局民警：这个团伙是一个有组织、有计划的作案团伙，而且内部分工是相当地明确，它有专门的信息发送组，还有专门的取款人员。

经警方调查，这十几个人都是外地到贵州的无业人员，目前警方了解到，已经有人受骗上当，向这些骗子公布的银行卡里打了钱，案件还在进一步的审理之中。同时，警方也提醒广大热心群众一定要到正规的捐款单位，通过正规的途径进行捐款。

主持人：以上三种类型的诈骗行为，无一例外都利用了善良人们的捐助热心，扰乱了抗震救灾工作的有序进行。因此，公安部刑侦局在第一时间发出通知，要求各地公安机关立即行动起来，严厉打击、严密防范各种趁灾违法犯罪活动。而最高人民法院也发出《关于依法做好抗震救灾期间审判工作切实维护灾区社会稳定的通知》。通知要求各级人民法院要依法严惩危害抗震救灾和灾后重建的各种犯罪活动，要在法定期限内快审、快判，力争在最短的时间内使灾区人民群众感受到司法机关维护灾区稳定和打击犯罪的决心与力度，震慑潜在的犯罪分子，预防其他犯罪的发生。

资料来源：中央电视台. 斩断黑手. www.cctv.com 经济与法，2008-06-23.

问题讨论：

1. 本案例中的三起网络诈骗案犯的犯罪手段有何共同之处？
2. 电子银行如何识别和防止针对银行的犯罪行为？

本章小结

本章着重阐述了移动支付的技术与标准，然后讨论安全认证与管理及风险防范，包括移动支付认证消息，移动支付认证安全管理机制，移动支付交易系统安全认证管理。为了保证移动支付应用系统运行安全，应建立科学的管理制度。它包括岗位制，操作规范制度，应用系统维护及数据信息维护制度。另外还包括其他与应用系统安全运行相关的制度，如机房卫生、安全、保卫制度、设备维护保养制度等。本章重点内容包括移动电子支付安全技术与标准有哪些，如何实现移动电子支付的管理，风险防范措施有哪些。最后重点阐述移动支付信用体系的构筑、电子支付安全风险评估，也介绍了安全电子支付系统案例。

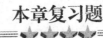

本章复习题

1. 移动电子支付安全有哪些特点?
2. 移动电子支付安全技术与标准有哪些?
3. 移动电子支付的安全机制有哪些?
4. 如何做好移动电子支付的风险防范?
5. 试论移动支付信用体系的构筑。
6. 试述电子支付安全风险评估。

第九章

移动支付法律制度

学习目的

知识要求 通过本章的学习，掌握：

- 移动支付法律问题概述
- 第三方支付市场准入制度
- 移动支付交易法律制度
- 移动支付的法律责任
- 移动支付法律制度的构建

技能要求 通过本章的学习，能够：

- 了解移动支付法律问题
- 掌握第三方支付市场准入制度
- 掌握移动支付交易法律制度
- 熟悉移动支付的法律责任
- 了解移动支付法律制度的构建

学习指导

1. 本章内容包括：移动支付法律问题概述；第三方支付市场准入制度；移动支付交易法律制度；移动支付的法律责任；移动支付法律制度的构建。

2. 学习方法：结合案例了解移动支付法律问题；掌握第三方支付市场准入制度；掌握移动支付交易法律制度；熟悉移动支付的法律责任；了解移动支付法律制度的构建。

3. 建议学时：4 学时。

 引导案例

伪造信用卡案

外企职员张先生从这个月的账单中发现有几笔交易非常可疑，一个是它的金额比较大，再一个是发生的场合不是曾经去过的场合。张先生的信用卡，既没有丢失也没有进行消费，所以他就怀疑肯定是有人以某种犯罪手段，盗用了他信用卡的资料恶意消费，这个黑洞到底有多大张先生越想越怕。通过银行方面的查询，银行也怀疑这几笔恶意消费可能是犯罪分子，伪造信用卡进行的金融诈骗活动。张先生已向有关部门报了案，公安机关正在关注此事。

2001 年 10 月 23 日澳门警方在一个小区内实施治安突袭行动时，抓获了 4 名犯罪分子并在其住所查获了大量的伪造信用卡，澳门警方马上意识到这是一个涉嫌伪造国际信用卡犯罪的重大线索，在对犯罪嫌疑人的审讯中得知这些伪造的信用卡来自广东省珠海市一个叫米高的人。经警方认定他就是珠海警方费尽周折查找的犯罪嫌疑人米高，真实姓名苏伟，38 岁，无业，广东紫金县人。珠海警方觉得他们的身后肯定还隐藏着一个更大的伪造信用卡团伙组织，为了知己知彼，侦查人员走访了银行和有关制卡公司。通过了解信用卡的制作过程，警方更加确认苏伟的背后肯定是一个有规模、有组织、有分工的国际犯罪团伙，否则他们不能完成信用卡的制作程序。

2001 年 11 月 29 日上午，专案组决定兵分数路开始抓捕行动。根据警方的审讯结果，整个犯罪团伙的分工是：伪卡的制假设备由澳门人林德伟提供，化名米高的苏伟负责购买信用卡卡胚并由卢健宏协助制作伪卡，由吴丽真、金毛等人提供盗取信用卡信息，伪卡制好后由吴天生、刘国雄和澳大利亚人范海东等人带出境外销售。由于吴丽真、苏伟团伙是跨国、跨境作案，大量的伪卡已经流入国外，为了避免造成更大的损失，2002 年 3 月 18 日公安部在北京向英国、德国、澳大利亚等国家驻华使馆通报了广东警方侦破该案的情况和一些犯罪线索，请求国际刑警组织进一步协查。

资料来源：中央电视台. 伪卡. www.cctv.com 社会经纬，2002-09-05.

➡ 问题：

1. 这个犯罪团伙应如何定罪？为什么？银行对卡的发行应如何监管？

2. 信用卡持有者使用中应如何处理安全问题？

第一节 移动支付法律概述

一、移动支付立法的必要性

移动支付是指用户使用移动电子设备通过移动运营商向约定银行提供的计算机网络系统发出支付指令，由银行通过计算机网络将货币支付给服务商的一种消费支付方式。银行支付结算系统的电脑自动化操作，使交易更加安全和便捷，同时有助于国家税控。

在移动支付的市场上，盗卡、网络钓鱼、诈骗、涉黄涉毒等问题层出不穷，在电子支付发展的短短几年中，支付宝、快钱、首信、拉卡啦等第三方支付平台，和各大银行、银联，甚至运营商几类市场主体在竞争中微妙博弈。法律法规的缺失和监管空白，让这个新兴行业在乱象中潜伏着重重危机。中国电子支付行业鱼龙混杂，发展很不规范，亟待相关法律、法规的出台，我国的电子支付行业从最初为解决网上支付银行卡联网通用问题开始，伴随信息技术的发展已迅速发展成为业务种类覆盖网上支付、手机支付、电话支付、充值卡支付、电子货币发行、集中代收付等多方面的新兴行业。在没有国家信用和监管部门支持的情况下，依靠商业信用和产品创新，电子支付已经获得了各大银行金融机构、国内和国际知名企业以及广大用户的普遍认可。

从移动支付发展的外部环境来看，在政策法律方面，我国关于电子商务的法律法规体系逐步成熟，但在电子支付相关政策法律方面还不够完善，第三方电子支付组织的规范正在完善。构建一个完善的法规制度是移动支付健康发展的重要保障。移动支付的发展目前还处于成长阶段，与此相对应，其发展环境也表现出一个产业发展初期的稚嫩、无序的特征。许多业务在政策灰色地带的快速发展，面临未来业务被管制的政策风险。必须从移动支付业务市场准入、电子货币发行、业务监督管理等方面完善相关法规制度，明确相关主体的权利、义务和责任，保障广大用户的合法权益，为移动支付的发展创造良好的法律环境。

移动支付业务最早出现于 20 世纪 90 年代初的美国，随后在韩国和日本出现并迅速发展。中国的移动支付最早出现在 1999 年，由中国移动与中国工商银行、招商银行等金融部门合作，在广东等一些省市开始进行移动支付业务试点。经过近 10 年的发展，中国的移动支付市场应该说粗具规模，无论是从业

301

机构、市场占有情况，还是用户数量、业务规模，都取得了较好的发展。但移动支付的发展也受到运营环境、安全技术、政策法规等因素的制约，与蓬勃发展的电子商务、网络购物市场相比，中国的移动支付行业表现出稳步发展的状态。

二、移动支付安全的问题

移动支付的首要问题是安全保障、身份识别和隐私。无线信道是一个开放性的信道，它带来了诸多不安全因素，如通信内容被窃听、通信双方的身份容易被假冒以及通信内容被篡改等；无线网路中的攻击者不需要寻找攻击目标，攻击目标会漫游到攻击者所在的小区，在终端用户不知情的情况下，信息可能被窃取和篡改。

（一）无线信息易被窃取

无线通信网络可以不像有线网络那样受地理环境和通信电缆的限制就可以实现开放性的通信。无线信道是一个开放性的信道，它给无线用户带来通信自由和灵活性的同时，也带来了诸多不安全因素，如通信内容容易被窃听、通信双方的身份容易被假冒，以及通信内容容易被篡改等。无线窃听可以导致通信信息和数据的泄露，而移动用户身份和位置信息的泄露可以导致移动用户被无线追踪。这对于无线用户的信息安全、个人安全和个人隐私都构成了潜在的威胁。

（二）无线传输易受干扰

无线装置可以组成 Ad Hoc 网路。Ad Hoc 网络和传统的移动网络有着许多不同，其中一个主要的区别就是 Ad Hoc 网络不依赖于任何固定的网络设施，而是通过移动节点间的相互协作来进行网络互联。Ad Hoc 网络也正在逐步应用于商业环境中，如传感器网络、虚拟会议和家庭网络。由于其网络的结构特点，使得 Ad Hoc 网络的安全问题尤为突出。A 通信由一个小区切换到另一个小区时，恶意的或被侵害的域可以通过恶意下载、恶意消息和拒绝服务来侵害无线装置。

（三）无线网络易被攻击

无线网路中的攻击者不需要寻找攻击目标，攻击目标会漫游到攻击者所在的小区。在终端用户不知情的情况下，信息可能被窃取和篡改。服务也可被经意或不经意地拒绝。交易会中途打断而没有重新认证的机制。无线媒体为恶意用户提供了很好的藏匿机会。由于无线设备没有固定的地理位置，它们可以在不同区域间进行漫游，可以随时上线或下线，因此它们很难被追踪。因此，对无线网路发起攻击会是敌手对固定网路发起攻击的首选，尤其是随着这些设备数量的增长。

（四）手机病毒威胁很大

有线网络杀毒安全技术还不完全适用于无线设备，由于无线设备的内存和计算能力有限而不能承载大部分的病毒扫描和入侵检测的程序，目前还没有有效抵制手机病毒的防护软件。

（五）移动交易尚欠安全

安全问题，在手机支付中是极其重要的一个问题。一方面，需要银行对用户的交易密码做加密处理，对于一些重要数据做硬件加密处理，所有文件不能以明文形式存在，对于系统的访问有安全日志，对于所有应用系统发生的错误都要记录在错误日志中。另一方面，对于通信运营商来说，需加强信号传播中的安全问题，如防止信号被截获等。一项新业务存在业务风险是很正常的，关键是如何正确处理安全与正常业务运营的关系，把安全系数设定在一个什么样的状态下。如果强调百分之百的安全，不仅很难做到，而且势必会舍弃许多利益。既照顾到安全问题，又兼顾业务发展，是一项值得研究的课题。另外，从法规建设上看，因通过无线工具查询银行账户以及电子支付等操作造成的银行或个人隐私暴露，责任方需要承担什么样的责任也需要具体予以明确。当然，这是一个与技术相关的业务问题。

三、移动支付面临的法律问题

（一）关于电子银行犯罪的法律问题

目前有关电子银行的犯罪主要集中在以下三方面：

（1）电脑黑客，又称网络系统的非法入侵者。这些人往往利用自己的技术优势入侵电子银行的交易系统，实现自己的非法目的，有时能造成电子银行的交易系统瘫痪，电脑黑客成为网络银行交易安全的最大隐患。

（2）网上盗窃，又称电子扒手。有些人或因商业利益，或因对所在银行或企业不满，甚至因好奇，利用自己的网络技术优势，盗取银行和企业密码，浏览企业核心机密。这些盗窃犯罪具有盗窃作案值高，手段隐蔽不易侦破的特点，成为关于电子银行犯罪的一个新趋向。

（3）网上诈骗。网上诈骗已成为世界上第二种最常见的网络风险。一些不法分子通过发送电子邮件或在互联网上提供各种吸引人的免费资料等引诱互联网用户，当用户接收他们提供的电子邮件或免费资料时，不法分子编制的病毒也随之进入用户的计算机中，并偷偷修改用户的金融软件；当用户使用这些软件进入银行的网址时，修改后的软件就会自动将用户账号上的钱转移到不法分子的账号上。

以上只是有关电子银行的几种典型的犯罪形式，由于电子银行与传统银行相比是全新的经营模式，因此，新的犯罪形式也在不断出现，例如伪造和复制电子货币问题，关于利用电子银行进行洗钱问题等，已经被有识之士认识到。

相对于迅速发展的现实而言，立法总是滞后的，我国目前关于电子银行的立法主要是 1997 年修订的《中华人民共和国刑法》中针对计算机犯罪的条款。该法第 285 条对"非法侵入计算机系统罪"进行了规定，第 286 条界定了"破坏计算机信息系统罪"。网络黑客的行为，情节严重的，就已构成犯罪，必须负刑事责任。该《刑法》第 287 条专门规定了"利用计算机实施金融诈骗、盗窃、贪污、挪用公款、窃取国家秘密或者其他犯罪"的处罚，其中规定：对犯罪后果特别严重的，处五年以上有期徒刑。这些规定相对于频繁出现的多种形式的针对网络银行的犯罪现象而言，规定过于笼统和粗糙，不利于有效打击这些犯罪现象。因此，实现对网络犯罪的有效打击是我国刑事立法的一个重点。

（二）技术安全问题

技术安全是指使用移动支付对手机等设备有特殊的要求，是否更换现有的手机，是否要更换 SIM 卡，用户的银行账户和个人身份等敏感信息，通过手机和商家的网站、支付网络等传输和存储，它的安全性怎样？

（三）用户资金安全问题

资金安全是指移动支付通过第三方支付组织处理时，通常会存在资金沉淀问题。这些资金的所有权依法属于客户，但实际上由第三方支付企业进行支配，如何保障沉淀资金的安全也是广大客户关心的问题。因此，有关各方要通力合作，不断创新，提供更多手段和方法，使得我们的移动支付解决方案更加安全、保险。

（四）移动消费模式选择问题

移动消费模式是预付还是透支，如果采用先消费后结算（透支）方式，就必然要启用手机实名制、信用评估和担保体系，而且透支额度太小，也会阻碍交易的进展。我国目前消费支付方式有现金、支票和信用卡三种。随着技术的进步，手机等移动电子设备支付将成为支付方式中非常重要的一部分。移动电子设备持有者购物消费或缴费时，只要输入特定的银行卡号和金额，将支付请求通过短信息发送到银行，银行在进行审批划账之后，通过短信息反馈到特约商户或特约商户指定的银行，商户使用无线或有线 POS 机打印出消费收据，完成交易。用户就会获准得到所需要的商品和服务。整个过程全部实现电子化。这样的支付方式被称为移动电子支付。将移动电子设备和银行卡结合起来，用户将随身携带支付终端，可以在任何时间、任何地点用移动电子支付方式办理消费、缴费和转账等业务。在整个移动电子支付过程中，如何确认各方法律关系以解决在移动电子支付中可能产生的矛盾和纠纷，以及如何确定相应归责原则显得迫切且现实。

四、电子支付的立法要求

移动电子支付业务的迅速发展，导致了许多新的问题与矛盾，也使得立法相对滞后；另外，电子支付涉及的范围相当广泛，也给立法工作带来了一定的难度。在电子支付的发展过程中，为了防范各种可能的风险，不但要提高技术措施，健全管理制度，还要加强立法建设。针对目前移动电子支付活动中出现的问题，应建立相关的法律，以规范电子支付参与者的行为。对电子支付业务操作、电子资金划拨的风险责任进行规范，制定电子支付的犯罪案件管辖、仲裁等规则。对电子商务的安全保密也必须有法律保障，对电脑犯罪、电脑泄密、窃取商业和金融机密等也都要有相应的法律制裁，以逐步形成有法律许可、法律保障和法律约束的电子支付环境。

移动支付作为一种新型的支付工具，对我国传统的法律体系提出新的挑战，在其迅速发展的过程中遇到一系列的法律问题。如安全问题，移动支付平台营运商的市场准入问题，责、权、利问题，举证问题。笔者认为解决移动支付的法律问题不能够采取"头痛医头，脚痛医脚"的做法，而是使移动支付的法律制度跟电子商务等有关的基础法规相一致。换句话说，目前没有必要进行有关移动支付的专门立法，只有在有关电子商务的立法出台以后才能进行，或者在制定有关电子商务或电子支付的法律时考虑移动支付这一特殊的现象。但是不管是现在还是将来对移动支付进行立法时必须考虑下列有关的问题：

（一）移动支付立法应强调安全性要求

移动支付的安全问题是消费者、商业机构、移动运营商、银行和支付平台营运商最为关心的问题。安全问题涉及交易双方身份的真实性、信息传输的保密性和完整性、交易的不可否认性等内容。为了确保支付的安全，数字签名、电子认证和 SET（Secure Electronic Transactions）标准等安全控制技术应运而生。同时这些安全控制技术也会带来新的法律问题，因此在不久将来立法时必须对有关安全控制技术作出具体的规定。只有这样才能在移动支付中有效地保护消费者的隐私权和财产权，防止犯罪分子进行洗钱、逃税或赌博。

（二）移动支付立法应规范移动支付市场

移动支付立法应对商业机构、移动运营商、银行、支付平台营运商和认证中心规定相应的资格，对他们的市场准入作出科学的规定。尤其是严格确定移动支付平台营运商的主体资格，因为目前移动运营商或者其他商业组织加入移动支付平台营运商是没有法律根据的。但为了进一步开拓和发展移动支付市场，相应的立法不应该完全否定非银行企业进入移动支付市场，而是规定一定的市场准入条件。同时还应加强移动运营商、银行、支付平台营运商和商家之间合理分工、密切合作，推动移动支付业务的健康发展。同时加强国际合作，建立国际统一的法律规则，开拓国际市场。

（三）移动支付立法应明确当事人权利与义务

移动支付行为包括支付指令的签发、接收、执行等，移动支付立法应针对这些行为设定相应的规则，使移动支付主体有规则可循。具体地说，可以将移动支付的全过程划分为一系列的双边操作，针对每一操作的特殊情况作出相应的权利与义务规定，这样可以有效地防止一般法律管辖不明确。

（四）移动支付立法应加强责任承担

对移动支付的风险防范，支付安全控制规则起着正面的积极作用，但风险仍然存在。一旦出现风险，其责任承担规则可以借鉴美国《统一商法典》第 4A 编的有关规定。尤其明确在移动支付未完成时，应返还对发出有效支付命令的当事人的有关款项。同时明确间接损失的赔偿问题，即规定通常情况下，银行的责任应限于支付的款项及利息，间接责任只在有明示书面协议或当事人明确向银行申明发生错误损失重大时才发生。

（五）移动支付立法应明确举证责任

在移动支付中，支付等一系列行为大多数通过特定的技术系统传输，证据多以电子形式存在且不易保存，并且双方举证的难易程度也不一样。因此，为了顺利解决各种纠纷，必须从立法上明确各方当事人的举证责任，在某些特定情况下，可以考虑采用举证责任倒置或过错推定原则。

第二节　第三方支付市场准入制度

第三方支付的业务里面，其中的网络支付业务是指非金融机构依托公共网络或专用网络在收付款人之间转移货币资金的行为，包括货币汇兑、互联网支付、移动电话支付、固定电话支付、数字电视支付等。因此，第三方支付的市场准入制度就包含移动支付的市场准入规范，所以，本节重点阐述第三方支付的规范。

一、第三方支付服务规范出台背景和意义

随着网络信息、通信技术的快速发展和支付服务的不断分工细化，越来越

多的非金融机构（第三方支付机构）借助互联网、手机等信息技术广泛参与支付业务。非金融机构提供支付服务、与银行业既合作又竞争，已经成为一支重要的力量。传统的支付服务一般由银行部门承担，如现金服务、票据交换服务、直接转账服务等，而新兴的非金融机构介入支付服务体系，运用电子化手段为市场交易者提供前台支付或后台操作服务，因而往往被称作"第三方支付机构"。实践证明，非金融机构利用信息技术、通过电子化手段提供支付服务，大大丰富了服务方式，拓展了银行业金融机构支付业务的广度和深度，有效缓解了因银行业金融机构网点不足等产生的排队等待、找零难等社会问题。非金融机构支付服务的多样化、个性化等特点较好地满足了电子商务企业和个人的支付需求，促进了电子商务的发展，在支持"刺激消费、扩大内需"等宏观经济政策方面发挥了积极作用。虽然非金融机构的支付服务主要集中在零售支付领域，其业务量与银行业金融机构提供的支付服务量相比还很小，但其服务对象非常多，主要是网络用户、手机用户、银行卡和预付卡持卡人等，其影响非常广泛。截至 2010 年一季度末，共有 260 家非金融机构法人向中国人民银行提交了支付业务登记材料，其中多数非金融机构从事互联网支付、手机支付、电话支付以及发行预付卡等业务。

随着非金融机构支付服务业务范围、规模的不断扩大和新的支付工具的推广，以及市场竞争的日趋激烈，这个领域一些固有的问题逐渐暴露，新的风险隐患也相继产生。如客户备付金的权益保障问题、预付卡发行和受理业务中的违规问题、反洗钱义务的履行问题、支付服务相关的信息系统安全问题，以及违反市场竞争规则、无序从事支付服务问题等。这些问题仅仅依靠市场的力量难以解决，必须通过必要的法规制度和监管措施及时加以预防和纠正。

国家领导高度重视非金融机构支付服务监管工作，多次做出重要批示。中国人民银行作为我国支付体系的法定监督管理者，认真贯彻落实党中央、国务院关于"大力发展金融市场，鼓励金融创新"、"加强风险管理，提高金融监管有效性"的要求，在鼓励各类支付服务主体通过业务创新不断丰富支付方式、提高支付服务效率、顺应社会公众不断发展变化的支付服务需求的同时，大力推进支付服务市场相关制度建设，强化对非金融机构支付服务的监督管理，防范各类金融风险。在组织开展非金融机构支付服务登记、征求社会各方面意见和建议、学习借鉴国际经验的基础上，中国人民银行制定并发布了《非金融机构支付服务管理办法》。

《非金融机构支付服务管理办法》的制定和实施，是以科学发展观指导中国人民银行监督管理支付体系的重要实践，是落实党中央、国务院领导同志指示精神、顺应社会公众意愿的一项重要举措。《非金融机构支付服务管理办法》

的出台符合非金融机构在遵循平等竞争规则的基础上规范有序发展的需要，符合广大消费者维护正当权益、保障资金安全的需要，符合国家关于鼓励金融创新、发展金融市场、维护金融稳定和社会稳定要求的需要，必将对我国金融体系的健康发展产生积极而重要的影响。

二、《非金融机构支付服务管理办法》介绍

（一）非金融机构支付服务监管的国际经验

国际上，非金融机构支付服务市场发展较早、较快的一些国家，政府对这类市场的监管逐步从偏向于"自律的放任自流"向"强制的监督管理"转变。美国、欧盟等多数经济体从维护客户合法权益角度出发，要求具有资质的机构有序、规范从事支付服务。具体措施包括实行有针对性的业务许可、设置必要的准入门槛、建立检查和报告制度、通过资产担保等方式保护客户权益、加强机构终止退出及撤销等管理。

美国将类似机构（包括非金融机构和非银行金融机构）界定为货币服务机构。美国有 40 多个州参照《统一货币服务法案》制定法律对货币服务进行监管。这些法律普遍强调以发放执照的方式管理和规范从事货币服务的非银行机构。从事货币服务的机构必须获得专项业务经营许可，并符合关于投资主体、营业场所、资金实力、财务状况、从业经验等相关资质要求。货币服务机构应保持交易资金的高度流动性和安全性等，不得从事类似银行的存贷款业务，不得擅自留存、使用客户交易资金。这类机构还应符合有关反洗钱的监管规定，确保数据信息安全等。

欧盟就从事电子货币发行与清算的机构先后制定了《电子货币指令》和《内部市场支付服务指令》等，并于 2009 年再次对《电子货币指令》进行修订。这些法律强调欧盟各成员国应对电子货币机构以及支付机构实行业务许可制度，确保只有遵守审慎监管原则的机构才能从事此类业务。支付机构应严格区分自有资金和客户资金，并对客户资金提供保险或类似保证；电子货币机构提供支付服务时，用于活期存款及具备足够流动性的投资总额不得超过自有资金的 20 倍。与之类似，英国的《金融服务与市场法》要求对从事电子支付服务的机构实行业务许可，并且电子货币机构必须用符合规定的流动资产为客户预付价值提供担保，且客户预付价值总额不得高于其自有资金的 8 倍。

韩国、马来西亚、印度尼西亚、新加坡、泰国等亚洲经济体先后颁布法律规章，要求电子货币发行人必须预先得到中央银行或金融监管当局的授权或许可，并对储值卡设置金额上限等。

我国的非金融机构支付服务起步较晚但发展迅速，相关问题随着业务的不

断发展而逐步显现。中国人民银行在全面客观地分析非金融机构支付服务的发展趋势、借鉴国际经验的基础上，确立了符合我国国情的非金融机构支付服务监督管理工作思路。

（二）《非金融机构支付服务管理办法》的指导思想

中国人民银行坚持以科学发展观为指导，加强对非金融机构支付服务监督管理，明确非金融机构支付服务监督管理工作思路为"结合国情、促进创新、市场主导、规范发展"，并据此确定《非金融机构支付服务管理办法》的指导思想是"规范发展与促进创新并重"。

"规范发展"，主要是指建立统一的非金融机构支付服务市场准入制度和严格的监督管理机制。保证不同机构从事相同业务时遵循相同的规则，防止不正当竞争，保护当事人的合法权益，维护支付服务市场稳定运行。

"促进创新"，主要是指坚持支付服务的市场化发展方向，鼓励非金融机构在保证安全的前提下，以市场为主导，不断创新，更好地满足社会经济活动对支付服务的需求。

（三）《非金融机构支付服务管理办法》的主要内容

《非金融机构支付服务管理办法》共五章五十条，主要内容是：

第一章总则，主要规定《非金融机构支付服务管理办法》的立法依据、立法宗旨、立法调整对象、支付业务申请与许可、中国人民银行的监管职责以及支付机构支付业务的总体经营原则等。

第二章申请与许可，主要规定非金融机构支付服务市场准入条件和中国人民银行关于《支付业务许可证》的两级审批程序。市场准入条件主要强调申请人的机构性质、注册资本、反洗钱措施、支付业务设施、资信状况及主要出资人等应符合的资质要求等。此外，明确了支付机构变更等事项的审批要求。

第三章监督与管理，主要规定支付机构在规范经营、资金安全、系统运行等方面应承担的责任与义务。规范经营主要强调支付机构应按核准范围从事支付业务、报备与披露业务收费情况、制定并披露服务协议、核对客户身份信息、保守客户商业秘密、保管业务及会计档案等资料、规范开具发票等。资金安全主要强调支付机构应在同一商业银行专户存放接受的客户备付金，且只能按照客户的要求使用。系统运行主要强调支付机构应具备必要的技术手段及灾难恢复处理能力和应急处理能力等。此外，支付机构还需配合中国人民银行的依法监督检查等。

第四章罚则，主要明确中国人民银行工作人员、商业银行、支付机构等各责任主体相应承担的法律责任等。

第五章附则，主要明确《非金融机构支付服务管理办法》的过渡期要求、施行日期等。

（四）非金融机构可以提供的支付服务

《非金融机构支付服务管理办法》明确非金融机构支付服务是指非金融机构在收付款人之间作为中介机构提供的货币资金转移服务，包括网络支付、预付卡的发行与受理以及银行卡收单等。

（1）网络支付业务。《非金融机构支付服务管理办法》所称网络支付是指非金融机构依托公共网络或专用网络在收付款人之间转移货币资金的行为，包括货币汇兑、互联网支付、移动电话支付、固定电话支付、数字电视支付等。

（2）预付卡发行与受理业务。《非金融机构支付服务管理办法》所称预付卡是指以营利为目的发行的、在发行机构之外购买商品或服务的预付价值，包括采取磁条、芯片等技术以卡片、密码等形式发行的预付卡。

（3）银行卡收单业务。《非金融机构支付服务管理办法》所称银行卡收单是指通过销售点（POS机）终端等为银行卡特约商户代收货币资金的行为。

（4）中国人民银行根据支付服务市场的发展趋势等确定的其他支付业务。

三、第三方支付服务市场准入的规定

（一）对非金融机构支付服务实行业务许可制度

根据国务院关于"建立公开平等规范的服务业准入制度，鼓励社会资本进入"等工作要求，中国人民银行依据《中国人民银行法》等法律法规，经国家行政审批部门认定，对非金融机构支付服务实行支付业务许可制度。无论是国营资本还是民营资本的非金融机构，只要符合《非金融机构支付服务管理办法》的规定，都可以取得《支付业务许可证》。《非金融机构支付服务管理办法》旨在通过严格的资质条件要求，遴选具备良好资信水平、较强盈利能力和一定从业经验的非金融机构进入支付服务市场，在中国人民银行的监督管理下规范从事支付业务，切实维护社会公众的合法权益。未经中国人民银行批准，任何非金融机构和个人不得从事或变相从事支付业务。

中国人民银行对《支付业务许可证》不做数量限制，鼓励所有具有资质的非金融机构在支付服务市场中平等竞争，促进支付服务市场资源优化配置。

（二）非金融机构提供支付服务应具备的条件

《非金融机构支付服务管理办法》规定非金融机构提供支付服务应具备相应的资质条件，以此建立统一规范的非金融机构支付服务市场准入秩序，强化非金融机构支付服务的持续发展能力。非金融机构提供支付服务应具备的条件主要包括：

（1）商业存在。申请人必须是在我国依法设立的有限责任公司或股份有限公司，且为非金融机构法人。

（2）资本实力。申请人申请在全国范围内从事支付业务的，其注册资本至少为1亿元；申请在同一省（自治区、直辖市）范围内从事支付业务的，其注册资本至少为3千万元人民币，且均须为实缴货币资本。

（3）主要出资人。申请人的主要出资人（包括拥有其实际控制权和10%以上股权的出资人）均应符合关于公司制企业法人性质、相关领域从业经验、一定盈利能力等相关资质的要求。

（4）反洗钱措施。申请人应具备国家反洗钱法律法规规定的反洗钱措施，并于申请时提交相应的验收材料。

（5）支付业务设施。申请人应在申请时提交必要支付业务设施的技术安全检测认证证明。

（6）资信要求。申请人及其高管人员和主要出资人应具备良好的资信状况，并出具相应的无犯罪证明材料。

考虑支付服务的专业性和安全性要求等，申请人还应符合组织机构、内控制度、风控措施、营业场所等方面的规定。中国人民银行将在《非金融机构支付服务管理办法》实施细则中细化反洗钱措施验收材料、技术安全检测认证证明和无犯罪证明材料的具体要求。

（三）《支付业务许可证》的审批流程

根据《中华人民共和国行政许可法》及其实施办法和《中国人民银行行政许可实施办法》的规定等，《非金融机构支付服务管理办法》规定《支付业务许可证》的审批流程主要包括：

（1）申请人向所在地中国人民银行分支机构提交申请资料。《非金融机构支付服务管理办法》所称中国人民银行分支机构包括中国人民银行上海总部，各分行、营业管理部，省会（首府）城市中心支行及副省级城市中心支行。

（2）申请符合要求的，中国人民银行分支机构依法予以受理，并将初审意见和申请资料报送中国人民银行总行。

（3）中国人民银行总行根据各分支机构的审查意见及社会监督反馈信息等，对申请资料进行审核。准予成为支付机构的，中国人民银行总行依法颁发《支付业务许可证》，并予以公告。

（四）保护客户备付金的措施

支付机构可以自主确定其所从事的支付业务是否接受客户备付金。客户备付金是指客户自愿委托支付机构保管的、只能用于办理客户委托的支付业务的货币资金。《非金融机构支付服务管理办法》在客户备付金保护措施方面做出了以下规定：

（1）明确备付金的性质。支付机构接受的客户备付金不属于支付机构的自有财产。支付机构只能根据客户发起的支付指令转移备付金。禁止支付机构以任何形式挪用客户备付金。

（2）限定备付金的持有形式。第一，支付机构必须选择商业银行作为备付金存管银行，专户存放接收的客户备付金；第二，支付机构只能在同一家商业银行专户存放客户备付金；第三，支付机构的分公司不能自行开立备付金专用存款账户。

（3）强调商业银行的协作监督责任。商业银行作为备付金存管银行，应当对存放在本机构的客户备付金的使用情况进行监督，并有权对支付机构违反规定使用客户备付金的申请或指令予以拒绝。支付机构拟调整不同备付金专用存款账户的头寸时，必须经其备付金存管银行的法人机构进行复核。

（4）突出中国人民银行的法定监管职责。支付机构和备付金存管银行应分别按规定向中国人民银行报送备付金存管协议、备付金专用存款账户及客户备付金的存管或使用情况等信息资料。中国人民银行将依法对支付机构的客户备付金专用存款账户及相关账户等进行现场检查。

（五）虚假申请的处理

《非金融机构支付服务管理办法》强调申请行为必须真实、可信。区分申请是否已被受理或申请人是否已经取得《支付业务许可证》等情形，《非金融机构支付服务管理办法》对申请人的虚假申请行为规定了不同的处理方式。

（1）申请人以欺骗等不正当手段申请《支付业务许可证》但未获批准的，申请人及持有其5%以上股权的出资人3年内不得再次申请或参与申请《支付业务许可证》。

（2）以欺骗等不正当手段申请《支付业务许可证》且已获批准的，由中国人民银行及其分支机构责令其终止支付业务，注销其《支付业务许可证》；涉嫌犯罪的，依法移送公安机关立案侦查；构成犯罪的，依法追究刑事责任；申请人及持有其5%以上股权的出资人不得再次申请或参与申请《支付业务许可证》。

（六）擅自提供支付服务的惩罚

任何非金融机构和个人未经中国人民银行批准擅自从事或变相从事支付业务的，或者支付机构超出《支付业务许可证》有效期限继续从事支付业务的，均由中国人民银行及其分支机构责令其终止支付业务；涉嫌犯罪的，依法移送公安机关立案侦查；构成犯罪的，依法追究刑事责任。

四、非金融机构支付服务的配套规范

（一）《非金融机构支付服务管理办法》实施过渡期安排和配套措施

《非金融机构支付服务管理办法》平等适用于在我国境内从事支付业务的非金融机构，包括《非金融机构支付服务管理办法》实施前未经批准但已从事支付业务的非金融机构，和拟于《非金融机构支付服务管理办法》实施后申请从事支付业务的非金融机构。前者可以自主决定退出市场或者在《非金融机构支付服务管理办法》实施后1年内依法取得《支付业务许可证》。逾期未能取得《支付业务许可证》的非金融机构不得继续从事支付业务。

中国人民银行将抓紧拟定《非金融机构支付服务管理办法》实施细则及相关业务办法。实施细则主要对《非金融机构支付服务管理办法》中有关申请人的资质条件、相关申请资料的内容以及有关责任主体的义务等条款进行细化与说明。相关业务办法主要是指导支付机构规范开展各类业务的具体办法（或指引），特别是有关预付卡的发行与受理、银行卡收单的业务办法。中国人民银行还将会同公安等有关部门拟定相关配套措施，组织开展相关专项检查，形成合力，对非金融机构支付服务实施有效监管，切实维护支付服务市场的健康发展。

（二）《非金融机构支付服务管理办法实施细则》

为配合《非金融机构支付服务管理办法》实施工作，中国人民银行制定了《非金融机构支付服务管理办法实施细则》，现予公布实施。以下是《非金融机构支付服务管理办法实施细则》有关条款：根据《非金融机构支付服务管理办法》（以下简称《办法》）及有关法律法规，制定本细则。《办法》所称预付卡不包括：（1）仅限于发放社会保障金的预付卡；（2）仅限于乘坐公共交通工具的预付卡；（3）仅限于缴纳电话费等通信费用的预付卡；（4）发行机构与特约商户为同一法人的预付卡。《办法》第八条第（四）项所称有5名以上熟悉支付业务的高级管理人员，是指申请人的高级管理人员中至少有5名人员具备下列条件：（1）具有大学本科以上学历或具有会计、经济、金融、计算机、电子通信、信息安全等专业的中级技术职称；（2）从事支付结算业务或金融信息处理业务2年以上或从事会计、经济、金融、计算机、电子通信、信息安全工作3年以上。前款所称高级管理人员，包括总经理、副总经理、财务负责人、技术负责人或实际履行上述职责的人员。《办法》第八条第（五）项所称反洗钱措施，包括反洗钱内部控制、客户身份识别、可疑交易报告、客户身份资料和交易记录保存等预防洗钱、恐怖融资等金融犯罪活动的措施。

（三）非金融机构支付服务业务系统检测认证

为加强非金融机构支付服务业务的信息安全管理与技术风险防范，保证其系统检测认证的客观性、及时性、全面性和有效性，依据《非金融机构支付服务管理办法》、《非金融机构支付服务管理办法实施细则》制定本规定。非金融机构支付服务业务系统检测认证，是指对申请《支付业务许可证》的非金融机构（以下简称非金融机构）或《办法》所指的支付机构（以下简称支付机构）进行业务系统技术标准符合性和安全性检测认证工作。非金融机构在申请《支付业务许可证》前6个月内应对其业务系统进行检测认证；支付机构应根据其支付业务发展和安全管理的要求，至少每两年对其被核准的业务系统进行一次全面的检测认证。本规定所指的检测机构应获得中国合格评定国家认可委员会认可的检测机构证书并取得中国人民银行关于非金融机构支付服务业务系统检测认定资格。本规定所指的认证机构应获得中国合格评定国家认可委员会认可的认证机构证书并取得中国人民银行关于非金融机构支付服务业务系统认证认定资格。非金融机构或支付机构在检测认证过程中应与检测机构和认证机构建立信息保密工作机制。支付机构不得连续两次将业务系统检测委托给同一家检测机构。

第三节 移动支付交易法律制度

网络银行交易主要是银行与客户之间基于网络银银行而发生的交易。二者之间的法律关系主要为由民商法调整的私法关系，所带来的问题突出表现在电子签名、电子合同、格式合同及网络银行交易中法律责任的确认等方面。

一、移动支付法律关系主体

通过对移动支付业务流程分析，可以得出移动支付涉及的当事人众多，其中包括消费者、商业机构、移动运营商、银行、支付平台营运商和认证中心等，当事人之间的法律关系错综复杂。然而我国缺乏相应的立法，因此有必要明确各方当事人的法律地位及相互之间的法律关系。

（一）消费者

消费者是指那些持有移动设备并且愿意用它来购买商品的组织和个人。消费者是整个移动支付过程中的发起者，他的行为包括在第三方信用机构注册、查询所购商品的品种和内容、支付结算的授权和商品与服务接收。消费者与商业机构、移动运营商、银行和认证机构之间存在四个相互独立的合同关系：一是消费者与商业机构的买卖合同关系。但是这种买卖合同关系表现得十分特殊，例如商业机构应当将多收货款向其前手返还不当得利，而不必向消费者返还，同样货款支付不足时商业机构应向其前手主张权利而不能直接找消费者；消费者在支付失败或支付不足时应及时向银行补足货款，而不必向商业机构补足货款。二是消费者与移动运营商间的移动通信服务合同关系。三是消费者与银行间的金融服务合同关系。四是消费者与认证机构间的认证服务合同关系。总而言之，消费者为了顺利完成移动支付交易必须严格履行上述四个合同义务。

（二）商业机构

商业机构出售产品或提供服务给消费者。它在收到消费者的购买请求后，向支付平台运营商传递收费信息；收到支付平台运营商的收费完成信息之后，把商品提供给消费者。商业机构与消费者、银行和移动运营商间分别存在以下三个相互独立的合同关系：买卖合同关系、金融服务合同关系和移动通信服务合同关系。

（三）移动运营商

由于我国的金融业务特许制，移动运营商不得不与银行合作共同开发移动支付市场。在移动支付中移动运营商是连接消费者、金融机构和商业机构的重要桥梁。目前，移动运营商能够提供语音、短信业务（Short Messaging Service，SMS）、WAP 等多种通信手段，并能为不同级别的支付业务提供不同等级的安全服务。在移动支付中消费者有权向移动运营商发出信息指令，移动运营商有义务将用户的信息在指定的时间传输到银行，当然消费者应向移动运营商支付相应通信费用。因此移动运营商在移动支付交易中扮演了组织者的角色，但是目前在我国由于移动支付商业模式多样化，有些移动运营商为了在移动支付中获取更大利益还扮演着支付平台运营商的角色。

（四）银行

银行是移动支付中的支付中介，其支付的依据是银行与消费者所订立的金融服务合同。在移动支付中，银行的基本义务是依照客户的指示，准确、及时地完成电子资金划拨。银行按其扮演的角色不同可以分付款行和收款行。付款行是接收消费者付费指令支付货款的银行。为了支付安全，消费者要事先在付款行存款立户并约定使用的密码或其他有效的身份确认手段。收款行是按其与商业机构间服务合同接收所划拨来的资金的银行。收款行一旦接到付款行送来的资金划拨指示，就应立即履行义务，如有失误或延误则应承担相应的责任。付款行和收款行通常都是某一电子资金划拨系统的成员，受一定规则的约束，并且两者有可能是同一银行。此外，目前在我国由于移动支付商业模式多样化，有些银行为了在移动支付交易中获取更大的利益还扮演支付平台运营商的角色。

（五）支付平台运营商

支付平台运营商在移动支付产业链中处于核心地位，负责支付结算的过程。它具有整合移动运营商和银行等各方资源并协调各方关系的能力，传递各种授权请求、消费者账户信息和交易记录。根据我国目前移动支付商业模式（以移动运营商为运营主体的移动支付业务、以银行为运营主体的移动支付业务和以独立的第三方为运营主体的移动支付业务），支付平台运营商分别由移动运营商、银行和独立的支付平台运营商来担当。总之，不管由谁来担任支付平台运营商，他们都应该协调好彼此之间关系、履行自己的职责，促进移动支付的健康发展。

（六）认证中心

认证中心是在网上建立的一种权威的、可信赖的、公正的第三方信任机构，为参与移动支付交易各方的各种认证要求提供证明服务，建立彼此的信任机制，使交易及支付各方能够确认其他各方的身份。认证机构承担第三方信用机构的角色，它们提供信用信息，接受消费者和商业机构的注册，为支付平台运营商提供认证服务，防范交易及支付过程中的欺诈行为。因此认证中心对整个的移动支付的交易双方负责。

二、移动支付法律关系内容

移动电子支付过程中，主要涉及移动运营商、银行金融机构、商户和用户四方当事人。

银行在这四方当事人中角色最为重要。按流程，银行又分为：

（一）付款行

指与用户事先签订委托支付合同，接受用户付费指令支付货款的银行。用户要事先在付款行存款立户并约定使用的密码或其他有效的身份确认手段，以防止未经授权人向银行发出欺诈指令而为银行所接收，造成用户经济损失。

（二）收款行

指最后向商户支付货款的银行。

（三）中间行

位于付款行和收款行之间，代为从付款行接收货款并代为向收款行支付货款的银行。以上银行可能重合。

（四）用户

用户、移动运营商、银行与商户间存在移动电子支付基础法律关系。

用户与商户之间是买卖合同关系。除普通买卖合同卖方应承担的义务以外，具体在利用移动电子支付为手段的买卖交易中，商户还应当提交买卖单据。也就是说，提交单据应当成为移动电子支付交易中卖方应负的主要义务之一。单据上应当明确交易的时间、地点、金额、付款方法、收款账户，这样利于用户日后核对移动电子支付交易的准确性。卖方应当承诺如多收货款，应当向前手返还不当得利，不必向买方返还。而因移动电子支付货款不足时商户应向前手主张权利而不能直接再找买方。买方应当担保如交易出现错误，划款失败或不足时有及时向付款行补足货款的义务。

因为经营金融业务特许制的原因，移动运营商不得不与银行合作共同开发移动电子支付市场，以回避政策壁垒。移动运营商在移动电子支付交易中扮演了组织者的角色，移动运营商应当和银行一样配备相应的计算机信息网络、装备以及相应技术人员和管理人员，健全安全保密管理制度的技术保护措施。用户有权向移动运营商发出信息指令。移动运营商有义务将用户的信息在指定的时间传输到付款行。用户有义务向移动运营商支付相应的通信费用。

银行与移动运营商每完成一笔交易，商户应向移动运营商支付一定手续费，而各个银行也将根据总的转账额度从移动运营商处获得手续费。

中间行有按照前手指令完成资金划拨的义务。对于因自身或后手的原因根本没有履行、迟延履行、未完全履行指令造成损失的，中间行应当向前手承担违约责任，并有权根据原因向后手追偿。

用户与付款行是委托支付合同关系。用户应当事先与银行签订《委托移动电子支付协议》。协议应当由银行起草标准的格式合同，用户开户的同时签订协议书。用户有权要求付款行按照接收的指令及时将指定的金额支付给指定的收款人。付款行有权要求用户承担指令划拨的资金以及因此而产生的费用。付款行有核验用户密码的义务，有拒绝或要求修正错误指令的权利。用户有保管密码的义务以及承认指令约束并承担被扣款的义务。一旦资金划错，除非能够证明免责，银行应当首先进行赔偿，然后向后手追索。如果各中间银行不能确认差错原因，损失应当按照《民法通则》第 132 条的规定由各方公平分担。

我国目前消费支付方式有现金、支票和信用卡三种。随着技术的进步，手机等移动电子设备支付将成为支付方式中非常重要的一部分。而在整个移动电子支付过程中，如何确认各方法律关系以解决在移动电子支付中可能产生的矛盾和纠纷，以及如何确定相应归责原则显得迫切且现实。

三、移动支付合同的法律问题

(一) 有关电子合同效力的问题

网络银行的无纸化操作使电子合同的有效性及其证据效力成为银行与客户交易的前提条件。《合同法》第 12 条：书面形式是指合同书、信件和数据电文（包括电报、电传、传真、电子数据交换和电子邮件）等可以有形地表现所载内容的形式。明确了电子合同的有效性。同时，联合国国际贸易委员会《电子商业示范法》第 6 条规定：一项数据电文所含信息可以调取以备日后查用，即满足了书面形式的要求；第 8 条：有办法可靠地保证自信息首次以其最终形式生成，作为一项数据电文或充当其他用途之时起，该信息保持了完整性，并且可以将其显示给观看信息的人，即符合原件的要求。我国新颁布的《证据法》也进一步明确了电子合同和电子数据的证据效力。对于电子合同效力和证据效力的承认是明确银行和客户之间权利义务的基础，也是适用《合同法》的前提条件，更是防止信用风险的一项有效措施。

(二) 有关格式合同问题

现在的网络银行一般都会在与客户签订一份"网络银行服务协议"，方式往往是将"网络银行服务协议"放在网上，在客户正式申请网络银行服务之前向客户显示，或者由客户直接到银行所在地领取"网络银行服务协议"。内容一般包括定义条款、服务内容、网络银行使用方法、免责条款、法律适用等。在网上显示的服务协议的确认方式是在服务协议之后或者其他显著地方，标注一段文字，大致意思是客户必须在正式申请网络银行服务前，阅读并接受该服务协议的内容，一旦客户开始正式申请网络银行服务，就被视作接受了服务协议的所有内容。由客户领取的服务协议经客户和银行签字确认生效。"服务协议"从内容上看，包含了一般合同所具有的内容，它的性质是明确了客户及银行双方的权利义务的合同。此服务协议或者网上银行章程是银行为了方便重复使用而制作的，客户如果希望获得银行的网上银行服务，只能简单地表示接受，而不能提出修改条款的具体内容。根据我国《合同法》第 39 条的规定："格式条款是当事人为了重复使用而预先拟定，并在订立合同时未与对方协商的条款。"很明显，现在所有由银行提供的"服务协议"的内容都是格式条款，对于提供格式条款的一方除了应遵循公平原则确定当事人之间的权利义务关系，对该条款进行说明的义务外，还要承担《合同法》第 41 条规定的"对格式条款有两种以上解释的，应当作出不利于提供格式条款一方的解释"的风险。另外，根据《合同法》第 40 条的规定："提供格式条款一方免除其责任、加重对方责任、排除对方主要权利的，该条款无效。"这些规定给网络银行在制定格

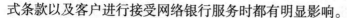

式条款以及客户进行接受网络银行服务时都有明显影响。

（三）有关不可抗力问题

在网络银行业务这样的新型服务模式中，传统法律中的不可抗力出现了新的挑战，如黑客攻击、计算机病毒发作或网络堵塞造成交易服务终止等，这些新的情况能否被视为不可抗力？我们认为，如果银行方面能够证明在自身系统方面采取了应尽的防范义务，仍发生上述情况，可以视为发生了不可抗力。另外，根据《合同法》的规定："当事人一方因不可抗力不能履行合同的，应当及时通知对方，以减轻可能给对方造成的损失，并应当在合理的期限内提供证明。"所以上述情况发生后，应及时通知客户已经遇到的困难，并提供相关证明，尽量弥补客户的损失。

四、移动支付的身份认证

从移动电子商务的网络结构分析，有可能遭受攻击的地方主要有：移动终端与交换中心之间的空中接口、移动网关与应用服务提供商之间的传输网络。一方面虽然 GSM 采用了比较先进的加密技术，可是由于移动通信的固有特点，手机与基站之间的空中无线接口是开放的，这给破译网络通信密码提供了机会。而且信息一旦离开移动运营商的网络就已失去了移动运营商的加密保护。因此，在整个通信过程中，包括通信链路的建立、信息的传输（如用户身份信息、位置信息、用户输入的用户名和密码、语音及其他数据流）存在被第三方截获的可能，从而给用户造成损失。另一方面在移动通信系统中，移动用户与网络之间不像固定电话那样存在固定的物理连接，商家如何确认用户的合法身份，如何防止用户否认已经发生的商务行为，都是急需解决的安全问题。移动网关一般是实现信息格式的转换，但也有的移动网关（如 WAP 网关）对信息进行加解密处理，因而整个移动电子商务的安全链条就存在安全断点。如何解决好移动支付的安全问题，并且通过宣传培养用户通过移动终端进行消费的信心，是决定移动电子商务下一步发展的关键。

在无线世界里，由于空中接口的开放，人们对于进行商务活动的安全性的关注远超过有线环境。仅当所有的用户确信，通过无线方式所进行的交易不会发生欺诈或篡改，进行的交易受到法律的承认和隐私信息被适当的保护，移动电子商务才有可能成功和推广。在有线通信中，电子商务交易的一个重要安全保障是 PKI（公钥基础设施）。在保证信息安全、身份证明、信息完整性和不可抵赖性等方面 PKI 得到了普遍的认同，起着不可替代的作用。PKI 的系统概念、安全操作流程、密钥、证书等同样也适用于解决移动电子商务交易的安全问题，但在应用 PKI 的同时要考虑到移动通信环境的特点，并据此对 PKI 技术

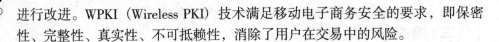

进行改进。WPKI（Wireless PKI）技术满足移动电子商务安全的要求，即保密性、完整性、真实性、不可抵赖性，消除了用户在交易中的风险。

第四节　移动支付的法律责任

一、移动支付中的典型责任

移动支付涉及当事人众多、法律关系复杂，再加上服务器、互联网、无线传输、管理软件等错综复杂的先进技术，因此在移动支付过程中，经常会出现因过失或故意而致使资金划拨迟延或资金划拨错误，造成损失的现象。但是我国缺乏相应的法律法规或合同约定不明，一时很难明确法律责任。为了促进移动支付的健康发展，必须对有关纠纷从法律上加以解决，要求有关当事人承担相应的法律责任。

（一）移动支付未经授权的后果责任

美国 1978 年的《电子资金划拨法》对"未经授权的电子支付"作出相应规定，即"由消费者以外的未获发动支付指令实际授权的人所发动的，从该消费者账户划出资金而该消费者并未从该支付中受益的电子支付"。同样，在移动支付的过程中也会发生未经授权的支付现象。在实践中未经授权的支付现象表现为黑客侵入盗用密码，支付工具密码丢失、被盗而被非授权人使用等，使得欺诈人伪装以付款人的身份进行支付。未经授权的移动支付将产生两种结果，一种是资金可以追回；另一种是资金不可以追回，并且现实中第二种情况居多。这样就必然产生该笔资金损失是由银行还是付款人或者其他人来承担的问题。在移动支付中，银行为了保证支付准确、安全，防止未经授权的欺诈人向银行发出指令，经常与消费者约定密码或者其他有效的身份认证手段，如在 ATM、POS 机上使用资金必须输入密码，即建立了所谓的"安全程序"。那么在银行与消费者之间建立了安全程序的情况下，如果银行收到的指令经过了安全程序的证实，由这一指令所产生的后果就一定由消费者来承担吗？答案是不一定，因为安全程序本身有可能不一定安全。

对于第三方欺诈人发动"未经授权的移动支付"所造成的损失分担问题，可以参照美国《统一商法典》第 4A 编§4A-202（b）规定的未经客户授权的支付命令的损失由客户承担的条件为：银行与其客户已达成协议，以客户的名义签发给银行的支付命令的真实性必须由安全程序来证实；使用的安全程序必须是防止未经授权的支付命令的商业上合理的方法；银行证明其已善意接受支付命令；银行已遵守安全程序。如果接收银行同时满足了上述条件，那么客户有责任就未经其授权的支付命令向接收银行支付。即使支付命令未经客户授权，不是"授权的支付命令"，但该支付命令是"证实的支付命令"，可以视为客户的支付命令，此时，客户必须就这项未经其授权的支付命令向接收银行进行付款。与此相反，只要满足下列条件之一，接收银行接收的支付命令存在欺诈时，欺诈所造成的损失由银行承担：客户与银行未达成关于使用安全程序的协议；银行使用的安全程序不具有商业上的合理性；银行未遵守具有商业上的合理性的安全程序；银行未按善意接受支付命令；银行的客户证明，欺诈人既不是客户的雇员或代理人，也不是从客户控制的来源得到秘密安全信息；或银行以明示的书面协议，限制其有权强制执行支付命令或保留就支付命令的付款的范围。事实上，虽然银行和消费者之间建立了"安全程序"，并且该安全程序能防止一般的未经授权的支付命令，但是由于第三方欺诈人作案技术非同一般而进行了未经授权的移动支付，那么这一损失又由谁来承担呢？此时，银行和消费者都没有过错，因此按照公平原则由双方共同来承担。总之，"未经授权的移动支付"所造成的损失应当有条件地在消费者和银行之间进行分担，这样可以在消费者和银行之间寻求一种平衡，促进移动支付的健康发展。

（二）移动支付错误与迟延的责任

在移动支付中，银行的义务就是正确地执行电子支付指令，完成移动支付。但是在实践中，常常会因为消费者或者消费者的违约行为或者因为服务器故障、网络传送等原因导致错误或者迟延支付。错误的移动支付是指由于消费者所发出的电子支付指令本身错误或者由于网络传输错误导致支付指令错误而使得银行做出了错误的移动支付，或者是消费者的电子支付指令正确，但银行在执行支付指令时发生错误。而迟延的移动支付是指由于服务器或者网络故障的原因而导致支付延迟，或者是指由于纠正上述错误而导致支付延迟。简而言之，错误、迟延的移动支付表现为未完全支付、未及时支付、超额支付、支付方向错误等。错误、迟延的移动支付首先导致消费者与银行之间的电子支付合同不能适当履行，接下来导致消费者与商业机构之间的基础合同不能适当履行，这样导致消费者有可能承担相应违约责任。消费者因此遭受的损失能否要求银行来承担？银行承担部分损失还是全部损失？

根据民法和合同法的原理，对于移动支付中错误、迟延支付造成的损失承担问题，属于合同中的实际违约问题，并应采用合同责任中的过错推定责任原则来确定应当由谁来承担，也就是说，从违约事实以及损害事实中推定致害一方的当事人在主观上有过错，除非能证明其无过错。之所以采用过错推定责任原则，是因为银行比普通消费者具有技术上的优势。在违约方承担责任的形式上，银行承担责任的形式有：返还资金划拨不能完成时付款人的资金及相应利息；在划拨金额错误时补足差额、偿还余额和赔偿因其违约行为对付款人造成的其他损失。付款人的违约行为造成的损失自己承担，其承担的基础合同上的违约责任则会表现继续履行、支付迟延利息、赔偿损失等。其关键的问题是损害赔偿范围的确定，即银行承担部分损失还是全部损失？在移动支付中，银行只收取很小比例的手续费，银行不可能也不应当对未按照指令适当执行支付命令而引起的间接经济损失负责，而且银行在整个移动支付中只发生支付法律关系，我们不能要求银行对用户、商户之间的间接经济损失承担赔偿责任，否则会导致银行卷进商业风险与商业合同的纠纷中，因此在损害赔偿的范围上，应当坚持可预见性规则，也就说，银行在签订金融服务合同时不可能预见到客户的商业性间接经济损失而不需要赔偿这一部分损失，其应当承担的违约责任应限于退还收取的划拨费用或补足差额、赔偿用户资金利息损失。对于因服务器故障或者网络原因导致的错误、迟延支付问题。这两种情形均属于第三方责任引起的损害赔偿问题。我国《合同法》第 121 条规定，当事人一方因第三方的原因造成违约的，应当向对方承担违约责任。当事人一方和第三人之间的纠纷，依照法律规定或者按照约定解决。根据该条款规定，因服务器故障或者网络原因导致的错误、迟延支付时，消费者应当承担违约责任，但可以向第三方进行追偿。

（三）网络银行交易的法律责任

由于网络银行交易基于互联网的交易环境，因此，与传统的银行交易方式相比，网络银行交易涉及的主体不但包括银行和客户，而且还有网络通信服务商（ISP）、网络内容提供服务商（ICP）。交易失败出现后，法律责任承担者往往就涉及多个主体。有的学者对此进行探讨，"认为传统银行的风险责任承担主体为银行和客户外，还包括：电脑和通信设备供应商、网络系统经营主体和通信线路提供者、非法入侵网络系统者"。关于责任承担的方式，由于网络银行是多个主体共同为储户提供服务从而实现网络银行的交易目的，因此，多个主体要对网络交易失败或者侵害储户的利益承担连带责任，网络银行相对其他责任主体则要经常承担无过错或者过错推定责任，这也是现代社会法为实现对弱势主体（储户）利益的倾斜保护而较多运用的一种责任方式。

二、移动支付纠纷的举证责任

移动电子支付是科技文明高度发展产生的新的支付方式。但移动电子支付一般仍然会出现资金划拨迟延或资金划拨错误，造成损失的现象。由于支付环节涉及许多服务器、互联网、无线传输、管理软件等先进技术，一般用户无法承担举证责任。因此应当实行特殊的过错责任原则即过错推定归责原则。首先从违约事实和损害事实中推定致害当事人一方主观有过错，由其承担举证责任。如果不能证明自己无过错，则推定成立，由其承担相应法律责任。

（一）用户否认发出指令的情形，银行负举证责任

移动电子支付环节中，银行无法当面确认指令发出者是否系真实用户，只能通过事先约定的安全程序如密码或其他手段进行身份验证。因此只要付款行能够证明指令发出人使用了约定的密码或其他身份验证手段通过安全验证，付款行就有理由认为该指令是由真实用户发出。不管指令由谁发出，其后果应当由真实用户承担。银行对该指令进行处理所产生的后果不承担法律责任。但所举证据不能仅以银行出具查询操作流水数据为证明标准。银广夏股民股票被盗卖一案，股民虽然败诉，但给我们以警示，即我们仍然不能完全排除内部接触交换系统的人盗取密码，以用户名义欺诈发出指令，既然不能确保移动电子支付的安全性，因此有必要明确银行的证明应当符合事先商定的认证规则和商业惯例。如果银行不能证明，则应当承担责任，但仅限于承担返回扣款、支付利息的责任。

（二）用户指认银行未按指令支付情形，用户负举证责任

用户承认指令，但指认银行未按指令适当执行支付命令，例如，未完全支付、未及时支付、超额支付、支付方向错误等。同上，在移动电子支付中，银行只能收取很小比例的手续费，银行不可能也不应当对未按照指令适当执行支付命令而引起的间接经济损失负责。而且银行在整个移动电子支付环节中只发生支付法律关系，我们不能要求银行对用户、商户之间的间接经济损失承担赔偿责任，否则会导致银行卷进商业风险与商业合同的纠纷中，这显然是不符合移动电子支付的法律性质。因此，如果银行未按照指令适当执行支付命令，银行应当承担的违约责任应限于退还收取的划拨费用或补足差额、赔偿用户资金利息损失，但不承担赔偿客户商业性间接经济损失，然后银行向后手或责任方追索责任。

三、移动支付的电子证据

掌上电脑专业取证设备，具有对掌上电脑进行数据获取、数据搜索和生成报告的功能。系统用于获取手机中的用户数据和部分型号手机的未分配空间数据。由于不同手机的使用方式和注意问题不同，因此对每个型号的手机都要谨慎操作。手机取证套件目前支持对部分型号手机进行数据获取。随着继续不断地更新，将能够获取更多品牌和型号的手机数据。

(一) 手机电子证据

手机取证的电子证据主要来自手机内存、SIM 卡、闪存卡和移动运营商网络以及短信服务提供商系统。手机内存随着手机功能的不断加强，手机内存存储着大量的信息，这些信息就成了潜在的电子证据，主要包括：

（1）手机识别号。GSM 手机的手机识别号是 IMEI 号，CDMA 手机的手机识别号是 ESN 号。

（2）电话簿资料。

（3）发送、收到或编辑存储的短信和 MMS（多媒体信息服务）信息。

（4）图片、动画和声音。

（5）语言、日期与时间、铃声、音量和短信特殊符号的设置信息。

（6）拨出、接收或未接收电话的记录。

（7）日历中的日程安排信息。

（8）被存储的可执行文件和其他计算机文件。

（9）GPRS、WAP 和 Internet 的设置信息以及上网的缓存记录。

以上信息在不同的手机中格式和内容可能有所不同，而且这些信息一般都能被删除，但也可以利用软件或由手机制造商来恢复。

(二) 手机取证要点

取证分析是对所有潜在的电子证据进行分析，试图分析出案件线索或有效证据。手机取证分析时，应注意以下几点：

（1）尽早关闭手机，以免破坏数据。

（2）单独分析手机内存、SIM 卡、闪存卡等证据介质，以免破坏数据。

（3）从用户或移动运营商处获取访问代码，用专用软件分析 SIM 卡。

（4）用取证软件分析闪存卡。

（5）镜像备份手机内存的原始数据，然后对备份数据进行分析。

(三) 手机内存分析

一般地，读取手机内存中的数据，是利用手机操作系统或手机制造商提供的接口软件来读取的，但这样操作有可能会破坏原始数据，也不能恢复被删除的数据。最好的方法是像计算机取证软件如 Encase 那样镜像备份手机内存的数据，然后进行数据提取与分析，但目前还没有这样的工具出现。

为了获取手机内存的镜像备份，目前有两种方法可以使用：一是从手机上卸载手机内存芯片而后读取出数据，但这会毁坏手机；二是用专用导线接入手机系统主板，然后快速读出内存芯片的内容，但由于手机类型繁多，对技术要求很高。

同时提供对掌上电脑和手机的取证功能。功能强大的掌上电脑专业取证设备，具有对使用 Palm 和 Windows CE/Pocket PC 操作系统的掌上电脑进行数据获取、数据搜索和生成报告的功能。系统用于获取手机中的用户数据和部分型号手机的未分配空间数据。由于不同手机的使用方式和注意问题不同，因此对每个型号的手机都要谨慎操作。手机取证套件目前支持对 Nokia、Sony-Ericcson、Motorola、Siemens 等的部分型号手机进行数据获取。

四、移动支付纠纷的管辖

管辖是法院受理争端的权限依据。在移动电子支付法律关系中，普通的纠纷仍然适用我国《民事诉讼法》规定的管辖原则。但移动电子支付纠纷如何确认管辖呢？已经有很多文章在探讨电子商务环境下的管辖权。但我认为，即使是移动电子支付纠纷，并没有出现新的管辖根据，只是我们的传统管辖理念需要有所转变。提供移动电子支付服务的网络服务器、计算机终端等电子设备所在地银行也许只是营业所或分理处，不具有独立法人主体资格，而用户发出指令地有可能是移动运营商网络覆盖下的各地。如何确认管辖？确认管辖地应当具备稳定性和关联性两个特点。移动电子支付纠纷案件中，提供移动电子支付服务的网络服务器、计算机终端所在地很好地满足了这两个特点。因此，我认为应当以提供移动电子支付服务的网络服务器、计算机终端所在地法院管辖移动电子支付纠纷案件。

第五节　移动支付法律制度的构建

一、移动支付需要立法创新

移动支付是近年来支付服务方式的重要创新之一，也是新兴电子支付的主要表现形式。移动支付伴随着移动电子商务的发展而产生，二者互为依存，共同发展。由于支付是一种大众性的需求，而移动支付具有随身、实时、快捷的特性，具有广阔的发展前景。与传统的通过银行业金融机构营业网点提供支付服务的模式相比，移动支付依靠较少的基础设施投入，达到更加广泛的便民和惠民效果，符合科学发展观的要求，既有利于满足社会公众日益多样化的支付需求，也有利于缓解社会公众日益增长的支付需求与银行机构服务资源相对不足的矛盾。另外，针对我国广大农村地区的金融服务环境较差的状况，移动支付突破银行机构提供金融服务的传统模式，通过较低成本将支付服务网络覆盖到广大农村地区，有助于改善农村地区的支付环境，促进金融普及，对于构建社会主义和谐社会将产生积极意义。

所谓移动支付，就是用户使用移动终端进行支付的一种服务方式。移动支付所使用的移动终端可以是手机、PDA、移动 PC 等，但主要的还是使用手机，所以，移动支付又称为手机支付。移动支付是一项跨行业的业务，是电子货币与移动通信业务相结合的产物。自移动支付业务产生以来，显示出强大的活力，用户数量不断增加，业务范围逐步拓展，业务量快速增长，但围绕移动支付的讨论和争议也始终不断，例如移动支付的安全问题、监管问题等。作为世界第一大手机用户国，我国移动支付的发展前景非常广阔，市场空间十分巨大。如何促进移动支付市场健康、规范、快速发展，是政府部门、从业机构等各方普遍关注的重要问题。

二、我国移动支付需要规范发展

移动支付业务最早出现于 20 世纪 90 年代初的美国，随后在韩国和日本出现并迅速发展。中国的移动支付最早出现在 1999 年，由中国移动与中国工商银行、招商银行等金融部门合作，在广东等一些省市开始进行移动支付业务试点。经过近 10 年的发展，中国的移动支付市场应该说粗具规模，无论是从业机构、市场占有情况，还是用户数量、业务规模，都取得了较好的发展。但移动支付的发展也受到运营环境、安全技术、政策法规等因素的制约，与蓬勃发展的电子商务、网络购物市场相比，中国的移动支付行业表现出一种不瘟不火的状态。

（一）移动支付的业务模式

移动支付按照不同的标准可以划分为不同的业务模式。例如，按用户办理支付业务的方式划分，有短信模式、移动网银模式、移动 POS 模式和电子钱包模式四种；按照运营主体来划分，有移动通信运营商、商业银行、非银行支付服务组织三种主导模式；按照结算方式划分，有通过银行结算账户、虚拟账户和手机话费结算三种模式；按照支付指令的传输渠道划分，有通过移动通信网络传输和专用交易网络传输两种模式。另外，在业界可能还有许多其他不同标准的分类，在此就不一一列举了。之所以举出这些分类方式，是想说明经过这些年的发展，移动支付有许多具体的应用模式，而不同模式间在影响力度、便利程度、安全程度和盈利能力等方面也各有千秋。究竟什么才是推动移动支付发展的关键，是技术还是市场环境？这是需要我们大家思考的一个问题。其实技术也好，市场环境也罢，都是其中一个环节的影响因素，只有把各方因素都积极调动起来，才能实现移动支付产业的繁荣发展。

(二) 移动支付产业的价值链

一般来说，在移动支付产业的价值链上主要包括五大类主体。第一类是商业银行，它的职责是管理客户的银行账户，为移动支付平台提供资金转账服务。银行系统拥有较完善的支付服务基础设施，在支付领域具有天然的用户信任。第二类是移动运营商，它的职责是为移动支付提供安全的通信渠道，是移动支付实现的基础性物理平台。由于移动运营商拥有大量的移动用户，其规模甚至超过传统互联网用户。这一规模的用户资源是运营商进行业务创新的根本基础。第三类是移动支付服务提供商，也称第三方支付组织，这是近年来从电子商务发展中获得快速发展的一支重要力量。特别是一些第三方支付组织已经具备一定规模的用户基础，为了拓展用户和强化业务创新，一些第三方支付服务商在无线领域开拓业务，成为移动支付的第三方服务商。第四类主体是商家，作为移动支付的对象，它是移动支付产业能否兴盛发展的一个关键因素。只有向用户提供丰富的服务和产品作为支付对象，才能吸引用户去选择移动支付。第五类主体是用户，就是那些愿意并且能够使用移动支付来购买产品和服务的组织和个人。用户是整个移动产业链中的发起者，用户的认可是移动支付的发展动力。

目前，我国移动支付产业已形成了较完备的价值链。广大商业银行、各主要移动通信运营商以及众多的第三方支付服务组织都积极参与进来，有力地促进了我国移动支付产业的发展。移动支付的应用范围已经涉及转账汇款、网上购物、公共缴费、手机话费、公共交通、商场购物、个人理财等很多领域。但受诸多因素的影响，移动支付主要应用于小额支付；另外，由于业务收益分成所涉及的环节较多，同时需要负担前期建设的基础费用，在目前业务发展未达到预期规模的情况下，整个行业仍处于非盈利状态。

(三) 移动支付发展的外部环境

在政策法律方面，我国关于电子商务的法律法规体系逐步成熟，但在电子支付相关政策法律方面还不够完善，第三方电子支付组织的合法性尚未得到认可；在经济环境方面，近年来我国经济保持连续快速增长，居民消费水平不断提高，网络经济发展迅速，信息化得到较广泛的应用；在社会文化环境方面，我国手机用户群体不断增加，刷卡消费习惯逐渐形成，社会信用体系也在逐步完善；在技术环境方面，移动通信网络已经非常成熟，中国银联的 POS 跨行网络体系也覆盖各商业银行。我们可以通过一组具体的数字来了解我国移动支付的发展情况。根据中国银联公布的数据，截至 2009 年 6 月底，全国手机支付用户总量突破 1920 万户；2009 年上半年共计实现交易 6268.5 万笔，金额170.4 亿元，较 2008 年同期分别增长 42.4% 和 63.7%，预计全年将超过 350 亿元。再来看移动支付的潜在市场——网络购物市场的发展情况，根据国内某调查机构公布的数据，2008年中国网购市场的年交易额首次突破千亿元大关，达到1200亿元，说明移动支付的市场规模还有很大发展潜力。最后再看移动支付用户的基础数量，根据工业和信息化部发布的数据，截至2009年6月底，我国网民规模为3.38亿，其中手机上网用户为1.55亿，占46%，而整个手机用户的规模高达7亿，这为移动支付提供了巨大的市场空间。总的来看，我国移动支付发展处于非常有利的发展时机。

（四）国外移动支付的发展情况

在亚洲，日本和韩国的移动支付产业发展较为成熟。其中日本的移动支付业务是移动通信运营商主导模式，现已具备相当的规模，截至2010年9月，日本手机支付用户数突破4900万，占手机用户的56%，占总人口近四成；在韩国，移动支付业务是移动通信运营商与银行合作主导模式，其手机支付渗透率已接近60%。在欧美，尽管移动支付发展的历史比较长，但业务发展不及日本和韩国，其原因一方面在于信用卡、个人支票的高度普及，另一方面受文化背景的影响，日常生活中手机文化淡泊也是一个因素。在非洲，一些国家如赞比亚、南非、肯尼亚、尼日利亚、刚果等都推出了移动支付业务。非洲移动支付业务之所以能够发展起来，甚至比一些发达国家发展得还好，主要是因为在非洲移动支付业务对传统银行业务的补充作用明显。在一些没有传统银行分支机构的地方，消费者可以通过移动支付的方式购买商品。

三、移动支付发展的环境因素

在传统支付方式发展历程中，市场需求一直是推动其发展的主要因素。相比之下，由于移动支付蕴涵着巨大商机，吸引了众多的商业银行、移动运营商和非银行支付服务组织积极参与，来自供给方的因素推动了移动支付业务的快速发展，例如商业银行、移动运营商和非银行支付服务组织，都可能对移动支付业务的发展产生影响。在移动支付发展较早的日本和韩国，几乎所有的零售银行都能提供手机银行业务，有相当多的用户在购买新手机时关注是否支持支付功能；越来越多的手机用户通过手机进行购买地铁车票等零星支付活动，移动支付日渐风行。移动支付的出现，对于在贫困地区普及金融服务产生了革命性的推动作用。例如在印度、拉丁美洲和非洲，那些生活在银行网点覆盖不到的地区的居民，长期以来无法直接享受银行机构提供的金融服务，现在可以直接通过手机进行货物买卖、借贷款以及其他支付活动。从移动支付在各国的发展情况来看，影响其发展主要有下列因素：

（一）盈利性

对于一种通过市场化方式推广的服务品种，盈利性是吸引各方积极参与的重要因素，也是保持这一产业可持续发展的重要保障。由于移动支付产业价值链涉及众多主体，并产生了许多具体应用模式，有的是移动运营商主导，有的是商业银行主导，还有的是第三方支付组织联合有关机构进行主导。但无论谁来主导，均要发挥各类主体的竞争优势，寻求良好的盈利模式，实现多方共赢。因此，盈利性的问题实质上是产业价值链如何协调发展的问题。

（二）安全性

移动支付作为新兴产业，其发展前景是非常可观的，然而对广大用户来说，大家在接受移动支付带来的方便、快捷等好处之前，也非常关注支付的安全性问题。安全性包括技术安全和资金安全两个方面。技术安全是指使用移动支付是否对手机等设备有特殊的要求，是否更换现有的手机，是否要更换 SIM卡，用户的银行账户和个人身份等敏感信息，通过手机和商家的网站、支付网络等传输和存储，它的安全性怎样？资金安全是指移动支付通过第三方支付组织处理时，通常会存在资金沉淀问题。这些资金的所有权依法属于客户，但实际上由第三方支付企业进行支配，如何保障沉淀资金的安全也是广大客户关心的问题。因此，有关各方要通力合作，不断创新，提供更多手段和方法，使得我们的移动支付解决方案更加安全、保险。

（三）便利性

便利性是移动支付的灵魂和生命。移动支付便利性的提高，一方面在于手机和新兴技术的有机结合；另一方面在于从用户的角度出发，对传统支付业务处理模式和处理流程进行重组或创新。出于对便利性的追求，催生了移动支付众多的业务处理模式，但每一种业务模式的发展必须要以安全性为前提。

（四）公信力

社会公众的接受程度决定了移动支付的市场份额。检验社会公众的接受程度，第一，要看社会公众能否方便地获得移动支付服务，例如手机的普及程度如何？使用移动支付是否有门槛限制？第二，要看社会公众是否认可移动支付的优点，是否愿意使用手机办理支付业务。第三，其他支付方式的普及情况以及社会公众的支付习惯也影响对移动支付的接受程度。例如在美国，尽管手机普及程度很高，但由于传统的支付方式非常普及，社会公众大多习惯于使用支票等进行支付，移动支付一直发展较慢。

（五）法制化

完善的法规制度是移动支付健康发展的重要保障。移动支付的发展目前还处于成长阶段，与此相对应，其发展环境也表现出一个产业发展初期的稚嫩、无序的特征。许多业务在政策灰色地带的快速发展，面临未来业务被管制的政策风险。必须从移动支付业务准入、电子货币发行、业务监督管理等方面完善相关法规制度，明确相关主体的权利、义务和责任，保障广大用户的合法权益，为移动支付的发展创造良好的法律环境。

（六）标准化

移动支付涉及众多参与机构，各机构间通过电子信息交互完成支付业务处理。因此，统一的业务和技术标准是业务畅通处理的前提，只有统一了标准才能规范产业，进入正规化发展。目前移动支付业务还没有形成统一的技术标准和业务标准，各运营主体也没有一个整体的推广模式，这样很难形成一个中长期规划和长远的发展思路。要总结中国银行卡发展的经验和教训，防止在移动支付领域再一次出现银行卡"联网通用"工程。在多方运营主体并存、业务模式层出不穷的情况下，必须做好有关业务和技术的标准化建设，为移动支付业务的健康发展奠定基础。

四、我国移动支付发展的法制化

我国移动支付的发展，必须依托市场，强化政府引导，加强规范管理，统一业务技术标准，充分发挥有关机构的积极作用。

（一）移动支付的发展要坚持市场化原则

移动支付的价值链上拥有众多的参与主体，在不同主体的推动下，产生了多种业务模式。随着移动支付业务的进一步发展，还将产生新的业务模式。移动支付的不同业务模式各有优劣，但每一种模式的产生和发展均是市场选择的结果。我国移动支付的模式选择和发展，应充分坚持市场化原则，发挥市场主体的能动作用，通过阶段式、渐进式的发展，形成产品供应与市场需求协调发展的良性发展机制。

（二）要加强对移动支付的政策引导

移动支付区别于传统支付方式最大的特点，在于它为消费者提供了一个便捷的、快速的支付渠道，而持续创新能力是引领移动支付市场发展的主要动力。为正确引导市场发展，充分发挥移动支付在社会经济发展中的积极作用，必须加强对移动支付的政策引导。要逐步完善移动支付相关法规制度，维护各参与主体的合法权益；要研究对垄断性资源运营商参与移动支付市场的管理，实现市场资源的合理配置；要通过制定优惠的产业政策，鼓励移动支付服务市场的充分竞争，引导移动支付服务深入农村，特别是边远山区和贫困地区；要从满足社会公众日常支付需求的角度出发，引导有关主体进一步拓宽移动支付的业务范围。

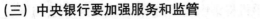

（三）中央银行要加强服务和监管

移动支付的发展在创新支付方式的同时，对中央银行完善支付清算服务提出了新的要求，也对中央银行加强支付体系监督管理提出新的挑战。另外，移动支付大量使用电子货币，如果电子货币管理失控乃至泛滥，会直接放大市场上的货币流通量，造成国家在金融政策监管上的偏差，干扰经济管理部门对经济方向的正确判断，也将对中央银行制定和实施货币政策产生影响。因此，中央银行必须进一步完善跨行支付清算系统，以适应移动支付的业务处理需要；要综合市场协调发展等多种因素，研究向非银行支付服务组织开放中央银行的支付服务设施；要密切关注移动支付的发展，逐步将其纳入支付体系的日常监管范围，防范支付风险；要尽快发布《支付清算组织管理办法》，明确第三方支付组织的监管主体、市场准入条件、业务范围和风险管理要求等；要逐步规范和统一电子货币的发行，研究电子货币发展对传统货币的影响，进一步提高货币政策的操作水平。

（四）要抓紧制定统一的移动支付业务技术标准

从社会资源的有效利用来看，只有统一规范移动支付的业务技术标准，才能够避免相关机构在市场拓展、技术研发、终端布放等方面进行重复性投资，增强支付服务市场的竞争，实现社会资源的有效配置和充分利用。中国人民银行将积极会同有关部门进行研究，尽快明确移动支付的业务技术标准和安全标准，加强地区、部门、行业、机构的合作，实现互联互通，充分发挥移动支付网络的规模经济效应，降低交易成本，提高移动支付行业整体竞争力，为客户提供便利的支付业务。

331

（五）要充分发挥中国银联的积极作用

商业银行是移动支付发展的重要参与主体，而银行卡是银行账户的重要载体，也是社会公众办理移动支付的重要条件。在移动支付的业务处理中，经常涉及移动通信运营商在手机用户及其开户银行之间进行信息转接的问题，需要在银行和移动通信运营商之间建立信息传输通道。如移动通信运营商仅与部分银行连接，其他银行的客户将无法享受移动支付服务；如移动通信运营商与全部银行连接，将大大增加运行成本。考虑中国银联已经建立了银行卡跨行信息转接平台，应充分利用中国银联与各银行连接的优势，发挥其在移动支付发展中的积极作用。中国银联应通过建设移动支付专用平台，有效连接并协调各市场主体，降低移动支付的运营成本；要不断提高移动支付业务的处理效率，加强风险控制，促进移动支付稳健发展。

总之，移动支付的发展需要各参与机构的密切合作，也离不开相关管理机构的引导和扶持。在各方的共同努力下，我国移动支付产业将取得更大、更快的发展。相信在不远的将来，手机将集中包括信用卡、储值卡、公交卡、身份证、社保卡、医保卡、电子病历等在内的多种功能于一身，人们可以利用手机随时、随地、随身、随心地完成日常消费、商务和支付等活动，真正实现"一机在手行天下"。

被剪断的银行卡

在辽宁省锦州市的一个小商品批发市场里，聂晓斌摆着一个专门批发麻将牌的摊位，他做这个小本生意已经多年了。2000年12月初，聂晓斌碰上了一笔大生意，一个朋友告诉他，广西一个人手里有20吨电解铜，如果运到锦州，倒手就能赚一大笔钱。在锦州当地一吨差价是3000~3500元，20吨就是7万块钱。

聂晓斌多年的朋友张秀全去广西南宁出差，偶然认识了一个叫张平的生意人，但此后再无联系，十多年后张平突然给他打电话，告诉他这笔电解铜的生意。这个张平，是不是张秀全曾在1987年在广西南宁会上认识的这个张平，张秀全没法确定。

虽然有点拿不准，但机会不能轻易错过。于是，两人决定应张平之邀，去一趟广西宾阳。在宾阳县，他们没有见到那个张平，来和他们洽谈的两个人自称是张平的业务员，其中一个叫胡志。虽然没见到张平，但生意的事情谈得很顺利，当天双方就谈妥了价格，毕竟对方是初次打交道，为了安全，聂晓斌要求，货到锦州后再付款，对方也爽快地答应了。

双方约定的交易程序是这样的：按胡志的要求，聂晓斌先在宾阳当地工商银行开一个账户，回到锦州后再存入货款，胡志验证货款后，把货物发到锦州，聂晓斌收到货物，再把存折和密码寄给胡志，胡志提取货款。有了这样严谨的交易程序，聂晓斌觉得这笔生意应该是万无一失了。一切商定，聂晓斌不想再拖延，当天就按胡志的要求，到广西宾阳县的一家中国工商银行储蓄所，立了一个个人账户。

聂晓斌：我当时存了100元，拿的是我的身份证，填的是我的身份证号码。聂晓斌办的是折卡一体的活期储蓄存款，就是这个账户有一张存折，同时还有一张牡丹灵通卡。回到招待所后，聂晓斌告诉等在屋里的胡志存折办好了，胡志提出看看他办的银行卡。胡志一伸手把卡接过去，接过去以后，他也没说话，就用手，企图把那个卡折断。

聂晓斌和朋友张秀全都对胡志这个突然的举动感到奇怪，赶紧制止。撕卡干吗？胡志解释，把这张银行卡掰成两段后，双方各拿一半，这样一来这张卡就作废了，谁也没法用卡取出钱来。等聂晓斌回到锦州把钱存进去后，把另一半卡上的号码告诉胡志，胡志就可以查验资金了，这样做是出于方便验资的考虑。聂晓斌虽然对这个说法有些疑惑，但想到卡坏了，而且存折还在自己手中，也不会有什么问题。

聂晓斌：都毁掉以后，只剩下我一个存折，我这个存折，是我自己设的密码，所以当时我就同意他的做法。看到胡志用手难以掰断卡，聂晓斌就找出剪刀，帮着把卡剪成了两段。一张银行卡一分为二，聂晓斌和胡志各拿一半。办妥了这一切，第二天聂晓斌和张秀全就赶回了锦州，并按照约定到银行往那个户头上存入了254000元货款，然后电话通知胡志：钱已存入，赶快发货。几天后，胡志电话通知聂晓斌，货物会在12月18号运到锦州。眼看一笔生意就这样顺利地做成了，在锦州家中，满心欢喜的聂晓斌静静等待着20吨电解铜的到来。

聂晓斌：结果到18号一天货没到，后来打电话，手机打不通，张平的电话也打不通。一个是停机，一个是关机。这个异常的情况让聂晓斌隐隐感到事情有点不对劲儿。

聂晓斌：我觉得出问题了。我就立刻到工商银行去查询。结果这一查，让聂晓斌半天缓不过神来。他存入银行的254000元早在12月6号，也就是他刚存进去的第二天就被全部取走了，取款的地点是在广西宾阳县的工商银行。聂晓斌不敢相信这个事实，他觉得一定是银行搞错了，抱着一线希望，第二天聂晓斌急匆匆又赶到了七千里之外的广西宾阳县。经过当地工商银行认真核查，证实聂晓斌的存款确实是已被人全部取走。根据银行记录，取款人是一个叫李建国的人，使用的是牡丹灵通卡，在银行柜台一次性取走了25万元，剩余的4000元是从自动柜员机上，分四次提取的，户头上最后只给聂晓斌留下了最初开户存入的那一百元钱。

聂晓斌马上报了案，经过初步分析，那个叫李建国的人，很可能就是和聂晓斌做生意的胡志，显然是用假冒的银行卡取走了那笔存款，但聂晓斌的银行卡已经毁掉了，剩下的那半张卡和存折一直在自己手中，即便是伪造的话，胡志怎么可能得到完整的账户账号呢？

聂晓斌：我不存在卡号泄密，因为当时都毁掉了，唯一的剩余存折在我自己兜里。聂晓斌向银行提交了自己手中保存的半张银行卡，银行仔细研究过这半张卡后，发现了一个重要问题。

中国工商银行广西分行法律处经理邹泉：一整张卡的1/4，也就是说大概只有1/4这样。前四位只代表城市号，不能够代表他在宾阳支行申领的那张卡。

原来，当时在对方剪断卡时，并不是平均一分为二从中间剪开的，而是从这里剪开的，一半大，一半小，聂晓斌拿的是小的这半张，我们来看，银行卡一共16位卡号，这小一半上面只有头四位，而银行卡的头四位通常都是表示地区的代码，很容易在同地区的其他卡上查到，也就是说，聂晓斌拿的这小半张卡根本没用，真正的账号都在对方的那半张卡上，拿到那半张卡，就等于获得了完整的卡号。

中国工商银行技术人员：这种情况下有可能是被他人持有之后被非法复制，卡的外形和磁条信息有可能被复制。银行卡就算被复制了，没有卡的密码也不可能取出钱来。按聂晓斌的陈述自己绝不是和对方串通，既没有泄露卡号，也没有泄露过密码，那么骗子又是怎么得到密码的呢？一次次回忆当时的情景，聂晓斌和张秀全想到了一个细节。当时，在剪银行卡的同时，和胡志一起的另一个人还向聂晓斌索要封装着银行卡密码的信封。在确认密码信封从没有打开过后，对方也做了一个举动，当众把装密码的信封烧掉了。

聂晓斌：就是到现在我也不知道我那个密码，连我那个卡号我都不清楚。宾阳县警方做了一些调查，发现在聂晓斌开户的前一天，就在同一家储蓄所，那个所谓的李建国，也用 100 元办理过一个折卡一体的活期存款（回忆现场片段），怀疑是不是被掉包了，犯罪分子是如何得到密码的，根据几个情况联系在一起，很可能是趁大家惊讶之时，注意力都在剪银行卡上，用了掉包之计。可这只能是推断，警方立刻展开了搜索侦查，可这时聂晓斌又将指责的矛头转向了银行，那么银行又与聂晓斌 25 万元存款被盗取有什么关系呢？

李建国在同一地点，又几乎是同一时间办理了同样的银行开户手续，从这个细节上，警方做出一种推断，当时那个胡志在烧掉密码的时候，很可能趁聂晓斌不备做了调包，用提前办好的密码信封，调换了聂晓斌的信封，被烧掉的只是另一个密码信封而已。但是，聂晓斌觉得不太可能，他提出了自己的另一种怀疑。

聂晓斌：卡和折全部都写我的名字，唯一的一个凭证存折在我手里面，所以当时我考虑，一是银行马虎大意，二是我怀疑银行和取款人相互有联系。聂晓斌的怀疑有没有可能，会不会是骗子和银行内部人员里应外合，提供了密码。银行专业技术人员对这个疑问做出了解答。

技术人员：作为银行方面，不管是业务操作人员还是系统主机人员或者是技术人员都不可能获取客户的密码，因为客户的密码在客户设置的过程中并不在银行系统的画面上显示，经办人员不可能得到客户的密码，在密码的传输和存储的过程中，都是以加密的方式存在，而且这个加密算法是不可逆的，不可逆就是不可以通过密文反算出密码，所以银行方面是不可能得到客户的密码的。

由于事情有很多难解的疑问，聂晓斌心里充满了猜测和怀疑，不仅如此，一张假卡就能轻易取走自己25万多元的存款，聂晓斌认为这显然是银行的过错，银行没有认真审核银行卡的真伪。那么，银行对这一点又有怎样的解释呢？记者采访时，银行介绍说对卡的检验是必须的程序，但是不能保证一定能检测出假卡。

技术人员：如果外形没有问题的话，就会对客户的磁卡进行刷卡，验证信用卡的磁条信息，如果磁条信息正确，就会请客户输入密码，在这三个要素都满足的情况下，我们银行就会视同这张信用卡是一张合格卡，就可以交易。

邹泉：银行的该笔取款业务是一笔正常的支取业务，符合中国人民银行的规定，不应该承担相应的责任。

依据警方的调查和银行提供的记录，取走聂晓斌存款的李建国，是在银行的柜台上用卡一次性提取了25万元，聂晓斌指出，银行这样做是错误的。

聂晓斌：5万是属于大额的提款，20万以上属于巨额提款，这是一个文件规定，所以说，大额提款要核实本人真实身份。聂晓斌所说的规定，是指1997年中国人民银行下发的《关于加强金融机构个人存取款业务管理通知》，在这个通知中规定：对一日一次性从储蓄账户提取5万元（不含5万元）以上的，必须要求取款人提供有效身份证件，并经储蓄机构负责人审核后予以支付。而聂晓斌的存款是被一个叫李建国的人取走的，聂晓斌认为，宾阳工商银行正是违反了中国人民银行的这个规定，没有分辨取款人和存款人不是同一人，才造成了自己的大笔存款被冒取。

聂晓斌：聂晓斌存的款，为什么付给李建国，姓名都不一样，这很简单，姓聂和姓李是两个姓，不是同一个姓，所以不能接受的是这一点。但工商银行宾阳支行解释，当时李建国取款时填写了自己的身份证号码，工行对李建国的身份证也进行了审核。

邹泉：当时在支付这25万元存款的过程中，我行工作人员审核的是实际取款人一个叫李建国的身份证件。

这个通知中"审核取款人有效身份证件"到底是指审核谁的证件，双方发生了分歧。记者也了解到，以前，中国工商银行各分支机构在大额取款上，对审核取款人身份并没有明确的界定，各银行对此的理解和做法也不同，存在三种方式：A. 只审核取款人有效身份证件；B. 审核取款人的有效证件是否与存款人姓名一致；C. 同时审核取款人和存款人的有效身份证件。宾阳工行就是按照第一种方式施行的。

但在2000年12月14日，中国人民银行针对中国工商银行《关于个人存取款业务管理有关建议的函》下发了一个批复。批复中，对审核取款人有效身份证件做出了明确解释（字幕）："审核取款人有效身份证件"是指取款人提供的身份证件是否与存单、存折上的姓名一致。按这个规定，显然，那个叫李建国的人是不能一次性领取聂晓斌名下25万元的存款的，银行的放款行为明显违反了这条规定，这份批复让聂晓斌充满了信心，于是，聂晓斌拿着这个中国人民银行的批复，再次找到银行。可问题再次出现了。

邹泉：中国人民银行的批复，它的颁布时间是2000年的12月14日，但本案的取款业务发生在2000年的12月3日。对聂晓斌至为重要的这份批复，下发的时间竟然是在聂晓斌存款被冒取后的第八天。这个情况，让聂晓斌感到万分无奈，仅仅因为这八天之差，自己的25万元存款就永无踪影了。聂晓斌认为，即使批复时间在后，银行也本应该早按批复上的要求去做。

就在这个时候，警方传来一个消息：根据李建国在取款时留下的身份证号码，曾委托福建警方配合查找其人，回复的结果是：查无此人。也就是说，所谓的"李建国"取款时用的是一张伪造的身份证。这个消息让聂晓斌在失望之余又感到气愤，他觉得即便是只审核取款人的证件，这假身份证也能做有效身份的证明，是银行审核工作马虎造成的。

邹泉：对于身份证而言，因为银行不是身份证的发证机关，他所能进行的审查只能是形式审查或者是表面审查。看一下该身份证的质地、格式或者说样式，在表面上符合公安机关的有关规定，那么我们也认为它是一个有效的身份证件。对银行的指责银行一一作了回应，反过来工商银行指责聂晓斌，从银行卡的特点来说，造成存款被冒取的根本原因，是聂晓斌自己泄露了银行卡的卡号和密码，尤其是密码。

但聂晓斌认为这个通知中"审核取款人有效身份证件"，指的是存款人，而不是单指来取款的人，银行说这是聂晓斌的理解错误。

邹泉：对于1997年的那个通知，取款人的身份证理解，只能是刚才我说的，对实际取款人的一个理解。

邹泉：当时并没有实行存款实名制，存在大量的化名存款。商业银行对于取款人身份证的理解只能认为实际的取款人，因为如果不这样理解，那么将会导致大量的化名存款人无法支取属于自己的大额取款。

邹泉：卡和身份证有可能被社会上的不法分子所伪造、仿冒，但密码由计算机科学生成，属于储户个人的私有资料，除非客户泄露，他人不可能知道。和银行的协商最终陷入了僵局，意外的打击，连日的奔波，加上心焦气急，聂晓斌病倒了。

聂晓斌的爱人：他在广西，他说我胰腺炎也犯了，我一点儿也不能吃饭了，他说我都想死了。我说你回来，我说宁可这个钱咱不要了，咱们也回来吧，我说你太委屈了，我说你回来，有人在，咱们有说理的地方。

　　回到锦州后，聂晓斌找到律师。在律师的建议下，2001 年 1 月，聂晓斌向广西宾阳县人民法院提起诉讼：聂晓斌认为银行对取款人的有效身份证件审核不严格，是造成自己存款被他人冒取的根本原因，因此请求法院判令中国工商银行宾阳支行赔偿其存款损失 250000 元以及相应的利息和往返费用 4000 元。

　　为了追回自己 25 万多元的存款，聂晓斌在辽宁锦州和广西宾阳之间奔波，但由于缺乏线索，这个案子一直没有大的进展。而这起储蓄合同纠纷案也经过了一审、二审和再审。在 2003 年 4 月 30 日，由广西壮族自治区高级人民法院做出判决。

　　广西壮族自治区高级人民法院审判员蒙宏庆：当事人，也就是储户就有义务保管好卡和密码。那么丢失了卡和密码，所造成被他人冒领这个后果，按照银行的相关规定是由个人来承担的，银行的责任主要就是违反了大额存款应该核对身份证和存折是否统一，银行没核对就放款了，它主要的责任在这里。

　　法院判决：宾阳工行对聂晓斌存款被冒取承担 30% 的责任，赔偿聂晓斌人民币 75000 元。

　　采访中，银行一再向记者表示对聂晓斌的遭遇深表同情，希望这样的事情不会再发生。记者在走访中还了解到，从 2000 年开始，针对大额取款，广西的各级工商银行储蓄网点，都新增加了居民身份证检测仪器。

337

　　使用银行卡进行经济活动和商业交易，如今已经成为很多人的需要和选择，但是，随之而来的是利用银行卡进行诈骗的犯罪活动也越来越多。在这一类案子当中，我们发现不法分子常用的手段就是，利用个人之间的这种交易，以验资为名，套取对方银行卡的卡号和密码，从而达到诈骗的目的。在这里，我们提醒正在使用和将要使用银行卡的人，一定要保护好自己的银行卡，尤其是密码。

资料来源：中央电视台. 被剪断的银行卡. www.cctv.com 经济与法，2005-07-11.

问题讨论：

1. 用户对自己的银行卡的卡号和密码应该如何保护？
2. 银行对用户银行卡的卡号和密码应采取何种保护措施？

本章小结

　　通过本章学习，主要掌握移动支付法律制度；首先要了解移动支付立法的必要性，移动支付的市场上，盗卡、网络钓鱼、诈骗、涉黄涉毒等问题层出不穷，因此要熟悉移动支付安全的问题，移动支付面临的法律问题以及移动支付的立法要求。然后要理解第三方支付市场准入制度，主要是《非金融机构支付服务管理办法》，掌握第三方支付服务市场准入的具体规定和非金融机构支付服务的配套规范。要重点掌握移动支付交易法律制度，包括移动支付法律关系主体、内容，移动电子支付过程中，主要涉及移动运营商、银行金融机构、商户和用户四方当事人。用户、移动运营商、银行与商户之间存在移动电子支付基础法律关系。移动支付合同法律问题及身份认证制度也要熟悉。尤其要注意移动支付的法律责任，移动支付涉及当事人众多、法律关系复杂，再加上服务器、互联网、无线传输、管理软件等错综复杂的先进技术，因此在移动支付过程中，经常会出现因过失或故意而致使资金划拨迟延或资金划拨错误，造成损失的现象。因此，移动支付法律制度的构建是非常重要的。

本章复习题

1. 试论述移动支付立法的必要性。
2. 试述移动支付面临的法律问题以及立法要求。
3. 试论第三方支付市场准入制度的内容及特点。
4. 试述移动支付法律关系主体和内容。
5. 试论移动支付的法律责任。
6. 试论我国移动支付的法制化的前景。

第十章

移动支付监管

学习目的

知识要求　通过本章的学习，掌握：

● 电子金融监管概念
● 电子银行的监管
● 电子支付的风险
● 电子支付风险的防范
● 电子支付的监管

技能要求　通过本章的学习，能够：

● 了解电子金融监管概念
● 掌握电子银行的监管
● 熟悉电子支付的风险
● 掌握电子支付风险的防范
● 熟悉电子支付的监管

学习指导

1. 本章内容包括：电子金融监管概述；电子银行的监管；电子支付的风险；电子支付风险的防范；电子支付的监管。

2. 学习方法：结合案例了解电子金融监管概念，掌握电子银行的监管，熟悉电子支付的风险，掌握电子支付风险的防范，熟悉电子支付的监管。

3. 建议学时：4 学时。

引导案例

中国移动运营商擅停服务纠纷案

2007 年 1 月 13 日，李女士突然发现自己的手机无法通话，屏幕一直显示"正在查找"字样，即使换了别人的手机，仍然显示"正在查找"。意识到可能不是手机的问题，李女士随即来到中国移动营业厅进行咨询。接待的营业员称，该移动通信卡没有问题，而是由于系统升级导致的故障，但不知系统升级完成的确切日期，因此需要李女士进行换卡。然而在换卡时，李女士却被告知要支付 10 元的换卡费用。在交涉无效的情况下，李女士只好向 10086 投诉。最终接线员表示可以免费换卡，并答应赠与 30 元话费，但同时补充：这并非赔偿。

李女士对中国移动单方提出"赠与 30 元话费"的赔偿方案非常不满。"由于整整 9 天不能使用手机，我和许多亲朋好友联络困难，甚至造成了误解，但对此运营商却没有作出任何合理的解释和通告，而且中国移动在处理过程中我觉得非常傲慢，所以我认为中国移动侵犯了我的通信自由权！"在没有进行通告的情况下，中国移动单方停止服务达 9 天，经投诉未果后，北京李女士遂以侵犯其通信自由权为由，将中国移动告上法庭。北京市东城区人民法院日前已正式受理此案。

2 月 5 日，李女士向法院提交了起诉书，要求其承担侵犯通信自由权的责任并赔偿各种损失及赔礼道歉。但当其代理律师寇明国到法院提交起诉状时，法院以"侵犯通信自由权"不在最高院解释的法院受理案件受理案由范围内为由，要求将案由修改为"电信合同纠纷"才能立案。经过修改过后，法院正式立案。

但变更后的案由，为原告在法庭上争取和维护通信自由权造成了一定的困难。代理律师寇明国表示，不会变更原来的诉讼请求，"我们想以此表明我们起诉的态度和目的，那就是我们的诉讼不单是要求赔偿损失，更重要的是表明我们对弱小公民个人通信自由权利的重视，以及对被告利用垄断地位、无视消费者合法权益行为的不满与抗议。"

资料来源：王晓雁. 中国移动首次被诉侵犯通信自由 ［N］. 法制日报，2007-02-12.

问题：

1. 移动运营商为何不能擅自停止服务？

2. 你认为本案中移动运营商的行为违反了哪些法律？

第一节 电子金融监管概述

移动支付监管是电子金融监管的一部分，因此要涉及电子金融、电子银行和电子支付的监管。首先从电子金融监管说起。

一、电子金融的内涵

电子金融（E-finance），它是基于金融电子化建设成果在国际互联网（Internet）上实现的金融活动，包括网络金融机构、网络金融交易、网络金融市场和网络金融监管等方面。它不同于传统的以物理形态存在的金融活动，而是指存在于电子空间的金融活动，其存在的形态是虚拟的、运行的方式是网络化的，它是信息技术特别是互联网技术飞速发展的产物，是适应电子商务发展需要而产生的网络时代的金融运行模式。电子金融是电子信息技术与金融分析方法相结合的现代金融经营模式，它是先进的生产力，创新了金融企业的业务与管理，发展了金融市场及体系。电子金融能够融合银行、证券、保险等分业经营的金融市场，减少各类金融针对同样客户的重复性劳动，拓宽金融企业进行产品功能解捆和综合的创新空间，向客户提供更加便捷和适当的服务。金融的电子化必将提升金融的自动化，是金融业务突破时间限制，促进了无形市场，即虚拟化金融市场的发展。银行建设了虚拟化市场，使其固受营业网点的空间局限性不再存在。客户可以坐在家里、办公室内或者异国他乡就能指令特定的银行服务。

电子金融业有利于大大降低金融服务成本。网上银行无须开设分支机构，雇员也特别少。如美国安全第一网络银行员工只有十九名。根据英国爱伦米尔顿国际惯例顾问公司调查，利用网络进行交易每笔成本只有 0.13 美元或更低，而利用银行本身软件的个人电脑银行服务为 0.26 美元，电话银行服务为 0.54 美元，银行分支机构服务则高达 1.08 美元。金融电子化的引入和深化持续降低银行的经营成本，并且使网上银行代表着未来银行的发展方向，网上银行的经营成本只占经营收入的 15%~20%，而相比之下传统银行的经营成本占经营收入的 60%左右。

电子金融的飞速发展离不开金融高科技的支持，金融高科技促进了金融业不断走向现代化。电子金融重要内容之一是运用先进的计算机和通信技术处理金融业务，运用电子数字脉冲取代支票和先进的流通及纸质凭证的传递。金融电子化的重要内容之二是金融市场的电子化，如目前全球各大金融机构和金融中心都同世界其他金融中心通过计算机和电信设备连接。20世纪60年代以前，美国证券业的行情信息发布靠的是纸质印刷品传递。1971年建立了全面证券自营商协会报价系统；1973年纽约股票交易所建立了电子市场资料系统；1976年美国证券行情汇总服务系统问世；1979年纽约股票交易所建立了电子交易系统；1992年芝加哥交易所、芝加哥交易会和英国路透社共同推出一个名叫GLOBEX的全球电子交易执行系统，系统构成的交易网络至少连通129个国家，经营几百家世界级证券市场和上万种美国、欧洲及其他联网国家证券，形成了世界无国界电子证券市场，大大提高了芝加哥商品交易所的交易效率，1993年曾一天完成30万份交易合同创下当时世界最高纪录，但是交易费用只是纽约交易所的1/10。1980年美国纽约证券交易所证券交易量和交易额分别是115.6亿手和3332亿美元，到1995年交易量和交易额迅猛增至878.7亿手和31170亿美元，分别增长7.6倍和9.4倍。通过电子交易系统连接的全球场外交易的衍生金融工具1996年交易额达到475000亿美元。电子金融的重要内容之三是金融信息系统电子化。金融业本身是一个信息产业，金融的重要功能之一也包括生产信息、汇集信息和传递信息。1996年仅道·琼斯、路透社、蓬博和布里奇的信息收入达44亿美元。全球金融市场和庞大的银行体系靠这些信息润滑而运转。

二、电子金融监管的环境

加快电子化金融监管建设的步伐，保证金融市场中资金的安全流动是我国政府金融监管部门亟待解决的问题之一。金融信息化彻底改变了传统的金融服务模式，其显著特征之一就是金融市场中资金流动模式的变革，然而，新型的资金流动模式在极大推地动了全球经济发展的同时，也给金融监管部门对资金流动行为的监管提出了空前的挑战。

我国金融技术进步的发展历程是与计算机20世纪60年代进入金融领域，改变金融行业落后、过时的结算手段的努力紧密相关的。70年代中期引进国外小型机进行银行电子化试点，拉开了我国银行电子化的序幕。改革开放以来，金融业建设按照"六五"做准备，"七五"打基础，"八五"上规模，"九五"电子化的发展战略，金融电子化水平有了较大的提高。总体上看，我国金融技术进步发展经历了三个阶段：1957年起到20世纪70年代末期的单机批处理阶段；20世纪80年代的联机实时处理阶段；20世纪80年代末期至今的金融电子化联机网络阶段。

目前我国金融技术进步已进入全面发展阶段，基本实现了业务操作自动化、信息处理网络化、社会服务多元化、客户结算电子化。

（一）金融信息化

金融信息化对全球各国金融监管带来的挑战金融信息化是以计算机通信技术为核心的现代化电子信息技术在金融领域的广泛、深入的应用。世界金融信息化的发展可以划分为三个层次：第一个层次是金融机构内部信息化。20世纪50年代以来，国外银行、证券和保险业纷纷开始用计算机来代替手工作业来辅助银行内部业务和治理，加强了金融机构内部纵向治理。第二个层次是跨金融机构的金融业务网络化。为了满足银行之间资金汇兑业务的需要，20世纪70年代，发达国家的国内银行与其分行或营业网点直接的联机业务逐渐扩大为国内不同银行直接的计算机网络化金融服务交易系统，国内各家银行之间出现通存通兑业务，实现了水平式的金融信息传输网络。第三个层次是跨国界金融业务国际化。20世纪80年代以来，经济全球化、金融自由化等趋势日益凸显，以互联网的迅速发展虚拟化了金融机构，打破了各国金融机构的空间限制。目前，全球各大金融机构都同世界其他金融中心通过计算机和通信设备连接，如1982年芝加哥商品交易所、芝加哥交易会和英国路透社共同推出一个称为GLOBEX的全球电子交易执行系统，系统构成的交易网络至少连通129个国家，经营几百种世界级证券和上万种美国、欧洲及其他联网国家证券，形成了无国界的电子证券市场。

（二）金融信息化的层次

金融信息化的三个层次在以网络技术为核心的信息技术革命彻底改变了传统的金融服务模式和资金流动方式的同时，给金融监管部门对资金流动行为的监控，尤其是资金流动异常行为的监管提出了空前的挑战。具体表现在以下三个方面：

1. 资金流动速率电子化

金融机构信息化、网络化和国际化改变了金融机构的经营方式，主要反映在金融市场中资金流动的速度加快。资金流动的快速性，也导致洗钱、恐怖等犯罪活动猖獗，事后处理难以起到有效作用。因此，实时的资金流动监管变得尤为重要。

2. 资金流量庞大化

资金流动速度的加快使得金融机构可以在相同的时间内处理众多交易业务，金融衍生品、电子商务、电子货币等借助于网上交易，已经极大地取代了传统的金融交易方式，导致金融市场网上业务交易量急剧增加，也使得金融风险急剧加大。因此，对基于网络技术的金融交易监管方式变得迫切需要。

3. 资金流动方式和目的复杂化

网络信息技术加速推动金融创新，金融机构变得越来越灵活和虚拟，金融产品和金融衍生技术不断创新。复杂的资金流动方式和目的要求金融监管部门从监管对象、监管工具等多方面实现监管智能化。

金融产品创新不断。由于计算机和网络通信技术的飞速发展，导致金融市场和金融机构发生了革命性的变化，金融机构变得越来越灵活和虚拟，金融衍生技术不断创新，并以更低的成本提供了更多的金融服务，这些变化要求金融监管机构和政府不仅对国家金融稳定政策做相应的调整，使金融监管规则和制度超前化，监测手段和工具要不断创新，监管流程柔性化。在我国，金融信息化给我国政府金融监管带来的挑战除了以上问题之外，我国金融信息化工作起步较晚，金融市场处于逐步完善的过程中，对资金流动行为的监控还面临着非凡的社会经济环境。

（三）我国金融监管工作的复杂性

我国金融体制改革力度加大，监管范围扩大。我国正处于经济体制改革的攻坚阶段，国家"十一五规划"提出：推进商业银行、证券公司、保险公司等金融机构体制的市场化改革，加大金融产品的市场化开发力度；建立现代金融体系；推动发展证券市场、资本市场、外汇市场、金融衍生品市场等各类金融市场，加大金融创新力度；实施 WTO 的承诺，继续逐步地推进金融市场的国际化程度。国务院总理温家宝在政府工作告中指出："加强和改进金融监管，依法严厉打击金融领域的违法犯罪行为，防范系统性金融风险，维护金融稳定和安全。"金融体制的深化改革和金融市场的不断发展将大大增加我国金融监管工作的复杂性和不确定性。

相对于西方发达国家，我国金融信息化和政府信息化水平差距较大。20 世纪 70 年代开始，我国各金融机构纷纷建立和完善内部治理信息系统，进行业务流程再造：从手工操作到联机处理业务操作，从柜台交易到实时交易，从分散业务处理模式到高度统一的综合业务处理系统。然而，我国金融机构的信息化建设较之国外金融机构仍然不完善，如数据库的大集中、储户实名制、一个企业开多头账户等多方面问题还没有完全解决。而我国各级政府的电子政务正处于建设和应用的初级阶段，正在重塑信息技术支持下多种政务业务流程，开发建立电子政务业务系统，这使得在西方发达国家行之有效的监管方法，监管工具难以照搬照用。

金融业务混业化趋势。在我国，尽管存在金融全球化与金融混业对统一监管的客观要求，但我国金融市场的发展阶段和对外开放程度都决定了金融统一监管在短期内在我国还缺乏稳固的基础。但是，金融机构的业务运作模式混业化趋势已经给我国现有的分业监管模式带来了一系列的问题。

我国金融监管体系力量薄弱。国际专家对我国资金流动异常行为监管的评价是"态度积极，案例极少，基础薄弱，手段落后"。这主要体现在：我国现行金融监管体系缺乏有效金融监管的条件，如异常交易数据采集规章与采集手段不完善，异常交易监管分析和决策支持工具匮乏，经验丰富的专家极少；多元化监管主体缺乏必要的信息交流与合作；证券业、保险业的监管资源与行业发展不匹配；金融监管缺乏科学的实务操作系统。上海作为中国金融交易中心，在中国加入WTO后成了中外资金融机构市场化竞争的主战场，承担着我国资本运营中心和资金调度中心的重要职能。同时在2005年8月成立的中国人民银行上海总部，预示着我们正面临着如何通过治理金融中心做好金融市场各种资金流动异常行为监管的大挑战。信息化促进了我国政府电子化金融监管体系的建设传统的金融监管方式主要是由有经验的监管专家定期地对某一金融机构进行现场检查，或者金融服务机构将可疑数据定期上的方式，从而实现对资金流动行为的监管。然而，基于信息技术、网络技术、金融创新的快速发展，各金融机构纷纷进行业务流程的重新设计，金融市场和金融机构发生了革命性的变化，金融市场中所处理的资金流动速度加快、交易量急剧增加、资金流动方式复杂化，这些变革都使得传统的现场金融监管流程在时间和空间上变得效率很低或彻底失效，Robert指出，信息技术导致金融市场和金融机构发生了革命性的变化，这样，在金融体系中政府行为也必须随之调整。

（四）电子化金融监管

金融信息化为电子化金融监管工作提供了对金融交易进行持续性监管的条件。传统的金融监管流程面临金融信息化的高速发展，在监管的时间和空间上均变得不切合实际。电子化金融监管系统提高了对金融机构交易信息采集、分析、决策的及时性和准确性，为金融监管工作提供了更为具体和及时的信息。

电子化金融监管体系金融信息化促进了金融机构之间以及金融监管机构之间的信息共享。资金是在不同的金融市场中不停地流动，因此对资金流动的监管也应该是实时的、连续的，仅仅局限于某一个金融机构内部是无法进行的。目前，我国各金融机构正在进行的数据大集中、建设数据仓库的工作为金融机构间实现信息共享创造了初步条件。然而，考虑到金融机构之间由于竞争关系而给信息共享带来的阻力问题，对资金流动异常行为监管中的信息共享工作最好通过各金融监管机构来实施。

金融机构内控信息化建设工作是电子化金融监管的重要组成部分。在很大程度上，金融监管机构和金融机构内控部门的工作目标是一致的，同时，金融监管机构的任务之一就是对金融服务机构内控工作的监督检查。因此，促进金融机构风险内控信息化建设将极大推动我国电子化金融监管的前进步伐。

我国电子政务建设为金融监管机构参与政务资源共享体系建设创造了有利环境。一方面，金融监管机构可以通过政务共享系统来充分利用政府其他部门中所有有利于监管的信息，有效识别资金流动异常行为的目的。另一方面，金融监管机构的资金流动异常行为监管系统也可以为政府其他监管部门服务，提供可疑交易证据。

三、电子金融监管的基本要求

根据我国的实际情况，特别是金融业发展状况、互联网使用现状、发展速度等客观条件，网络银行监管的基本内容应包括以下一些方面。

(一) 制度框架

对于网络银行的监管，应根据网络银行的不同方面制定不同的规则或条例，这是国际上较通行的做法。如美国对网络银行的监管形式，有规则、公告、劝告、警示、信函、备忘录等。我国监管部门对新机构或业务，通常习惯制定一个包含各个主要方面的全面条例或规则，这种做法可能不适合网络银行的监管方式。

(二) 市场准入

目前国际上的通行做法是，对分支型网络银行的设立，按新设分支行或营业部的管理规则进行管理，一般不要求重新注册或审批。纯网络银行的设立需要审批注册，并要满足其他一些特定要求。由于我国四大国有商业银行占据着银行业的主导地位，且对风险、利润的敏感性要远低于对"创新"的追求，不难预见，如果没有相对严格的审批制度，有可能导致盲目性发展。对于使用同一交易平台的金融机构，某一分支机构技术和管理上的薄弱，会转化成系统性隐患，进而增大整个体系的风险。另外，审批制可能提高市场的进入成本，使得已设立的网络银行可能利用先发优势形成市场垄断，影响业务创新与技术进步，最终降低银行业的整体竞争力。

(三) 日常监管

我国网络银行因技术水平参差不齐，对于与技术相关风险的监管应成为日常检查的一个主要内容。由于中间业务在网络银行的总体业务和盈利中所占的比重较大，并对网络银行的生存和发展有着重要的影响，所以，对这类业务的监管是网络银行日常监管的主要内容。

(四) 市场退出

目前发达国家对网络银行的退出设计非常谨慎，一般要求网络银行要参加储蓄保险计划，制订可靠的信息备份方案，以市场兼并作为主要的退出措施。

这是考虑到网络银行的市场退出，不仅涉及存贷款等金融资产的损失或转移，而且积累的客户交易资料、消费信息、个人理财方式等，也面临着重新整理、分类和转移。当出现意外时，还有可能发生损失。

四、电子金融监管的内容

网络金融的迅速发展，向金融监管体制提出了挑战。对此，戴相龙行长提出：网络金融的监管要纳入网络经济、电子商务整体管理框架中考虑；网络银行监管的国际性标准、国际化合作日益重要，过分强调一国金融业的特殊性，有可能成为全球金融一体化外的"孤岛"而在竞争中失败；在存款人利益得到有效保护的情况下，适当降低银行开展网络业务的市场准入要求，将有利于金融机构降低成本；严格控制网络银行已办业务的终止和市场退出。为此，我国网络的金融监管应基于以下几个方面：

（一）完善网络银行监管的法律法规框架

我国银行开展网上银行业务已有六年多，但国内法律法规还不能给网上银行业务发展提供充分的法律保障。目前除了《安全法》、《保密法》以及近期出台的《网上银行业务管理暂行办法》外，有关的法律法规非常有限，如不及时制定相关法律法规，无疑会妨碍网上银行业务的进一步发展。包括：

（1）管理条例。用以界定网络银行的要领和范围，市场进入的基本要求，交易行为的基本规范，一般的风险管理和站点管理、客户保护措施、信息报告制度等。

（2）指引公告。对已基本认定但仍未成熟，或者可推广的技术操作系统、标准、系统设置、风险管理手段等，或有可能形成系统性风险的业务流程、项目和规范，以及计划的检查项目、检查手段等，以指引公告的方式发布，随情况的变化及时调整。

（3）风险警示。对于一些偶然性的网络、信息安全问题，一些潜在的、有可能扩展但不确定的风险因素，以警示的方式向网络银行输送必要的信息。

（二）强化网上银行业务审批制度

审批制度对提高银行业整体风险管理能力、防止盲目扩张具有积极的现实意义，目前我国银行开办的网上银行业务，大部分是在网上提供传统银行业务，但因业务载体发生了变化，风险的内涵和表现形式也相应发生变化，似应视为新业务品种。因此，商业银行开办网上银行业务应获得央行的批准，在审批中应予以优先考虑：

（1）遵循审慎性原则。必须严格监督网络银行公示、信息发布、交易风险揭示、系统安全机制设计等制度性安排。对于设备装备、技术投入、系统应用等技术性标准，宜采用较为灵活、宽松的策略。

（2）要求网络银行具有较为完备的风险识别、鉴定、管理、处置方案和计划，应急处理措施及辅助替代手段等。

（3）严格跨境业务管理。这既与我国目前的监管水平、外汇制度相适应，也为网络银行将来的发展提供了一个公平的竞争环境。

（三）提高监管人员的专业技术水平

网上银行业务的监管，要求监管部门必须设置专门的部门，培训专门的专业监管人员，从组织上保证对网上银行业务实施有效监管。

（四）金融业混业经营的监管问题

金融业混业发展是目前的国际趋势，也将是我国金融业未来的发展方向。为此，应在现有法律框架范围内，允许银行在证券公司和保险公司合法委托的情况下，开办代理证券类业务或代理保险类业务。目前，我国金融监管机构对金融业分业经营的政策已经作出了适当调整，银行、保险、证券三业出现了互相渗透共同发展的趋势。金融网络化为混业经营发展带来了新的契机，我们应考虑迎合这一趋势，把握这一机遇，促进银行业、证券业、保险业的进一步融合。

第二节　电子银行的监管

电子银行的产生和发展对传统的金融业带来了革命，同时，由于电子银行基于互联网的发展模式与传统的银行经营模式相比完全不同，网络银行的出现，是对传统银行经营方式的根本性变革，带来了银行交易方式、监管方式新的变革，针对电子银行犯罪也出现了新的特点。在此背景下，传统的有关银行经营、银行监管的法律制度在网络银行的模式下出现了诸多局限和不足。电子银行同电子商务、商业网站的发展相似，是在相关法规空白或者是滞后的情况下，迅速出现并不断演进的，带有浓厚的自发性。监管部门面对快速变化的情况，对于电子银行的监管也多处于研究阶段，对出台新的管理措施持慎重的态度。目前，巴塞尔委员会也只是就电子银行的监管制度进行研究，还没有形成较为系统和完整的电子银行监管制度。这种状况导致了目前对电子银行的管理规则仍然较少，管理体系也还不明确。电子银行由于本身仍处于不断演进之中，对其监管至今仍是一个在不断探索的领域。

一、电子银行监管的必要性

电子银行的性质首先是商业银行，它是商业银行发展的高级阶段。从电子银行监管角度分析，电子银行并没有改变银行的根本性质。电子银行只是银行为客户提供产品和服务的一种途径，即使是虚拟的电子银行，也同样属于法人团体，需要实质性的地址作为总部。同时，与传统银行一样，虚拟银行也必须有资产负债表，并就资产负债表内的风险持有充分资本。无论是传统银行还是电子银行，都同样需要进行银行风险管理。

商业银行作为一国金融体系的中心，特别是在该国资本市场不发达的情况下，商业银行基本上是作为货币资金运动的主渠道和组织者。各国对商业银行监管的主要原因在于其本身具有的高风险性，这可以从三个方面得到解释：一是金融脆弱性理论，商业银行自有资本相对于其庞大的资产负债规模，数量甚微，在风险缓冲和亏损吸收上，作用十分有限，另外由于竞争的加剧、投机升温和市场的波动，商业银行的脆弱性更为突出。二是系统性风险理论，货币信用经济的高度发展，在强化金融体系内外联系的同时，也使金融危机具有了超强的传染能力，加大了局部金融危机诱发大面积金融风潮的可能，而且随着世界经济一体化程度的提高，系统危机爆发的范围已突破国界，扩大到全球范围。三是社会成本理论，商业银行在现代社会与国民经济的联系深入且广泛，单个商业银行的失败，将产生连锁反应，与之往来的客户和同业都会不同程度的遭受损失，社会经济生活也会受到或大或小的冲击。

除上述原因，在我国对电子银行进行监管的必要性还体现在：首先，电子银行的概念、范围，今后可能的发展方向等，都需要监管当局有一个较明确的规定或表示，特别是关于是否允许非金融机构经营金融资讯服务、银行经营证券交易平台、券商和保险公司在网上开展类似于储贷的业务等问题，如果等到企业进行相关投资后，再进行监管，不仅监管阻力加大，而且会使先期使用的消费者面临损失。其次，监管也并非对电子银行的发展没有促进作用，特别是就我国目前的情况来看，对电子银行的基本服务行为进行一些必要的规范，更有利于取得消费者的信任，扩大市场，避免不必要的交易摩擦。最后，必要的监管规则还有利于形成一个相对公平的竞争环境，为中小银行的转型和发展提供一个机会，从而降低金融体系的总体风险。国外的经验也表明，适当的监管，不仅有利于迎接国际竞争的挑战，而且可以避免一些不必要的曲折。

二、电子银行监管的经验

（一）美国对电子银行的监管采取审慎宽松的政策

美国是世界信息技术中心和经济最发达的国家之一，其电子银行业也是世界上最早的和最发达的。美国金融监管当局对电子银行的监管采取了审慎宽松的政策，一方面强调网络和交易的安全、维护银行经营的稳健和对银行客户的保护，另一方面认为电子银行是一种有益于金融机构降低成本、改善服务的创新，通过使用标准网络浏览器和协议，这种创新不仅可以大大降低技术维护成本，加快新系统和软件的发展，而且使银行间可以实现资源共享，成本分担，因而，他们基本上不干预电子银行的发展。美国对电子银行的监管，基本上通过补充新的法律法规，使原有的监管规则适应网络电子环境来进行的。因而，在监管政策、执照申请、消费者保护等方面，电子银行与传统银行的要求十分相似。负责监管的部分也主要是美国货币监理署、美联储、财政部储蓄机构监管局、联邦储蓄保险公司、国民信贷联盟协会，以及联邦金融机构检查委员会。美国大多数现有金融机构在开展电子银行业务时，不需要事先申请，也不需要声明或备案，监管当局一般通过年度检查来收集电子银行业务数据。新成立的电子银行既可以按照标准注册程序申请注册，也可以申请按照银行持股公司规则注册。但储蓄机构例外，储蓄机构如果想开展电子银行业务，必须按美联储的要求，提前 30 天作出声明。像其他银行业务一样，电子银行也受联邦和州两级法律的约束。在联邦一级，美联储针对电子银行的发展拟修改的法规主要包括：联邦储备规则、储蓄真实规则、电子资金转移法、客户租赁法和贷款真实规则。美联储已经公布了新的规则，这些规则规定，在客户同意的情况下，银行可以使用电子网络手段定期披露有关信息，并认定了电子表格的法律效应。另外一些规则所涉及的地方银行主要利用互联网开展业务的一些法规要求，也正在审议修改中。在州一级水平上，涉及电子银行行为的主要法规是《统一商业法典》（UCC）第 3、第 4 条，4A 条款。第 3、第 4 两条主要涉及协商式支付工具的应用问题，4A 条款是有关电子资金转移。各州执行这些条款有所差异，但差异不大。除此之外，电子银行业务在美国还受到诸如清算协会、一些银行集团等自律性机构的管理。不过，这些管理只是针对会员，而且是自愿的，其所涉及的领域也主要是技术、标准等，目的是为银行创新创造条件。

（二）欧洲对电子银行的监管采取统一规则

欧洲中央银行要求其成员国采取一致性的监管原则，欧盟各国国内的监管机构负责监督统一标准的实施，欧盟对电子银行监管的主要目标有二：一是提

350

供一个清晰、透明的法律环境；二是坚持适度审慎和保护消费者的原则。按照欧盟关于协调银行、投资服务和保险服务法律体系的要求，欧盟对银行注册实行"单一执照"规则，即在欧盟内一个国家内获准开展的业务，同样可以在其他国家进行。具体到电子银行业务上，要求成员国在电子银行监管上，坚持一致的体系，承担认可电子交易合同的义务，并将建立在"注册国和业务发生国"基础上的监管规则，替换为"起始国"规则，以达到增强监管合作，提高监管效率，适时监控电子银行产生的新风险。按照这些要求，对电子银行的监管主要集中在以下几个方面：一是区域问题，包括银行间的合并与联合、跨境交易活动等；二是安全问题，包括错误操作和数据处理产生的风险、网络被攻击等；三是服务的技术能力；四是随着业务数量和范围的扩大而增加的信誉和法律风险，包括不同的监管当局、不同的法律体系可能造成的风险。

（三）我国香港地区对电子银行的监管权力集中在金融管理局

香港金管局通过制定专门的法律来规范电子银行的发展并保障监管的有效性。在香港官方文件中，一般只出现电子银行的概念，而其含义包括网络银行。香港金管局的电子银行监管政策目标是：降低电子银行服务所带来的风险，同时不会阻碍电子银行业务的发展。香港金管局于2000年5月向各认可机构发出通告，申明了对电子银行服务的监管要求，并提供了有关电子银行保安及风险管理的意见供各认可机构参考。这些监管要求和措施适用于香港本地注册和海外注册的所有认可机构。主要内容是：

351

（1）有计划提供电子银行服务的认可机构应在推出服务前表明如何管理新业务所带来的风险，其中，认可机构必须对其计划提供的服务采取足够的保安技术及内部监控政策和程序，并提供独立专业人士对以上方面的评估。

（2）认可机构必须在其服务章程及条款内列明银行及其客户各自的权利和义务。

（3）有关电子银行的保安技术及内部监控政策和措施包括：确保只有获得授权的人士才能连接有关系统；核实客户及使用者的身份；确保重要的资料在传送和保存过程中的保密性和完整性；防止入侵者连接银行的内部电脑系统及数据；监察任何入侵及可疑的交易或活动；建立全面的保安、应变政策及程序；定期委托独立专业人士就其保安措施进行客观评估；定期检讨有关的风险管理及内部监控措施。

（4）电子银行服务章程及条款方面：认可机构应遵守香港银行业公会发出的《银行营运守则》内所载明的标准；有关的章程及条款对银行及其客户应公平、适当；中国香港金管局认为除非客户以欺诈手段行事或严重疏忽，否则客户不应对因通过其账户进行的未授权交易而引致的直接损失负责。

三、电子银行应依法监管

(一) 电子银行监管的法律依据

电子银行在带给我们种种便利、收益的同时，也引入了巨大的新风险。作为新生事物，它天生存在着合规性风险（法律风险），即法律的空白；它的 3A（Anytime，Anywhere，Anyway）服务方式，使它更易于受到攻击，受攻击的范围更大，受攻击的方法也更加隐蔽。致使电子银行的风险和安全问题成为阻碍其自身发展的重要因素，也给电子银行的监管带来了巨大的挑战。为了实现对电子银行的有效监管，中国银行业监督管理委员会制定了《电子银行业务管理办法》，对网络银行的监管做了变革。管理办法对金融机构开办电子银行业务的申请与变更、金融机构对电子银行业务的风险管理、金融机构利用电子银行平台与外部组织或机构相互交换电子银行业务信息和数据、电子银行业务外包管理、开办电子银行业务的金融机构利用境内的电子银行系统，向境外居民或企业提供的电子银行服务活动等内容做出了明确规定，并对银监会监督管理网络银行业务的方式与手段、金融机构违反规定应承担的法律责任等内容做出了详细规定。管理办法是目前对电子银行业务监督管理的主要依据。但是管理办法只是对电子银行监管的一个框架性规定，对监管内容的规定大多是原则性、定性规定，缺乏具体量化内容，对网络银行交易、电子签名的法律效力及其认证等相关内容缺乏具体规定。需尽快完善相关配套制度规定。

(二) 电子银行的监管机构

总体上，我国的电子银行受到两个部门的管理：业务主管部门——中国人民银行和信息主管部门——工业和信息化部，对于提供新闻资讯的电子银行，2000 年 11 月后，还需要接受公安部门和新闻出版署的管理。在这些部门中，后三个部门主要负责的是信息技术和新闻的管理，与现有银行业务的关系不大，中国人民银行是主要的管理部门，从监管角度来看，目前还未出台针对电子银行的专门监管规则。如何对电子银行实施适当的监管，始终是监管当局需要认真考虑的问题。政府对电子银行监管什么、如何监管，以及怎样监管才对双方都是有效的。监管机构首先应立即制定有关的规章制度，对外资电子银行的主体、业务范围、支付方式和安全认证等作出明确的规定，禁止其他机构擅自提供电子银行服务。其次要分清责任，加强合作。目前我国的金融监管由中国人民银行、证监会和保监会"三架马车"实施，但未来电子金融服务将是综合性的，因此三家监管机构必须建立固定的合作制度，划清监管责任，防止出现监管真空。再次还要加强与其他国家监管当局，尤其是发达国家监管当局的合作，在适当的合作协议达成前，必须禁止我国居民接受国外金融站点的电子银行服务。损失时才发生，因为电划的优势为高速与低价，要银行为低廉的划费承担巨额的间接责任，有失公平也影响效率。同时应设置银行电划保险机制以保护顾客的利益，维护公平。对于黑客欺诈时的责任承担，我们可借用美国《统一商法典》第 4A 篇中"安全程序"这一概念，但"安全程序"中的技术手段、考查标准应依据国情具体确定。银行破产，在我国目前尚无先例，但随着市场经济的发展，商业银行必然存在破产的危机，对于银行破产时的责任承担，总的原则应是"谁选择，谁负责"，即选择了破产银行的一方应承担此风险。

(三) 监管制度的框架结构

从监管层次上讲，政府对电子银行的监管可以分为两个层次：一是电子银行内部层次的监管，即针对商业银行提供的电子银行服务进行监管；二是电子银行外部层次的监管，即针对电子银行对国家金融安全和其他管理领域形成的影响进行监管。

我国对新机构或业务的管理，一般习惯于制定一个包含各个主要方面的全面条例或规则，但对于电子银行，这种做法失之灵活性。尤其是我国电子银行的规模、运行平台、业务范围等，差异较大，更不适合采取这种策略。较适宜的办法是，就电子银行的不同方面制定不同的规则或条例，这也是国际上较通行的做法。如美国对电子银行的监管形式，有规则、公告、劝告、警示、信函、备忘录等。

对于电子银行的监管，国际上并不存在一套标准的监管规则，尽管有一些国际机构正在试图制定一个统一的范本，但多数学者认为，制定国际统一的技术标准是可行的，制定国际统一的制度标准不现实。一国在实施电子银行监管时，必须考虑本国电子银行发展的状况、互联网使用状况、发展速度等客观条件。

(四) 监管制度的内容

根据我国的国情，我国电子银行的监管框架可以由以下几部分组成：

（1）管理条例。作为行业行政法规，管理条例的制定原则不宜过细、过全、过准，不宜包含具体的技术细节。过细会偏离现有电子银行的发展状况，反而失去可操作性；过全必然涉及目前还根本没有定案的技术规范和标准；过准会使今后的包容能力减弱，不得不反复修改，对技术设备、系统的过准要求，还会导致人为障碍或资源浪费。条例应主要界定网络银行的概念和范围，市场进入的基本要求，交易行为的基本规范，一般的风险管理和站点管理、客户保护措施、信息报告制度等。

（2）指引公告。对于央行目前已基本认定但仍未成熟，或者可推广的技术操作系统、标准、系统设置、风险管理手段等，或者那些如不加以适当的管理，有可能形成系统性风险的业务流程、项目和规范，以及计划的检查项目、检查手段等，以指引公告的方式发布，随情况的变化及时调整。

（3）风险警示。对于一些偶然性的网络、信息安全问题，一些潜在的、中央银行认为有可能扩展但不确定的风险因素，采用警示的方式，为电子银行传达必要的信息。

四、电子银行的内部监管

（一）电子银行内部监管的内容

电子银行内部层次的监管即指金融监管当局对电子银行业务的监管，就其内容而言一般可以分为五个方面：

（1）对电子银行安全性能的监管，包括对公共钥匙基础设施、加密技术及制度和电子签名技术及制度的监管，如政策允许在国内使用任何高密度的加密技术，无密钥匙恢复的强制要求，以及为企业和消费者提供关于电子记录的数码签名法律框架等。目前，西方国家中只有美国对国内加密技术实施管制，国会继续加紧处理与加密技术管制相关的若干提案，其中，众议院的提案包括重新审议"通过加密实现安全与自由法案"的 5 个版本，参议院则审议 Ma Cain-Kerrey 法，即"保密公用网络法案"。

（2）对电子银行的标准化水平进行监管，以实现全国各商业银行之间电子信息的互联互通。

（3）对电子银行金融服务的确切性、真实性、合规性的监管。电子银行的业务应符合国家的金融政策，尤其是要控制电子银行利用其相对于传统柜面式银行的低成本优势进行不正当竞争。对于电子银行提供的各项金融服务，因各银行间发展特色及侧重点的差异，在相似名义下的金融服务内容，尤其是使用该项服务的用户必须接受不同的协议，这必将造成整个服务市场的混乱。因此应形成一套规范化的"行业服务规范"，对开户、清户、查询、转账、兑现、信用卡、代理支付等各种网络金融服务进行条例式的规定，逐步将银行与个人及银行间的联系带入一种规范化的程序式服务中。

（4）对电子银行记录交易的监管。由于电子银行交易的灵活与方便，金融服务交易的数量巨大。作为对银行运行的有效监管方式，应要求金融机构逐笔记录和在一定期限内保留全部在线金融服务的内容，以备监管当局随时进行实时现场稽核。银行稽核工作主要围绕内部控制、资产状况、负债状况等几个方面，这需要被稽核银行提供相应的业务记录作为原始资料进行核查。就这一方面而言，只是对电子银行服务器空间及资料的储存备份提出一些并不复杂的要求。但另一方面对资料真实性，尤其是针对电子银行大量复杂的表外业务应作相应的重点稽核。尽管表外业务不列入银行资产负债表、不影响资产负债总额而可以避开着眼于资产负债的银行稽核，但对电子银行而言，提供贷款承诺等表外金融服务的同时，银行自身资产也承担了相应风险。应由央行定期披露电子银行的记录交易稽核监管结果，或强制要求网络银行在网络上披露自己的稽核结果及风险指数，实际上更透明的银行信息本身也能为网络银行赢取更多的客户。

（5）对电子银行服务涉及的消费者权益进行监管。应避免电子银行利用自身的隐蔽行动优势向消费者推销不合格的服务或低质量高风险的金融产品，损害消费者利益。这主要包括保护消费者的隐私权及维护知识产权在网络中不受到侵犯，同时，也广泛地保护网上交易的消费者的权益。为此，监管部门需要向企业和消费者权益保护组织提供保护网上交易消费者的非强制性商业指导规则。

（二）电子银行内部监管的具体措施

在具体监管措施方面，监管当局可采取非现场稽核和现场检查。

（1）非现场稽核能及时地掌握银行经营状况，包括对银行的资产负债表，外汇敞口头寸表、信用分析表、收支分析表等对内对外报表的研究分析有助于实时监控银行。传统商业银行的非现场稽核已实现了采用计算机联网电子传输的方式向监管当局送交报表。金融监管当局能将所需资料数据直接输入计算机的资料分析系统，迅速取得各种分析结果，及时发现问题和采取必要措施。对电子银行而言，由银行方为主的报表资料按月、按季度传送不能适应网络银行极强的灵活易变性。而网络银行自身的技术条件也为监管机构在监管中获取主动提供了条件。因此中央银行对电子银行的监管应顺势而为，对电子银行采取在线监管的方式就更为可靠和翔实。这就要求电子银行提供面对央行和外汇管理部门全方位开放，但又不损害自身网络安全性的"通道密钥"，通道密钥是对电子银行所有在线资料、分类数据库进行查询的最高权限。

（2）现场检查在电子银行监管中占有重要的地位。通过现场检查，监管机构可以获得第一手的资料和情况，以此贯彻现有的法律和监管规章。电子银行虽然很大程度实现了虚拟化，但无论是银行将业务放在网上，还是完全虚拟化的银行，都离不开人的操作，总需要一定设施，需要人员的维护和管理，因此，对电子银行进行现场检查不仅是必要的，而且是可行的。以美国为例，美国联邦存款保险公司是美国的银行监管机构之一，它大量采用现场检查的方式来对银行进行监管。联邦存款保险公司进行现场检查计划，比如信息系统检查计划、消费者保险检查计划、安全和健全检查计划，每一个计划都针对银行业务的不同领域或方面，由监管机构派出的专家执行。所有这些监管计划综合在一起，就构成了监管机构现场检查的所有方面。联邦存款保险公司1998年颁布了电子银行安全和健全检查计划，这个计划属于安全和健全检查计划中的一部分，主要针对的是采用不同层次电子银行系统的银行，侧重点在于这些银行的安全和健全程度。在对网络银行进行现场检查的领域包括六个方面：计划和实施领域、操作规程领域、稽核领域、法律和监管领域、内部管理领域和外部资源管理领域。

五、电子银行的外部监管

电子银行外部层次的监管内容包括以下四个方面：

（1）电子银行对国家金融安全，乃至国家经济安全的影响的评估与监管。主要针对电子银行风险对国家金融风险形成的影响及程度的评估，确定金融监管当局对网络银行各种虚拟金融服务品种的监管内容。例如，对西方国家中各种敌视中国或反华势力建立的金融网站采取屏蔽措施，抵制它们的非法网络入侵。

（2）对电子银行系统风险的监管。包括对产生系统风险的各种环境及技术条件的监管，特别是系统安全性的管监，如对"千年虫"的监管等。1998~1999年，许多国家和地区的金融服务部门纷纷在金融监管当局的控制下开展扫除"千年虫"的行动，中国对计算机网络系统解决计算机2000年问题进行了有效监管。

（3）对利用电子银行进行犯罪的监管。利用电子银行方式进行犯罪的方式包括：非法逃税、洗钱、跨国走私、非法贩卖军火武器、贩卖毒品、利用网络银行方式非法攻击其他国家电子银行、利用电子银行方式传输不利于本民族文化和伦理道德观念的信息等。其中与电子银行直接相关的是网络金融犯罪。电子银行及电子商务的特点在于用户的分散隐匿，向开户账户键入一串代码，就可享受各式金融服务，资本也将实现跨国流动。这就为网络"洗钱"、公款私存、偷税漏税等犯罪活动提供了便利。与存款实名制相适应的身份有效确认体系也亟待建立。基于电子银行的飞速发展，犯罪分子无疑会进行充分的"网络犯罪创新"，各国中央银行及早防范并进行监管是整个网络安全健康发展的重要一环。防范针对电子银行的金融犯罪的基础是建立具有法律效应的身份认证，这样任何一个用户在网络的商务活动都可以有据查询并相应负责。目前的身份认证主要是证明电子邮件公钥真实性的个人数字证书，通过申请使用该证书来确保电子邮件的完整性、不可否认性、传输安全性和身份真实性。为防范网络金融犯罪，中央银行可以通过立法，并建立自身的数字认证中心，以签发

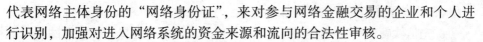

代表网络主体身份的"网络身份证",来对参与网络金融交易的企业和个人进行识别,加强对进入网络系统的资金来源和流向的合法性审核。

(4)对电子银行准入和退出的监管。电子银行的市场准入制度在前文中已有论述。有准入就应当考虑退出,网络信息传播速度快、范围广,使得电子银行易受突发事件的影响,可能导致经营失败。网络经济的低变动成本、积累效应、先发优势等特点,使得将来的电子银行市场必然是几家高流量的网站占主导的市场,一些电子银行也不得不放弃或退出这一领域。与传统银行不同,电子银行的市场退出,不仅涉及存贷款等金融资产的损失或转移,而且多年积累的客户交易资料、消费信息、个人理财方式、定制资讯等,也面临重新整理、分类和转移的命运。当出现意外时,还有可能损失。因此,各国对电子银行的退出设计非常谨慎,一般要求电子银行要参加储蓄保险计划,制订可靠的信息备份方案,以市场兼并作为主要的退出措施。这些经验值得我们参考。

第三节 电子支付的风险

电子支付系统作为电子货币与交易信息传输的系统,既涉及国家金融和个人的经济利益,又涉及交易秘密的安全;支付电子化还增加了国际金融风险传导、扩散的危险。能否有效防范电子支付过程中的风险是电子支付健康发展的关键。

一、电子支付的基本风险

支付电子化的同时,既给消费者带来了便利,也为银行业带来了新的机遇,同时也对相关主体提出了挑战。电子支付面临多种风险,主要包括经济波动及电子支付本身的技术风险,也包括交易风险、信用风险等。金融系统中传统意义上的风险在电子支付中表现得尤为突出。

(一). 经济波动的风险

电子支付系统面临着与传统金融活动同样的经济周期性波动的风险。同时由于它具有信息化、国际化、网络化、无形化的特点,电子支付所面临的风险扩散更快、危害性更大。一旦金融机构出现风险,很容易通过网络迅速在整个金融体系中引起连锁反应,引发全局性、系统性的金融风险,从而导致经济秩序的混乱,甚至引发严重的经济危机。

(二) 电子支付系统的风险

首先是软硬件系统风险。从整体看，电子支付的业务操作和大量的风险控制工作均由电脑软件系统完成。全球电子信息系统的技术和管理中的缺陷或问题成为电子支付运行的最为重要的系统风险。在与客户的信息传输中，如果该系统与客户终端的软件互不兼容或出现故障，就存在传输中断或速度降低的可能。此外，系统停机、磁盘列阵破坏等不确定性因素，也会形成系统风险。对发达国家不同行业的调查显示，电脑系统停机等因素对不同行业造成的损失各不相同。其中，对金融业的影响最大。发达国家零售和金融业的经营服务已在相当程度上依赖于信息系统的运行。信息系统的平衡、可靠和安全运行成为电子支付各系统安全的重要保障。

其次是外部支持风险。由于网络技术的高度知识化和专业性，又出于对降低运营成本的考虑，金融机构往往要依赖外部市场的服务支持来解决内部的技术或管理难题，如聘请金融机构之外的专家来支持或直接操作各种网上业务活动。这种做法适应了电子支付发展的要求，但也使自身暴露在可能出现的操作风险之中，外部的技术支持者可能并不具备满足金融机构要求的足够能力，也可能因为自身的财务困难而终止提供服务，可能对金融机构造成威胁。在所有的系统风险中，最具有技术性的系统风险是电子支付信息技术选择的失误。当各种网上业务的解决方案层出不穷，不同的信息技术公司大力推举各自的方案，系统兼容性可能出现问题的情况下，选择错误将不利于系统与网络的有效连接，还会造成巨大的技术机会损失，甚至蒙受巨大的商业机会损失。

(三) 交易风险

电子支付主要是服务于电子商务的需要，而电子商务在网络上的交易由于交易制度设计的缺陷、技术路线设计的缺陷、技术安全缺陷等因素，可能导致交易中的风险。这种风险是电子商务活动及其相关电子支付独有的风险，它不仅可能局限于交易各方、支付的各方，而且可能导致整个支付系统的系统性风险。

二、电子支付的操作风险

银行的业务风险由来已久，巴塞尔银行监管委员会就曾经组织各国监管机构较系统地归纳出几种常见风险，如操作风险、声誉风险、法律风险等。在传统业务中，这些风险表现形式有所不同。在操作风险中，可能是信贷员没有对借款人进行认真细致的资信调查，或者是没有要求借款人提供合格的担保，没有认真审查就盲目提供担保，等等。这些风险可以通过现有的一系列管理措施加以防范，比如双人临柜，比如制定和严格执行一整套贷款操作的规程，等等。传统业务中的风险大多跟技术没有直接的联系，某个环节存在的风险虽然对其他环节有影响，但影响限定在一定范围内。

电子支付加大了风险，也使得其影响范围也扩大了，某个环节存在的风险对整个机构，甚至金融系统都可能存在潜在的影响。互联网和其他信息技术领域的进步所带来的潜在损失已经远远超过了受害的个体所能承受的范围，已经影响到经济安全。这种情况与技术有着直接的关系，其中表现最为突出的是操作风险。电子货币的许多风险都可以归纳为操作风险。一些从事电子货币业务的犯罪分子伪造电子货币，给银行带来直接的经济损失。这些罪犯不仅来自银行外部，有时还来自银行内部，对银行造成的威胁更大。

（一）电子扒手

一些被称为"电子扒手"的银行偷窃者专门窃取别人网络地址，这类窃案近年呈迅速上升趋势。一些窃贼或因商业利益，或因对所在银行或企业不满，甚至因好奇盗取银行和企业密码，浏览企业核心机密，甚至将盗取的秘密卖给竞争对手。美国的银行每年在网络上被偷窃的资金达 6000 万美元，而每年在网络上企图电子盗窃作案的总数高达 5 亿~100 亿美元，持枪抢劫银行的平均作案值是 7500 美元，而"电子扒手"平均作案值是 25 万美元。"电子扒手"多数为解读密码的高手，作案手段隐蔽，不易被抓获。

（二）网上诈骗

网上诈骗包括市场操纵、知情人交易、无照经纪人、投资顾问活动、欺骗性或不正当销售活动、误导进行高科技投资等互联网诈骗。据北美证券管理者协会调查，网上诈骗每年估计使投资者损失 100 亿美元。

（三）黑客攻击

即所谓非法入侵电脑系统者，网上黑客攻击对国家金融安全的潜在风险极大。目前，黑客行动几乎涉及了所有的操作系统，包括 UNIX 与 Windows NT。因为许多网络系统都有着各种各样的安全漏洞，其中某些是操作系统本身的，有些是管理员配置错误引起的。黑客利用网上的任何漏洞和缺陷修改网页，非法进入主机，进入银行盗取和转移资金、窃取信息、发送假冒的电子邮件等。

（四）病毒破坏

电脑网络病毒破坏性极强。以 NOVELL 网为例，一旦文件服务器的硬盘被病毒感染，就可能造成 NetWare 分区中的某些区域上内容的损坏，使网络服务器无法启动，导致整个网络瘫痪，这对电子支付系统来说无疑是灭顶之灾。电脑网络病毒普遍具有较强的再生功能，一接触就可通过网络进行扩散与传染。一旦某个程序被感染了，很快整台机器、整个网络也会被感染的。据有关资料介绍，在网络上病毒传播的速度是单机的几十倍，这对于电子支付的威胁同样也是致命的。鉴于电脑网络病毒破坏性极强、再生机制十分发达、扩散面非常广的特点，如何解决电脑网络病毒是当前电子支付监管要解决的首要问题之一。

（五）信息污染

正如在工业革命时期存在工业污染，信息时代也有信息污染和信息爆炸问题。大量与问题无关的或失真的信息不是资源而是灾难。美国在线公司每天处理的 3000 万份电子函件中，最多时有 1/3 是网上垃圾，占据了很多宝贵的网络资源。加重了互联网的负担，影响了电子支付发送和接收网络信息的效率，更严重的是信息堵塞及其他附带风险也随之增加。

此外，由于技术更新很快，内部雇员和管理人员可能不熟悉电子货币的新技术，不能很有效地使用电子支付业务系统，有时，客户操作不当也会给银行带来风险。如客户没有遵守操作规程，在不安全的环境下使用一些个人的信息，罪犯可以由此获得客户的信息，从而使用这些信息从事有关的犯罪活动，银行可能就要对所造成的损失承担赔偿责任。此外，有的客户虽然已经完成了某一交易，但事后反悔否认，而银行的技术措施可能无法证明客户已经完成过该交易，由此造成的损失也可能需由银行承担。

这些风险都可归纳为操作风险，跟技术有着直接或间接的关系。所以，巴塞尔委员会认为，操作风险来源于"系统在可靠性和完整性方面的重大缺陷带来的潜在损失"，电子支付机构操作风险包括电子货币犯罪带来的安全风险，内部雇员欺诈带来的风险，系统设计、实施和维护带来的风险以及客户操作不当带来的风险，其他组织如欧洲中央银行、美国通货管制局、联邦存款委员会等对电子支付机构的操作风险也做出类似或相近的描述。

三、电子支付的法律风险

电子支付业务常涉及银行法、证券法、消费者权益保护法、财务披露制度、隐私保护法、知识产权法和货币银行制度等。目前，全球对于电子支付立法相对滞后。现行许多法律都是适用于传统金融业务形式的。在电子支付业务中出现了许多新的问题。如发行电子货币的主体资格、电子货币发行量的控制、电子支付业务资格的确定、电子支付活动的监管、客户应负的义务与银行应承担的责任，等等，对这些问题各国都还缺乏相应的法律法规加以规范。以网上贷款为例，就连网上贷款业务发展较早的中国台湾金融监管部门也没有相关法令规范这一新兴业务，其监管机构目前能做的只是对银行提交的契约范本进行核准。缺乏法律规范调整的后果表现在两个方面，要么司法者或仲裁者必须用传统的法律规则和法律工具来分析网上业务产生的争议；要么法官或仲裁者不得不放弃受理这类纠纷。由于网络纠纷的特殊性，用传统法律规则来解决是一个非常吃力的问题；但是，消极地拒绝受理有关争议同样无助于问题的解决。法律规定的欠缺使得金融机构面临巨大的法律风险。

目前在电子支付业务的许多方面，没有任何法律法规可用于规范业务及各方关系，而在电子支付业务的有些方面，虽然已有一些传统的法律法规，但其是否应该适用，适用程度如何，当事人都不太清楚，有的时候，监管机构也未必明白。在这种情况下，当事人一方面可能不愿意从事这样的活动，另一方面也可能在出现争执以后，谁也说服不了谁，解决不了问题。比如，在处理银行与客户的关系方面，现有的法律总是更倾向于保护客户，为银行规定了更严格的义务，美国1978年《电子资金转移法》规定银行在向客户提供ATM卡等借记卡服务的时候，必须向客户披露一系列信息；否则，银行要面临潜在的风险。而电子货币，特别是智能卡出现以后，智能卡是否需要披露同样的信息，即便是监管机构也无法立刻做出决定。因为两种卡的性能完全不一样，要求借记卡业务披露的信息可能对于智能卡来讲没有任何意义，而且，有的时候，要求过于严格，造成发卡银行成本过大，又会阻碍业务的发展。在这种情况下，开展此项业务的银行就会处于两难的境地，以后一旦出现争议或诉讼，谁也无法预料会出现什么样的后果。

类似的情况在电子支付的其他许多新业务中也同样存在。如有的银行在互联网上建立自己的主页，并作了许多链接点，把自己的网址链接到其他机构的网址上。如果黑客利用这些链接点来欺诈银行的客户，客户有可能会提起诉讼，要求银行赔偿损失。又比如，一些银行可能会承担认证机构的职能，并以此作为自己的一项新的业务，通过提供认证服务收取相应的服务费用。那么，作为认证机构的银行和申请认证的机构或个人以及接受认证证书的机构之间就可能存在潜在的争议，一旦出现争执，银行的权利义务如何，尤其是在没有相关立法调整数字签名和认证机构的国家，银行面临的风险更大。

此外，电子支付还面临洗钱、客户隐私权、网络交易等其他方面的法律风险，这就要求银行在从事新的电子支付业务时必须对其面临的法律风险认真分析与研究。

四、电子支付的其他风险

除了基本风险、操作风险和法律风险以外，电子支付还面临着市场风险、信用风险、流动性风险、声誉风险和结算风险等。

(一) 市场风险

电子支付机构的各个资产项目因市场价格波动而蒙受损失的可能性，外汇汇率变动带来的汇率风险即是市场风险的一种。此外，国际市场主要商品价格的变动及主要国际结算货币银行国家的经济状况等因素也会间接引发市场波动，构成电子支付的市场风险。

(二) 信用风险

交易方在到期日不完全履行其义务的风险。电子支付拓展金融服务业务的方式与传统金融不同，其虚拟化服务业务形成了突破地理国界限制的无边界金融服务特征，对金融交易的信用结构要求更高、更趋合理，金融机构可能会面临更大的信用风险。以网上银行为例，网上银行通过远程通信手段，借助信用确认程序对借款者的信用等级进行评估，这样的评估有可能增加网上银行的信用风险。因为借款人很可能不履行对电子货币的借贷应承担的义务，或者由于借贷人网络上运行的金融信用评估系统不健全造成信用评估失误。此外，从电子货币发行处购买电子货币并用于转卖的国际银行，也会由于发行者不兑现电子货币而承担信用风险。有时，电子货币发行机构将出售电子货币所获得的资金进行投资，如果被投资方不履行业务，就可能为发行人带来信用风险。总之，只要同电子支付机构交易的另外一方不履行义务，都会给电子支付机构带来信用风险。因信用保障体系的不健全，目前网上出现了种种交易问题，开玩笑的、恶性交易的，甚至于专门在网上进行诈骗的，都有发生的案例。市场经济不能没有信用，信用可以减少市场交易费用。只有交易双方有足够的信用度，交易才有可能完成，否则任何交易都需要面对面、以货易货地进行，缺乏信用最典型的交易案例便是物物交易。面对面交易或者物物交易不仅增加交易费用，而且将交易的规模限制在一个很小的范围内。社会信用体系的不健全是信用风险存在的根本原因，也是制约电子支付业务甚至电子商务发展的重要因素。

(三) 流动性风险

当电子支付机构没有足够的资金满足客户兑现电子货币或结算需求时，就会面临流动性风险。一般情况下，电子支付机构常常会因为流动性风险而恶性循环地陷入声誉风险中，只要电子支付机构某一时刻无法以合理的成本迅速增加负债或变现资产，以获得足够的资金来偿还债务，就存在流动性风险，这种风险主要发生在电子货币的发行人身上。发行人将出售电子货币的资金进行投资，当客户要求赎回电子货币的时候，投资的资产可能无法迅速变现，或者会造成重大损失，从而使发行人遭受流动性风险，同时引发声誉风险。流动性风险与声誉风险往往连在一起，成为相互关联的风险共同体。电子货币的流动性风险同电子货币的发行规模和余额有关，发行规模越大，用于结算的余额越大，发行者不能等值赎回其发行的电子货币或缺乏足够的清算资金等流动性问题就越严重。由于电子货币的流动性强，电子支付机构面临比传统金融机构更大的流动性风险。

（四）声誉风险

与传统风险比较，电子支付机构面临的声誉风险显得更为严重。以网上银行为例，传统业务中，最常见的声誉风险表现为一家银行出了财务问题以后，导致大量的储户挤兑。网上银行产生声誉风险的原因与传统业务有时候一样，有时候也不一样。不一样的是，网上银行可能由于技术设备的故障、系统的缺陷，导致客户失去对该银行的信心。重大的安全事故等会引起电子支付机构产生声誉风险。如新闻媒体报道某家银行被黑客入侵，尽管可能没有造成任何损失，但是客户会立刻对该银行的安全性能产生怀疑。网上银行的业务处在发展初期，客户对安全存在潜在的不信任，声誉风险的出现对网上银行业务的影响尤其大。

（五）结算风险

清算系统的国际化，大大提高了国际结算风险。基于电子化支付清算系统的各类金融交易，发达国家国内每日汇划的日处理件数可以达到几百甚至上千件。

第四节　电子支付风险的防范

363

一、电子支付风险管理步骤

电子支付与传统金融风险管理的基本步骤和原理几乎是一样的，但是，不同的国家、不同的监管机构可能会根据不同的情况，制定出不同的电子支付风险管理要求。目前，最为常见、最为通俗易懂的是巴塞尔委员会采用的风险管理步骤。

以网上银行为例，巴塞尔委员会把电子支付风险管理分为三个步骤：评估风险、管理和控制风险以及监控风险。

评估风险实际包含了风险识别过程，不过，识别风险只是最基本的步骤，识别之后，还需要将风险尽可能地量化；经过量化以后，银行的管理层就能够知道银行所面临的风险究竟有多大，对银行会有什么样的影响，这些风险发生的概率有多大等。

在此基础上，银行的管理层要做出决定，确定本银行究竟能够承受多大程度的风险。如果出现这些风险。造成了相应的损失。银行的管理层能不能接受。到了这一步风险的评估才算完成了。管理和控制风险的过程比较复杂，简单地说就是各种各样相应的控制措施、制度的采用。

最后一个步骤即风险的监控是建立在前两个步骤基础上的，实际上是在系统投入运行、各种措施相继采用之后，通过机器设备的监控，通过人员的内部或者外部稽核，来检测、监控上述措施是否有效，并及时发现潜在的问题，加以解决。

许多国家都接受巴塞尔委员会电子支付风险管理的步骤，并加以本土化，针对本国银行的特点，制定出本国电子支付风险管理的基本程序。比如美国通货监管局负责监管美国的国民银行，随着大量国民银行采用各种各样的电子技术向客户提供电子支付的服务，国民银行将与技术有关的风险管理也分成三个步骤：计划、实施、检测和监控。计划阶段在一定程度上包括风险的识别、量化等，但主要是针对某一个具体项目的采用而言。而实施实际上类似于巴塞尔委员会的管理和控制风险这一步骤，将各种相应风险控制和防范措施加以实际运用，以控制项目运行后造成的风险。检测和监控阶段则同巴塞尔委员会的风险监控大同小异。

因此，简单地说，风险的管理过程是技术措施同管理控制措施相结合而形成的一系列制度、措施的总和。整个过程同传统银行业务的风险管理差别并不是很大，但电子支付采用的新的风险管理措施需要同银行原有的内控制度相配合，同传统业务的风险管理措施相融合。

二、防范电子支付风险的技术措施

（1）建立网络安全防护体系，防范系统风险与操作风险。不断采用新的安全技术来确保电子支付的信息流通和操作安全，如防火墙、滤波和加密技术等，要加快发展更安全的信息安全技术，包括更强的加密技术、网络使用记录检查评定技术、人体特征识别技术等。使正确的信息及时准确地在客户和银行之间传递，同时又防止非授权用户如黑客对电子支付所存储的信息的非法访问和干扰。

（2）发展数据库及数据仓库技术，建立大型电子支付数据仓库或决策支持系统，防范信用风险、市场风险等金融风险。通过数据库技术或数据仓库技术存储和处理信息来支持银行决策，以决策的科学化及正确性来防范各类可能的金融风险。

（3）加速金融工程学科的研究、开发和利用。金融工程是在金融创新和金融高科技基础上产生的，是指运用各种有关理论和知识，设计和开发金融创新工具或技术，以期在一定风险度内获得最佳收益。目前，急需加强电子技术创新对新的电子支付模式、技术的影响，以及由此引起的法制、监管的调整。

（4）通过管理、培训手段来防止金融风险的发生。《中华人民共和国电脑系统安全保护条例》、《中华人民共和国电脑信息网络国际联网管理暂行规定》对电脑信息系统的安全和电脑信息网络的管理使用做出了规定，严格要求电子支付等金融业从业人员依照国家法律规定操作和完善管理，提高安全防范意识和责任感，确保电子支付业务的安全操作和良好运行。

为此，要完善各类人员管理和技术培训工作。要通过各种方法加强对各级工作人员的培训教育，使其从根本上认识到金融网络系统安全的重要性，并要加强各有关人员的法纪和安全保密教育，提高电子支付安全防护意识。

此外，还有许多其他的技术防范措施。比如，防病毒的技术措施，对于主服务器的管理，等等。这些措施技术成分比较大，需要银行管理部门加以格外地注意。同时，光有技术措施也是不够的，同样需要辅以相应的管理和内控措施。比如，对银行内部职员进行严格审查，特别是系统管理员、程序设计人员、后勤人员以及其他可以获得机密信息的人员，都要进行严格的审查，审查的内容包括聘请专家审查其专业技能，家庭背景、有无犯罪前科、有无债务历史，等等。而一些重要人物，比如，系统的管理员，由于他们可以毫无障碍地进入任何电脑和数据库，也可能产生潜在的风险，对于这样的人则必须采用类似于双人临柜式的责任分离、相互监督等手段来进行控制。

三、加强电子支付立法建设

电子支付业务的迅速发展，导致了许多新的问题与矛盾，也使得立法相对滞后，另一方面，电子支付涉及的范围相当广泛，也给立法工作带来了一定的难度。在电子支付的发展过程中，为了防范各种可能的风险，不但要提高技术措施，健全管理制度，还要加强立法建设。

针对目前电子支付活动中出现的问题，应建立相关的法律，以规范电子支付参与者的行为。对电子支付业务操作、电子资金划拨的风险责任进行规范，制定电子支付的犯罪案件管辖、仲裁等规则。对电子商务的安全保密也必须有法律保障，对电脑犯罪、电脑泄密、窃取商业和金融机密等也都要有相应的法律制裁，以逐步形成有法律许可、法律保障和法律约束的电子支付环境。

四、电子支付风险的综合控制

电子支付的风险管理并不仅限于技术安全措施的采用，而是一系列风险管理控制措施的总和。

365

1. 管理外部资源

目前电子支付的一个趋势是，越来越多的外部技术厂商参与到银行的电子化业务中来，可能是一次性的提供机器设备，也可能是长期的提供技术支持。外部厂商的参与使银行能够减少成本、提高技术水平，但这加重了银行所承担的风险。为此，银行应该采用有关措施，对外部资源进行有效的管理。比如，要求有权对外部厂商的运作和财务状况进行检查和监控，通过合同明确双方的权利和义务，包括出现技术故障或消费者不满意的时候，技术厂商应该承担的责任。同时，还要考虑并准备一旦某一技术厂商出现问题时的其他可替代资源。作为监管机构，也需要保持对与银行有联系的技术厂商的监管。

2. 建立健全金融网络内部管理体系

要确保网络系统的安全与保密，除了对工作环境建立一系列的安全保密措施外，还要建立健全金融网络的各项内部管理制度。

建立健全电脑机房的各项管理制度，并加以严格执行。是目前保障金融网络系统安全的有效手段。机房管理制度不仅包括机房工作人员的管理，而且包括对机房内数据信息的管理、电脑系统运行的管理等，要求操作人员按照规定的流程进行操作，保证信息资料的保密性和安全性达到要求。

3. 建立应急计划

电子支付给客户带来了便利，但可能会在瞬间内出现故障，让银行和客户无所适从。因此，建立相应的应急计划和容错系统显得非常重要。应急计划包括一系列措施和安排。比如，资料的恢复措施、替代的业务处理设备、负责应急措施的人员安排、支援客户的措施，等等。这些应急的设施必须定期加以检测，保证一旦出事之后，确实能够运作。

第五节 电子支付的监管

一、电子支付安全的监管

2007年4月18日，中国人民银行在首次发布的《中国支付体系发展报告》中，明确提出要进一步鼓励和规范电子支付等新兴业务，创造良好的制度环境。近期将发布实施《支付清算组织管理办法》，实行审慎业务许可，督促支付清算组织完善内控制度，防范支付风险，保障客户权益。中国人民银行出台《电子支付指引（第二号）》，规范网上支付服务市场。要采取有力措施，防范电子支付用于赌博，洗钱等违法犯罪活动，切断非法活动的资金流，维护正常的经济金融秩序。

为推动电子支付的健康发展，提高电子支付的安全性，需要从以下范围构筑防范体系：构建严密的电子支付监管体系，防范系统性风险；构建覆盖全社会范围的信用评估体系，防范道德性风险；构建统一的电子支付安全认证平台，防范技术性风险。在总行领导的高度重视下，在科技部门和业务部门的共同规划下，中国人民银行近几年加大力度，建成或建设了一批重要的相关系统。

（一）电子支付流程监管

由于我国对电子支付提供商监管的缺失，少数第三方电子支付提供商在处理电子商务过程中庞大的资金流时，突破经营限制，从事吸收存款等违法活动。构建安全高效的电子支付流程监管体系，可以对电子支付服务提供商进行有效的管理和控制，以防范与电子支付相关的金融风险。需要从以下几方面入手：电子支付大额资金流监测、建立反洗钱系统、加强账户管理。中国人民银行规划在建和已经建成的相关系统包括：反洗钱监测管理信息系统、支付管理信息系统、人民币结算账户管理系统等。反洗钱监测管理信息系统、支付管理信息系统和账户管理系统相结合，能实现对账户的资金流向、交易资金额度和频度等设置相应阈值进行监测。支付管理信息系统 2007 年 5 月 8 日上线，主要用于采集分析支付系统数据信息和监测系统运行情况。为加强对全国人民币结算账户的管理，人民币结算账户管理系统（二期）也已于 2007 年 4 月 28 日顺利建设完成，实现了对全国个体和法人人民币结算账户开立、销户、变更、查询、统计、监测等功能，并实现了账户信息与征信系统、与同城清算、与公民身份信息相互之间的匹配核对，即将实现与支付管理信息系统之间的信息比对。

（二）电子支付信用评估

构建安全高效的电子支付信用评估体系促进电子商务快速健康发展，需要从以下几方面入手：信用评估指标体系的制定与研究、建立支付信用信息系统、落实账户实名制。

2007 年，在中国人民银行的规划下，金电公司正在建设为政府管理部门、金融机构和社会公众提供支付信用信息特别是票据信用信息查询服务的支付信用信息系统，系统将于 2007 年底上线运行；为落实账户实名制，目前我们正与公安部合作，建设联网核查公民身份信息转接平台，面向全国所有的商业银行提供公民身份信息核查、查询功能，系统将于今年 6 月 1 日开始试点运行，7 月 1 日全国正式上线运行。在此之上，需要继续研究电子支付信用数据交换模型和网络服务方案，结合目前中国人民银行的征信体系数据，客观、公正、全面地提供电子信用评价服务，完善信用评价指标体系，设计与其他相关系统和部委之间的网络服务平台，设计数据交换模型，制定与其他相关诚信系统互联互通的服务方案。

（三）电子支付安全认证

为电子支付业务应用提供保障的安全认证技术在我国已经得到了较好的研究与应用。我国自主研制出入侵容忍 PKI 系统、PMI 权限管理系统、电子证书认证系统、PKI 中间件等一批认证产品和支撑系统。这些技术和产品在我国 20 多个重要部门或重大工程中得到示范应用。目前，全国范围内能够为社会提供服务的 CA 认证中心有 30 多个。由我公司承建的中国人民银行 CA 也于 2005 年建设投产，并在中国人民银行多个主要业务系统中得到应用。CFCA 证书及各商业银行的 CA 证书已经在银行业务领域得到广泛应用。在当前形势下，最迫在眉睫的是要尽快解决当前各 CA 认证之间的信息互联互通，解决"信息孤岛"的问题。

（四）电子支付工具的监管

电子货币的发行会产生发行人的监管问题，支付系统的监督问题，对消费者及其信息资料的保护问题等。在欧盟，只允许存款机构和经批准的电子货币机构发行电子货币。澳大利亚、捷克和立陶宛规定发行电子货币的供应商都必须持有相关的牌照或者豁免遵守这项规定。如同纸币，电子货币是发行人的债务。发行人必须在任何情况下能够清偿其债务。发行人不能兑付电子货币不仅损害公众对电子货币的信任，而且也会损害公众对其他货币形态的信任。因此，必须强制发行人具有足够的资本和流动性。由于发行电子货币的非金融机构通常不会像银行业金融机构那样受到管制，这也就意味着消费者权益可能会受到侵害。特别是，对于无法继承或者静止不用的电子货币余额，非金融机构还不能像银行那样对电子货币进行记录并遵从有关缴存规定。第三方电子货币服务的出现使得隐藏和搬运一张卡片要比一箱现金更为容易。如果允许通过特殊的资金转账安排进行资金转账，第三方电子货币服务就会非常容易地进行大量小额支付。即便是有记录的网络支付方式，只要第三方电子货币服务容许匿名使用，依旧非常容易地避开监督管理。在这种情况下，第三方电子货币服务使得洗钱更加容易。除了发行人的可靠性以外，电子货币还会涉及支付方式和支付系统的安全性与可靠性。当电子货币是不记名的，其所包含的权利只能通过转让所有权来实现。人们似乎已经习惯了不记名的卡基支付方式，而且也不关心是否存在账簿记录。这种现象会导致人们不会过多地关心电子货币的安全性。事实上，让中央银行对各种电子货币的安全进行权衡是相当困难的。新加坡货币监管局对发行电子货币的银行是否已建立了防御伪造和欺诈的强大安全系统进行评估。在评估支付系统的运转和技术安全性作用的方面，奥地利的中央银行是借助相关技术组织提供的支持，墨西哥还为此专门成立了特别工作组。

二、第三方支付的挑战

非金融机构借助信息技术正逐步渗透到金融业中来。信息技术行业与金融业都具有基于网络服务的基本特征，具有相似的经营结构和经营模式。这些网络化经济组织都需要使用和投资大量的人力和财力，以获得规模经济效益。通常情况下，金融机构都会优先考虑开发自身的内部通信网络来满足客户的大量业务需求。通过构建内部网络，金融机构掌握和了解了与技术有关的专业知识和相关风险，以及与之相关的成本和价格管理。金融机构也可能为此设立专门的附属机构来满足自身的技术需要。可是，当需要以更低的成本来提高经营效率和增强竞争能力时，许多金融机构会选择所谓"外包"方式来满足自身的信息技术需求。

随着与金融机构的合作程度的不断加深，非金融机构在支付服务市场中也逐渐从提供信息处理支持服务发展到提供信息处理服务，进而到提供金融信息服务。这个过程在银行卡和网上支付方面表现得尤为突出。另外，预付卡的发展为非金融机构进入支付服务市场提供了广阔的空间。在预付卡从单用途逐渐发展到多用途、从磁条卡发展到 IC 卡的过程中，商家与 IT 行业之间的深度合作发挥了至关重要的作用。

无论采取承包方式还是建立预付机制，非金融机构似乎都看到了支付服务市场的巨大商机。开拓者们的各种尝试增加了支付服务市场的活力，但也留下了许多迫切需要中央银行和相关部门解决的问题。它们包括：外包服务的风险管理，支付服务市场的准入制度，如何对这类机构进行监督管理等。这些问题不解决，必然会影响到整个支付服务市场的发展。

（一）外包服务的风险管理

同其他行业一样，金融业在 20 世纪 70 年代就已经开始将某些成本高的业务活动外包出去。外包也会让金融机构遭受风险。第三方可能按照自身想法开展某些业务活动，而这些业务可能并不符合中央银行和相关部门的战略目标。第三方的业务做法与银行业标准做法不一致，或者提供的服务很差。它们也会出现技术失灵，也可能没有足够的财力来履行义务，或者提供补救措施。当然，它们同样也会存在欺诈或者差错，也难以进行相应的检查。金融机构也可能因为业务外包而过分依赖第三方。由于内部人员缺乏足够的技能，金融机构很难将已经外包的业务收回。即使能够收回，合约成本可能非常高。外包安排可能妨碍金融机构及时提供中央银行和相关部门需要的数据和其他信息。第三方提供服务的集中程度越高，单个金融机构也就更加难以控制第三方。这样的第三方也可能对整个行业带来系统性风险。面对这些风险，中央银行和相关部门已经清醒地认识到需要对外包进行监督管理。发达经济体中央银行和相关部门适时修改完善了相关法律法规和制度办法。巴塞尔银行监管委员会还为此制定了9条原则。支付清算业务属于银行业金融机构的基本业务。无论本国是否出台相关制度办法，巴塞尔银行监管委员会制定的这些原则都应当成为中央银行、银行业金融机构以及第三方支付服务机构处理支付清算服务外包的基本行为准则。

(二) 第三方电子货币服务的挑战

随着对支付清算业务的深入了解与把握，第三方支付服务机构逐渐尝试直接提供支付服务。这种情况在多用途储值卡的发展过程中尤为突出。为了吸引更加广泛的客户群体使用多用途储值卡，这类服务提供者还称其为"电子货币"。某些公司甚至将自产自销的"令牌"(Token) 命名为"虚拟货币"，模糊了人们关于货币的认识。只要这些"令牌"的发行人不能保证将"令牌"自由地兑换成现金和存款，它们就不是普遍认同的"储值"，更谈不上称其为"货币"。从支付服务看，第三方提供的电子货币服务无外乎卡基支付服务和网络支付服务。国际社会从20世纪90年代中期开始非常关注电子货币的发展。十国集团中央银行支付结算体系委员会还多次组织专家小组进行全球范围内的调研活动。其关注的主要问题包括：对货币政策和铸币税的影响，一般的法律问题，电子货币的安全等。随着非金融机构发行的电子货币广泛用于小额支付，现金的使用量会减少。研究表明，德国家庭如果在小额支付中大量使用电子货币，可以导致纸币流通量平均减少18%，硬币流通量平均减少88%。中央银行的"铸币税收入"因此会大幅减少，其货币政策的独立性也会受到影响。尽管现阶段电子货币还未对货币政策产生显著影响，许多中央银行已经开始对电子货币的发展动态进行密切监测。

(三) 非金融机构支付服务的困境

非金融机构作为银行与客户之间第三方支付服务提供者逐渐演变成为了中央银行与银行业金融机构之间、客户与客户之间的非金融机构支付服务提供者。这种趋势使得支付服务市场中的非金融机构从不受监管的服务承包人转变成为接受监管的服务提供者。随着人们关于支付服务市场的研究不断深入，越来越多的经济体认为第三方电子货币服务应当纳入支付服务管理范畴。在支付服务市场中，中央银行和银行业金融机构作为传统的支付服务提供者不仅具有合法的地位而且享有特定的保护。中央银行的法定地位决定了它作为最后贷款人在提供支付服务时具有任何其他机构不能比拟的核心地位。银行业金融机构的法定职能决定了其支付服务只是部分而非全部职能。它们在接受严格监管的同时也享有特定的保护，比如救助。因此，非金融机构即便能够取得合法的支付服务地位，也不能像银行业金融机构那样得到同等程度的保护，更不可能像中央银行那样拥有国家信用作为保证。这也就决定了非金融机构跻身支付服务市场，必须面对特定的制度安排，比如准入退出制度。支付服务本质上是为收付款人转移货币。无论其转移的货币是现金还是存款，支付服务提供者都不能侵害收付款人持有的货币债权。这意味着，非金融机构无论以何种方式提供货币转移服务，都不能因为服务提供者的支付服务改变收付款人的货币权属。因此，所有支付服务提供者都只能以相同的服务规则提供支付服务。否则，支付服务市场中就会出现违反格雷欣法则的现象。遗憾的是，某些非金融机构为了抢占市场，出现了扰乱正常结算秩序的情况。

三、非金融机构支付服务的监管

国际上关于非金融机构支付服务的监督管理大体上可以划分为"自律的放任自流"模式和"强制的监督管理"模式。但是，自从美国和欧盟在 2000 年相继发布有关支付清算服务（货币服务）的示范法或指令以来，"自律的放任自流"模式开始让位于"强制的监督管理"模式。亚洲部分国家的中央银行近年来也在着手制定有关非金融机构支付清算服务的法律。有不少国家通过对电子货币进行界定，加强了对电子支付工具及其发行者、服务提供者的监管。从已经实施的监管措施来看，主要措施是对非金融机构设定支付服务市场准入条件，对取得许可的此类机构进行监督管理。

中国支付清算协会成立的目的在于对支付服务行业进行自律管理，维护支付服务市场的竞争秩序和会员的合法权益，防范制度风险。中国支付清算协会的地位和证券业协会、银行业协会、保险业协会的地位是同等的。2011 年 2 月，中国支付清算协会已经获得民政部门的许可，同意筹备成立。并且规定要其在准予筹备之日起 6 个月内召开成立大会，通过章程，产生执行机构、负责人和法定代表人。最后筹备工作完成以后还要向民政部申请成立登记。按照民政部的要求，中国支付清算协会要在 2011 年 8 月之前就要做好相关筹备工作。从支付行业方面来说，支付清算协会的成立具有很重要的意义。说明支付行业已经被国家作为一个正式的行业进行监管了。相关行业规范也将制定，支付行业将会更加规范。该协会很可能成为支付清算组织正式监管实体。在中国支付清算协会成立的同时，首批第三方支付牌照也将随之宣布。对非金融机构支付清算服务的监管主要有以下内容：

（一）实行有针对性的业务许可

美国要求，所有从事货币汇兑等业务的机构都必须登记注册，获得许可并接受监督检查。欧盟规定，各成员国应对电子货币机构以及支付机构实行业务许可制度，确保遵守审慎监管原则的机构才能从事此类业务。在韩国、马来西亚、印度尼西亚、新加坡和泰国，电子货币发行人必须得到中央银行的授权或许可，并对储值卡发行设置金额上限。

（二）设置必要的准入门槛

美国从投资主体、营业场所、资金实力、财务状况、业务经验等方面，对设立从事货币汇兑等业务的机构做出了要求。欧盟规定电子货币机构的注册资本金应不少于 100 万欧元，其在业务活动、投资行为等方面应遵循严格的规定。英国对这类机构的注册资本金与自有资金构成、业务活动等进行了详细规定。

（三）建立检查、报告制度

美国明确规定，从事货币汇兑等业务的机构应当接受现场检查。从事货币汇兑等业务的机构，必须维护客户资金的安全、具有足够的流动性，不得从事类似银行的存贷款业务、不得挪用客户的交易资金。欧盟要求严格区分自有资金和客户资金，切实保障消费者的权益。

（四）通过资产担保等方式保护客户的利益

美国对货币汇兑机构提出了担保和净资产的要求，以保护公众的安全和产业的健康发展；规定这类机构的投资方式必须得到许可，投资种类和比例应符合相关要求。欧盟要求对客户资金提供保险和类似保证。电子货币机构用于活期存款及具备足够流动性的投资总额不得超过自有资金的 20 倍。英国要求，电子货币机构的在途资金总额不得高于自有资金的 8 倍。

（五）加强机构的终止、撤销和退出管理

美国规定，在特定条件下，可以终止、撤销业务许可或要求从事货币汇兑等业务的机构退出该业务领域。欧盟明确规定可以就若干情形撤销对支付机构的支付清算业务许可。

四、我国电子支付监管的任务

我国已将促进电子支付发展列入经济发展战略。国务院明确了中国人民银行负责"制定全国支付体系发展规划，统筹协调全国支付体系建设"。长期以来，中国人民银行积极推进银行业金融机构的电子支付发展，密切关注非金融机构参与支付服务市场的动态，努力探索支付服务市场的发展与改革。

（一）加快电子支付制度建设

为规范银行业电子支付发展，中国人民银行出台了《电子支付指引（第一

号)》。它的颁布标志着我国电子支付规则制定取得了突破性进展。它统一了电子支付业务申请的条件和程序，规范了电子支付业务的发起和接受，强调了电子支付风险的防范与控制，明确了电子支付业务的差错处理的原则和要求。

由于电子支付的复杂性、市场主体的多样性，中国人民银行将针对不同电子支付业务的特点等，综合不同发展阶段的管理要求，连续出台一系列相关"指引"。通过建立和完善电子支付业务规则，中国人民银行将逐步加强对电子支付业务的全面指导。

（二）继续推进银行卡品牌建设

在中国人民银行党委的正确领导下，经过银行业金融机构的不懈努力，我国在短短几年时间里成功实现了不同银行卡的联网通用。中国银联的顺利改制为创建自主品牌奠定了良好的基础，许多国家和地区已逐步认同并使用"银联"标识银行卡。

中国人民银行将继续支持银行卡产业的发展壮大。银行卡的发展必须坚持走联网通用、联合发展的道路。中国人民银行将与有关各方共同改善银行卡的受理环境；修改完善银行卡业务的收费标准，提高中小特约商户的普及率和持卡消费率；积极推动公务卡的使用；进一步做好银行卡的联网通用工作，全面推进银行卡业务规范和技术标准的统一。

（三）推进电子票据广泛使用

为顺应市场发展需要，中国人民银行通过深入调研、充分论证，将着力推广使用电子票据。电子票据以商业银行的电子银行为基础，将传统的票据业务与信息技术结合起来，以电子方式明示传统票据的要素，以电子签名取代传统印鉴，对提高票据业务效率，防范票据风险，推动票据市场具有重要意义。

在成功引入票据影像系统的基础上，中国人民银行充分考虑商业银行行内电子商业汇票系统的联网通用需要，正在建立电子票据系统。该系统的建成将为银行业推广电子票据提供跨行通用的服务平台，必将有力促进电子票据的快速发展。

（四）引导电子支付规范发展

中国人民银行非常重视银行业金融机构的创新活力，大力支持其电子支付的规范发展，并密切关注其与非金融机构之间的支付清算服务合作。中国人民银行将继续深入研究支付服务市场的新生事物，积极推进银行业电子支付的业务、技术和安全等方面的标准化建设，切实推进银行业电子支付的健康发展。

非金融机构支付清算服务是国家支付体系的有机组成部分。中国人民银行将依据国务院明确的职责对非金融机构参与支付服务市场进行规划和统筹。由于涉及电子支付的许多法律问题还在探索阶段，中国人民银行将通过多种手段积极引导非金融机构支付清算业务的规范发展。为维护社会公众对货币转移机制的信心，中国人民银行将密切关注客户备付金等的监督管理。

通过业界的共同努力，中国的电子支付取得了令人瞩目的成绩。随着支付基础设施的不断完善，支付服务市场主体不断丰富，有关制度建设将成为我国今后的工作重点，中国的电子支付必将沿着不断创新与规范发展的道路前进。

本章案例

银行 ATM 监控漏洞屡遭起诉

储户在 ATM 取钱，密码和卡号被窃，存款被盗，责任由谁来负？银行和储户往往互相扯皮。然而，最近披露的东莞一桩储户状告银行的案件中，法院判决银行安防体系存在重大漏洞，视频监控不作为，银行全额赔偿储户损失近3万元。这起看似平常的案件引出一个现实问题，即 ATM 监控升级换代已迫在眉睫。

一、储户存款丢失状告银行，法院判银行全额赔偿

事情的经过是这样的，东莞市民苗小姐 2010 年 4 月 6 日在 ATM 上取钱时，银行卡被"克隆"，卡内近3万元不翼而飞。警方发现，该 ATM 几天前被安装读卡器和摄像头。歹徒窃得卡号和密码后迅速转走存款。苗小姐于是将银行推上被告席，要求赔偿损失。

东莞中院认为，苗小姐的存款是被人伪造银行卡盗窃，而鉴别"克隆卡"以防止存款被冒领或盗取，应该是银行保障储户存款安全义务的重要内容，不法分子在 ATM 上安装盗码器，已能说明银行 ATM 机存在重大安全漏洞，所以银行需全额赔偿苗小姐被盗取的存款。

事实上，类似储户状告银行的案例不胜枚举，而且基本都是储户笑到了最后。2010 年，绵阳市民尚先生银行卡存款被盗 10 余万元。他将涉案银行告上绵阳市涪城区法院，法院判决银行赔偿尚先生 10 余万元。2010 年 4 月 29 日，汉川市银行赔偿陈某在银行 ATM 取款丢失的存款 36 万元，理由是银行未能提供安全可靠的环境，保障储户利益。

二、视频监控有致命缺点，银行安防现重大漏洞

细心的人会发现，储户和银行关于银行卡存款丢失频频"互掐"，以前法院对待此类案件，有时会各打五十大板，会判决银行只承担一半责任，但最近国内多起案件，都是银行被要求全额赔偿损失，法院认定银行的安防存在重大漏洞，没有按照合同为储户提供安全舒适的用卡环境，自然罪责难逃。

那么，当前银行关于 ATM 的安防系统问题究竟出在哪里呢？目前 ATM 配备的主要是视频监控，部分地区试点使用智能监控。然而，看似雄赳赳气昂昂的视频监控，常常形同虚设，歹徒在 ATM 加装盗码设备，监控却不管不顾，任由歹人作案，主要原因是视频监控只负责拍摄画面作为录像资料，留给警方查案，却不能实时报警，制止犯罪。

而被不少安防厂家大力鼓吹的智能视频监控，在应用中也不尽如人意，因为卖家故意屏蔽了多种应用前提和限制条件，一旦真刀真枪应用，这种监控就抓瞎了，实际应用功能与视频监控相当。尤其当歹徒佩戴仿真面具作案时，留下假的面目特征，录像资料基本没用。

值得注意的是，当前银行安防体系的缺陷已经被公开，不法分子已经知晓，作案前还事先上网搜集相关资料，总结经验教训。江苏志诚律师事务所律师张行辉表示，由于银行 ATM 存在明显的防范漏洞，处处不设防，关键时刻装聋作哑，所以法院必然要判决银行承担储户所有的损失。

三、ATM 监控思路陈旧，银行面临更大法律风险

法院的判决看起来对储户相当有利，这在银行界引起了不小的忧虑，不少银行保卫部负责人忧心忡忡。杭州某国有银行负责人黄某表示，法院判决有利弱者，可以理解，但现在市面上 ATM 配备的主要是视频监控，如果出了问题，都来找银行承担，那银行岂不是要承担巨大的风险和损失。

南方一家安防企业表示，当前银行 ATM 案件居高不下，歹徒作案猖獗，最根本的原因还是银行 ATM 安防体系出现了问题，过分依赖单一的视频监控，极容易被欺骗和干扰，已经不能满足需要，必须建立立体防控体系，多元防御，打击犯罪。

中国人民公安大学教授、预防犯罪专家王大伟表示，当前 ATM 犯罪猖獗，手法多样，尤其各种非法改装 ATM 和加装盗码设备的犯罪手法已经成为毒瘤，严重危害市民用卡安全，作为建设单位的银行应该升级监控系统，针对性地实施反盗码措施，有效降低取款人的风险。

尤其值得注意的是，本案中东莞中院的判决得到了广东省高级人民法院的支持并向最高人民法院备案，判决结果在全国范围内将具有示范意义，对类似案件从法律层面给出了清晰结论，意味着如果今后银行不能堵住现有视频监控的漏洞，将持续面临法律风险。

据业内专家分析，由于中央银行规定发达地区有条件的银行到 2015 年需将磁条卡升级为安全性更好的芯片卡，这意味着在 2015 年前大部分人将连续面临银行卡不安全的问题，也有专家表示，即使升级为芯片卡，也并不能绝对保证银行卡不被盗码克隆，二代身份证被克隆就是一个明显的事例，所以银行不能想当然地认为芯片卡就能杜绝克隆案件发生，而应该多管齐下，在安保模

式上创新，确保银行卡的安全。

资料来源：财经信息网，2011-03-24.

问题讨论：

1. 由于银行有过错，储户因存款丢失状告银行，银行是否全额赔偿？

2. 视频监控作为唯一的银行监控手段是否安全？为什么？

本章小结

通过本章的学习，要重点掌握电子金融监管，包括电子金融监管的环境、电子金融监管的要求和电子金融监管的内容。应理解电子银行的监管的必要性，电子银行监管的经验，电子银行应依法监管，电子银行的内部监管和电子银行的外部监管。也要熟悉电子支付的风险，如电子支付的基本风险，电子支付的操作风险，电子支付的法律风险和电子支付的其他风险。随后就要掌握电子支付风险的防范，包括电子支付风险的管理步骤，电子支付风险的防范措施，加强电子支付的立法建设，电子支付风险的综合控制。最后要熟悉电子支付的监管，如电子支付安全的监管，第三方支付的挑战，非金融机构支付服务的监管，我国电子支付监管的任务等。

本章复习题

1. 试述电子金融监管的内容。

2. 国内外电子银行监管有何经验？

3. 试论电子银行应依法监管。

4. 试述电子银行的内部监管。

5. 简述电子银行的外部监管。

6. 详述电子支付的风险。

7. 简述电子支付风险的防范措施。

8. 试论非金融机构支付服务的监管。

参 考 文 献

［1］江建伟. 浅谈固定电话增值业务［J］. 合作经济与科技，2010（1）.

［2］褚艳芬. 回顾2009［J］. 信息与电脑，2010（2）.

［3］滕雪. 品牌在网络传播中的问题与对策研究［J］. 现代商贸工业，2010（2）.

［4］刘华. 手机支付：在竞合中问路［J］. 软件工程师，2010（Z1）.

［5］周少晨. 信用卡联姻移动通信业务［J］. 中国信用卡，2010（6）.

［6］肖荣，张云华，章依凌. 基于WAP的移动电子商务支付系统安全性改进［J］. 计算机系统应用，2010（3）.

［7］王潇雨，朱晓芸，杨枨. 移动支付的安全交易平台的研究与开发［J］. 计算机工程与设计，2006（21）.

377

［8］盛天翔. 试析移动商务之手机支付的可行性［J］. 科技情报开发与经济，2006（16）.

［9］何国辉，甘俊英. 基于手机的移动电子商务应用研究［J］. 微计算机信息，2006（6）.

［10］李晓力，王昕. 对我国当前移动产业链的分析［J］. 商场现代化，2007（7）.

［11］门凤超，移动支付之案例篇NTT DOCOMO移动支付业务运作模式分析［J］. 通信世界，2008（1）.

［12］CRC电信咨询公司. 中国移动支付行业分析［R］. 2006.

［13］Norson电信咨询公司. 中国移动支付行业分析［R］. 2006.

［14］赛迪咨询（CCID）. 移动支付分析报告［R］. 2006.

［15］iResearch市场咨询公司. 中国移动商务简版报告［R］. 2006.

［16］中国联通. 中国联通行业解决方案——手机支付［R］. 2005（10）.

［17］中国移动. 移动支付分析报告［R］. 2006.

［18］辛云勇. 中国移动银行［J］. 互联网周刊，2006（12）.

[19] 张桂龙.电子商务环境下的移动支付研究 [D].同济大学，2007.

[20] 蒋水林.北京联通小规模试点"手机一卡通"[N].人民邮电，2011.

[21] 戴宏.移动支付系统安全风险评估 [D].北京交通大学，2010.

[22] 范伟.移动商务安全性研究 [D].北京邮电大学，2010.

[23] 刘振华.个人用户手机支付采纳意向研究 [D].大连理工大学，2010.

[24] 李曦.基于身份的密码体制研究及其在移动支付业务中的应用 [D].华中科技大学，2009.

[25] 黄晓芳.移动 DRM 中的公平交换及关键技术的研究 [D].北京邮电大学，2009.

[26] 刘文琦.移动支付系统安全的若干关键问题研究 [D].大连理工大学，2008.

[27] 刘磊.国内移动支付产业的协作模式 [D].北京邮电大学，2008.

[28] 卢湖川.人脸识别中几个关键算法研究 [D].大连理工大学，2008.

[29] 王婷婷.基于 WAP 和 WPKI 的移动电子商务应用研究 [D].山东大学，2010.

[30] 李玉.长春市移动商务服务模式创新研究 [D].吉林大学，2010.

[31] 刘胜题，范菁.电子支付的法律问题 [J].上海理工大学学报，2001 (3).

[32] 刘颖.支付命令与安全程序——美国《统一商法典》第 4A 编的核心概念及对我国电子商务立法的启示 [J].中国法学，2004 (1).

[33] 王蜀黔.电子支付法律问题研究 [M].武汉：武汉大学出版社，2005.

[34] 徐萍.消费心理学教程 [M].上海：上海财经大学出版社，2001.

[35] 江林.消费者行为学 [M].北京：首都经济贸易大学出版社，2002.

[36] 信息产业部.2007 年全国通信业发展统计公报 [R].北京：中国信息产业部，2008.

[37] 易观国际.2007 年第 4 季度中国第三方电子支付市场季度监测 [R].北京：易观国际咨询公司，2008.

[38] Mallat N.. Exploring consumer adoption of mobile payments-a qualitative study [C]. in Presentation at Helsinki Mobility Roundtable, Helsinki, Finland, June 1-2, 2006.

[39] Mallat N., Rossi M., Tuunainen V., Oorni A.. Use context for mobile payment services [C]. in Presentation at Hong Kong Mobility Roundtable, Hong Kong, China, June 1-3, 2005.

[40] 岳云康.我国电子商务环境下的移动支付问题研究 [J].中国流通经

济，2008（1）.

[41] 陈香梓. 基于 J2ME 技术的移动支付方案研究 [J]. 电子商务，2010（2）.

[42] 冯俊，陈家琪，沈海峰. 基于双 Hash 链的移动支付微证书验证优化策略 [J]. 计算机工程与设计，2010（3）.

[43] 宋晋泉，从俊杰，黄芳. 基于手机短信的温度报警控制系统设计 [J]. 电子元器件应用，2010（3）.

[44] 周慧峰. 3G 时代的移动支付产业链模式探讨 [J]. 信息通信，2010（1）.

[45] 袁琦. 移动支付业务的应用与发展分析 [J]. 电信网技术，2010（2）.

[46] 2009 年中国智能卡与 RFID 市场回顾与发展展望 [C]. 第十三届中国国际智能卡博览会暨第五届中国国际 RFID 与智能卡技术应用高峰论坛论文集. 2010.

[47] 曲珊珊，刘旸. 面向移动支付服务的安全认证管理系统研究 [C]. 2010 通信理论与技术新发展——第十五届全国青年通信学术会议论文集（上册）. 2010.

[48] 刘晓敏，陈文伟. 厦门广电集团呼叫中心项目的实施 [C]. 2009 中国电影电视技术学会影视技术文集. 2010.

[49] 韩月. 电信产业价值链主导权变迁的机理研究 [D]. 吉林大学，2010.

[50] 卢宪友. 智能远程家电控制及安防系统的研究 [D]. 曲阜师范大学，2010.

[51] 袁琦. 移动搜索技术与业务发展研究 [J]. 电信网技术，2007（4）.

[52] 刘峰. 移动搜索业务发展前景分析 [J]. 现代通信，2006（10）.

[53] 欧中洪，宋美娜，宋俊德. 移动搜索面临的机遇与挑战 [J]. 电信技术，2007（2）.

[54] 吴刚，王抒芸. 移动搜索：增值业务新宠 [J]. 通信企业管理，2006（3）.

[55] 胡海波. 移动广告业务发展现状与分析 [J]. 通信世界，2006（9）.

[56] 秦成德. 移动商务中的法律问题. 信息经济学与电子商务：2008 年第十三届中国信息经济学会年会论文集 [C]. 西安：陕西科学技术出版社，2008.

[57] 秦成德，陈静. 电子商务的法律新问题研究. 第七届全国高校电子商务教育与学术研讨大会论文集 [C]. 大连：东北财经大学出版社，2008.

[58] 张树青，秦成德. P2P 技术对互联网安全的影响 [J]. 西部通信，2006（5）.

[59] 郭养雄，秦成德. 网络入侵的对策研究 [J]. 西部通信，2006（6）.

[60] 秦成德. 电子商务中的个人数据保护 [C]. 第七届国际电子商务大会论文集. 2005.

[61] 秦成德. 电子商务活动中的网络名誉权保护 [J]. 电子商务理论、应用和教学论文集 [C]. 重庆：重庆大学出版社，2007.

[62] 秦成德. 网络广告的法律问题研究 [J]. 电子商务研究，创刊号，2006.

[63] 秦成德. 电子商务研究 [M]. 重庆：重庆大学出版社，2007.

[64] Chen jing, Qin Chengde etc：Study on Application Environment of Mobile Business in Chinese Enterprises [C]. 武汉：第七届武汉电子商务国际会议，2008.

[65] 秦成德. 网络游戏中的法律问题 [J]. 西安邮电学院学报，2009（2）.

[66] 秦成德. 跨国电子支付的研究 [J]. 国际贸易实务研究：实践与决策 [M]. 北京：对外经济贸易大学出版社，2009.

[67] 秦成德. 电子货币的法律问题 [J]. 电子商务教育、理论与应用新进展 [M]. 合肥：合肥工业大学出版社，2009.

[68] 秦成德. 电子商务法教程 [M]. 西安：西安交通大学出版社，2008.

[69] 秦成德. 电子商务法律与实务 [M]. 北京：人民邮电出版社，2008.

[70] 秦成德. 移动电子商务 [M]. 北京：人民邮电出版社，2009.

[71] 秦成德. 电子商务法 [M]. 北京：科学出版社，2007.

[72] 秦成德. 网络虚拟财产的法律问题研究 [J]. 电子商务研究，2006（3）.

[73] 秦成德. 网络安全的法律保护 [J]. 西部通信，2006（3）.

[74] 秦成德. 中国电子商务中的隐私权保护 [C]. 成都：中美电子商务论坛，2004.

[75] 秦成德. 加强互联互通，促进通信发展 [J]. 西部通信，2006（2）.

[76] 秦成德. 我国电子商务发展中的法律问题 [C]. 北京：中国首届信息界大会，2006.

[77] 秦立崴. 论欧盟电子商务的公平原则 [C]. 第七届国际电子商务大会论文集，2005.

[78] 秦成德. 为电子商务健康发展营造安全环境 [J]. 理论导刊，2002（4）.

[79] 秦成德. 移动金融的法律问题 [C]. 北京：第三届中国电子金融年会会刊，2009.